感谢我的父母、妻儿，支持我年复一年全身心投入工作和学习研究！

感谢在生产经营一线参与本书实践的兄弟们，没有大家三年的共同努力就没有今天的成果！

感谢支持帮助我的挚友、领导和同事，你们的信任激励我在管理领域不断探索！

ECONOMIC ESSENTIAL SECURITY ARCHITECTURE AND PRACTICE

源于基层　源于实践　源于创新

陈新寰◎编著

经济本质安全体系架构及实践

央企生产经营一线风险管控实战案例

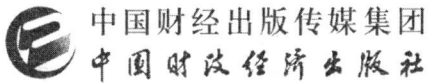

中国财经出版传媒集团

中国财政经济出版社

图书在版编目（CIP）数据

经济本质安全体系架构及实践／陈新寰编著．—北京：中国财政经济出版社，2017.12

ISBN 978-7-5095-7910-7

Ⅰ．①经…　Ⅱ．①陈…　Ⅲ．①国有企业-经济安全-企业经营管理-风险管理-研究-中国　Ⅳ．①F279.241

中国版本图书馆 CIP 数据核字（2017）第 295130 号

责任编辑：胡　懿　谷兴华　　　责任校对：刘　靖

封面设计：王　颖

中国财政经济出版社 出版

URL：http：//www.cfeph.cn

E-mail：cfeph@cfeph.cn

（版权所有　翻印必究）

社址：北京市海淀区阜成路甲 28 号　邮政编码：100142

营销中心电话：88190406　北京财经书店电话：64033436　84041336

北京中兴印刷有限公司印刷　各地新华书店经销

710×1000 毫米　16 开　27 印张　400 000 字

2017 年 12 月第 1 版　2017 年 12 月北京第 1 次印刷

定价：79.00 元

ISBN 978-7-5095-7910-7

（图书出现印装问题，本社负责调换）

本社质量投诉电话：010-88190744

打击盗版举报热线：010-88190492　QQ：634579818

前　言

经济本质安全是指在企业经营管理体系中嵌入能够从根本上防止重大经济事故发生的功能，使企业经营活动始终保持高效运转，将企业的一切经营风险均被控制在可以接受范围内的一种状态。经济本质安全管控体系是以良好的安全管理文化为基础，以制度保障和组织保障为前提，按照收集风险信息、评估风险、实施控制、监督检查、评价考核、改进管理的工作流程实施经济安全闭环管理，确保企业经营目标和战略目标的实现。

一、经济本质安全体系架构

（一）明确方向，创新思路

建设经济本质安全体系是某公司创新经营管理工作的举措之一。该公司创新提出与自身发展战略相适应的经济本质安全体系建设新思路，具体为：明确"一个"目标，即立足自身特点，以煤炭绿色高效开采为基础，延伸煤电路产业链，大力发展循环经济，实现打造战略目标。实现"两级"管控，即采用最优的管控模式实现成员企业和公司整体高效运行。树立"三大"理念，即"大安全""价值管理"和"均衡可持续发展"理念。涵盖"四大"板块，即煤炭、电力、铁路和化工"四大"产业。做好"五项"工作，即建立企业经济健康档案；按公司管控的要求，梳理财务管理、生产作业管理等重点领域的内部控制流程；落实"四个"板块的管控任务目标及实施模板；制定重点领域的本质安全监督检查办法；建立经济本质安全考核评价机制。

(二) 经济本质安全体系构建框架

公司特色的经济本质安全体系是在内部控制、风险管控和管理提升的基础上，依据公司实际管理模式，对煤炭、电力、铁路和化工四个板块以及财务管理、生产作业管理重点领域的业务流程进行梳理，通过各业务流程和矩阵的梳理、风险分析、风险控制、监督检查、考核评价及整改提升的闭环管理明确经济本质安全体系的建设内容，涵盖了公司的主要生产业务和重点管理环节。

(三) 经济本质安全体系构建导向

经济本质安全体系的建设是先进的管理思想、管理方法与企业具体业务相结合的过程。公司经济本质安全体系建设过程中很好地坚持了这一原则，成立了经济本质安全体系建设领导小组，负责建设工作的领导与协调，抽调各单位的业务骨干，按产业板块和业务领域成立了切合实际的工作组。建设工作在领导小组的引导下，在工作组管理技术人员的指导下，由各单位的业务骨干完成，充分发挥了各行业管理人员各自优势，既保证了体系良好的落地性又培训了职工队伍，取得了体系建设与人才培养双成果。

1. 经济本质安全体系构建

通过对全公司煤炭、电力、铁路、化工四大板块相关业务流程的梳理，并对流程控制节点设置相应的控制矩阵，对每个业务环节采取有效的控制措施。做到了层层把关，形成符合公司实际的内部控制流程体系。

2. 经济本质安全保障体系构建

(1) 经济本质安全风险的管控。实现对经济本质安全风险的管控，根本上是要对评估确认的重大风险实现有效管控，结合企业实际情况，针对重大风险设置经济本质安全指标，建立各部门、各下属单位和各级管理人员的经济安全管理责任制，使本质安全管理分工明确、责任到位，谁主管、谁负责、谁受益、谁承担，将责任自上而下分解至各层面，保证体系的有效运转，确保经济本质安全重大风险的可控、受控。

(2) 经济本质安全体系的检查与评价。随着公司内外部情况的变化，原本有效的控制可能无效或控制力受到影响，对体系的设计和执行进行评价和检查显得非常重要。公司经济本质安全建设思路充分体现了以评价促完善的思想，将评价、检查作为经济本质安全体系的重要内容制定了评价办法和监督检查办法并制定了检查表，使经济本质安全管理工作形成闭环。

（3）经济本质安全体系监督检查的作用。监督检查模板是和控制矩阵相关联和配套的检查程序，检查内容是核心要素，检查流程中每个节点工作内容是否完成，主要是通过检查该节点产生控制证据的有效性、适当性、合理性验证该节点工作完成情况。控制证据是流程节点产生的文件、表单、会议记录、会议纪要、决议等相关资料，包括纸质、电子数据等的控制依据。通过模板检查来验证管控流程的执行情况，增强企业和员工对经济本质安全建设的重视程度，激发工作积极性，确保经济本质安全建设有效运行，实现有效管控。

二、经济本质安全体系创新成果及应用

（一）形成"1+4+4"成果

"1+4+4"成果即1个总册、4项管理制度、4个板块的业务操作手册。总册对经济本质安全体系的基础理论、基本概念、建设原则、路径及经济本质安全体系与内部控制风险管理体系的关系等进行阐述，是经济本质安全体系的总纲。4项管理制度分别为：公司经济安全管理规定、经济健康档案管理办法、经济本质安全监督检查管理办法、经济本质安全体系评价管理办法，为经济本质安全体系的运行提供制度保障。四个板块的业务操作手册包括煤、电、路、化工4个业务板块中重点业务领域和生产工艺的主要业务流程及控制矩阵。"1+4+4"成果明确了各项业务存在的主要风险、控制节点以及各节点实施控制所依据的管理制度、主责部门、岗位、控制措施等，是经济本质安全体系的主体。公司经济本质安全体系建设成果如图1所示。

（二）创新性建立各单位"经济健康档案"

将公司内外部检查部门和各业务领域在经营管理过程中检查、考核、审计的结果及有关重大经济案件材料整理、分析、汇总形成资料库。通过对各级检查、考核、审计结果的收集、整理、分析，发现公司生产经营管理中存在的薄

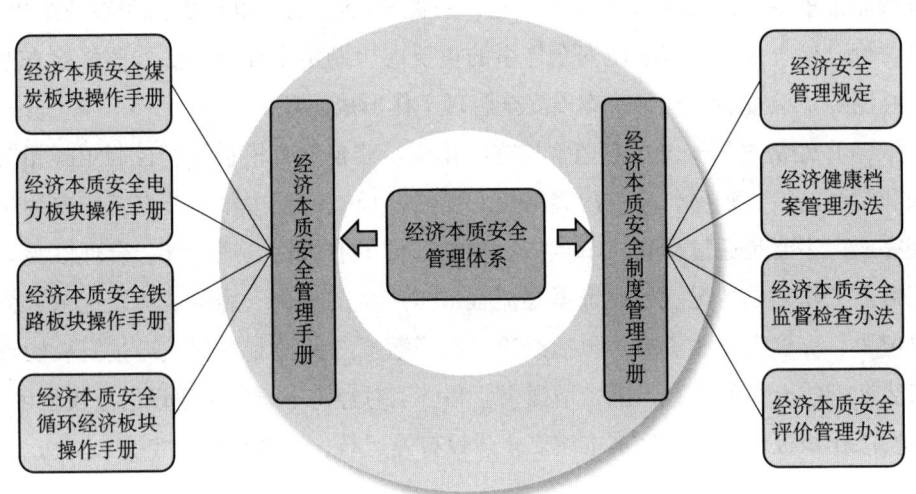

图1 公司经济本质安全体系建设成果图

弱环节及风险事项,建立"经济健康病例",收集国内外对公司有借鉴作用的典型案例材料,借鉴吸取经验和教训,增强公司抗风险能力。通过对一定期间经济健康档案的分析发现管理短板,为各级管理层决策提供参考,促进公司管理提升。

(三)经济本质安全体系的应用

为检验经济本质安全体系设计的合理性和可执行性,促进体系有效落地实施,制定详细的试运行检查和评价方案。通过业务流程及内容的模拟测试、监督检查评价和运行督导三个方面开展试运行检查和评价,及时发现设计和执行问题,组织专家、业务骨干进行研讨和论证,找出最佳优化方案,落实整改,既保证体系的科学性和合理性,又兼顾管控成本和提高效率。通过对生产、经营重点流程的管控,每一个环节都采取相应管控措施,在业务执行过程中做到层层把关、环环相扣,使经济本质安全工作管控重大经营风险这一目标与具体业务管理结合,重视风险发生的过程管理,扎实经济本质安全工作的落脚点、着力点,增强体系可落地性。实践证明,创新性经济本质安全体系符合实际,总的体系设计比较合理,操作性强,控制措施适当、执行基本顺畅,有效规避了生产经营产生的经济风险,构建了公司"大安全"管控格局,确保了公司持续健康稳定发展。

三、经济本质安全体系实践效果

(一) 全员经济安全思想统一，风险防范意识普遍提高

经济本质安全体系的建设使企业管理工作具有切实可行的思想指导，管理目标更加明确和系统，把经济安全、价值管理、持续发展"三大"理念融入企业管理的决策过程和管理环节，并覆盖所有业务板块、重点业务领域，建立起符合公司实际的两级管控体系，既保证公司的控制力，又保持二级单位的活力，做到松紧有度，通过多项业务之间的战略协同，最终达到"1+1>2"的效果，实现公司核心竞争力的强化和扩张，提高工作效率和管理效率。

(二) 体系建设延伸至每一环节，形成全方位经济本质安全体系

经济本质体系建设不仅涵盖煤、电、路、化工四大板块的主要生产单位，而且全方位覆盖企业生产管理的每一个环节，全面梳理了每一个环节的经济运行风险源，及早采取管控措施，有效控制了决策风险、经营风险和财务风险，将体系建设深刻融入日常管理，拉动每一个生产管理环节均能实现价值增值，价值环节与生产环节、价值链条与生产链条的联系更加紧密具体，构建了公司所属每一个单位全方位的经济安全体系，进而形成公司经济"大安全"管控格局，企业真正实现了经济本质安全。

(三) 体系促进制度建设，形成管理长效机制

经济本质安全体系建设极大推动了公司的制度建设，通过梳理流程和实际需要修订制度汇编，增加了经济本质安全方面的制度，并补充完善了其他领域的管理制度，合并了内容重复、职能交叉的管理制度，删除不适用的制度，使得公司制度管理体系更加科学合理，更加符合公司现阶段发展状况。管理制度体系不断完善，做到了控制有制度、部门有制约、操作有标准、岗位有职责、过程有监控、风险有监测、工作有评价、结果有考核，为公司防范经济风险奠定了坚实基础，形成了经济本质安全的长效机制，并把体系建设打造成深入推

进管理提升的再造工程。

（四）体系建设使企业经济风险更加具体专业

在建设经济本质安全体系过程中正确处理经济本质安全体系与内控风险管理体系的关系，使经济本质安全体系建设根基牢固，避免人力、物力资源的浪费。公司将经济本质安全体系定位为内部控制风险管理体系在经济风险控制领域的管理提升。内部控制风险管理体系对企业风险的管控是基础性的，经济本质安全体系是在内部控制风险管理体系的基础上，对经济风险的特征、规律进行研究，运用经济管理的理论、方法进行把握或控制，使企业的经济效益最大化，达到经济本质安全。经济本质安全体系并不是一个全新的管理体系，而是内部控制风险管理体系的提升与细化，通过经济本质安全体系的建设，公司管控经济风险的方法更加专业化，措施更加具体有效。

我们按照项目管理的思路，上下互动，组织了数百人的团队。不负众望，终于在一个煤、电、路、化一体化的大型企业探索出特色精益风险管控的道路。与此同时，我们组织申报了中国煤炭工业协会管理现代化创新成果，获得一等奖。我们认为，需要把整体架构设计的思路和实践的过程以及效果都总结出来，与全社会分享。"耕读传家久，诗书继世长"，我们期待广大学者、企业经营管理者，以及从事内部控制和风险管控的人士共同分享央企生产经营一线风险管控的实践成果，期待在风险管控领域取得共鸣。

2017 年 12 月 26 日

目录
Contents

第一篇　经济本质安全体系架构设计

1. 经济本质安全体系概述 ··· (3)
   - 1.1　经济本质安全管控体系的概念 ································· (3)
   - 1.2　经济本质安全管控体系编制的目的和原则 ············· (3)
   - 1.3　经济本质安全与内部控制、风险管理的关系 ········· (4)
2. 经济本质安全体系建设及运行 ··· (5)
   - 2.1　建设路径 ·· (5)
   - 2.2　组织与职责 ·· (5)
   - 2.3　经济本质安全框架体系 ·· (7)
   - 2.4　经济本质安全管控体系运行 ······································· (8)
3. 经济健康档案管理 ··· (10)
   - 3.1　经济健康档案 ·· (10)
   - 3.2　经济健康档案的分类 ·· (11)
   - 3.3　经济健康档案归档要求 ·· (11)
   - 3.4　经济健康档案分析和利用 ··· (11)

第二篇　重点业务管控

4. 财务管理 ··· (15)
   - 4.1　公司级层面管理及措施 ·· (16)
   - 4.2　二级单位层面管理及措施 ··· (107)

1

5. 生产作业管理 …………………………………………………… (236)
   5.1 煤炭生产 ……………………………………………… (237)
   5.2 电力生产 ……………………………………………… (311)
   5.3 铁路生产 ……………………………………………… (325)
   5.4 化工生产 ……………………………………………… (388)

第三篇 监督检查与评价

6. 监督检查 ……………………………………………………… (399)
   6.1 监督检查及作用 ……………………………………… (399)
   6.2 公司层面监督检查的程序和方法 …………………… (400)
   6.3 直属单位层面监督检查的程序和方法 ……………… (403)
   6.4 财务管理领域监督检查的程序和方法 ……………… (406)
   6.5 生产工艺流程监督检查的程序和方法 ……………… (408)
   6.6 缺陷等级认定 ………………………………………… (410)

7. 经济本质安全体系评价 ……………………………………… (412)
   7.1 经济本质安全体系评价目标及原则 ………………… (412)
   7.2 经济本质安全体系评价组织与职责 ………………… (413)
   7.3 评价的程序和步骤 …………………………………… (413)
   7.4 经济本质安全体系缺陷的认定 ……………………… (415)
   7.5 经济本质安全体系评价报告 ………………………… (417)
   7.6 经济本质安全体系评价管理流程 …………………… (418)

第一篇

经济本质安全体系架构设计

1 经济本质安全体系概述

1.1 经济本质安全管控体系的概念

本质安全一词源于煤矿安全设备管理,是专供煤矿井下使用的防爆电器设备的分类之一,即在正常工作或规定的故障状态下产生的电火花和热效应均不能点燃规定的爆炸性混合物的电路。把本质安全的理念引申到经济管理领域,称为经济本质安全。

企业经济本质安全是指企业的各种经营风险均处于企业可接受范围之内的一种状态。

经济本质安全体系是通过建立标准化的管控模板、强化内部监督检查,促进企业内部控制机制的有效运行,确保企业正常运作和持续发展的管理活动,是以良好的安全管理文化和监督、检查为基础,以制度保障和组织保障为前提,按照收集风险信息、评估风险、实施控制、评价考核、改进管理的工作流程实施经济安全闭环管理,确保企业经营目标和战略目标的实现。

1.2 经济本质安全管控体系编制的目的和原则

1.2.1 编制目的

为加强公司对经济风险的管控,提高抵御风险的能力,保障公司发展战略的实现,开展经济本质安全体系建设工作。

1.2.2 编制原则

合规与高效相结合。经济本质安全体系建设要符合国家法律法规以及风险管控的有关规定，同时要整合资源，提高管控效率和效果。

传承与创新相结合。经济本质安全体系应当在现有风险管理体系建设成果的基础上进行不断深化与优化，实现管理创新。

理论与实践相结合。经济本质安全体系应当将本质安全、内部控制、风险管理等的理论体系与公司实际相结合，具有可操作性。

全面与重点相结合。在确保覆盖公司主要经营管理活动的基础上，选择关键业务和高风险环节实施管控，构建以风险管理为导向的经济本质安全体系。

1.3 经济本质安全与内部控制、风险管理的关系

经济本质安全与内部控制和风险管理既有区别又有联系。

经济本质安全管控依据的理论基础与企业内部控制、风险管理相同，目标一致，即合理保证企业经营管理合法合规、资产安全、财务报告及相关信息真实完整，提高经营效率和效果，促进企业实现发展战略。

经济本质安全是内部控制、风险管理在经济领域的管理提升。内部控制是企业为实现控制目标而采取的控制方法、措施等，包含内部环境、风险评估、控制活动、信息与沟通、内部监督五个要素，是企业为实现发展战略实施的全面控制。经济本质安全是为实现发展战略而在经营管理及相关领域进行的控制活动，是内部控制的重要组成部分，是内部控制和风险管理在经济领域的管理提升。

2 经济本质安全体系建设及运行

2.1 建设路径

经济本质安全体系建设的路径明确为四个方面：明确一个目标，即实现公司的发展战略目标；实现"两级"管控模式，实现集团母公司对子公司集中管控模式；树立"三大"理念："大安全"理念；"价值管理"理念；均衡可持续发展"理念；完成四项工作：建立企业经济健康档案；制定经济本质安全监督检查办法；按公司管控的要求，梳理财务管理、生产作业管理方面的内部控制流程；建立经济本质安全考核评价机制。

2.2 组织与职责

2.2.1 公司经济本质安全管控委员会及其职责

公司成立经济本质安全管控委员会（以下简称"安委会"）。安委会由公司经营班子成员、各部门单位主要负责人组成，下设办公室，负责日常协调、联系工作。安委会主要职责为：
- 负责经济安全管理工作。
- 负责领导经济本质安全体系建设工作。
- 负责经济本质安全体系的评价工作。
- 负责处理经济本质安全建设、运行、评价与考核中的重大问题。

- 负责制定经济本质安全缺陷等级标准。
- 负责组织经济本质安全体系重大缺陷的审定。
- 决定经济本质安全奖励方案。

2.2.2 办公室及其职责

安委会办公室设在审计部，对经济本质安全委员会负责，是经济本质安全管理的归口部门，其主要职责为：

- 负责制订经济本质安全体系设计方案。
- 负责组织开展公司层面经济本质安全检查工作。
- 负责收集、整理经济健康档案，定期分析并提供利用。
- 负责组织公司层面的经济本质安全评价。
- 负责组织督导、检查直属单位和子分公司缺陷整改。
- 负责编制经济本质安全监督检查报告、评价报告、经济健康档案分析报告等，向公司经济本质安全管理委员会汇报。
- 每年对经济本质安全管理体系进行回顾和评估，进行体系优化、更新和持续改进。

2.2.3 直属单位、子分公司的主要职责

- 根据公司拟定的经济本质安全体系设计方案，建立符合本单位业务特点的经济本质安全管理操作手册。
- 负责组织本单位的经济本质安全体系评价。
- 配合上级主管部门检查，组织整改本单位存在的缺陷。
- 组织开展本单位的经济本质安全监督检查，记录检查结果，编制监督检查报告。
- 配合上级主管部门评价，组织整改本单位存在的缺陷。
- 将自查结果报送公司对口业务主管部门和有公司管理职能的直属单位，由其整理、汇总后及时向审计部移交。

2.3 经济本质安全框架体系

经济本质安全体系主要包括：经济本质安全管理手册，经济本质安全煤炭、电力、铁路、化工操作手册，经济健康档案管理办法，经济本质安全监督检查办法，经济本质安全评价办法等。

经济健康档案包含"经济病历"和重大经济事件案例库。

2.3.1 经济本质安全手册体系

公司通过建立经济本质安全手册体系，加强对经济风险的管控，提高抵御风险的能力，保障公司发展战略的实现，促进公司经济本质安全体系建设工作。

公司经济本质安全手册体系采用"1+4"的体系结构模式。

"1+4"体系结构是指："1"为经济本质安全管理手册；"4"为煤炭、电力、铁路、化工四个板块的操作手册。

- 经济本质安全管理手册

经济本质安全管理手册是指导煤炭、电力、铁路、化工四个板块操作手册建设的依据，规定了经济本质安全建设路径和基本方法，在经济本质安全手册体系中起统领作用，具有宏观性、原则性和指导性特点。

经济本质安全管理手册的主要内容：经济本质安全概念、目的和原则；经济本质安全与内部控制、风险管理的关系；经济本质安全与生产本质安全、政治本质安全的关系；经济本质安全体系建设路径；经济健康档案管理；重点业务管控；监督检查；体系评价。

- 煤炭、电力、铁路、化工四个板块的操作手册

四个板块的操作手册设计原则和内容：简单、易懂，突出主业和高风险领域，实用性强，具有较强的可操作性；应当包括关键业务和高风险领域的流程和管控措施，并明确为达到控制目标实施控制的责任人；应当包含具有可操作的监督检查程序和方法，并对监督检查工作底稿进行规范。

2.3.2 经济健康档案管理办法

公司经济本质安全体系应当建立经济健康档案管理办法，明确经济健康档

案的归口管理部门，明确资料的收集、保管、整理、综合分析和利用等工作程序，充分利用经济健康档案为公司决策提供依据。

2.3.3 经济本质安全监督检查管理办法

公司经济本质安全体系中应当建立经济本质安全监督检查管理办法。明确公司职能部门和有公司管理职能的直属单位、直属机构的监督检查职责以及监督检查的程序和方法。

经济本质安全监督检查管理办法应当对缺陷等级认定标准做出规定。缺陷等级认定标准分为能用经济损失衡量的缺陷和无法用经济损失衡量的缺陷两类。

监督检查时，检查人员应当恪守职业道德，客观公正地获取检查证据，与被检查单位进行充分交流、沟通，撰写监督检查报告。监督检查报告应及时报送公司管理层，为管理层决策提供参考依据。

2.3.4 经济本质安全评价管理办法

公司经济本质安全体系中应当建立经济本质安全评价管理办法。办法中应当明确评价目标、原则，评价的程序和步骤，缺陷认定标准，评价报告的编制和报送等内容。

2.4 经济本质安全管控体系运行

公司职能部门持续不断地收集与经济本质安全相关的各类资料，形成经济健康档案。通过对各级检查、考核、审计结果的收集、整理、分析，发现公司生产经营管理中存在的薄弱环节及风险事项，建立"经济病历""重大经济事件"案例库。

公司以煤炭、电力、铁路和化工四个板块操作手册中设计的业务流程和管控措施开展经济业务。在开展业务过程中，发现实际情况与流程不符或流程明显影响效率的，相关人员应当及时向本单位分管领导汇报，并及时向公司审计部反馈意见，作为流程和管控措施优化的依据。

公司相关单位将管控任务目标分解落实到部门、岗位，并明确控制点负责人。

公司职能部门和有公司管理职能的直属单位、直属机构对重点业务领域各流程控制点实施有效性实施督导和检查。

实施检查应当制定检查方案，明确检查的范围、内容、时间进度、工作组人员构成及职责等。

3 经济健康档案管理

3.1 经济健康档案

经济健康档案是指将公司内部、外部检查部门及公司各业务领域主管部门对公司经营管理过程检查、考核结果,公司内部、外部审计机构的审计结果,各直属单位自行安排的检查结果,国内外有关重大经济案件材料,整理、分析、汇总形成的资料库。

3.1.1 经济健康档案的作用

经济健康档案的作用是通过对各级检查、考核、审计结果的收集、整理、分析,发现公司生产经营管理中存在的薄弱环节及风险事项,建立"经济病历""重大经济事件"案例库,为各级管理层决策提供参考,促进公司管理改进,最后实现经济本质安全的目标。

3.1.2 经济健康档案管理

公司审计部是公司经济健康档案管理工作的主责部门。负责经济健康档案管理工作的制度和流程制定,资料的收集、保管、整理、分析、利用和相关业务培训等工作。公司其他管理部门负责将外部检查部门的检查结果、本部门对公司所属单位检查形成的结论性材料按公司《经济健康档案管理办法》的要求送审计部存档。案例材料由业务主管部门负责收集、整理,审计部负责归档管理。

公司直属单位生产经营自查结果报相关主管部门，经审核、汇总后送公司审计部归档。

公司单位、部门指定专人负责经济健康档案的归档工作，并将人员名单及联系方式提交公司审计部备案。

3.2　经济健康档案的分类

经济健康档案分为"经济病历""重大经济事件案例库"两大类。

"经济病历"档案中主要归集监督、检查、评价、考核等形成的结论性结果。

"重大经济事件案例库"中主要归集公司相关部门收集的（如财务、工程、法律、环保、信息等）重大决策案例。

"经济病历"分为审计类、检查类、考核类、经营分析类和其他类五类。

"重大经济事件案例库"主要分为：生产经营类、经济类和其他类三类。

3.3　经济健康档案归档要求

经济健康档案资料要求在检查工作结束后10个工作日内整理归档。

各部门所交资料必须分类准确、装订规范、内容完整，其负责人对归档资料的真实性负责。

经检查确诊的"经济病情"，按经济业务性质分类，填制"'经济病情'统计分析表"。

审计部应督促相关部门及时归档并对归档资料的完整性、真实性进行审核。根据档案类别，分门别类地整理立卷，按照文件材料的形成规律，保持文件之间的联系，案卷要齐全完整、排列有序、便于检索。

3.4　经济健康档案分析和利用

公司审计部负责经济健康档案汇总分析、提供利用的工作。

3.4.1 经济健康档案分析

经济健康档案分析分为综合分析和专题分析。档案分析应当以价值鉴定或价值分析为核心，确定档案保管期限和利用价值，对于重要的或价值较高的经济健康档案，应当设置标识，重点管理。

档案分析后，审计部按季度编写档案分析报告，报送公司分管领导，作为公司决策参考依据。

3.4.2 经济健康档案利用

经济健康档案利用是指以档案使用者为对象，以经济健康档案为手段，通过各种传输媒介和途径，将档案传递给使用者的过程。

公司各部门、直属单位根据经济健康档案的分析结果，制定工作计划或实施方案，促进各项工作的有效提升。

第二篇

重点业务管控

4 财务管理

重点业务管控中的财务管理分为公司层面和二级单位层面。公司层面的业务活动主要包括：在建工程资本化管理、在建工程核算管理、报表合并、专项资金管理、预付账款管理、坏账准备计提及确认管理、财务预算分析与考核、财务预算执行与调整、会计档案管理、员工报销管理、员工借款管理、付款管理、应收票据管理、委托贷款管理、借款合同创建与提款管理、资金计划编制与执行及调整管理、税款税费管理、无采购订单发票报销管理、对外投资管理等。

公司层面的业务活动不涉及二级单位，本手册规定公司层面重点财务活动的目的是二级单位与公司业务流程衔接，使得流程更加通畅，信息更加顺达，以提高工作效率。

二级单位层面主要体现煤矿、电厂、铁路、化工领域发生的重要的财务活动，包括：财务报告编制、财务预算管理、会计档案管理、差旅费报销、成本费用管理、工程款结算、低值易耗品管理、固定资产管理、收入及应收款管理、税费管理、现金管理、应付账款管理和资金管理。

4.1 公司级层面管理及措施

4.1.1 现金管理流程

单位名称：公司	流程关键控制点描述
责任单位：财务部	1.出纳每日盘点现金，与现金日记账核对是否一致，如有差异,应查明原因；
流程编号：—	2.财务负责人/资金管理岗不定期抽查盘点或监盘现金，并审核签字。

现金管理流程

各单位出纳岗	各单位财务负责人/资金管理岗
盘点保险柜的现金实在数，如超限额及时送交银行 现金盘点表 ↓ 每日下班前，出纳岗查询现金日记账，查出现金余额 现金盘点表 ↓ 盘点现金与现金日记账进行核对，如有差异，应查明原因 现金盘点表/现金日记账 ① ↓ 账实是否相符 —否→	各单位财务负责人或资金管理岗不定期抽查盘点或监督盘点过程并审核签字 现金盘点表 ② ↓ 是否通过 ↓是 盘点表存档

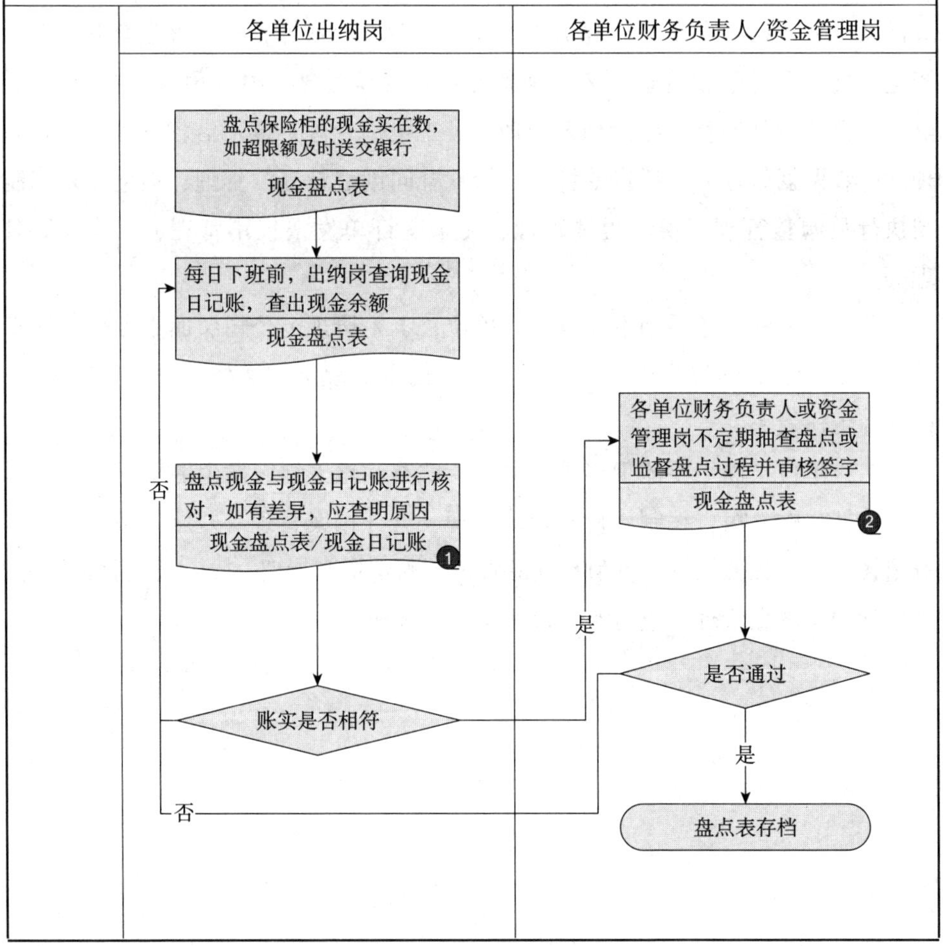

图 4.1.1 现金管理流程

表4.1.1 现金管理流程控制矩阵

责任单位	财务部							
控制目标	规范现金的使用与管理							
节点编号	节点目标	是否为关键控制点	风险描述	流程名称	控制措施	现金管理	流程编号	—
						控制证据	责任部门	责任岗位	控制制度/文件①
1	现金盘点表/现金日记账	是	现金管理规章制度不健全，制度执行不认真，可能导致货币资金的安全性得不到保障		1.根据国家现金结算制度规定，在规定的范围内使用现金。2.执行现金管理暂行条例及其实施细则的规定。	现金盘点表/现金日记账	各部门	部门负责人	《公司财务管理办法——资金管理》《公司资金管理办法》
	现金盘点表	是	各单位财务负责人或资金管理岗位不定期抽查盘点或监督盘点现金导致库存资金现金与账面不符		1.各单位的库存现金必须控制在规定限额之内，对超过限额部分应及时送存银行。	现金盘点表	各部门	部门负责人	《公司财务管理办法——资金管理》《公司资金管理办法》

① 本书引用的"制度""文件"均出自企业内部规章制度。

4.1.2 账户管理流程

单位名称：公司	流程关键控制点描述
责任单位：财务部	1. 公司财务部应严格按照《资金管理办法》等相关规章制度并结合实际情况，规范银行账户的管理； 2. 各直属单位按照《资金管理办法》的要求在财务部内部结算中心开立内部结算账户； 3. 各单位应当定期检查、清理银行账户的开立、注销变更管理及使用情况，及时办理相关手续。
流程编号：—	

账户管理流程

各直属单位	公司财务部	股份公司财务部
01.各直属单位提出开户/销户或变更申请 开户/销户或变更申请表	02.公司财务部审批 开户/销户或变更申请表 ❶	03.股份公司审批 开户/销户或变更申请表
	是否通过	是否通过
	04.接收批复	
	是否财务部直接管理	
出纳岗 05.开户/销户 开户/销户相关书面手续	06.对外开设账户 开户/销户相关书面手续	
06.对外开设账户 开户/销户相关书面手续	07.账户管理 开户/销户相关书面手续 ❷	
	08.账户备案 开户/销户相关书面手续	

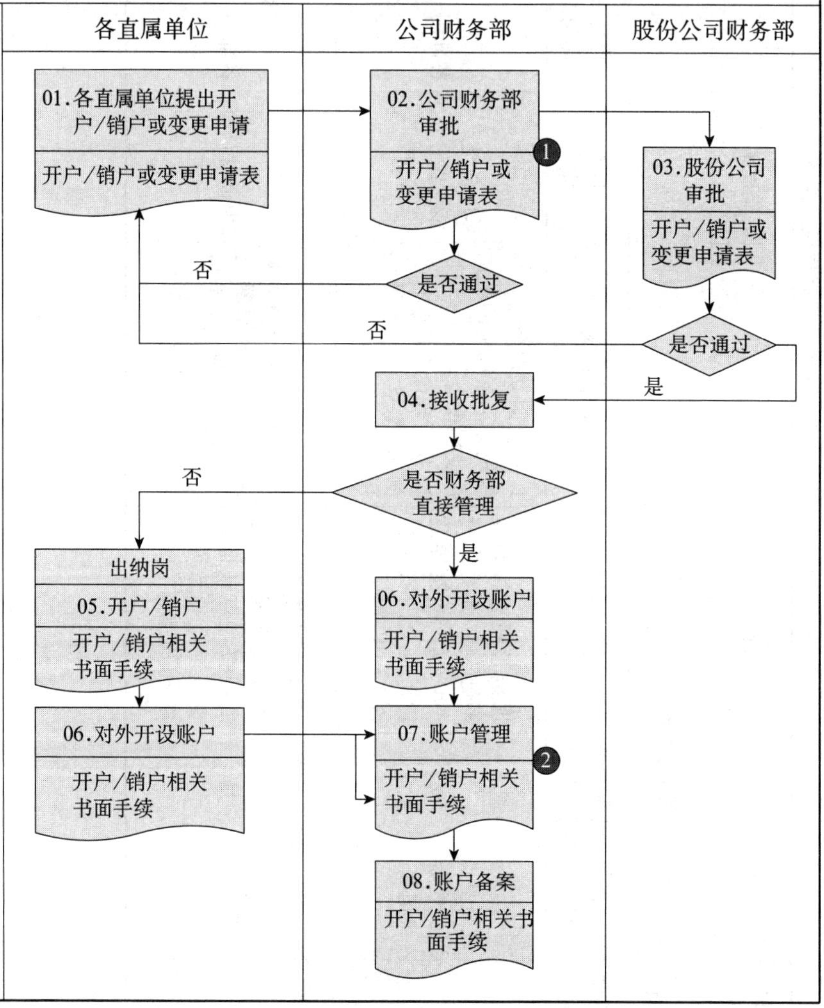

图 4.1.2 账户管理流程

第二篇 重点业务管控

表 4.1.2 账户管理流程控制矩阵

责任单位	流程名称	流程编号
财务部	账户管理	—

控制目标	降低资金风险，确保货币资金安全

节点编号	节点目标	是否为关键控制点	风险描述	控制措施	控制证据	责任部门	责任岗位	控制制度/文件
1	保证货币资金安全	是	不按有关规定管理账户，私自开立、变更、撤销对外账户，可能导致账户被他人利用，开展不法交易或其他单位的资金交易，给公司资产安全带来风险	1. 公司账户的使用严格执行中国人民银行《银行账户管理办法》各项规定。 2. 公司统一在商业银行开设支出户作为基本结算户。 3. 各直属单位必须至内部结算中心开立内部存款户（特殊情况除外）。 4. 公司及各单位账户的开立、变更、撤销手续由财务人员亲自在开户行办理，严禁通过中间人介绍办理银行存款业务。	检查记录	财务部	部门负责人	《公司财务会计制度》《公司货币资金管理办法（试行）》《公司财务管理办法》《公司财金集中管理办法——公司资金管理办法》
2	保证货币资金安全	是	不按有关规定管理账户，私自出租、出借账户，私自利用本单位账户为外单位收代付款项，可能导致账户被他人利用，开展不法交易或其他单位的资金交易，给公司资产安全带来风险	1. 公司账户的使用严格执行中国人民银行《银行账户管理办法》各项规定。 2. 不准出租、出借账户公司和本单位账户为外单位代收代转款项。 3. 公司定期检查、清理银行账户的开立及使用情况，发现问题及时处理。	检查记录	财务部	部门负责人	

19

4.1.3 印鉴管理流程

单位名称：公司	流程关键控制点描述
责任单位：财务部	1. 各直属单位财务专用章由各直属单位提出申请，并报公司财务部备案； 2. 公司财务专用章由财务部提出申请，主管领导审批后，由办公室统一刻制，并报股份公司备案； 3. 财务专用章由专人保管，个人名章必须由本人或授权人保管。
流程编号：—	

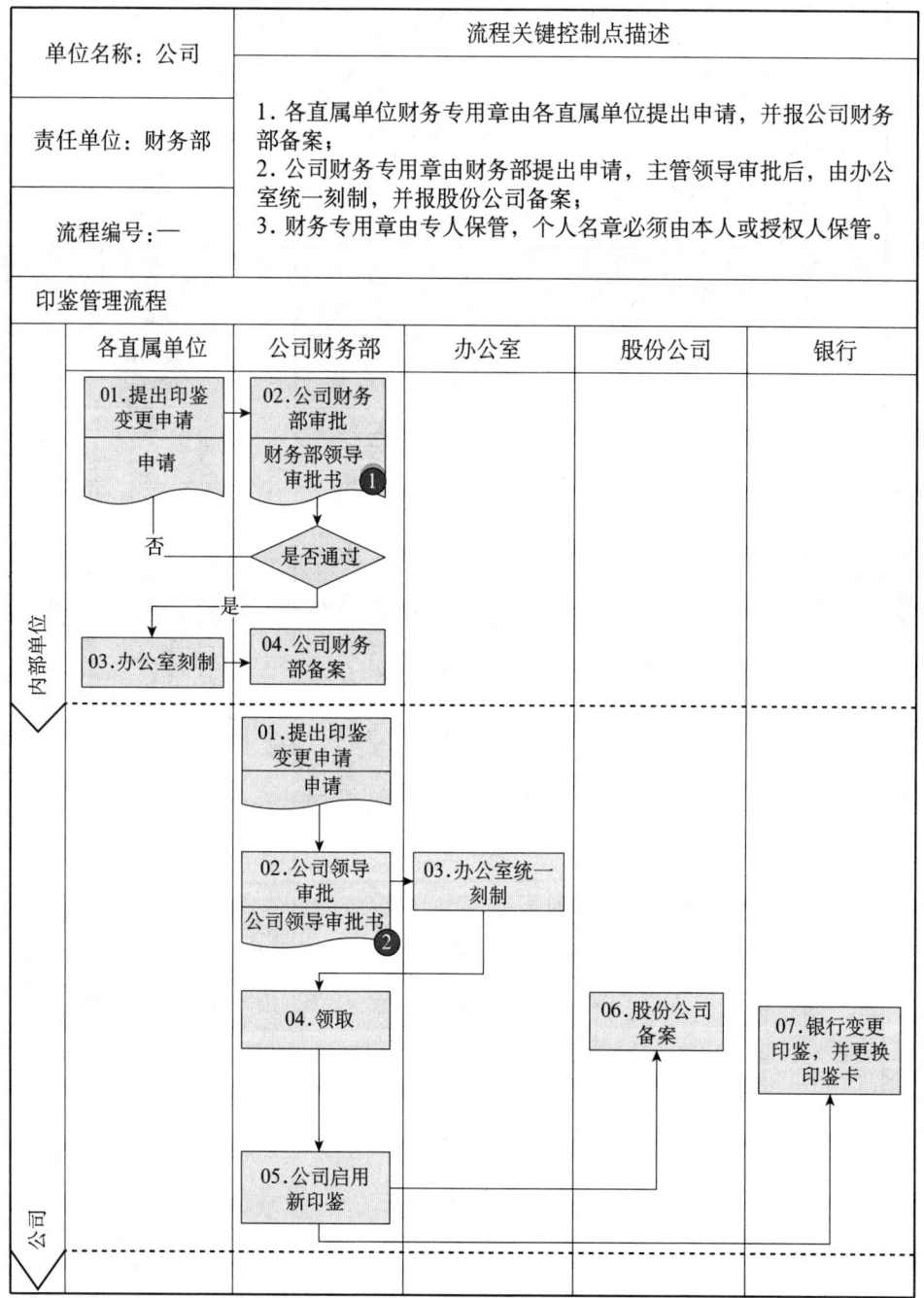

图4.1.3　印鉴管理流程

第二篇 重点业务管控

表 4.1.3 印鉴管理流程控制矩阵

责任单位	财务部							
控制目标	降低资金风险，确保货币资金安全							
	流程名称	印鉴管理			流程编号			
	节点目标	风险描述	是否为关键控制点	控制措施	控制证据	责任部门	责任岗位	控制制度/文件
节点编号								
1	确保加盖印鉴真实有效	印鉴保管使用不符合有关规定，可能给公司带来资金损失	是	1. 财务专用章的刻制由财务部门提出申请，报主管领导审批后，由公司办公室统一刻制并下文启用，财务部门指定专人领取。公司财务专用章领用报股份公司批准启用并备案。 2. 财务专用章由专人保管，个人名章必须由本人或授权人保管，严禁一人保管支付款项所需的全部印鉴。 3. 印鉴保管人员应亲自加盖印鉴，严禁委托他人代为加盖。内部结算中心（银行）预留印鉴必须由2人或2人以上分开保管，内部结算中心开票结算由会计开票后，加盖自己保管的业务印鉴，将有关票据交给其他印鉴保管人员，其他印鉴保管人员依据票据规定的权限和批准手续加盖章，并负责审核票据的正确性。 4. 印鉴原则上不允许带出公司或单位，确因工作需要将印鉴带出的，经财务部负责人同意后，由2人以上共同携带使用。 5. 印鉴保管人员必须妥善保管印鉴，如有遗失，必须及时向财务部门负责人和公司领导（本单位领导）逐级报告，采取补救措施。 6. 印鉴管理人员不按相关规定管理和使用印鉴，按有关规定处理。	上下班时印鉴盘查	财务部	各个保管印鉴的责任人	《公司财务管理办法——资金管理》《公司资金管理办法》

4.1.4 内部票据管理流程

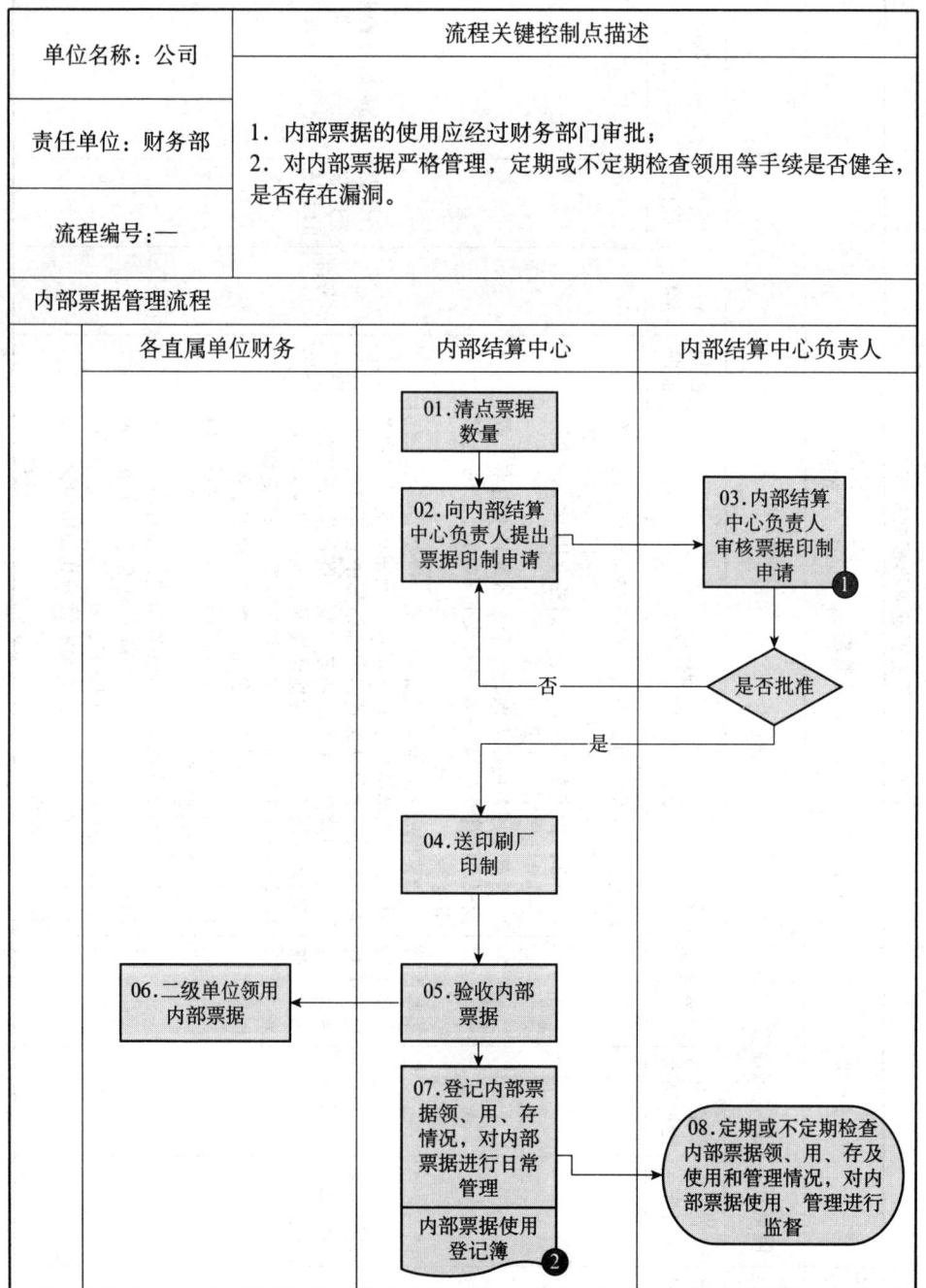

图4.1.4 内部票据管理流程

表4.1.4 内部票据管理流程控制矩阵

责任单位	公司财务部					
控制目标	票据领用、使用实行登记簿制,序时登记各种有价证券,降低资金风险,确保货币资金安全					
流程名称	票据管理					
流程编号	一					
节点编号	节点目标	是否为关键控制点	风险描述	控制措施	控制证据	责任部门	责任岗位	控制制度/文件
1	对内部票据印制申请审核	是	1. 内部结算凭证管理不善,可能导致被他人盗用,公司资金被窃取。2. 银行承兑汇票管理不善,可能导致被银行利用,在承兑到期空隙进行违法借贷或背书承兑。	1. 内部结算中心及各单位应当加强各类票据的管理,并设置登记簿进行登记。2. 内部结算中心及各单位对各种有价证券及银行承兑汇票必须严格管理,实行印鉴、票据分管制。		各部门	部门负责人	《公司财务管理办法》《公司资金管理办法》
2	登记内部票据领用、存情况,对内部票据进行日常管理	是	内部结算凭证管理不善,可能导致被他人盗用,公司资金被窃取	1. 各种支付结算票据建立支付结算票据领用、登记票据领用人、领用使用数量等信息。2. 对已经作废票据,与票据存根放在一起,即时加盖"作废"印章。3. 主管会计人员应定期对票据使用情况进行检查。	内部票据登记录	各部门	部门负责人	《公司财务管理办法》《公司资金管理办法》

4.1.5 基本建设投资财务管理流程

单位名称：公司	流程关键控制点描述
单位名称：公司	1. 基建部组织相关部门会审施工图及预算，招标领导小组组织或委托招投标并根据中标通知书与中标单位签订合同，保证施工进度、质量，并合理控制造价；
责任单位：财务部	2. 对于按进度结算的工程项目，基建部会同相关部门对工程进行验收、签证，核实工程进度并会签工程进度结算单，作为支付工程进度款的凭据；
流程编号：—	3. 工程竣工时，组织相关单位进行工程盘点及工程验收，验收合格后办理工程竣工结算手续，对工程进度、质量、造价进行初步鉴定；
流程编号：—	4. 委托工程造价审计单位对工程造价进行审计，依据审计结果确认工程造价，办理工程竣工决算，并作为工程考核、评价的依据之一。

基本建设投资财务管理流程

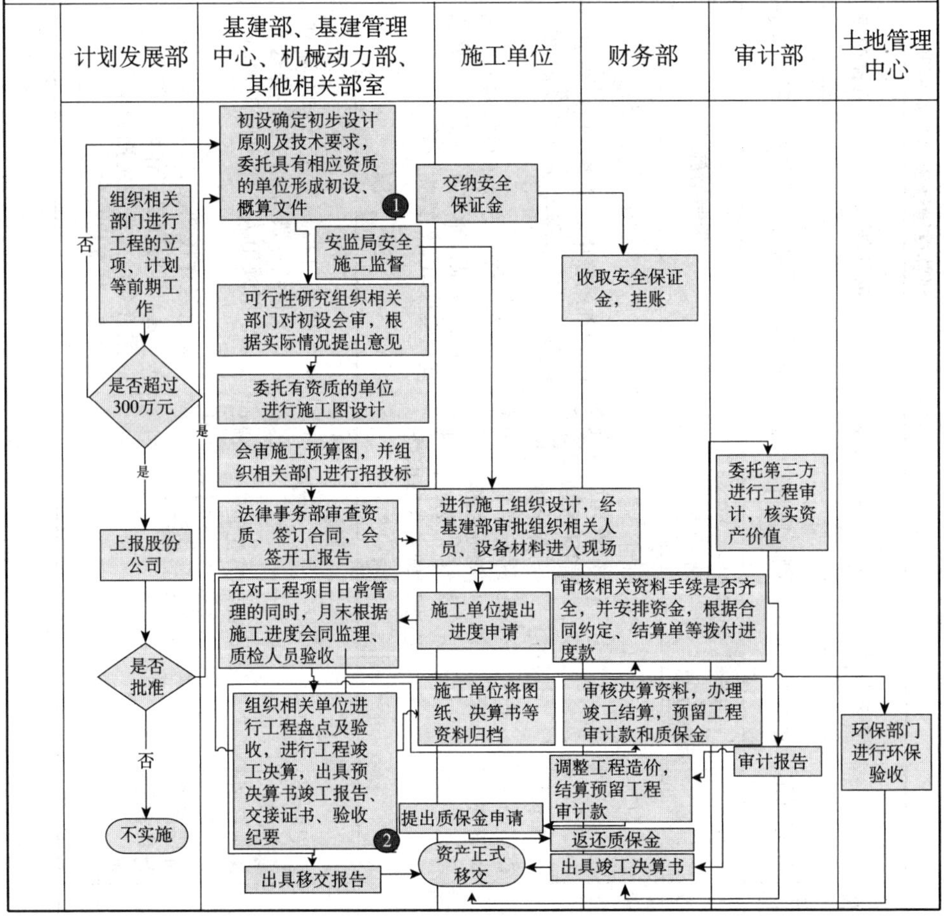

图 4.1.5 基本建设投资财务管理流程

表 4.1.5　基本建设投资财务管理流程控制矩阵

责任单位	流程名称	基本建设财务管理矩阵	流程编号	一
公司财务部	控制目标	加强投资使用的管理，提高投资使用效率，合同、施工、质量、造价及资料管理，严格按合同反规定进行付款审核，确保基本建设项目移交审计，确保资产入账资产价值的真实性	合理控制投资流出，规范公司基本建设项目；规范招投标、设计与年度投资计划；通过基本设计审核，预防由于合同或质量问题引起的法律纠纷	

节点编号	节点目标	是否为关键控制点	风险描述	控制措施	控制证据	责任部门	责任岗位	控制制度/文件
1	确保投资支出合理、保障资产入账资产的真实性	是	基本建设职责分工和流程不明确，将导致基本建设管理失控，制约基本建设项目的正常有序推进	1. 明确各业务部门在基本建设实施过程中的职能，强化基本建设流程，让每个业务操作人员及施工单位少走弯路，从而加大业务操作效率，保证基本建设项目的正常有序进行。2. 各基本建设单位应根据工作量的大小设立科、组或专人负责基本单位基本建设项目的管理、统计、协调、结算等事宜。3. 财务部门负责对在建工程成本、结转固定资产等进行正确的核算及账务处理。4. 基本建设工程进度的月末验收，由基建部组织监理、质检等相关部门进行，财务部门根据工程进度及合同要求支付进度款。5. 各单位应当建立竣工决算审计制度，及时组织竣工决算工作的工程项目的审查工作，未实施竣工决算审计的工程项目，不得办理竣工验收手续。6. 基建部门应及时组织工程项目的决算工作，审查合同文件、工程量计算书、竣工验收图纸等情况说明书；竣工决算情况说明书，工程项目概（预）算，根据审批后的工程项目支出。	定期进行考核	计划发展部、基建部、基建管理中心、机械动力部、财务部、审计部	—	《公司年度投资计划》《公司投资管理报告》

续表

节点编号	节点目标	是否为关键控制点	风险描述	控制措施	控制证据	责任部门	责任岗位	控制制度/文件
2		是	基本建设在项目立项、计划、设计、招投标、合同、施工、质量、造价及资料管理方面管理不到位，直接影响工程投资、工程进度和工程质量，投资资金的使用效率和企业的安全生产持续发展、制约投资效益的发挥	1. 各单位应建立工程项目成本管理责任制，实行领导负责制，部门负责制的全过程的工程成本控制，严格控制预算控制费用的支出，建立限额领料制度，健全工程物资验收、发、领、退制度，节约材料费用支出。 2. 各单位应当根据行业特点建立工程进度价款支付的控制制度，对价款支付做出明确规定，方式以及会计核算程序做出明确规定，确保价款支付及时、正确。 3. 财务部门应对工程价款申请支付凭证，审批人的有关意见及价款审查，审查无误后方可办理价款支付手续。 4. 因工程变更等原因造成价款支付方式金额发生变动的，基建部门应提供完整的书面文件和其他相关资料，重新签订合同或签订补充合同，财务部门对工程变更价款支付业务进行审核。 5. 各单位应当建立竣工决算工作制度，对竣工清理、竣工决算、竣工审计、竣工决算收等工作做出明确规定，确保竣工决算真实、完整、及时。 6. 基建部门应及时对合同计划部门、财务部门等相关部门组成的工验收标准，当工程项目满足竣工验收条件时，应及时组成竣工验收小组，对于由股份公司审批的工程项目还应上报股份公司参与验收；施工单位在工程竣工前应将竣工资料与工程决算资料一并报至竣工验收小组。	定期进行考核	计划发展部、基建部、基建管理中心、机械动力部、财务部、审计部		《公司合同管理办法》《公司计划管理办法》《公司工程建设工程管理办法》《公司科技管理办法》《公司安全管理办法》《公司审计管理办法》《公司设备管理办法》《公司财务管理办法》

4.1.6 低值易耗品核算流程

单位名称：公司	流程关键控制点描述
责任单位：财务部	1. 低值易耗品作为卡片来管理的单位，须严格按照集团统一的分类标准进行卡片化管理； 2. 加强低值易耗品管理，规范低值易耗品的采购、确认、分类、清查盘点、处置、核销，提高低值易耗品使用效率，减少低值易耗品的流失； 3. 低值易耗品采购必须经过使用单位相关部门及分管领导严格审批； 4. 低值易耗品严格按公司财务制度要求进行摊销； 5. 各有关部门应严格按照低值易耗品相关规定执行； 6. 凭相关单据及资料办理结算手续。
流程编号：—	

低值易耗品核算流程

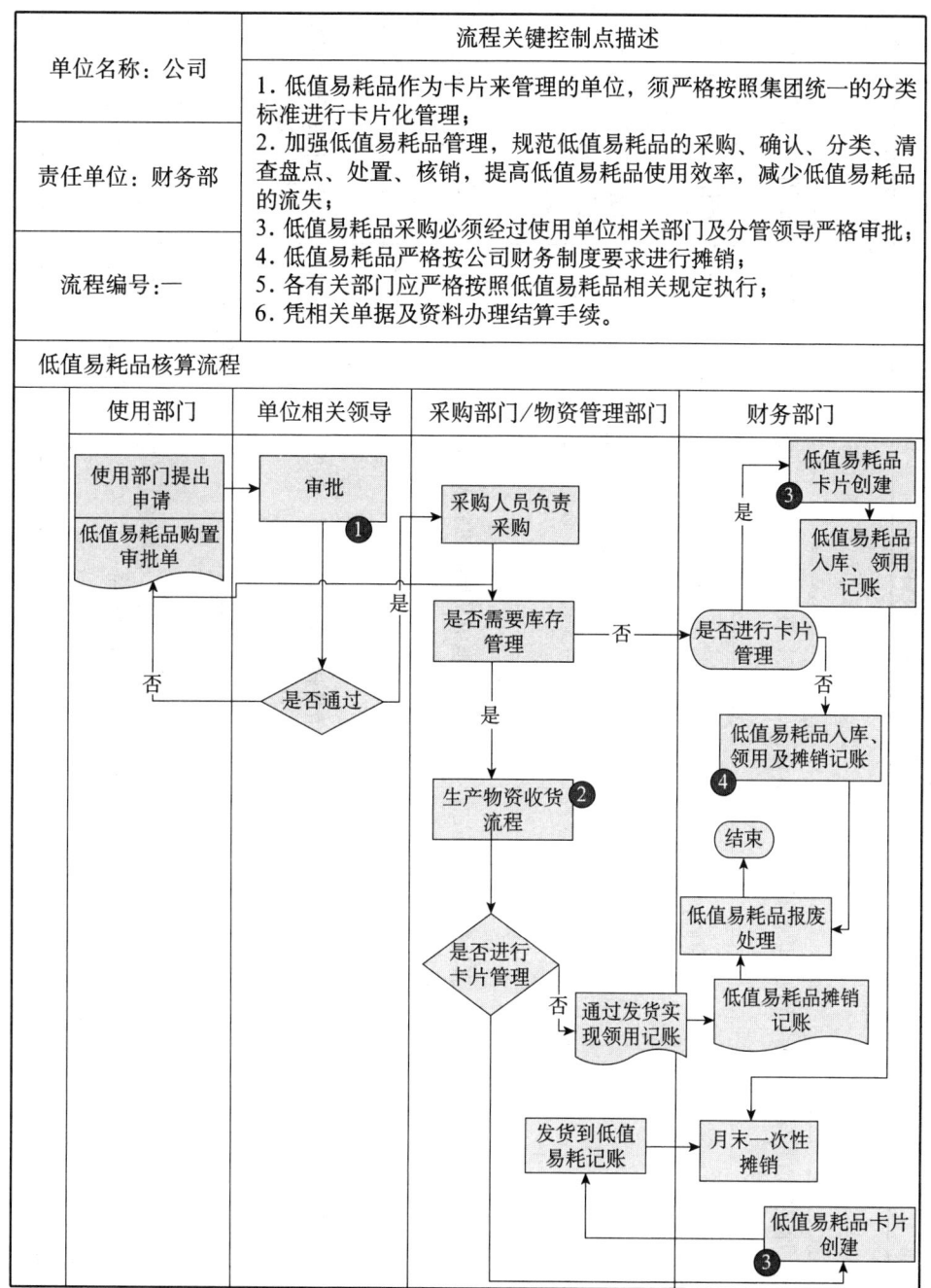

图4.1.6　低值易耗品核算流程

表4.1.6 低值易耗品核算流程控制矩阵

责任单位	控制目标	流程名称	低值易耗品核算	流程编号	一			
公司	加强低值易耗品管理，规范低值易耗品的采购、确认、分类、清查盘点、处置、核销，提高低值易耗品使用效率，减少低值易耗品的流失							
节点编号	是否为关键控制点	节点目标	风险描述	控制措施	控制证据	责任部门	责任岗位	控制制度/文件
1	是	确保低值易耗品购置的必要性	对年度计划、费用明细审核不严，造成公司资源浪费，给公司带来经济损失	分管领导结合本部门实际情况严格审查，检查业务是否真实，以免浪费	审批单	使用部门	相关部门负责人	《公司全面质量标准化管理实施办法》
2	是	确认如数收货	对低值易耗品的确认有误，造成公司经济损失	收货时确保低值易耗品的确认，分类无误	入库单	采购部门/物资管理部门	管理员	《公司全面质量标准化管理实施办法》
3	是	正确建立低值易耗品卡片	没有建立卡片，造成账实不符	对低值易耗品建立卡片账，并定期与实物核对，保证账实相符	低值易耗品卡片	财务部门	资产会计	《公司财务管理办法》
4	是	保证记账凭证真实、准确	对各项原始单据和记账凭证审核不严，造成公司的经济损失。未经领导审批，擅自办理业务	认真审核原始单据，记账凭证内容，费用列支准确	原始单据记账凭证	财务部门	成本会计	《公司财务管理办法》

4.1.7 固定资产核算流程

单位名称：公司	流程关键控制点描述
责任单位：资产管理中心	1. 采购固定资产是否需要安装，由供应处根据所采购的物资情况确定； 2. 固定资产验收情况，必须完成验收才能办理资产确认单； 3. 资产确认单由供应处将采购信息发送到EAM系统，使用单位建立资产确认单，资产管理中心审核； 4. 供应处必须按照公司《固定资产目录》建立资产卡片； 5. 资产出库审批由计划部、机械动力部、资产管理中心审批后形成资产出库单。
流程编号：—	

固定资产核算流程

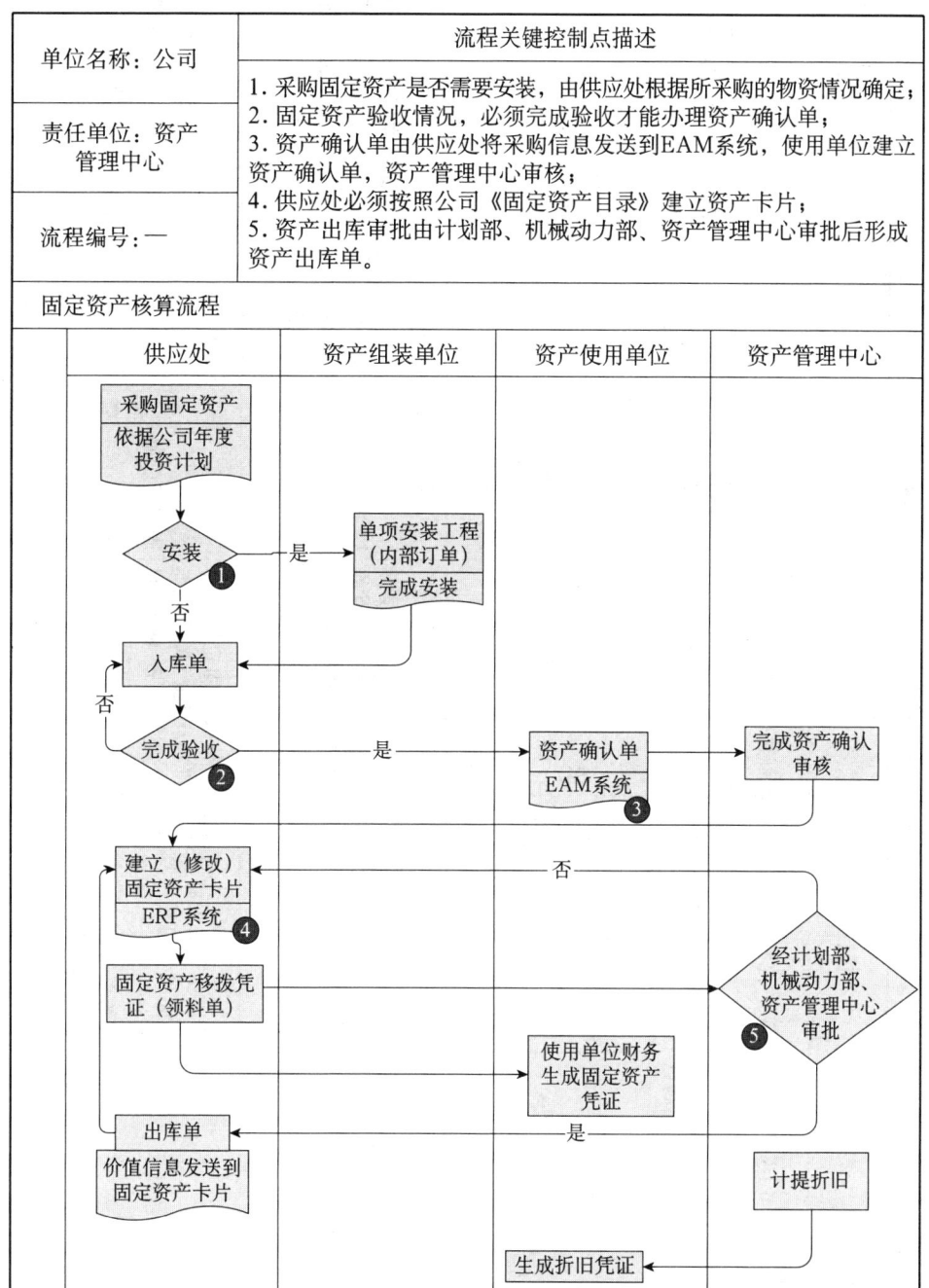

图 4.1.7　固定资产核算流程

表 4.1.7 固定资产核算流程控制矩阵

责任单位	煤矿							
控制目标	规范固定资产的核算流程，控制固定资产核算流程存在的风险点							
节点编号	节点目标	是否为关键控制点	风险描述	控制措施	控制证据	责任部门	责任岗位	控制制度/文件
1	采购的固定资产是否需要安装	是	没有区分需安装设备和不需安装设备，将导致会计核算不完整，信息失真	依据公司的年度采购计划和设备的实际需要情况确定	依据公司的年度采购计划和实际情况建立的内部订单	供应处	设备采购部门采购员	《固定资产管理办法》
2	资产验收环节	是	验收环节是确认资产是否达到可使用状态的重要标准	资产是否达到所设计的使用标准，是否能满足资产使用单位的要求	资产验收报告	各资产使用单位和机械动力部、工程管理部、资产管理中心等	各资产验收单岗位	《固定资产实物与价值协同管理办法》《固定资产管理办法》
3	资产确认单	是	确认环节缺失将导致资本性和费用性将导致资产无法区分；确认错误将导致资产分类数据错误将导致资产计提折旧错误	严格确认资产标准化、严格按照固定资产属于资本化、《固定资产实物管理办法》协同管理办法》对资产进行分类	固定资产确认单	各资产使用单位、资产管理中心	各资产使用单位归口对口岗位	《固定资产实物与价值协同管理办法》《固定资产管理办法》

续表

节点编号	节点目标	是否为关键控制点	风险描述	控制措施	控制证据	责任部门	责任岗位	控制制度/文件
4	供应处建立ERP系统资产卡片	是	在建立资产卡片时候，由于资产分类和资产目录选择错误导致资产折旧错误	严格按照《固定资产实物与价值协同管理办法》和《固定资产确认的核算明细分类建立卡片	ERP固定资产卡片	供应处	设备采购部门采购员	《固定资产实物与价值协同管理办法》《固定资产管理办法》
5	固定资产出库环节审批	是	对年度计划的内容审核不严，对资产卡片相关分类不严导致资产确认单与资产卡片混淆；明细目录不严导致资产折旧计提错误	严格按照年度计划、《固定资产实物与价值协同管理办法》、固定资产确认单、固定资产目录对出库资产进行审核	年度计划、资产确认单、固定资产目录	计划部、机械动力部、资产管理中心	相关审批人员	《固定资产实物与价值协同管理办法》《固定资产管理办法》

4.1.8 财务投保业务管理流程

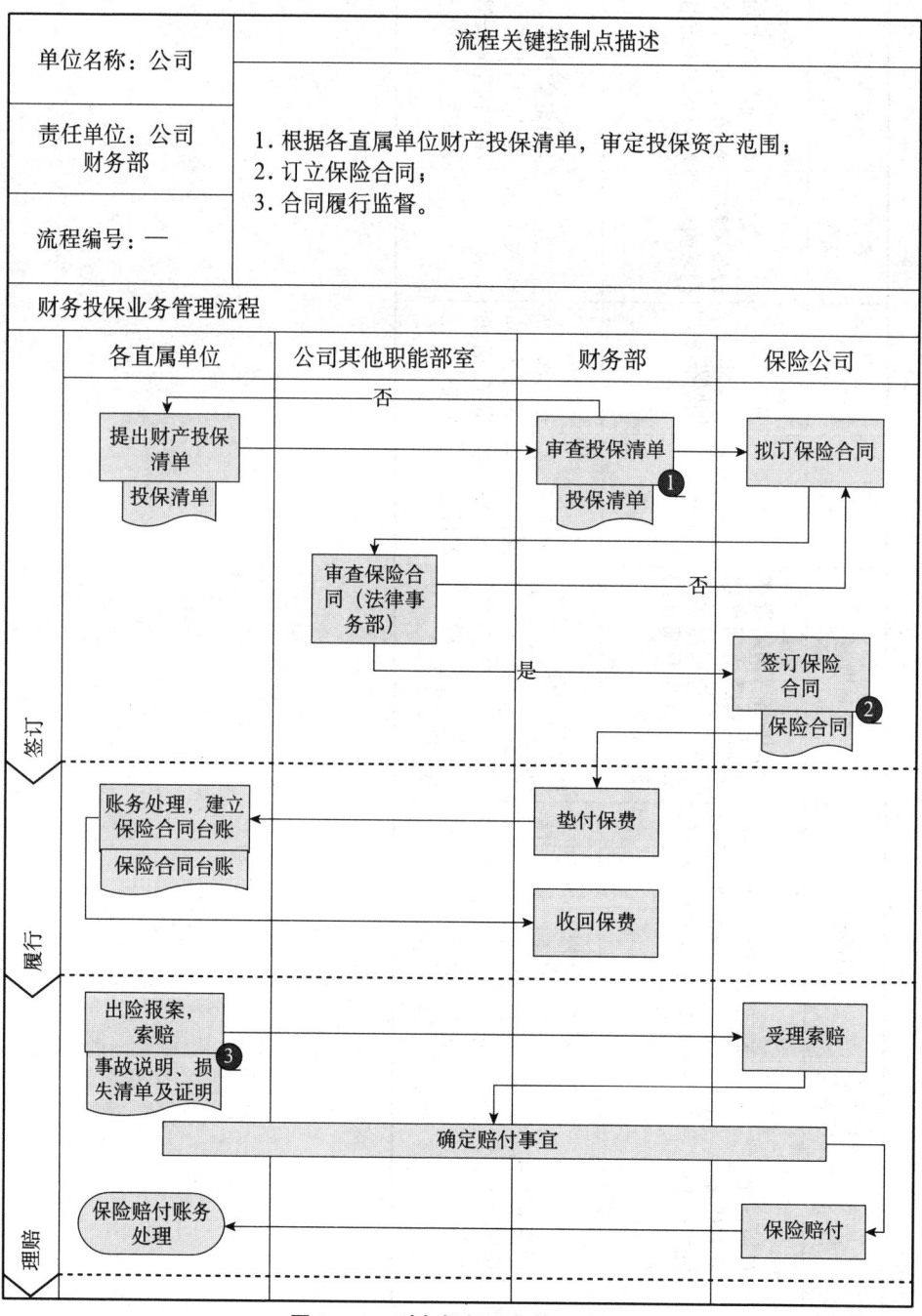

图 4.1.8 财务投保业务管理流程

表4.1.8 财务投保业务管理流程控制矩阵

责任单位	公司财务部				
控制目标	规范公司财产保险业务，保护公司合法权益，明确有关单位及部门的保险职责				
流程名称	财产投保业务管理				
流程编号	—				

节点编号	节点目标	是否为关键控制点	风险描述	控制措施	控制证据	责任部门	责任岗位	控制制度/文件
1	根据各直属单位财产投保清单，审定投保资产范围	是	投保财产范围过大，不必要保费支出较多，造成浪费	明确财产投报业务相关部门职责，做到权责分明	财产清单	公司各部门	部门负责人	《财产投保业务管理办法》
2		是	投保业务权责不明影响投保业务的正常开展	明确财产投保业务种类，减少不必要的保费支出	投保资产目录	公司各部门	部门负责人	《财产投保业务管理办法》
3		是	费率过高，保费支出增多	明确财产保险费支出确保保费支出最小化	保险理赔单	公司各部门	部门负责人	《财产投保业务管理办法》
4		是	理赔程序不明确，影响赔付事宜的办理，投保人权益得不到保障	明确财产投保业务的理赔程序，确保及时办理理赔手续	保险理赔单	公司各部门	部门负责人	《财产投保业务管理办法》

4.1.9 债权债务管理流程

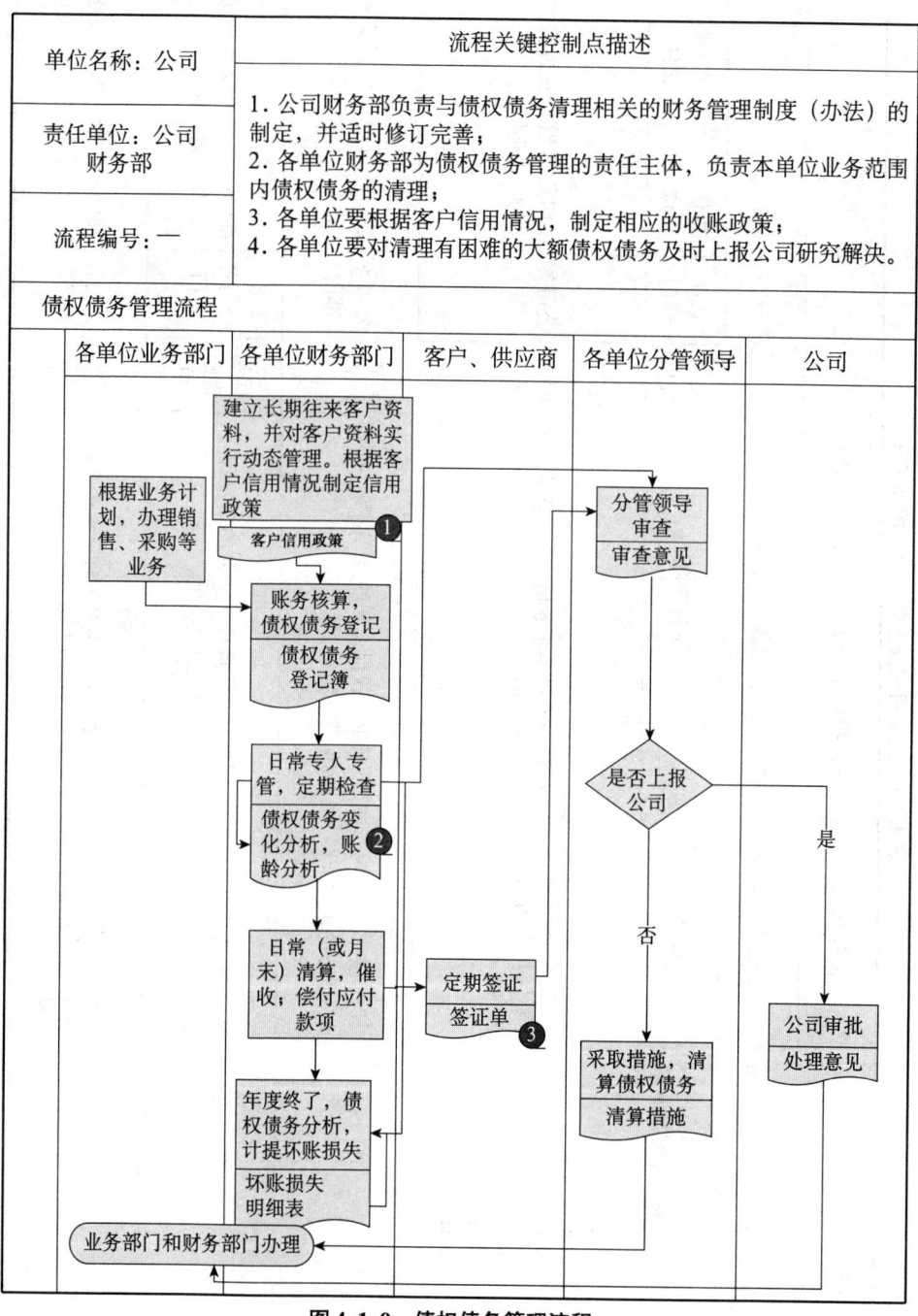

图4.1.9 债权债务管理流程

表 4.1.9 债权债务管理流程控制矩阵

责任单位	公司							
控制目标	1. 加强对债权债务的管理监督，杜绝呆账、死账等不良债权的发生，保护公司资产不受损失； 2. 控制新增债务的发生。							
节点目标	流程名称	风险描述	是否为关键控制点	流程编号				
	债权债务管理	债权债务的管理是公司资产管理和经营管控的重要内容，直接关系到公司的发展，债权债务管理不当会使公司利益蒙受损失		—				
节点编号				控制措施	控制证据	责任部门	责任岗位	控制制度/文件
1			是	各单位财务部负责本单位债权债务的管理工作，由其负责收回对外欠资金	应收应付明细台账	财务部		《公司财务管理办法》
2			是	强化债权债务的管理，设立债权债务登记簿，设置应收及预付款、其他应收款，应付及预收款和其他应付款等科目，做好日常债权债务核算工作，专人专岗负责管理	同上	财务部		《公司财务管理办法》
3			是	及时清算、催收各种款项	同上	财务部		《公司财务管理办法》
4				定期检查，分析债权债务以及增减变化原因，对数额较大的债权债务应组织有关人员实行跟踪管理，杜绝呆账、死账等不良债权的发生。对拖欠时间超过半年的应收款项，应加大催收力度，明确责任，积极催收。对一些确实无法收回的坏账、呆账、死账，必须认真核实，查明原因，形成书面材料，报公司批准后进行账务处理，任何人不得擅自决定核销或核减应收款项	应收应付明细台账	财务部		《公司财务核算办法》

续表

节点编号	节点目标	是否为关键控制点	风险描述	控制措施	控制证据	责任部门	责任岗位	控制制度/文件
5				定期对应收款项进行账龄分析，已确认无法收回的款项根据条件转作坏账损失。	同上	财务部		《公司财务核算办法》
6				对现有债权债务要制定切实可行的债务偿还债权清收计划	同上	财务部		《公司财务核算办法》
7				债权、债务清理可以设立奖励政策，对经办人员实行物质奖励	同上	财务部		《公司财务管理办法》
8				实行债权债务签证制度	同上	财务部		《公司财务管理办法》

4.1.10 债务融资管理流程

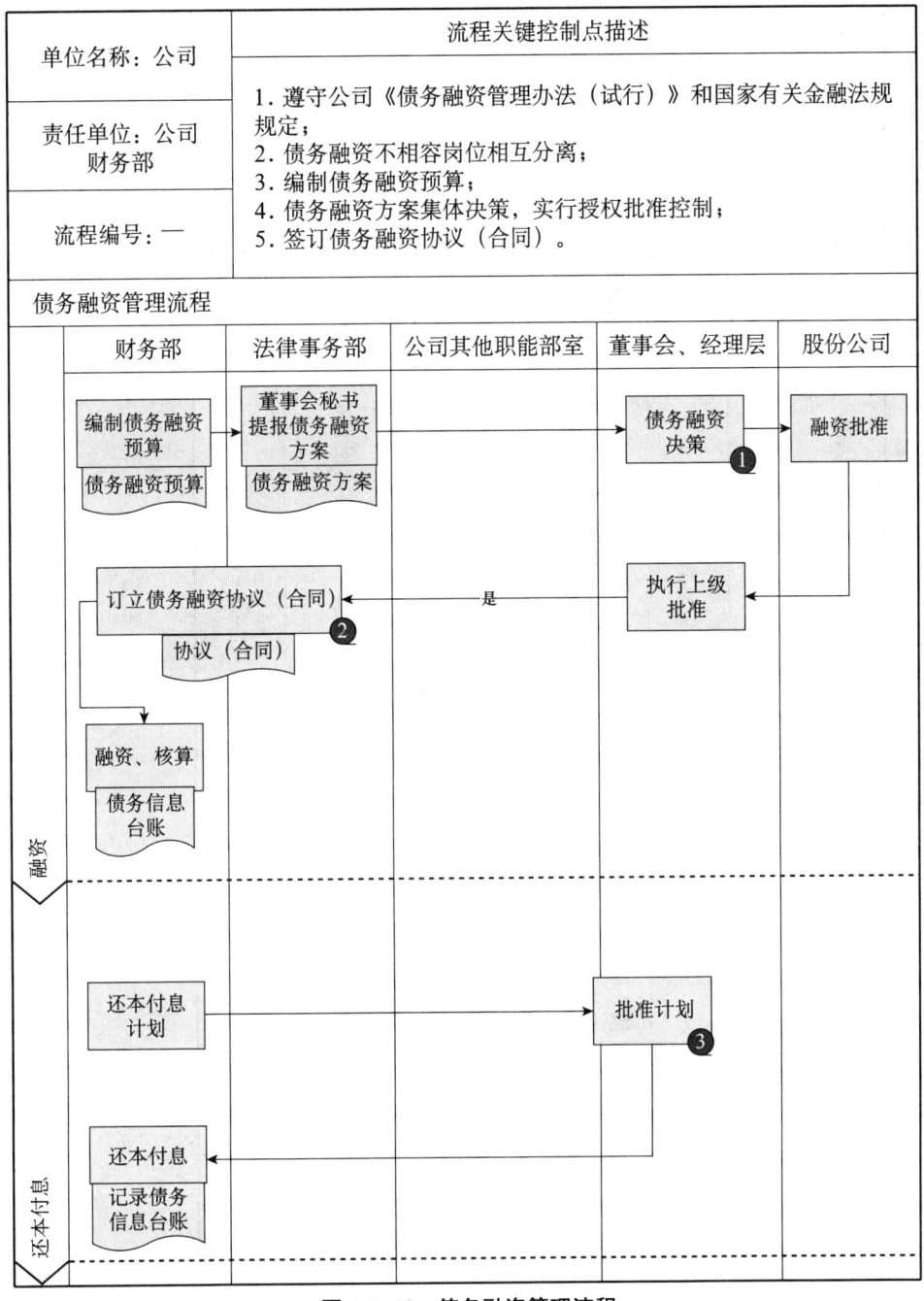

图4.1.10 债务融资管理流程

表4.1.10 债务融资管理流程控制矩阵

责任单位	公司						
流程名称	债务融资管理						
流程编号	—						
控制目标	规范公司债务融资行为，降低融资风险						
节点编号	是否为关键控制点	节点目标	风险描述	控制措施	控制证据	责任部门	责任岗位	控制制度/文件
1	是	降低融资风险	债务融资规模过大，增大财务费用负担	遵守中国《债务融资管理办法（试行）》和国家有关金融法规规定		政策法规部		《公司债务融资管理办法》
2	是		债务融资行为不规范，存在融资风险	债务融资不相容岗位相互分离		财务部		
3	是		不能按期还本付息，可能影响公司信誉	编制债务融资预算	债务融资计划	财务部		
4				债务融资方案集体决策，实行授权审批		财务部		
5				签订债务融资协议（合同）		政策法规部		

4.1.11 主营业务收入管理流程

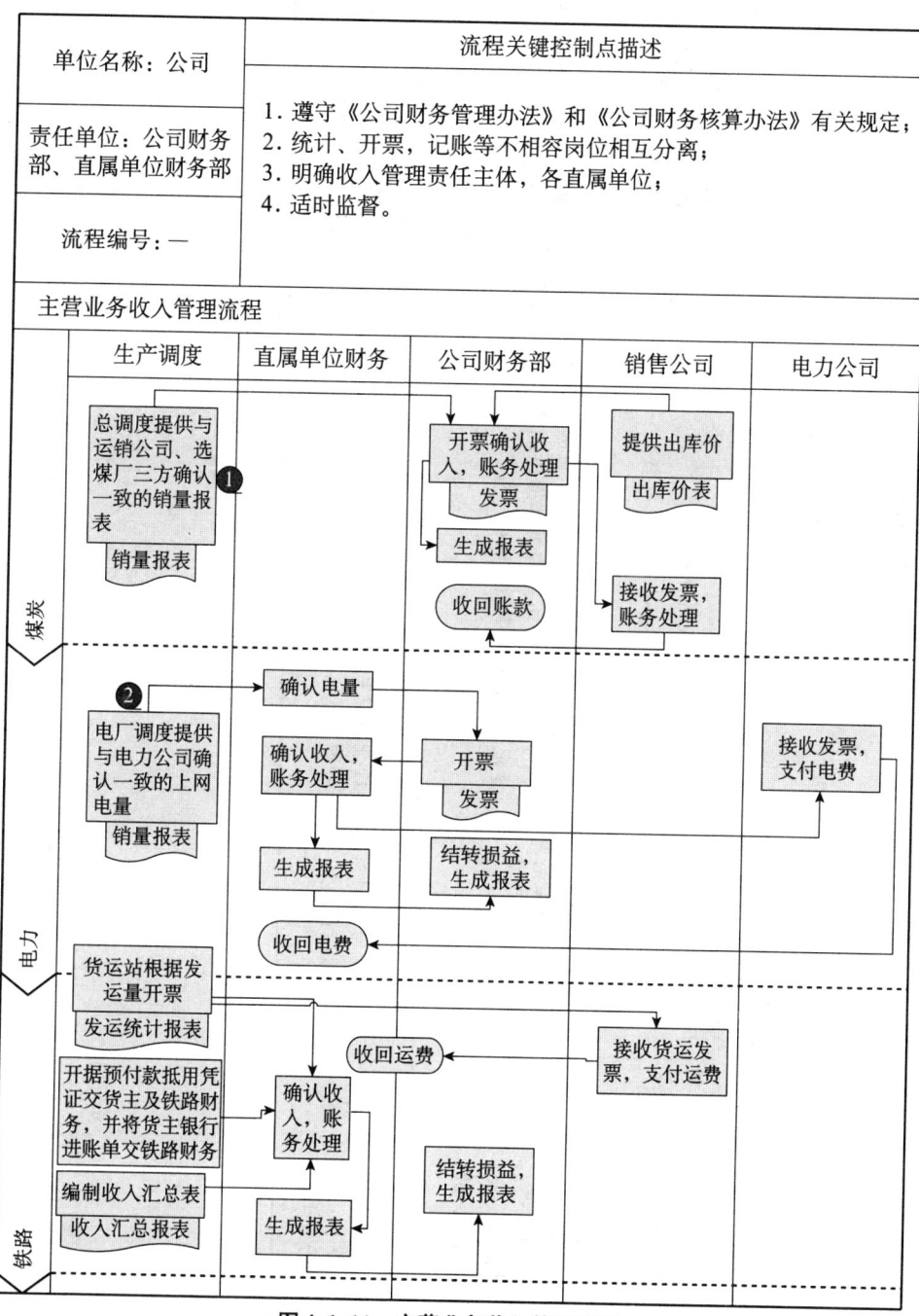

图 4.1.11 主营业务收入管理流程

表 4.1.11 主营业务收入管理流程控制矩阵

责任单位	流程名称	流程编号	控制目标	节点编号	节点目标	是否为关键控制点	风险描述	控制措施	控制证据	责任部门	责任岗位	控制制度/文件
财务部	主营业务收入管理	—	规范公司煤炭销售收入，确保收入准确及时入账	1	总调度提供与运销公司、选煤厂三方确认一致的销量报表	是	总调度部与销售公司提供的煤炭销售量与热值存在不一致的现象，影响收入确认的准确性	要求销售公司提供的采购订单与选煤厂的发货单与公司总调度部提供的产量报表在数量、煤质上确认一致	销售明细表	各部门	部门负责人	《公司财务核算办法》
				2	开票确认收入、账务处理	是	发票开具与ERP系统确认的收入存在偏差	详细核对系统收入与开票收入，账务处理与发票准确无误		财务部	部门负责人	《公司财务核算办法》

4.1.12 财务信息化管理流程

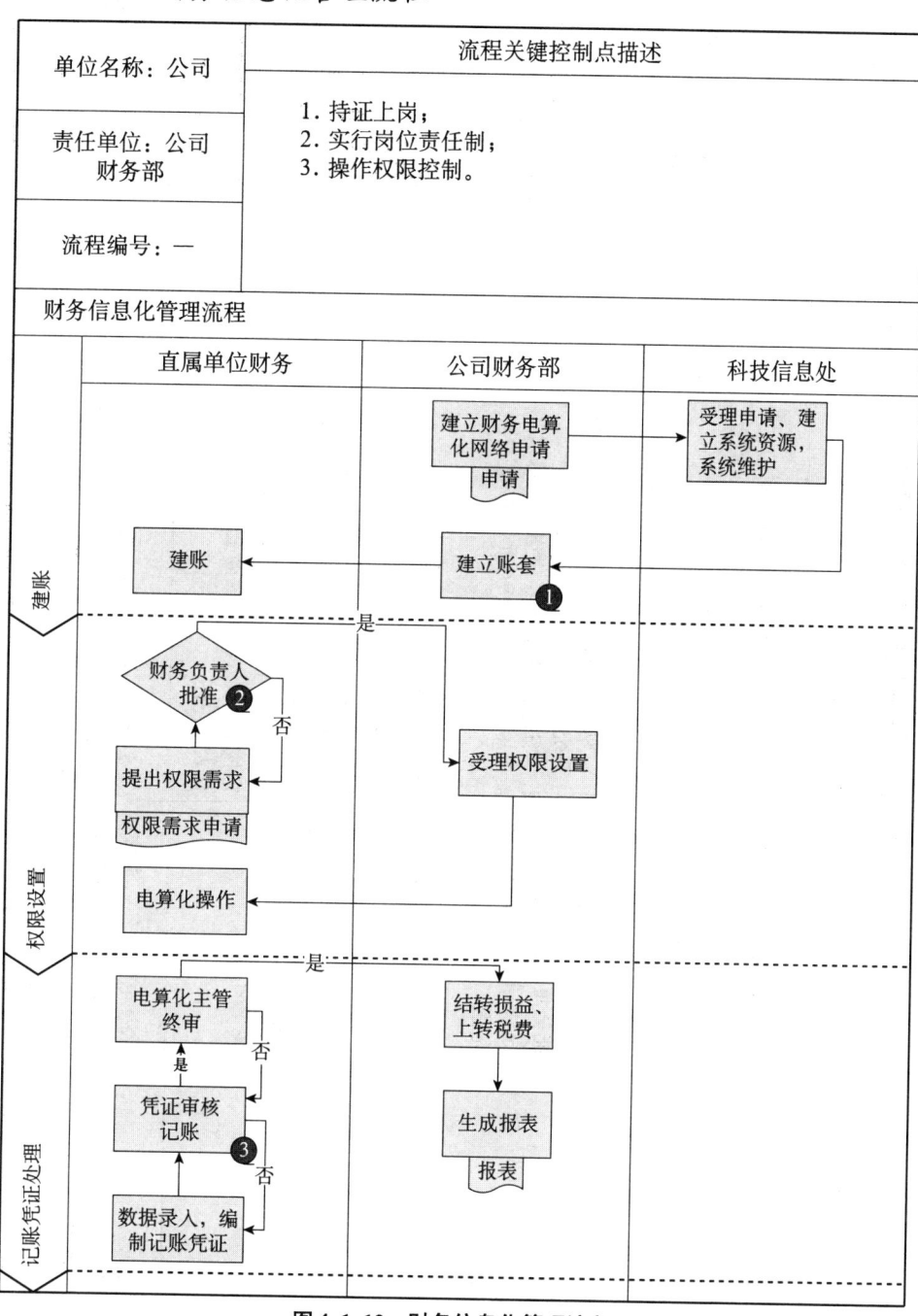

图 4.1.12 财务信息化管理流程

表4.1.12 财务信息化管理流程控制矩阵

责任单位	公司财务部							
控制目标	加强财务信息化管理，明确信息化岗位责任制，根据财务人员岗位进行权限控制。							
流程名称	财务信息化管理流程							
流程编号	—							
节点编号	节点目标	是否为关键控制点	风险描述	控制措施	控制证据	责任部门	责任岗位	控制制度/文件
1	持证上岗	是	财务人员对信息系统不能全面了解、规范操作，导致人数统计不完整	1.定期对财务人员进行培训，熟悉操作系统，实现规范操作。2.会计人员都必须经过电算化培训并取得上岗证书方可从事电算化岗位工作。		财务部	财务负责人	《公司财务管理办法》
2	实行岗位责任制	是	会计电算化工作岗位在不违背内部控制原则的前提下，可以一人兼任多个岗位	电算化主管由财务负责人担任，审核记账由凭证或者票据复核人员担任，数据录入人员由制证人员担任，系统管理员由熟悉会计主管业务可由会计主管兼任，数据分析员的具有较高业务水平的工作人员担任。		财务部		《公司财务管理办法》
3	操作权限控制	是	会计电算化各人员根据岗位明确职责，必须明确岗位权限，操作密码需实行加密设置	系统操作人员及其操作权限由电算化主管提出意见，书面报公司财务部批准后通过系统设定	上岗证书	财务部	电算化各岗位	《公司财务管理办法》

4.1.13 办公费管理流程

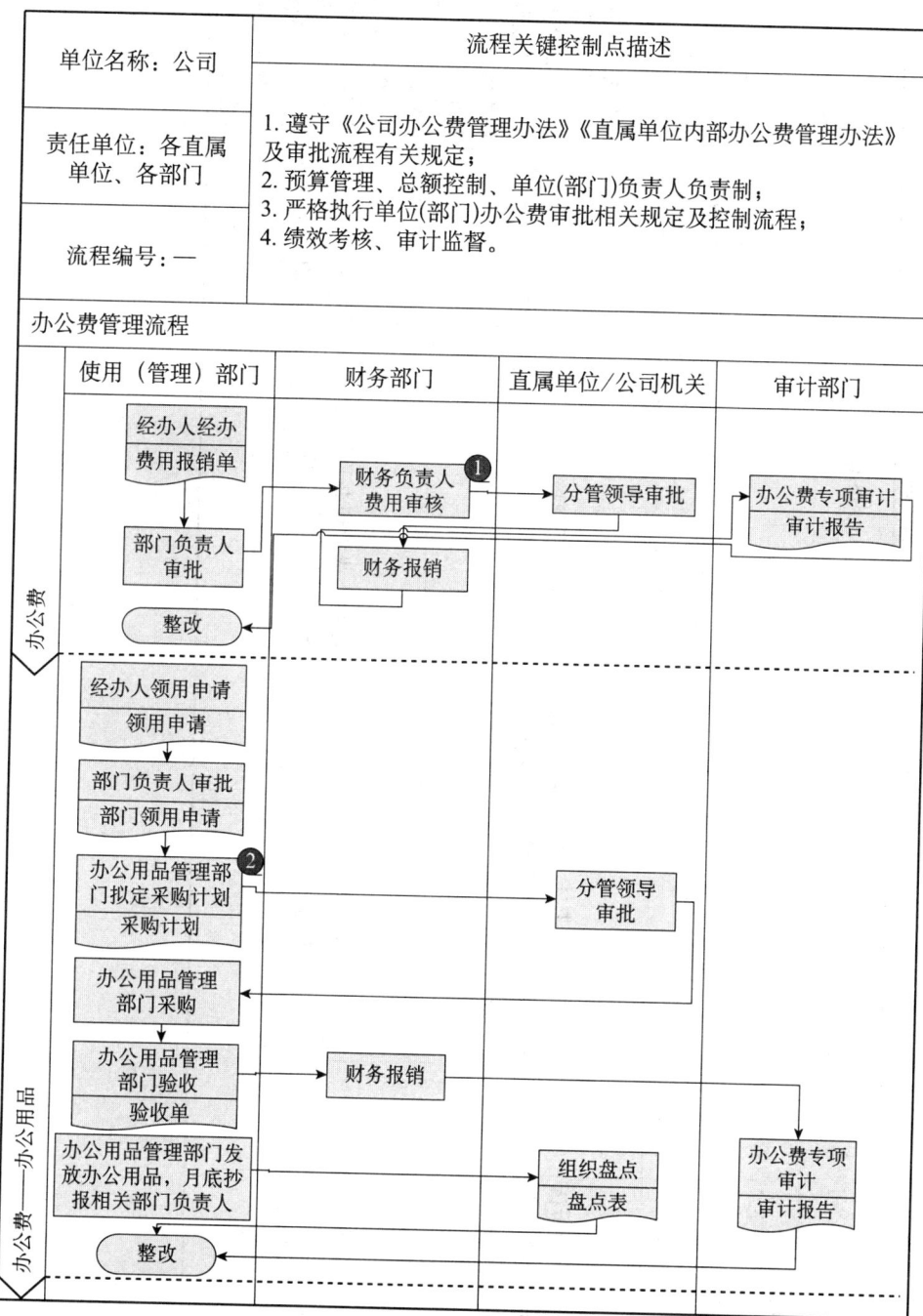

图 4.1.13 办公费管理流程

表4.1.13 办公费管理流程控制矩阵

责任单位	控制目标	流程名称	流程编号					
公司财务部	规范办公费管理，厉行节约	办公费管理	—					
节点编号	节点目标	是否为关键控制点	风险描述	控制措施	控制证据	责任部门	责任岗位	控制制度/文件
1	管控主体明确，职责清晰	是	办公费管控主体不明，职责不清，不利于办公开支的降低	预算管理，领导负责制，总额控制，绩效考核	办公费预算	公司各部门	部门负责人	《公司办公费管理办法》《公司全面预算管理办法》《公司"五型企业"建设暨绩效考核及工资分配办法》
2	流程清晰，严格执行规章制度	是	办公费报销内控流程不明，不利于办公费的控制	严格执行《公司办公费管理办法》相关规定；强化内控管理，严格执行规章制度		公司各部门	部门负责人	《公司办公费管理办法》《公司全面预算管理办法》《公司"五型企业"建设暨绩效考核及工资分配办法》

4.1.14 差旅费管理流程

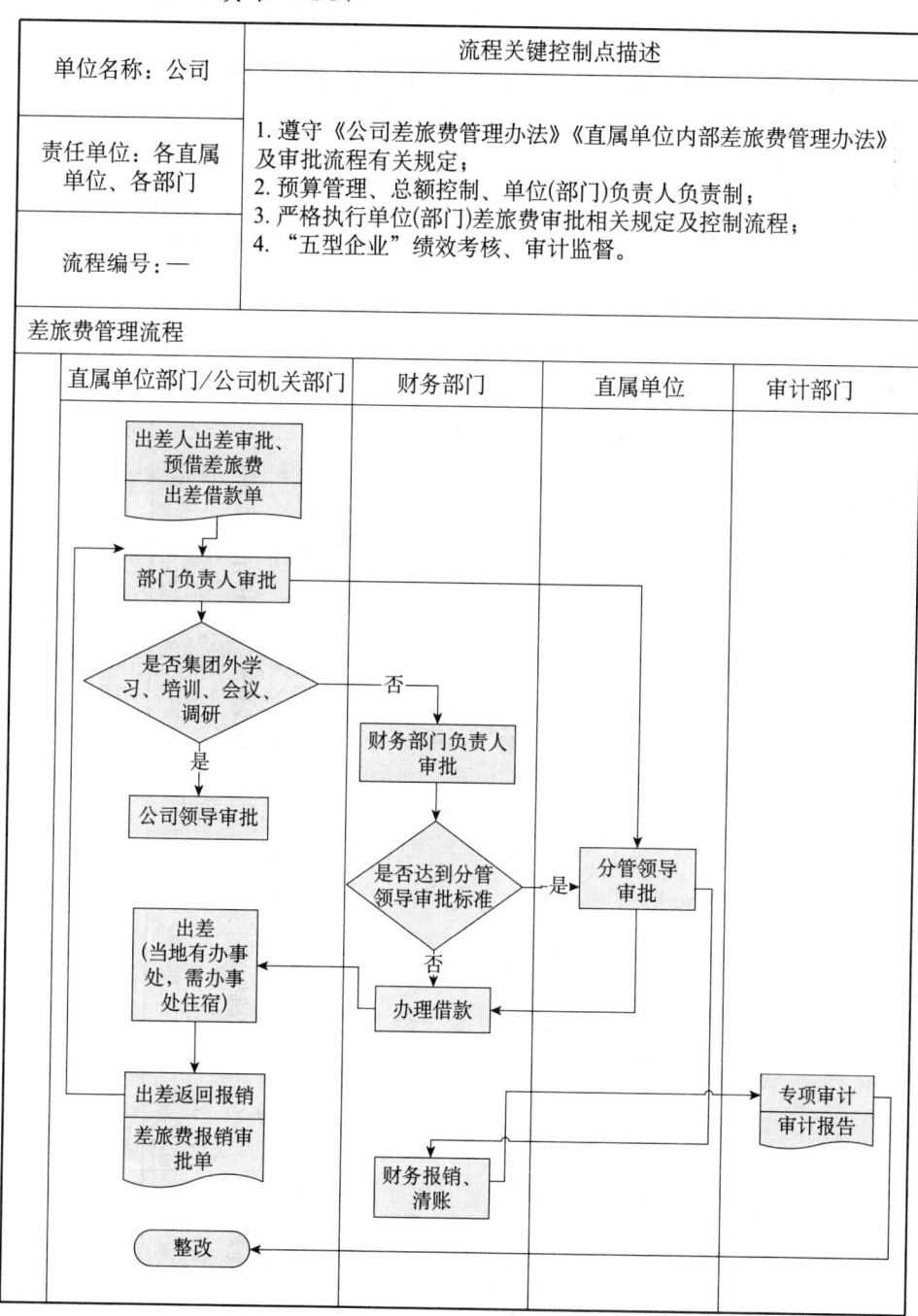

图 4.1.14 差旅费管理流程

表 4.1.14 差旅费管理流程控制矩阵

责任单位	公司财务部			
控制目标	规范差旅费管理，厉行节约			
节点目标	是否为关键控制点	风险描述	差旅费管理	流程编号
			控制措施	控制证据	责任部门	责任岗位	控制制度/文件

节点编号	节点目标	是否为关键控制点	风险描述	控制措施	控制证据	责任部门	责任岗位	控制制度/文件
1	管控主体明确、职责清晰	是	差旅费管控主体不明、职责不清，不利于降低差旅开支	预算管理、领导负责制，总额控制、绩效考核	差旅费任务分配单			
2	流程清晰、严格执行规章制度	是	差旅费报销内部控制流程不明，不利于差旅费的控制	严格执行《公司差旅费管理办法》相关规定；强化内控管理，严格执行规章制度	业务发生原始单证	公司各部门	部门负责人	《公司差旅费管理办法》《公司全面预算管理办法》《公司"五型"企业建设暨绩效考核及工资分配办法》

4.1.15 工资奖金提取、分配流程

单位名称：公司	流程关键控制点描述
责任单位：公司财务部	1. 各单位审批工资奖金分配方案； 2. 各单位劳资部门审批工资奖金分配表； 3. 公司人力资源部审批各单位上报的工资奖金分配表。
流程编号：—	

工资奖金提取、分配流程

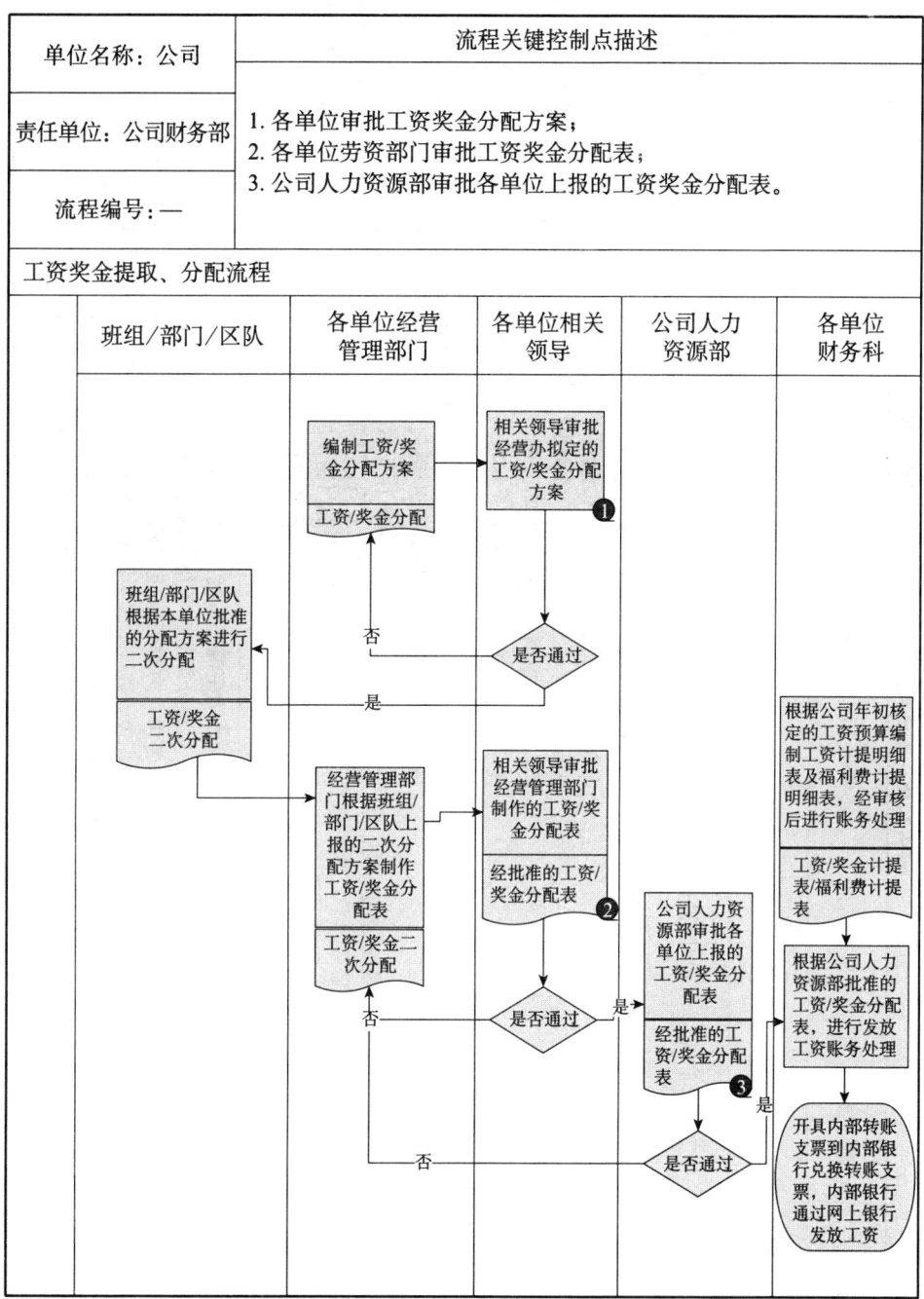

图 4.1.15 工资奖金提取、分配流程

表 4.1.15 工资奖金提取、分配流程控制矩阵

责任单位	公司财务部							
控制目标	规范工资资金提取与分配管理							
	流程名称	工资奖金提取、分配流程	流程编号	—				
节点编号	节点目标	是否为关键控制点	风险描述	控制措施	控制证据	责任部门	责任岗位	控制制度/文件
1	各单位审批工资奖金分配方案	是	工资/奖金分配不均，成分不公平，影响员工工作积极性和工资、福利费、效益奖等费用	各单位经营管理部门编制工资/奖金分配方案，报送相关领导审批经营办拟定的工资/奖金分配方案，各班组部门/区队根据本单位批准的分配方案进行二次分配，并报送各单位经营管理部门	工资奖金明细表	经营部	部门负责人	《公司内部控制风险管理手册》
2	各单位劳资部门审批工资奖金分配表	是		各单位经营管理部门根据班组部门区队上报分配表确定二次分配方案，并报送相关领导审批经营管理部门制作的工资/奖金分配方案，审核通过后报送公司人力资源部	同上	经营部	部门负责人	《公司内部控制风险管理手册》
3	公司人力资源部审批各单位上报的工资奖金分配表	是		公司人力资源部审批各单位上报的工资奖金分配表，各单位财务部根据公司人力资源部批准的工资/奖金分配表，进行发放工资账务处理，开具转账支票，内部转账支票或内部银行兑换转账支票，内部银行通过网上银行发放工资	同上	人力资源部	薪酬福利管理岗	《公司内部控制风险管理手册》

48

4.1.16 在建工程资本化流程

单位名称：公司	流程关键控制点描述
责任单位：公司财务部	1. 根据工程项目组制定的竣工验收标准，当满足验收标准时，计划发展部及时组织相关部门进行验收； 2. 资产管理中心根据集团公司固定资产目录对移交资产进行分类确认； 3. 资产管理中心组织财务、资产使用单位对实物资产进行一一盘点； 4. 财务部及时将转固资产移交使用单位进行账务处理并维护资产卡片。
流程编号：—	

在建工程资本化流程

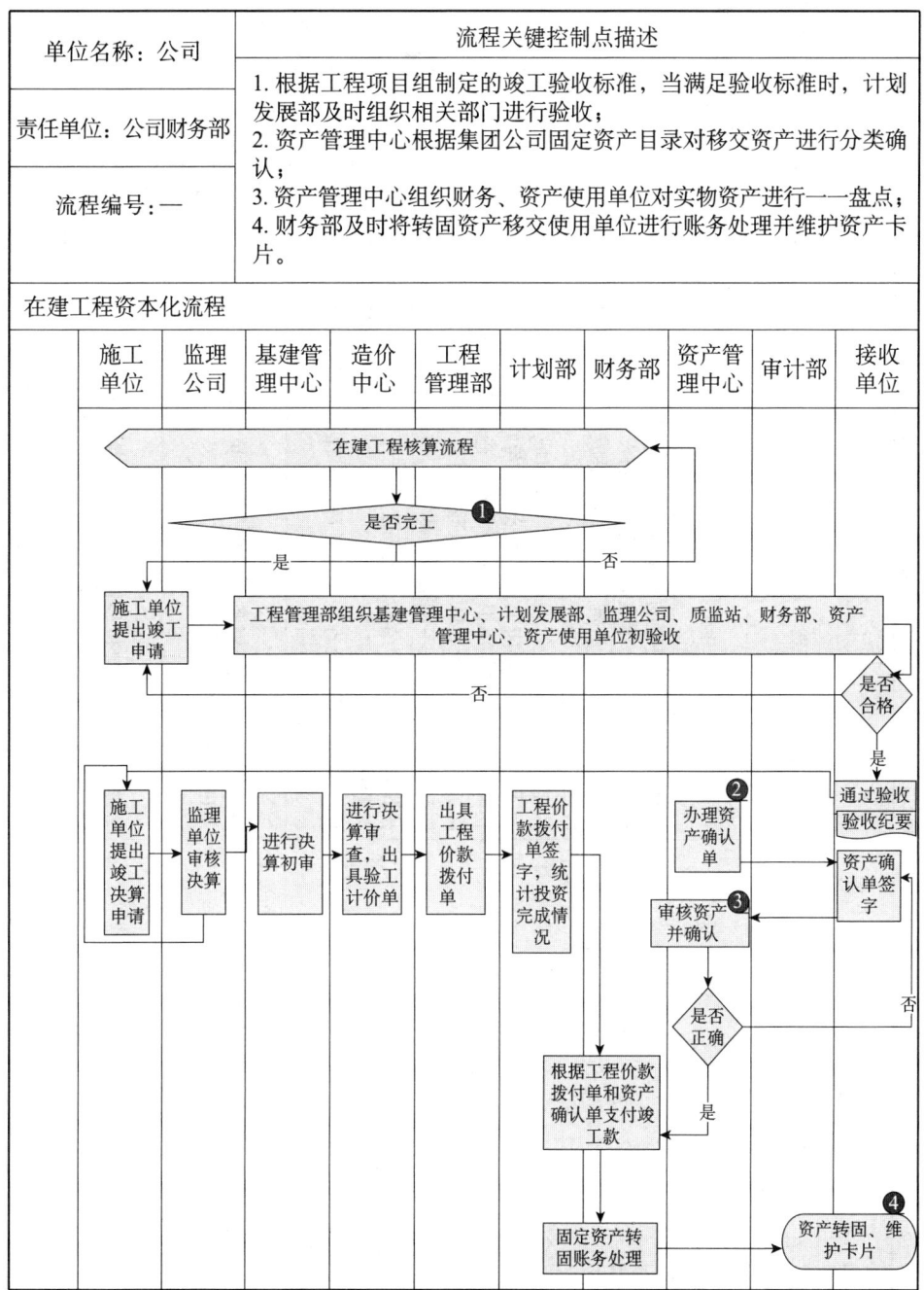

图4.1.16　在建工程资本化流程

表4.1.16 在建工程资本化流程控制矩阵

责任单位	财务部	流程名称	在建工程资本化流程	流程编号	—
控制目标	在项目主体工程基本完成达到预定可使用状态时依据工程预算、造价和实际成本等将在建工程及时转固；确保在建工程转固及分类清晰、内容完整				

节点编号	是否为关键控制点	节点目标	风险描述	控制措施	控制证据	责任部门	责任岗位	控制制度/文件
1	是	保证转固及时，使用财务核算准确	在建工程转固时间滞后，影响工程项目固定资产余额的准确性、完整性，影响折旧计提，进而造成利润表不真实	根据项目满足竣工验收标准的竣工验收时间，当工程项目会计满足竣工验收标准时，公司计划发展部门会同工程部、财务部等相关部门组成竣工验收小组，从立项、环保、设备、工程、造价和实际的工程项目还应进行验收。对于原由股份公司参与验收、审批的工程项目还应上报集团公司参与验收合格后，财务部根据工程预算进行工程转固处理，待正式转固时根据实际结算成本调整暂估成本	抽查会议纪要、验收报告等资料	计划发展部、工程部、财务部	计划、基建财务	《公司工程建设管理实施细则》《公司基建财务管理办法》
2	是	保证转固资产类别准确	转固资产类别不准确，影响折旧计提及信息披露	按批复概算名称并参照公司固定资产目录中的名称移交；施工单位、资产管理中心、财务部、工程部对转固资产进行核对与确认	审计、抽查	资产管理中心、财务部	部门负责人	
3	是	进行实物盘点，保证实账实相符	转固资产进行账实核对，无法进行账实核对，影响资产的存在性	资产管理中心组织财务部、资产使用单位等部门进行资产盘点工作	抽查	资产管理中心、财务部	部门负责人	
4	是	保证及时、准确录入固定资产信息	不及时、准确录入固定资产卡片会影响资产、折旧的准确性与完整性	资产使用与管理单位根据移交的资产明细表于资产移交当月增加固定资产卡片并进行总账处理	抽查	二级单位、财务部、资产管理中心	部门负责人	

4.1.17 在建工程核算流程

单位名称：公司	流程关键控制点描述
责任单位：公司财务部	1. 基本建设项目由计划发展部报集团公司立项审批，公司按照集团下达基建计划施工工程； 2. 基建管理中心确认工程量，造价中心审核造价，工程管理部拨付价款，财务部审核付款； 3. 财务部对进度表、拨付单、发票、收据等相关单据进行审核确认； 4. 财务部进行项目进度分析并登记台账，保证相关数据的统一； 5. 财务部及时对基建成本进行归集结算，按月结转内部订单至在建工程卡片。
流程编号：—	

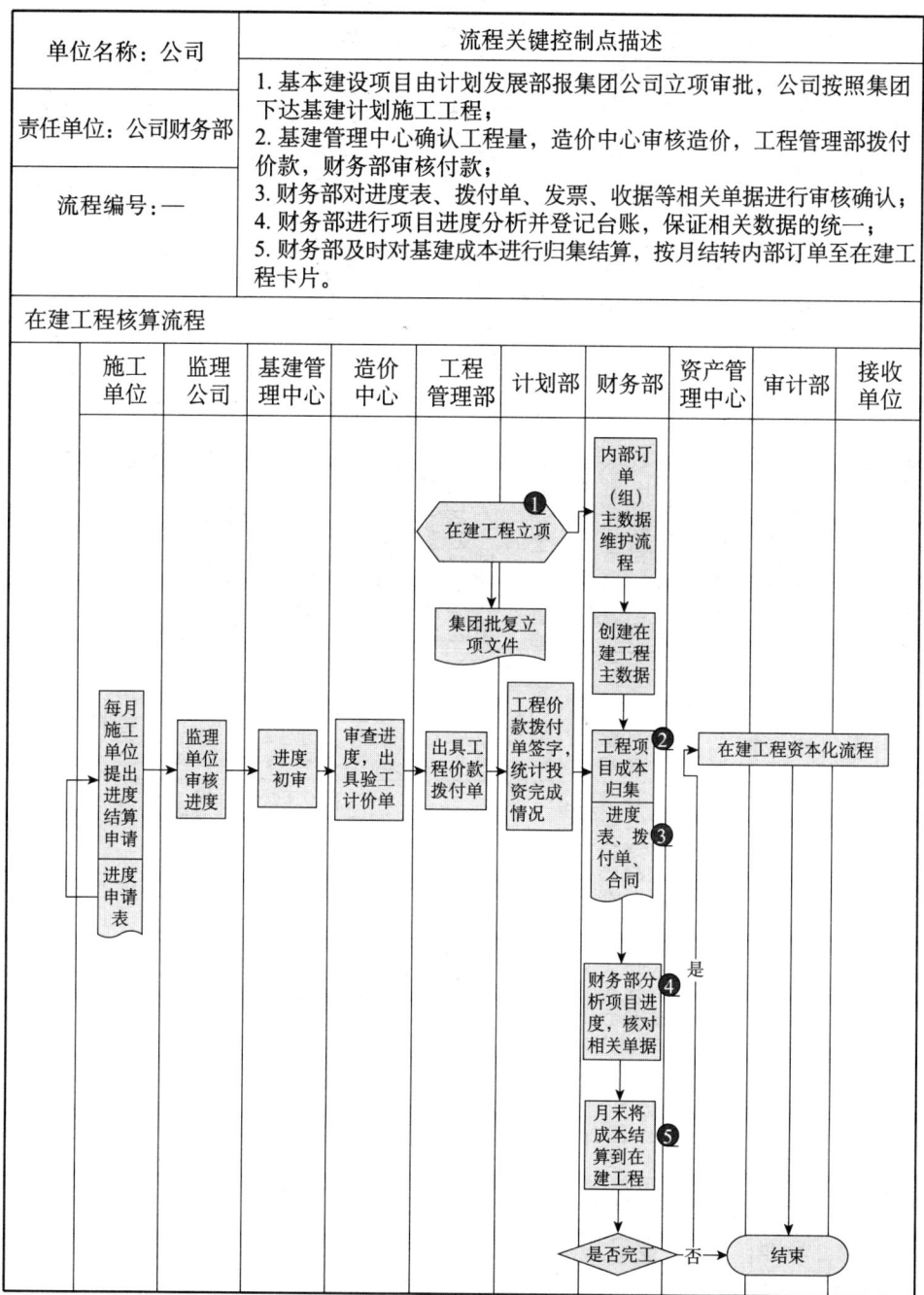

图 4.1.17 在建工程核算流程

表4.1.17 在建工程核算流程控制矩阵

责任单位	控制目标	流程名称	流程编号
财务部	加强投资项目财务核算管理，规范公司基本建设立项、设计与年度投资计划管理、规范合同、施工、造价及资料管理，严格按照合同及相关规定审核付款，预防由于合同或工程质量问题引起的法律纠纷	在建工程核算流程	—

节点编号	节点目标	是否为关键控制点	风险描述	控制措施	控制证据	责任部门	责任岗位	控制制度/文件
1	保证按照年度计划拨付工程款	是	如不按概预算、年度计划拨付款、会造成盲目投资、资金筹措不到位等一系列问题	计划发展部组织审查年度投资计划，并报送股份公司审核批准后下发各相关部门，单位按计划组织实施；财务部根据年度计划审核付款	抽查内部审计	计划、财务	部门负责人	《基本建设财务管理办法》《公司基本建设核算办法》
2	保证拨款付与实际完工进度一致	是	实际拨付与完工进度实际不一致会造成资金风险	基建管理中心按月会同监理公司核对工程完成量；造价中心根据工程审核、计算造价；工程部开具工程价款拨付表报基建部，根据实际完成核算	抽查	公司各部门	部门负责人	《公司工程实施管理细则》《公司基本建设核算办法》
3	保证工程价、计量、合同等相关资料真实完整	是	相关单据不真实会造成项目成本差错以及纳税风险	财务部审核工程进度报表的完整性、准确性，审核造价、监理、施工单位、工程发票、收据开具是否符合要求	抽查	公司各部门	部门负责人	《基本建设财务管理办法》《公司基本建设核算办法》
4	保证预算、合同、账务统一、完整	是	如果不能保证概算、合同和账务的统一，竣工结算会很麻烦，并且不能真实反映年度完成情况	财务部每一次价款拨付都与工程部进行核实，保证合同价、累计计价、累计结算一致；在进行账务处理的同时登记合同台账，维护合同结算相关信息	抽查、台账	公司各部门	部门负责人	《公司基本建设核算办法》
5	及时归集、结转工程成本	是	成本归集、结转不及时，会造成账实不符，给项目管理带来困难	财务部按月及时结转当月实际支出，出具报表	抽查	财务部	基建财务	《公司基本建设核算办法》

4.1.18 报表合并流程

单位名称：公司	流程关键控制点描述
责任单位：公司财务部	1. 各报表编制单位准确、真实、及时地编制报表，按时上报公司财务部；
流程编号：—	2. 公司财务部审核汇总，编制调整凭证； 3. 编制合并会计报表； 4. 财务部报表主管、财务负责人审核合并报表。

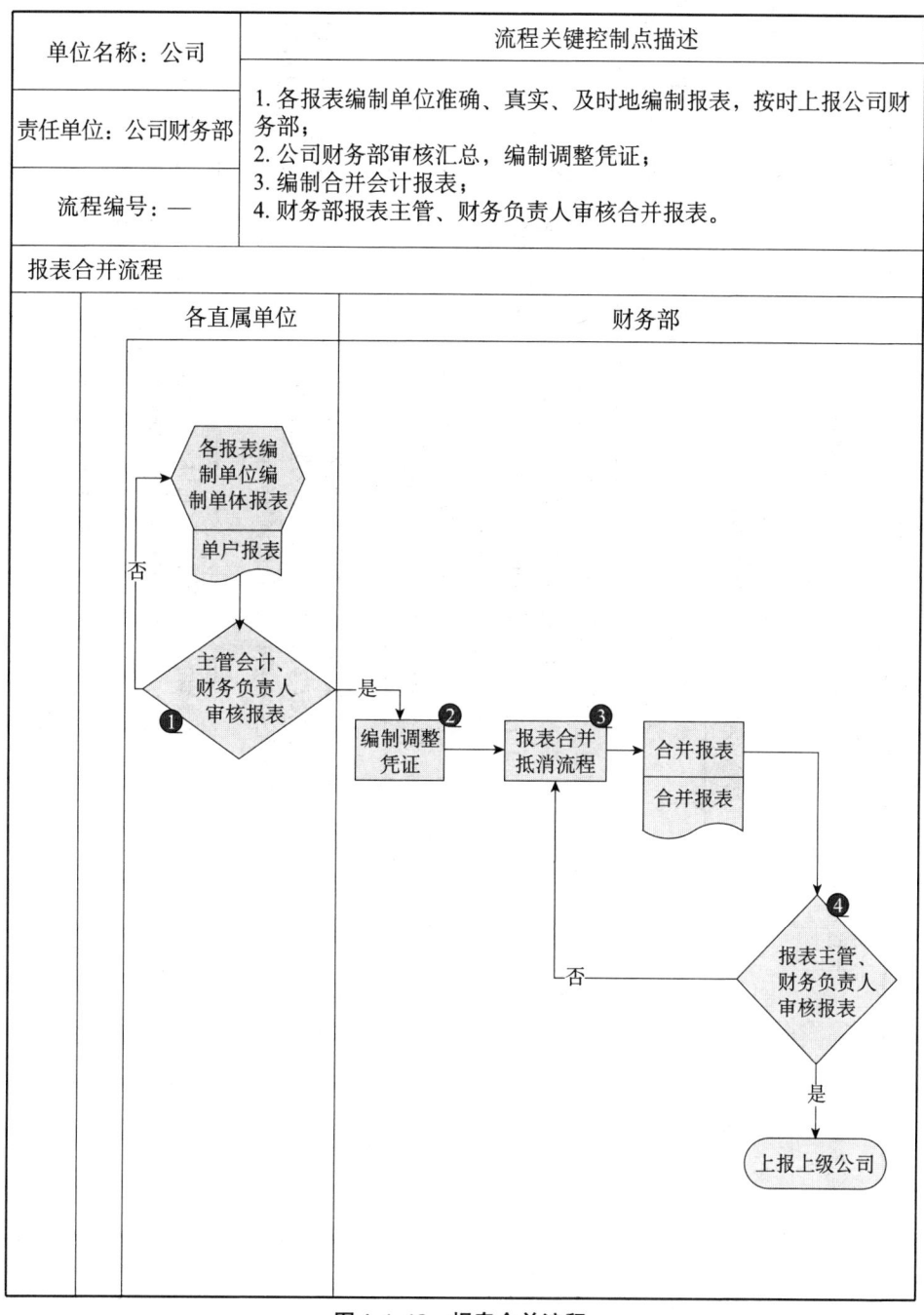

图 4.1.18　报表合并流程

表4.1.18 报表合并流程控制矩阵

责任单位	流程名称	合并报表				流程编号	
财务部							
控制目标	综合反映企业某一期间或某地点整体财务状况、经营成果和资金流转情况的会计报表。服务于企业所有股东和债权人，包括拥有少数制股权的股东，同时反映企业经营者的经营管理水平和对社会创造的效益						
节点目标	是否为关键控制点	风险描述	控制措施	控制证据	责任部门	责任岗位	控制制度/文件
节点编号							
1	是	二级单位将未经审核的会计报表直接上报或者会计报表未经审核，导致合并报表数据不真实，给投资者发出错误信息	报表主管既要利用系统审核工具，又要结合实际经验对报表钩稽关系进行全面审核；利用信息化工具实现账表自动取数功能，确保账表一致；各二级单位财务对报表要审核、分析差异，签字确认	合并报表是否签字	二级单位财务部	各级单位报表主管	—
2		合并报表人员未编制调整分录，导致合并人员直接合并，不能真实反映报表各要素的情况	抽查报表编制人员是否按月编制调整分录；合并报表人员要定期对调整分录进行检查，查看是否有遗漏或错误调整分录	实地抽查	公司财务部	报表主管	—
3		合并报表人员在合并报表时未完全抵消或抵消分录不正确，造成报表各项目不真实	抽查报表合并工作底稿，在单边抵消内部往来时是否存在未彻底抵消情况；采用报表新系统实现财务报表自动抵消功能，减少人为因素	实地抽查	公司财务部	部门负责人	《公司财务管理办法》

54

续表

节点编号	节点目标	是否为关键控制点	风险描述	控制措施	控制证据	责任部门	责任岗位	控制制度/文件
4	保证报表准确	是	公司财务报表负责人未对合并报表进行审核，导致合并报表数据不真实，披露的信息不真实	财务报表编报人员与复核人员分设不同岗位，实行二级复核制；委托外部中介机构对财务报表进行审计，通过外部机构发现存在的问题；财务负责人要对财务部提供的财务报表进行审核、分析差异，签字确认	合并报表是否签字，是否有审计报告	财务部	财务负责人	《公司财务管理办法》

第二篇 重点业务管控

4.1.19 专项资金管理流程

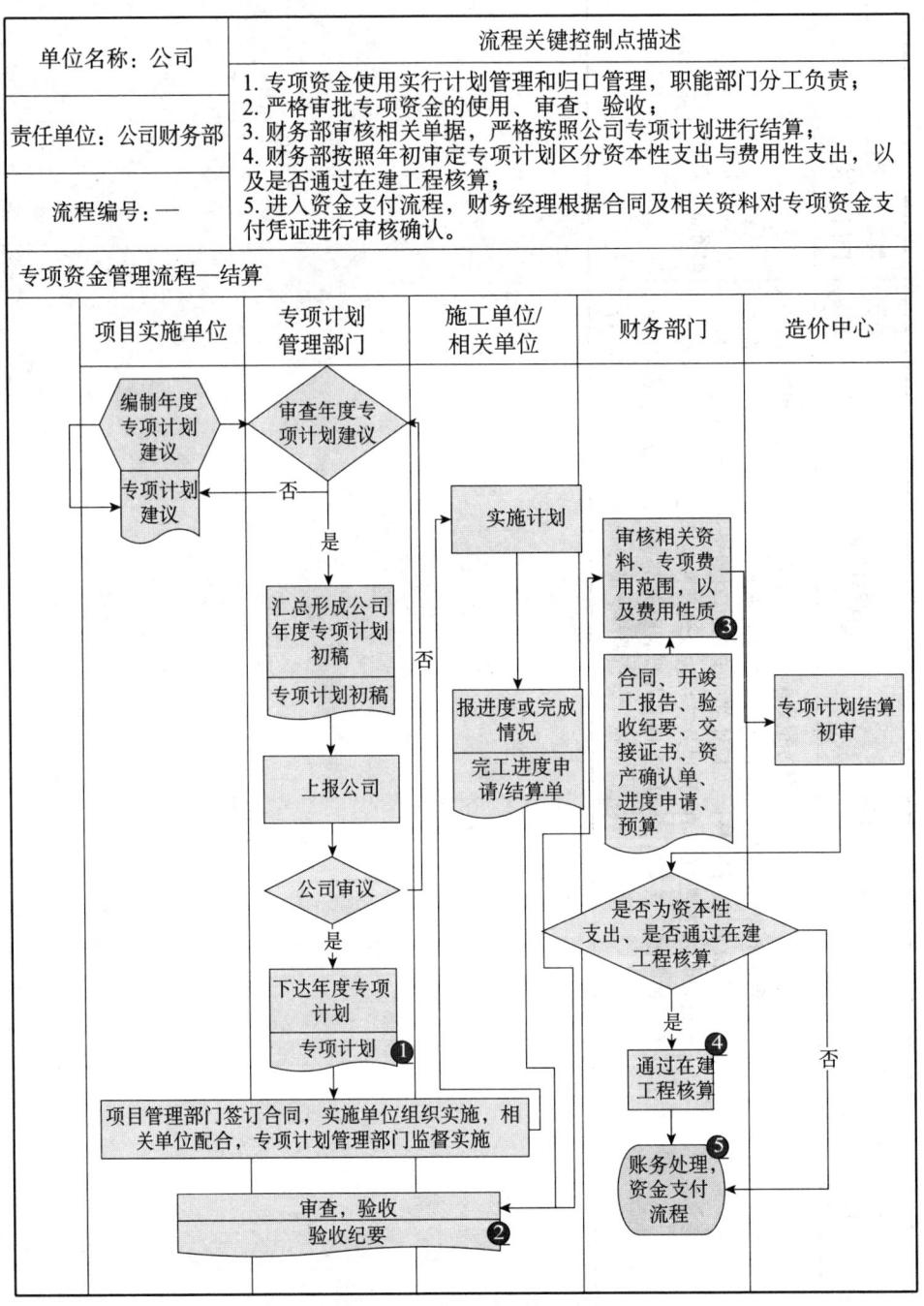

图 4.1.19 专项资金管理流程

表4.1.19 专项资金管理流程控制矩阵

责任单位	公司						
控制目标	加强公司专项资金结算管理，严格审核流程，确保结算资料全面、准确						
流程名称	专项资金管理—结算						
流程编号	—						
节点编号	节点目标	是否为关键控制点	风险描述	控制措施	控制证据	责任部门	责任岗位	控制制度/文件
1	专项资金是否立项	是	业务部门未对专项资金进行立项	查看公司下达的专项资金计划是否包括该项资金	专项计划下达文件	各业务部门	业务部门实施人	《公司财务管理办法》
2	专项资金是否进行公司审批	是	业务部门对专项资金没有进行相关审批	业务部门人员提供专项资金结算单据；业务部门负责人对已经发生各项专项费用进行确认并审批	专项资金结算单	各业务部门	业务部门负责人	
3	是否正确划分专项费用使用范围	是	业务部门确认专项费用超出使用范围，没有明确划分出费用性质	查看公司下达的专项计划是否包括该项费用；查看合同、确定专项支出还是资本性支出	专项计划下达文件	各业务部门	业务部门实施人	
4	专项资金是否通过在建工程核算	是	资本性的工程类专项资金进行了费用化处理；设备类专项资金没有一次计提折旧	确认属于资本性工程类专项资金必须通过在建工程结算，待竣算后一次性计提折旧；确认属于资本性的设备资金不通过在建工程核算一次性计提折旧	专项计划下达文件	公司各单位财务部	财务部经理及相关人员	
5	专项资金支付凭证是否经财务领导审核	是	对支付的各项专项资金支付凭证没有进行审核	财务部必须根据各业务部门提供的专项资金结算单进行付款；财务负责人根据合同及相关资料对专项资金支付凭证进行审核确认	专项资金支付款凭证	公司财务部	财务部经理及相关人员	

4.1.20 专项资金提取管理流程

单位名称：公司	流程关键控制点描述
责任单位：公司财务部	1. 根据规定按月计提专项资金； 2. 各单位要按月及时准确列支成本费用，计提专项资金； 3. 公司财务部负责审核各单位上缴专项资金； 4. 公司财务部负责专项资金的统收统支。
流程编号：—	

专项资金管理流程—提取

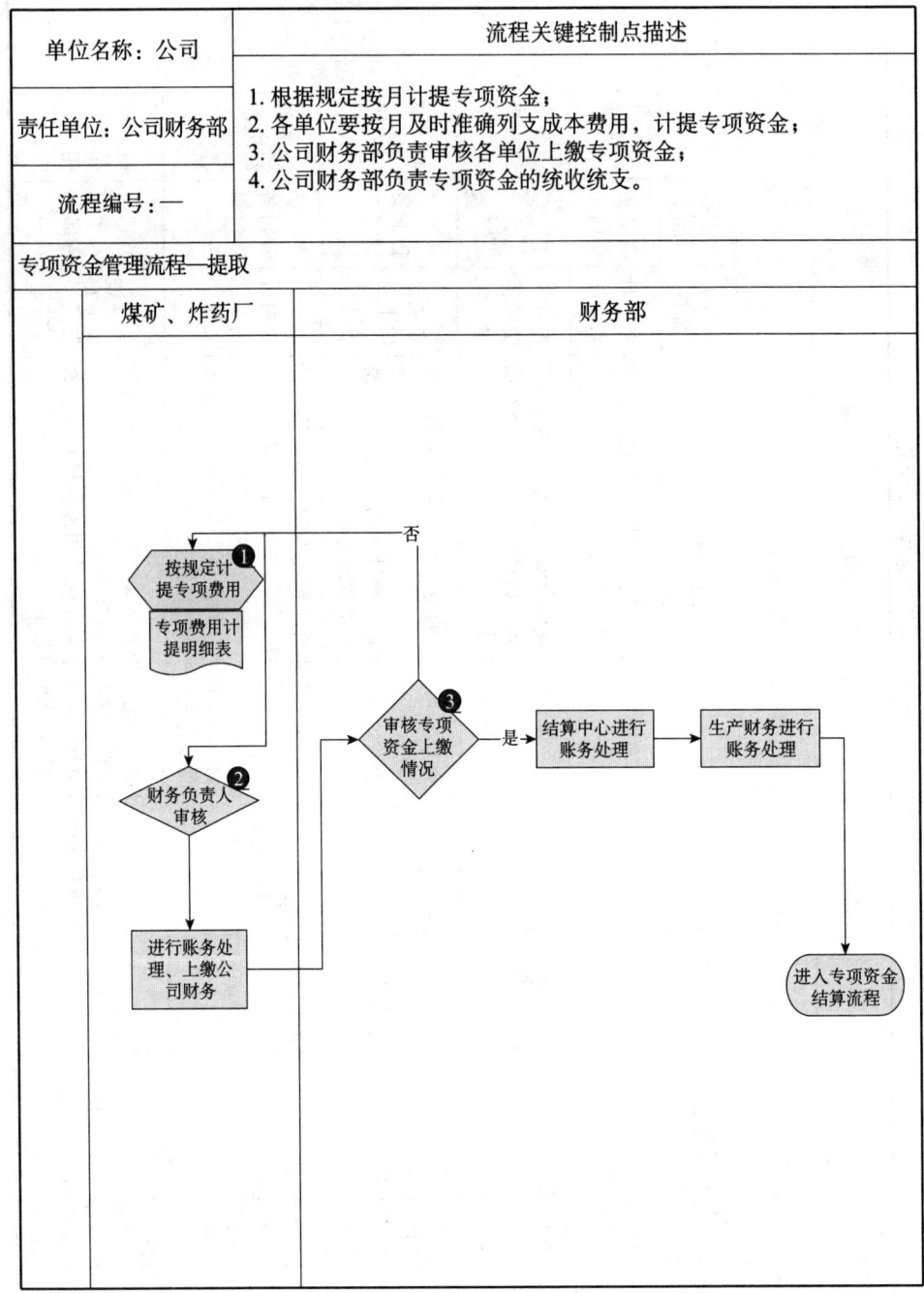

图4.1.20　专项资金提取管理流程

表 4.1.20 专项资金提取管理流程控制矩阵

责任单位	财务部							
控制目标	加强专项资金按标准提取管理，规范公司专项资金多提、上交等账务处理，保证专项资金按月及时提取足额上缴，为资金的使用提供保障							
流程名称	专项资金管理流程—提取							
流程编号	—							
节点编号	节点目标	是否为关键控制点	风险描述	控制措施	控制证据	责任部门	责任岗位	控制制度/文件
1	保证按照规定提取专项资金	是	如不按规定提取专项资金，会导致专项资金多提或少提，造成专项资金管理违规与纳税风险	各二级单位提取专项资金国家统一规定执行；公司财务部按月核对各单位专项资金计提与上缴				
2	保证按月及时提取专项费用	是	如不及时计提专项资金会使资金的使用得不到保障	各专项资金提取单位必须按月及时提取并上缴资金；公司财务部按月核对各单位专项资金计提与上缴				
3	保证足额上缴专项费用	是	如不足额上缴专项资金，会为资金的统一使用造成困难	各二级单位将计提的专项资金全部上缴；公司财务部按月核对各单位专项资金计提与上缴	抽查	财务部	部门负责人	《公司财务管理办法》《公司财务核算办法》
4	保证专项费用的统收统支	是	专项资金支使用如不实行统收统支会使公司整体利益为标准，甚至造成资金浪费	按公司财务管理办法规定公司专项资金使用、收取、统一支出，财务部严格管理专项资金使用、使用项目、使用性质，做到按国家标准，统一标准执行，审核使用				

4.1.21 预付账款管理流程

单位名称：公司	流程关键控制点描述
责任单位：公司财务部	1. 基建中心、监理、工程部、计划根据合同及进度情况审核确认预付款金额； 2. 各业务部门负责人对预付款申请表进行二次审核，确保预付款资金安全； 3. 财务部对预付款申请表、收据、拨款单、合同等相关单据进行审核确认； 4. 基建财务对审核无误的预付款进行账务处理； 5. 提交付款申请后，内部结算中心审核支付流程。
流程编号：—	

预付账款业务流程

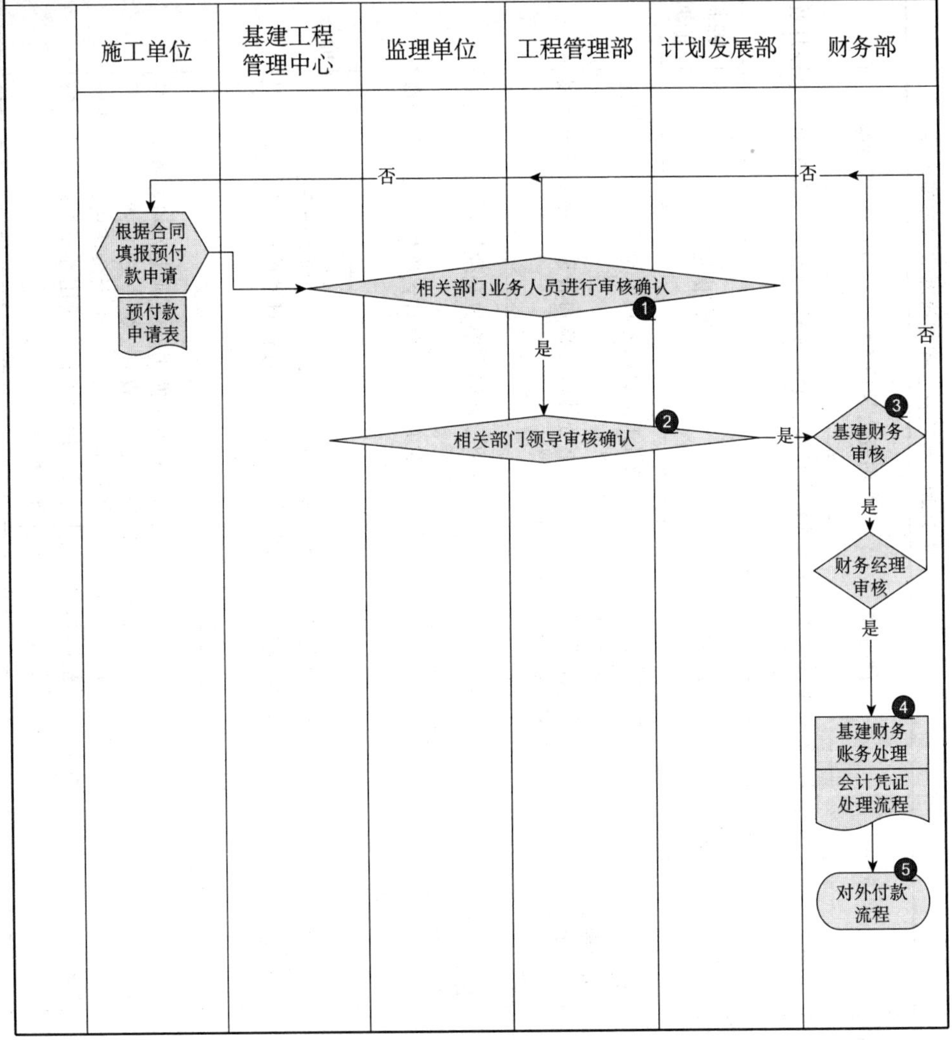

施工单位	基建工程管理中心	监理单位	工程管理部	计划发展部	财务部

根据合同填报预付款申请 → 预付款申请表

① 相关部门业务人员进行审核确认（否→返回；是→）

② 相关部门领导审核确认（是→）

③ 基建财务审核（否→返回；是→）

财务经理审核（是→）

④ 基建财务账务处理 / 会计凭证处理流程

⑤ 对外付款流程

图 4.1.21 预付账款管理流程

表 4.1.21 预付账款管理流程控制矩阵

责任单位	公司		—	
控制目标	流程名称	预付款	流程编号	—
加强公司预付款管理，合理控制资金流出，避免合同纠纷，为公司创造经济效益					

节点编号	是否为关键控制点	节点目标	风险描述	控制措施	控制证据	责任部门	责任岗位	控制制度/文件
1	是	保证预付款真实	业务部门不根据合同条款结算付款，对供应商的信用情况随意预付材料款、设备款等，造成预付款不能收回	查看合同付款条款，是否对预付款有效的保证措施；查看供应商的信用记录及以前年度支款记录	是否出具预付款审批单	业务部门	业务部门实施人	《公司财务管理办法》
2			业务部门负责人不审核，不能对随时发生的业务情况进行控制	部门负责人对预付款进行复核，考患预付款的合理性			业务部门负责人	
3			对合同条款、预付款审批不进行审核，不依据计划付款，造成公司的经济损失	查看合同审批表是否与合同内容一致，是否依据合同条款进行预付；查看是否有预付款扣回方式及期限，是否对预付款提供履约保函			部门负责人	
4			财务人员错挂或错付款件以及发生付款金额错误风险	付款审核人与合同审批人员分别不同的岗位分离，对预付款开展定期复核制度，检查预付款的年限，合同等信息	检查审批单是否签字	公司各职能部门	部门负责人	
5			支付人员未按照合同约定的付款金额，造成公司的经济损失	财务部必须根据合同约定的名称付款，未经总经理或董事长批准，不得改变预付款单位；二级复核和开展定期对账制度，做到早发现问题，早处理问题			结算中心主任、各结算单位科长	

4.1.22　坏账准备计提管理流程

单位名称：公司	流程关键控制点描述
责任单位：公司财务部	1. 财务部对应收款项账龄进行分析，相关单位对收回有困难的应收款项提报书面说明； 2. 财务负责人审核坏账计提方案； 3. 对金额大或比例高的应收款项须经公司领导审批确认； 4. 财务部审核坏账计提资料并做账务处理。
流程编号：—	

坏账准备计提业务流程

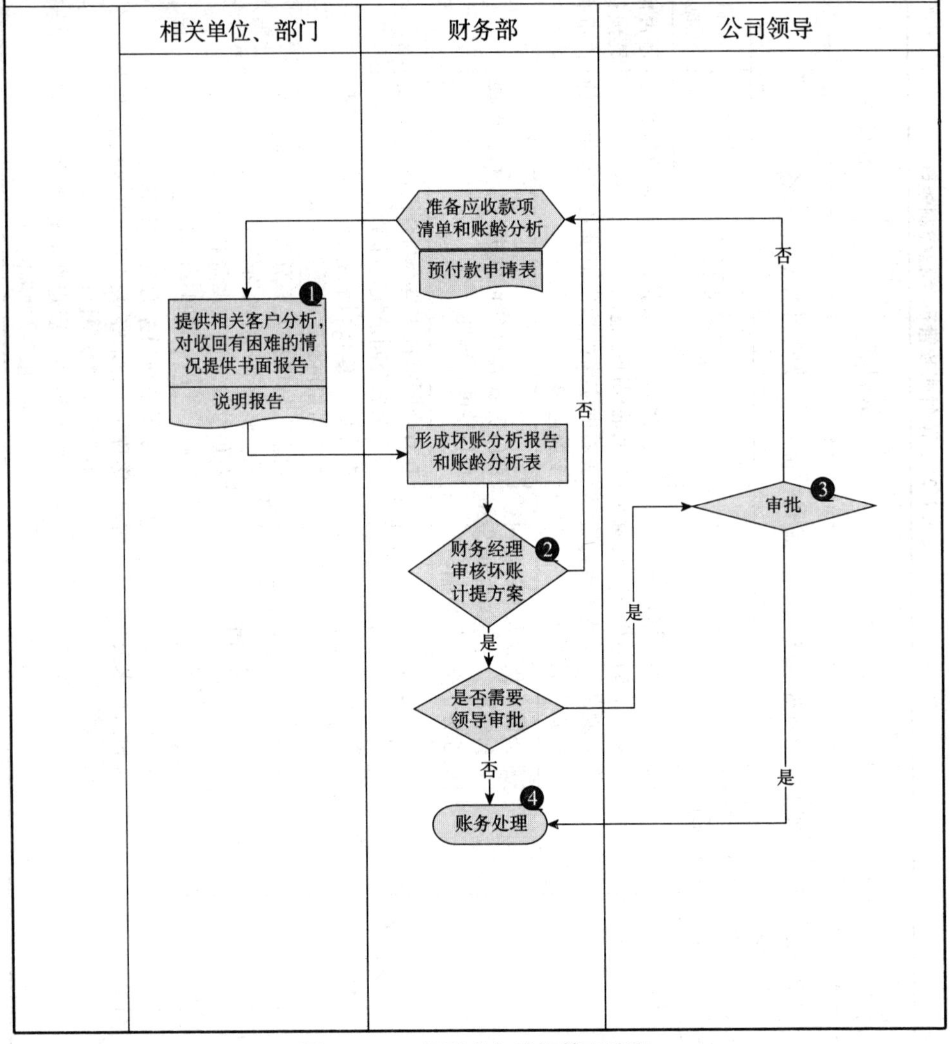

相关单位、部门	财务部	公司领导

（流程图）

相关单位、部门：❶ 提供相关客户分析，对收回有困难的情况提供书面报告 → 说明报告

财务部：准备应收款项清单和账龄分析 → 预付款申请表 → 形成坏账分析报告和账龄分析表 → ❷ 财务经理审核坏账计提方案 → 是否需要领导审批 → ❹ 账务处理

公司领导：❸ 审批

图 4.1.22　坏账准备计提管理流程

第二篇 重点业务管控

表 4.1.22 坏账准备计提管理流程控制矩阵

责任单位	财务部						
控制目标	加强公司坏账准备管理,对已发生的坏账损失进行及时处理,从而减少公司损失						
流程名称	坏账准备计提						
流程编号	—						
节点编号	节点目标	是否为关键控制点	风险描述	控制措施	控制证据	责任部门	责任岗位	控制制度/文件
1	是否提供应收款项清单和账龄分析	是	各业务部门不能提供详细的客户收款清单和账龄分析	查看合同签订日期及第一次付款记录;查看是否建立客户管理资料	客户清单及账龄分析表	公司各部门	部门负责人	—
2	是否审核坏账损失计提方案	是	业务部门负责人没有认真审核坏账准备计提方案,资料是否完整	查看计提坏账准备提供的资料;查看坏账准备计提的方案是否完整、合规	计提坏账准备方案	业务部门	业务部门实施人	—
3	公司领导是否审批计提坏账准备	是	公司领导是否对审核,不能对发生的坏账损失进行控制	部门负责人对计提坏账准备方案及时上报公司领导;公司领导对计提坏账准备出具批复文件	坏账准备批复文件	公司领导	公司领导	—
4	是否准确计提坏账准备	是	计提坏账准备资料不全,计提坏账准备的方法不正确	财务部必须根据各业务部门出具的计提坏账准备资料及计提坏账准备方案进行账务处理;财务部根据会计准则进行坏账处理	—	公司财务部	财务经理及相关工作人员	《公司财务管理办法》

4.1.23 坏账确认流程

单位名称：公司	流程关键控制点描述
责任单位：公司财务部	1. 相关单位对相应债权定期复核，确认是否发生坏账损失； 2. 财务部审核坏账准备相关证明文件； 3. 财务部审核是否达到坏账准备计提条件； 4. 财务部对符合确认标准的坏账及时上报公司领导进行审批； 5. 财务部对确认的坏账及时进行账务处理。
流程编号：—	

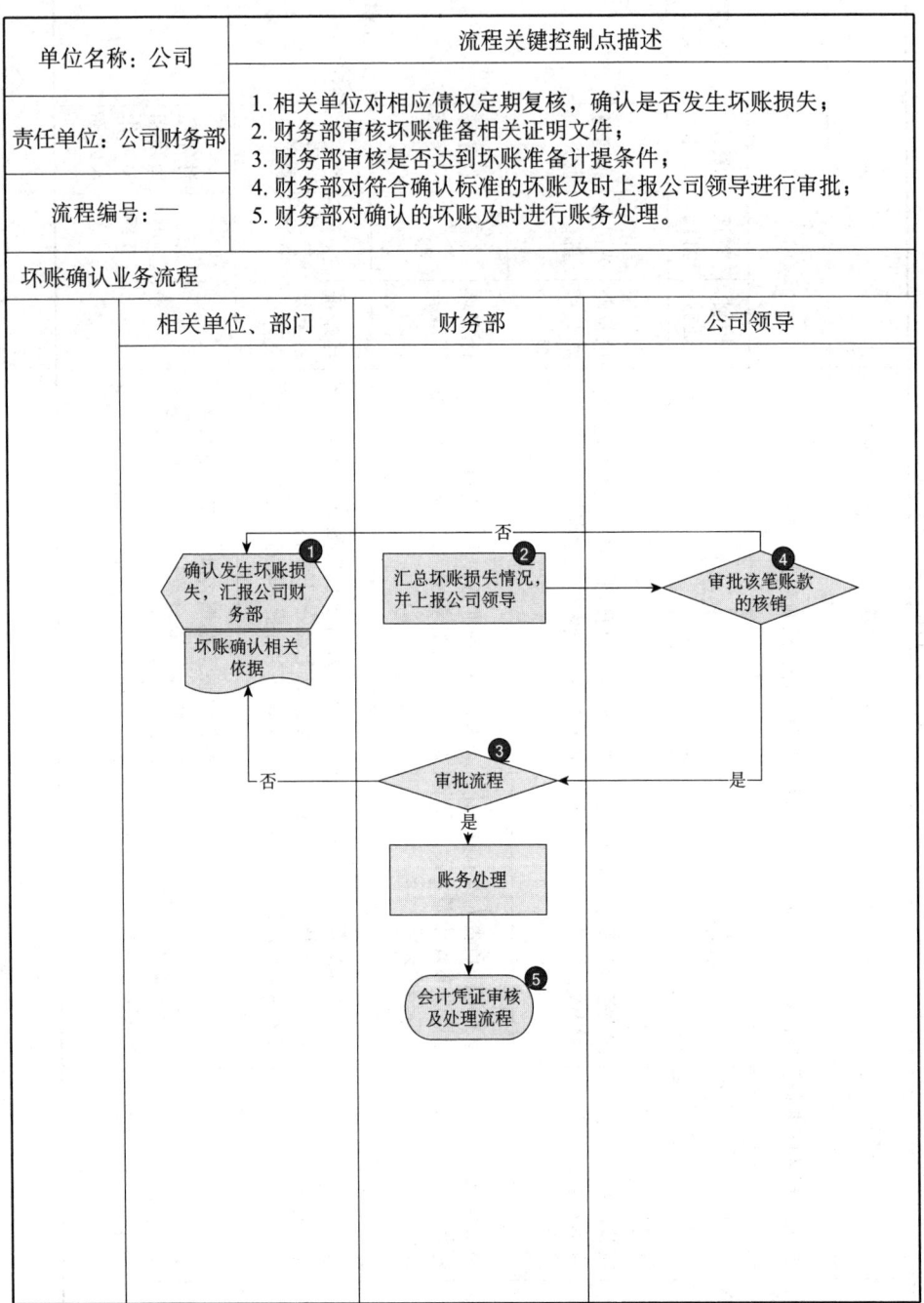

图 4.1.23 坏账确认流程

表 4.1.23 坏账确认流程控制矩阵

责任单位	财务部							
流程名称	坏账确认							
流程编号	—							
控制目标	加强公司坏账确认管理，收集坏账确认资料，及时处理已确认的坏账损失，为公司降低损失							
节点编号	是否为关键控制点	节点目标	风险描述	控制措施	控制证据	责任部门	责任岗位	控制制度/文件
1	是	是否确认发生坏账损失	业务部门不及时对每项债权进行风险控制	查看合同条款，是否对债权有追回的保证措施；查看供应商的信用记录及以前年度的付款记录	是否能够及时付款	各业务部门	业务部门实施人	
2	是	计提坏账准备时是否有相关依据	业务部门对收不回收款及时进行确认，不能提供确认坏账的依据	部门负责人对应收债权的可能性、已发生坏账的考虑，部门负责人对已经发生的收不回的债权已确认，并且提供相关证明材料	检查坏账损失相关依据	各业务部门	业务部门负责人	
3	是	各项债权是否符合计提坏账的条件	对合同条款不进行审核，依据实际情况及时收款，短期内收不回的债权也计提坏账，造成公司的经济损失	查看合同审批表是否与合同内容一致，是否依据各项收款进行及时收款，查看各项债权是否对未收回债权提供追索原因，未付款时对未收回债权提供追索相关部门		公司各部门	部门负责人	
4	是	领导是否审批此项坏账损失	领导没有对未收回的债权进行审批	确认的坏账损失应及时上报领导；经相关领导同意及时通知各相关部门		公司各部门、公司领导	部门负责人	
5	是	坏账准备是否及时进行核销处理	对确认的坏账没有及时进行账务处理，造成公司的经济损失	财务部必须根据各业务部门提供的坏账损失确认表进行账务处理；各业务部门应及时将确认坏账的各债权资料及时送交财务部		公司财务部	财务部经理及相关人员	《公司财务管理办法》

4.1.24 财务预算分析与考核流程

单位名称：公司	流程关键控制点描述
责任单位：公司财务部	1. 自下而上开展财务预算执行情况分析，直属单位上报分析材料，公司财务部综合分析与考核； 2. 全面预算管理委员会汇总各职能部室相关分析与考核结果，开展经营分析，形成经营分析报告； 3. 全面预算管理委员会向董事会或党政联席会汇报经营分析情况/考核结果； 4. 公司做出决策，全面预算管理委员会贯彻执行。
流程编号：—	

财务预算分析与考核流程

各直属单位	公司其他职能部室	财务部	全面预算管理委员会	董事会、党政联席会
			发布分析与考核通知	
	布置专项预算分析与考核	布置财务预算分析与考核		
❶ 财务预算分析 预算执行分析报告				
	监督、监控、分析 预算执行分析/考核报告	监督、监控、分析 预算执行分析/考核报告	经营分析 ❷ 经营分析/考核报告	❸ 听取报告、决策
			召开经营分析会议/出具考核结果 ❹	
	执行、监督、监控			
内部兑现奖罚			兑现奖罚	

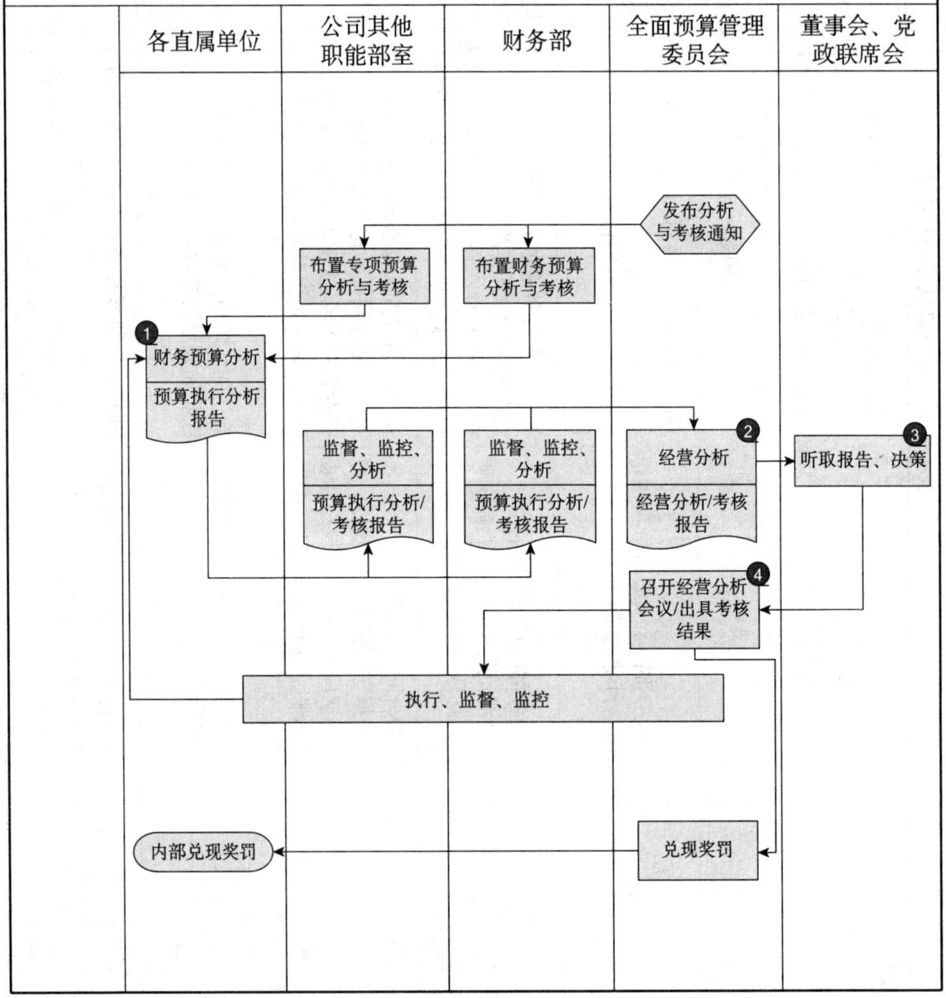

图4.1.24　财务预算分析与考核流程

第二篇　重点业务管控

表 4.1.24　财务预算分析与考核流程控制矩阵

责任单位	公司财务部						
控制目标	通过财务预算分析与考核，明确公司年度经营状况，综合反映公司内部各单位的经营成果						
流程名称	预算分析与考核流程						
流程编号	—						
节点编号	节点目标	是否为关键控制点	风险描述	控制措施	控制证据	责任部门	责任岗位	控制制度/文件
1	自下而上开展财务预算执行情况分析，直属单位上报分析材料，公司财务部综合分析与考核	是	缺乏健全有效的预算反馈和报告体系，可能导致预算执行情况不能及时反馈和沟通，预算差异得不到及时分析，预算监控难以发挥作用	建立预算报告制度，各单位定期报告预算的执行情况	—			
2	全面预算管理委员会汇总职能部室各相关分析与考核结果，开展综合分析，形成经营分析报告	是	预算分析不及时、可能削弱预算执行控制的效果，或导致预算考核结果不客观、不公平	建立预算报告制度，各单位定期报告预算执行情况、新项目的新情况、预算执行中发生较大的重大项目，预算管理委员会应当查找原因，提出改进经营管理的措施和建议	—	全面预算管理委员会	部门负责人	《公司内部控风险管理手册》

续表

节点编号	节点目标	是否为关键控制点	风险描述	控制措施	控制证据	责任部门	责任岗位	控制制度/文件
3	全面预算管理委员会或党政联席会、董事会汇报经营分析情况/考核结果。	是	缺乏健全有效的预算反馈和报告体系，可能导致预算执行情况不能及时反馈和沟通，预算差异得不到分析，预算监控难以发挥作用	建立预算报告制度，各单位定期报告预算的执行情况，对于预算执行中发生的新情况、新项目，预算管理委员会查找原因，提出改进措施和建议	—			
4	公司做出决策，全面预算管理委员会贯彻执行。	是	由于对预算差异原因措施不得力，可能导致预算分析形同虚设	对于预算执行中发生的新情况、新项目，预算及出现较大问题及有关责成有关单位查找原因，提出改进经营管理的措施和建议		全面预算管理委员会	部门负责人	《公司内部控制风险管理手册》

4.1.25 财务预算执行与调整流程

单位名称：公司	流程关键控制点描述
责任单位：公司财务部	1. 公司下达财务预算指标； 2. 各直属单位内部预算分解； 3. 公司职能部室日常监控； 4. 直属单位申请调整预算指标； 5. 职能部室归口审核，预算管理委员会审批。
流程编号：—	

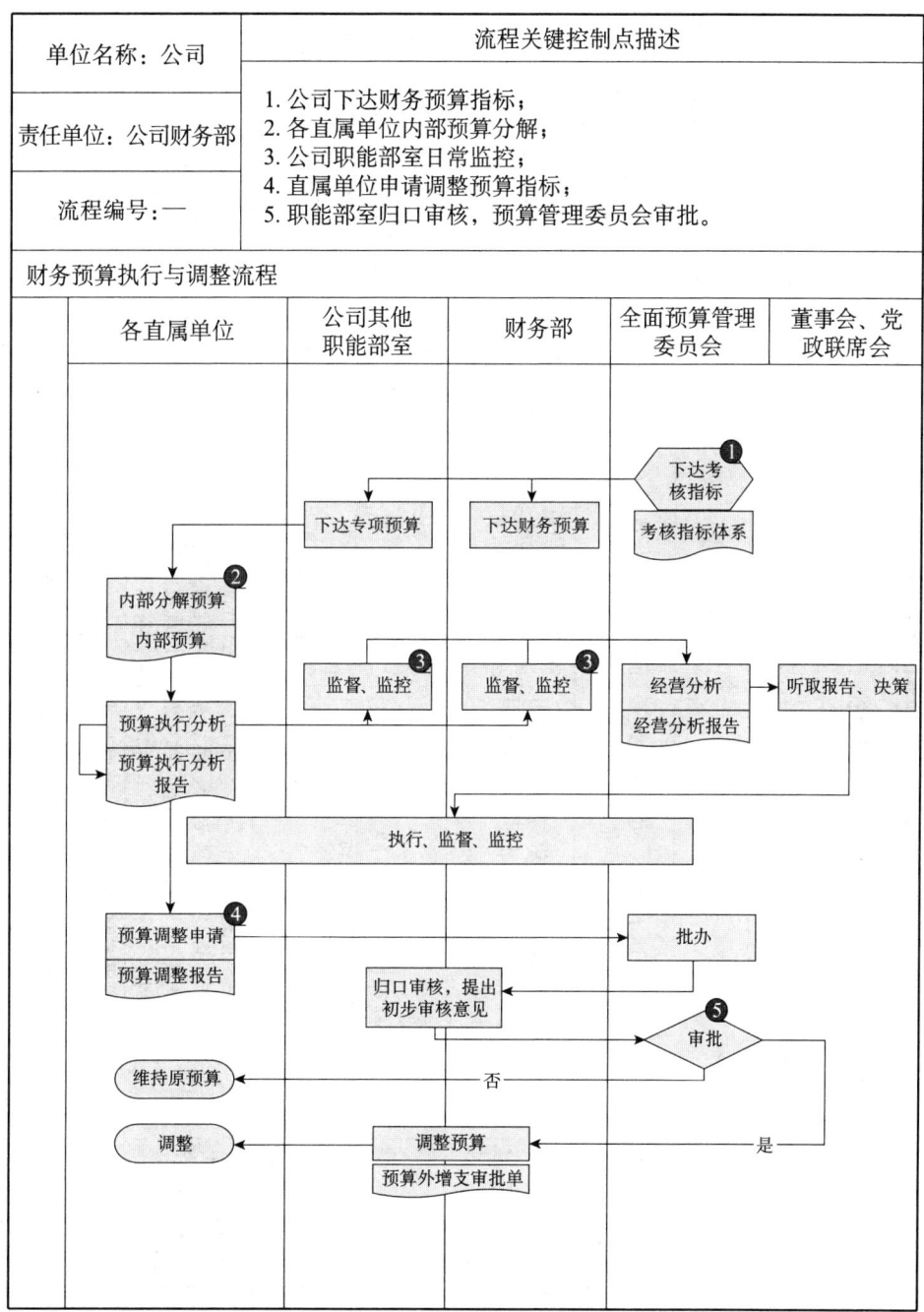

图 4.1.25 财务预算执行与调整流程

表4.1.25 财务预算执行与调整流程控制矩阵

责任单位	公司财务部				
流程名称	预算执行与调整流程				
流程编号	—				
控制目标	通过财务预算管理，明确公司年度经营计划，规定各单位经营目标，为公司提供控制、绩效评估标准，构建有效管理体系				
节点编号	节点目标	是否为关键控制点	风险描述	控制措施	控制证据	责任部门	责任岗位	控制制度/文件
1	公司下达财务预算指标	是	预算下达不及时，可能导致预算执行或者考核无据可依	预算经公司批准后在规定时间范围内及时下达		全面预算管理委员会		
2	各直属单位内部预算分解	是	预算指标分解不够详细具体，可能导致管理责任不明确，预算目标难以实现	各单位应将预算指标层层分解，从横向和纵向落实到内部各部门、各单位，各环节和各岗位，形成全方位的财务预算执行责任体系		各直属单位		
3	公司职能部室日常监控	是	预算执行过程中缺乏有效监控，可能导致预算执行不力，预算目标难以实现	建立预算报告制度，各单位定期报告预算执行情况，对于预算执行中发生的新情况、新问题及出现偏差较大的重大项目，预算管理委员会应查找有关原因，提出改进经营管理的措施和建议	—			
4	直属单位申请调整指标	是	预算不能进行适时调整，导致实际与产、运、销和计划产、运、销等的脱节，费用开支得不到有效控制	经公司批准正式下达的预算原则上不允许调整，如果在执行过程中出现重大变化需要调整预算的，必须按照规定程序审批		全面预算管理委员会		
5	职能部室归口审核，预算管理委员会审批	是	预算调整依据不充分，调整方案不合理不切合实际，调整随意、频繁，可能导致预算失去严肃性和"硬约束"	达到预算调整规定的条件方可调整；预算调整履行规定审批程序		全面预算管理委员会	部门负责人	《公司内部控制风险管理手册》

4.1.26 会计档案管理流程

单位名称：公司	流程关键控制点描述
责任单位：各直属单位、各部门	1. 及时编制会计档案目录； 2. 财务部门建立会计档案保管制度，专人保管； 3. 会计档案自行保管期限结束时应及时移交档案馆存档； 4. 会计档案人借阅会计档案需履行审批手续； 5. 会计档案保管期限已到，需销毁时要编制销毁清册并报公司批准后方可销毁。
流程编号：—	

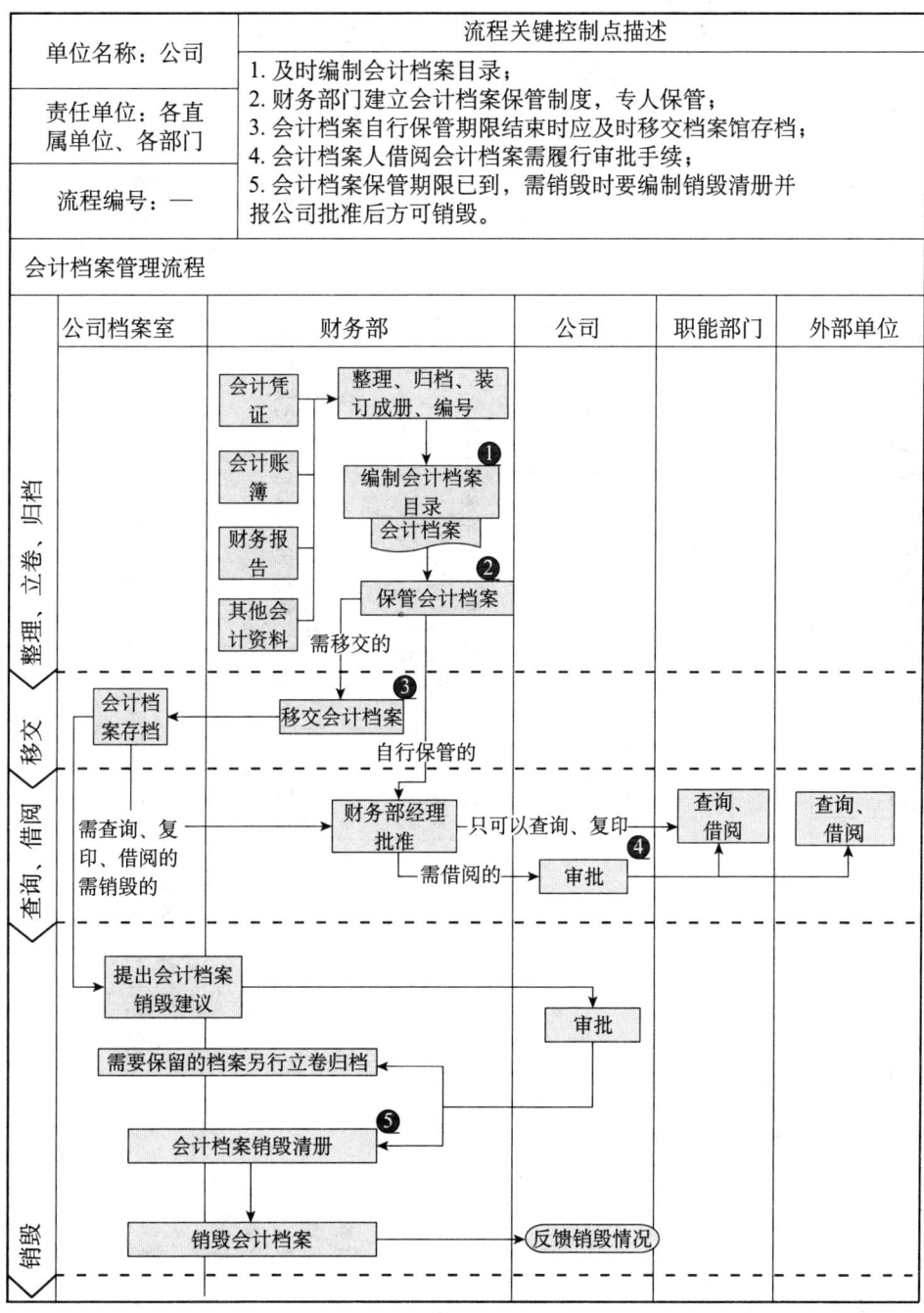

图4.1.26 会计档案管理流程

表 4.1.26　会计档案管理流程控制矩阵

责任单位	公司财务部							
控制目标	保障会计档案的完整性							
流程名称	会计档案管理流程							
流程编号	—							
节点编号	节点目标	是否为关键控制点	风险描述	控制措施	控制证据	责任部门	责任岗位	控制制度/文件
1	及时编制会计档案目录	是	会计档案立卷不规范，造成凭证丢失、凭证信息不完整	按照规定进行填制；会计凭证与财务报告按月、编号清楚、签字、附件齐全，当年形成的会计资料，在会计年度终了进行详细的整理立卷；会计凭证装订成册，报表和文字资料分类立卷，其他资料按年度汇编装订成册；建立会计资料档案簿、会计资料档案目录		财务部	相关人员	《公司财务管理办法》
2	财务部门应建立会计档案保管制度，专人保管	是	会计档案丢失，会计信息存在泄漏的危险	有专门库室存放，由专人负责，确保存放安全；电子文档进行备份，存放在不同地点，定期检查并复制，避免介质损坏		财务部	相关人员	
3	移交会计档案	是	长时间存放容易导致会计档案丢失或被损坏	达到规定时间的会计档案应移交档案馆保管		财务部	相关人员	

续表

节点编号	节点目标	是否为关键控制点	风险描述	控制措施	控制证据	责任部门	责任岗位	控制制度/文件
4	会计档案借阅需审批手续	是	会计档案丢失，会计档案的隐秘性无法保证	有明确的借阅制度：内部人员经会计主管或经理批准，外部人员还需持有相关文件证明		公司档案室	档案管理相关工作人员	
5	会计档案销毁清册	是	防止错、漏销毁会计档案	销毁范围：明确销毁档案范围、文档名称、销毁原因、销毁时间和地点、人员等；日常销毁：日常文件也应使用碎纸机进行销毁；销毁执行：档案部门会同会计机构提出销毁意见，销毁时需派监督员，按照销毁意见编订销毁清册；销章后上报并备案		财务部、公司档案室	相关人员	《公司财务管理办法》

4.1.27 员工报销流程

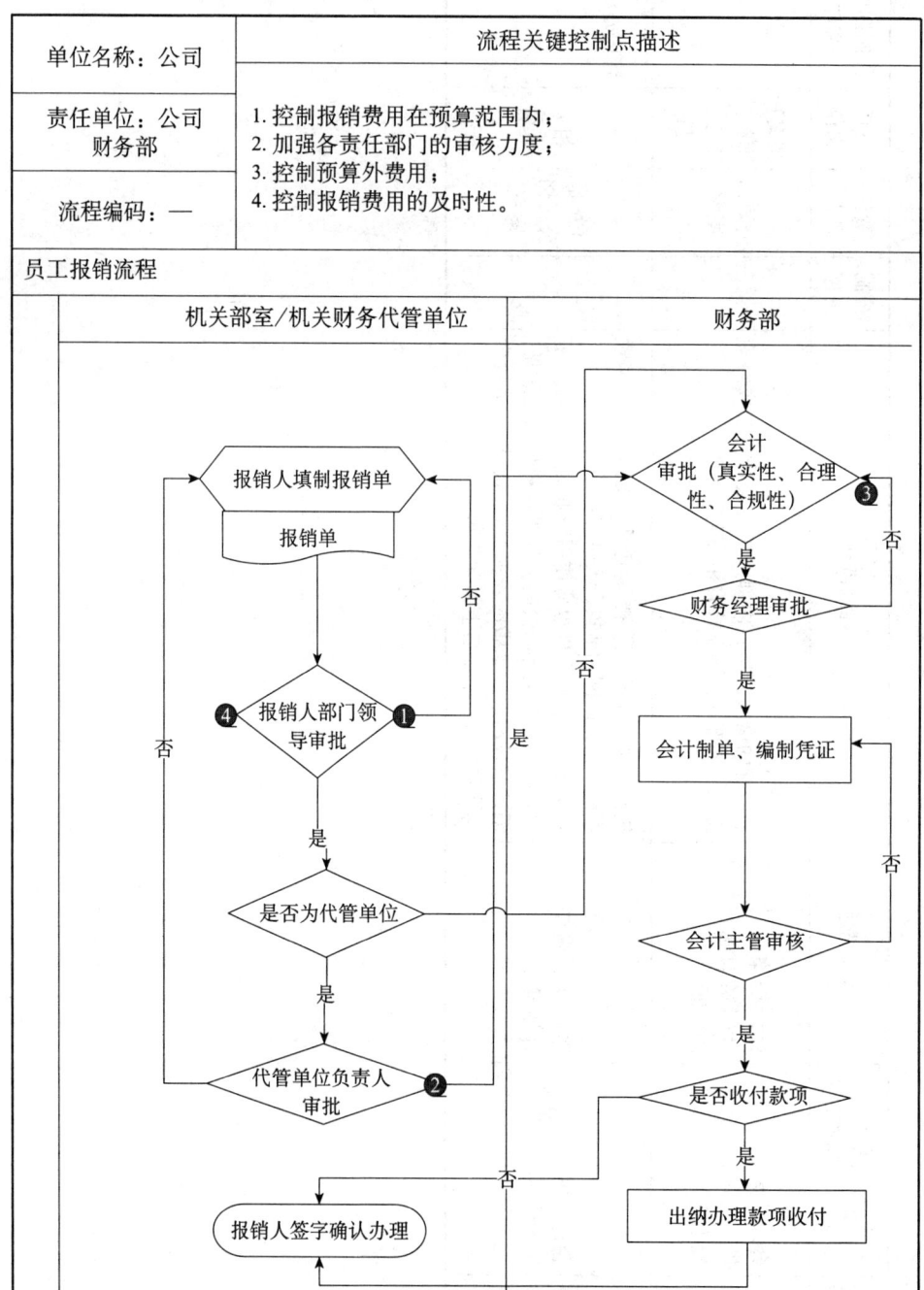

图 4.1.27 员工报销流程

表 4.1.27　员工报销流程控制矩阵

责任单位	公司财务部			
控制目标	确保所有费用报销均控制在费用预算内，严格控制费用的列支做到合理、合法、合规，并且得到及时准确地记录			
节点目标	流程名称	员工报销流程		
	流程编号	—		
节点编号	是否为关键控制点	风险描述	控制措施	控制证据	责任部门	责任岗位	控制制度/文件
1	控制报销费用在预算范围内	是	报销虚假费用，报销手续不齐全，开具发票不规范，报销费用超预算	各职能部门负责人对发生费用的真实性确认审核，并在报销审批单上签字盖章；财务人员审核检查报销的发票的真实性，对不符合规定的发票一律退回，不予办理；各职能部门应配合财务部定期核算本部门预算执行情况，严格执行预算管理制度，加强预算管理		公司各部门	职能部门负责人	《公司内部控制风险管理手册》
2	加强各责任部门的审核力度	是	费用报销中，各职能部门负责人如果带有随意性，签字带有随意性，一律依赖财务部门，给公司带来不必要的财务风险	强化公司内部控制管理，各部门严格执行"一支笔"审批制度；财务人员严格遵守执行各项财务政策，坚持原则，秉公办事；财务人员对经过部门负责人签字审核的不规范费用，一律退回并要经办人重新办理				
3	控制预算外费用	是	发生预算外费用，影响全年预算控制目标	严格执行预算外增支项目审批流程，发生预算外费用需由公司领导审核批示，才能办理，否则一律退回				
4	控制报销的及时性	是	费用报销滞后导致发生账入个人原因不能及时、准确地入账，造成会计信息失真	公司各部门应全力配合财务部门办理已发生的费用结账，防止发生跨期费用，及时到财务部等；报销人个人原因造成的跨期费用，财务部门一律退回，不予办理；各部门应在财务年终结账前合理安排业务，尽量避免年终结账时取得报销发票，做到防患于未然				

4.1.28 员工借款管理流程

单位名称：公司	流程关键控制点描述
责任单位：公司财务部	1. 保证借款用途的合规性； 2. 控制员工借款期限； 3. 控制员工借款使用范围。
流程编号：—	

员工借款流程

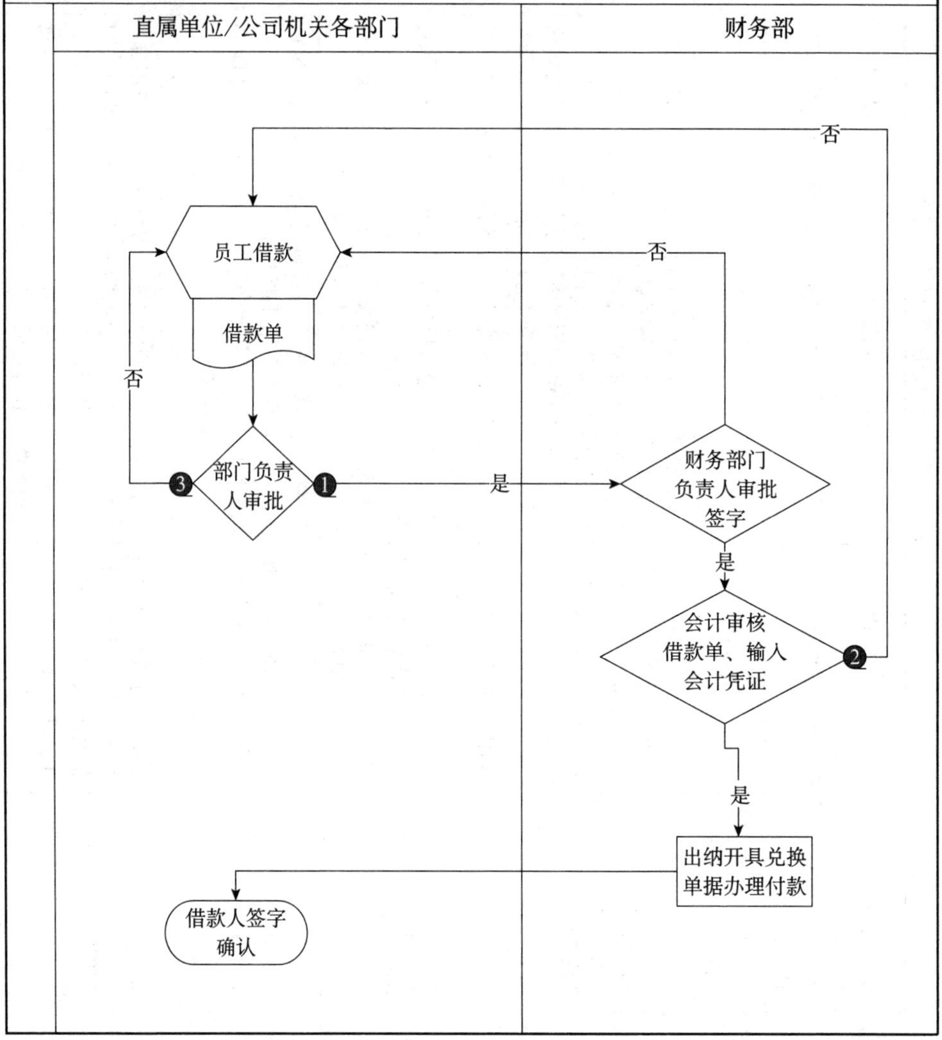

直属单位/公司机关各部门	财务部

员工借款 → 借款单 → 部门负责人审批 ❸ ❶ — 是 → 财务部门负责人审批签字 — 是 → 会计审核借款单、输入会计凭证 ❷ — 是 → 出纳开具兑换单据办理付款 → 借款人签字确认

（否：返回）

图4.1.28　员工借款管理流程

表4.1.28 员工借款管理流程控制矩阵

责任单位	公司财务部			
控制目标	完善借款流程，提高资金利用率			
流程名称	员工借款（备用金）流程			
流程编号	—			

节点编号	节点目标	是否为关键控制点	风险描述	控制措施	控制证据	责任部门	责任岗位	控制制度/文件
1	保证借款用途的合规性	是	借款用途不符合公司管理制度财务管理办法其他应收款管理的规定	相关部门负责人审核借款手续，并在借款申请单上签字盖章；会计审核借款申请单，查看借款用途、金额，归还期限是否填写完整合规；财务部门负责人审核并签字	借款单	公司部门	—	《公司财务管理办法》
2	控制员工借款期限	是	员工借款期限过长，未及时清还，造成公司财务风险	查询个人备用金余额表，及时清理欠款，对于超出1个月未偿还的欠款，由财务部门沟通离职工后当月工资中逐月扣还，属于特殊情况的需报领导审批准		财务部	职能部门负责人	
3	控制员工借款的使用范围	是	员工以借款之名私自改变借款用途，挪作他用	相关部门负责人审核借款手续，检查借款用途，并在借款申请单上签字盖章；除备用金以外的所有款项，收款人必须填写对公单位，不得填写个人名称		公司各部门	职能部门负责人	

4.1.29 付款管理流程

单位名称：公司	流程关键控制点描述
责任单位：公司财务部	1. 各子单位根据预付款业务提出付款申请，确保支付款项的真实性； 2. 部门负责人对付款审批单进行复核，考虑付款的合理性； 3. 财务部负责人、财务总监、总经理根据付款申请额度进行审批，层层把关确保支付款项的可靠性； 4. 财务人员根据审批后付款申请办理付款业务并进行相应的账务处理，确保支付款项的准确。
流程编号：—	

付款业务流程

各直属单位	财务部	财务总监	总经理
❶ 提出付款申请		❷ 部门负责人审核	
否→申请作废			❸ 公司资金支付审核
			是↓ ❹ 根据审批后的付款申请办理付款业务
			↓ 会计凭证审核及处理流程

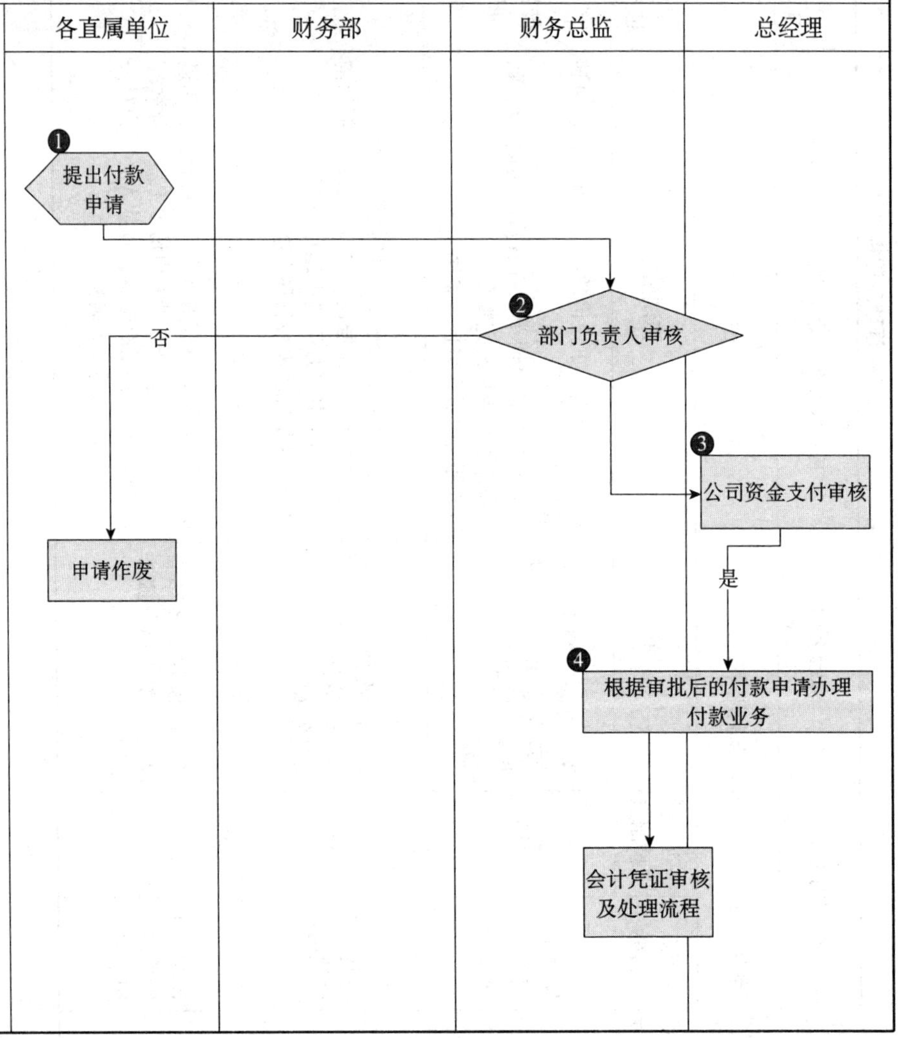

图 4.1.29　付款管理流程

表4.1.29 付款管理流程控制矩阵

责任单位	控制目标	节点编号	节点目标	是否为关键控制点	风险描述	流程名称	控制措施	控制证据	责任部门	责任岗位	控制制度/文件
公司财务部	加强资金管理，审查付款的审批情况、填制情况，监督每笔支出款项的合理性和计划性					付款业务				流程编号：一	
		1	提出付款申请	是	各子单位根据预出付款业务提出付款申请，付款项目不真实		项目验收前组织相关部门集体进行验收，让相关部门了解工程的进展情况；查看付款申请单的付款条件是否具备，是否与合同其他要求不符	抽查记录	各业务相关部门	业务主管	《公司管理制度》
		2	审核	是	付款申请单不审核，不能对付款情况进行控制		部门负责人对付款审批单进行复核，考虑付款的合理性	检查审批单是否签字	公司各职能部门	部门负责人、财务经理、财务总监	
		3	审核	是	付款申请单不审核，不能对付款情况进行控制		财务部负责人、财务总监、总经理根据付款申请额度进行审批，层层把关保支付款项的可靠性	检查审批单是否签字	公司各部门		
		4	根据审批后的付款申请办理付款业务	是	会计人员支付款项出现差错，造成公司经济损失		根据财务规章制度开展定期审计工作，做到早发现问题，早处理问题	审计		内部结算中心主任、各二级单位科长	《公司财务管理办法》

4.1.30 应收票据管理流程

单位名称：公司	流程关键控制点描述
责任单位：财务部	1. 根据相关协议收取银行承兑汇票，并检查票据合法合规性； 2. 财务人员确认收到的银行承兑汇票记载全面，背书连贯； 3. 即时进行相关账务处理并制作会计凭证。
流程编号：—	

应收票据业务流程

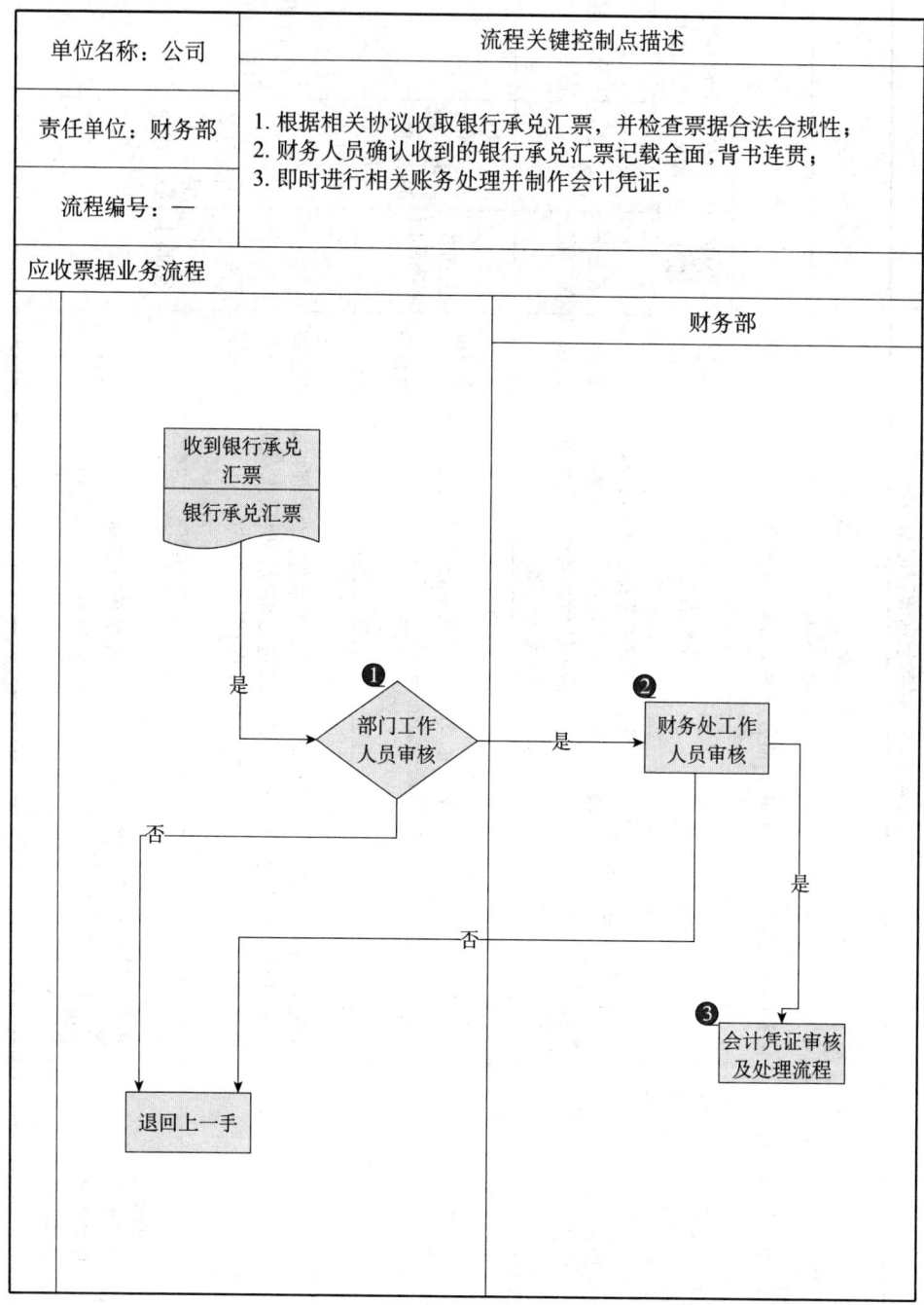

图 4.1.30 应收票据管理流程

第二篇 重点业务管控

表4.1.30 应收票据流程控制矩阵

责任单位	公司财务部							
控制目标	缩短应收票据在途时间，节约资金成本，实现资金的有效利用							
流程名称	应收票据业务流程							
流程编号	—							
节点编号	节点目标	是否为关键控制点	风险描述	控制措施	控制证据	责任部门	责任岗位	控制制度/文件
1	收到银行承兑汇票	否	没有审核银行承兑汇票的真实性	根据相关协议收取银行承兑汇票，对承兑汇票有质疑的，返还上手	检验银行承兑汇票真实性	相关部门	相关工作人员	
2	二级单位财务科工作人员审核	是	银行承兑汇票面问题影响再次背书或收回的期限	确认收到的银行承兑汇票背书连贯				
3	财务处工作人员审核	是	银行承兑汇票面问题影响再次背书或收回的期限	确认收到的银行承兑汇票背书连贯	银行承兑汇票票面	财务部门	出纳	
4	会计凭证审核及处理流程	是	未能确保银行承兑汇票尽快背书于他人，积压资金	拿到审核过的银行承兑汇票即时入账，尽快背书给第三方，确保银行承兑汇票加快流通，减少资金积压	会计凭证	财务部门	会计	《公司管理办法》《票据法》

4.1.31 委托贷款管理流程

单位名称：公司	流程关键控制点描述
责任单位：公司财务部	1. 根据《公司货币资金管理办法》将充足的流动资金以委托贷款的形式存入股份公司，将得到高于临时存款利率的收益； 2. 如果委托贷款合同违反国家法律、行政法规的禁止性规范，委托贷款合同无效，无法保障公司利益； 3. 合同生效日财务人员办理汇款手续、合同到期日股份公司将本金及存款利息打入公司账户。
流程编号：—	

委托贷款

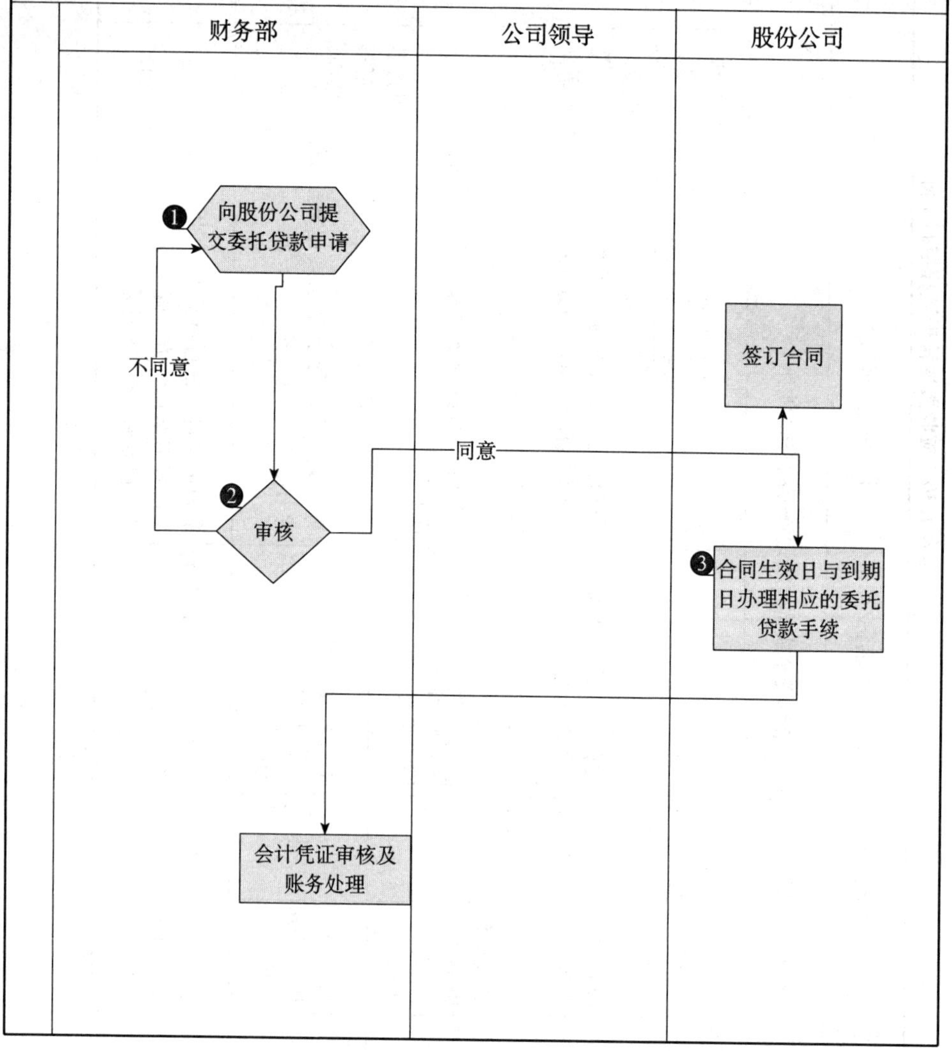

财务部	公司领导	股份公司

❶ 向股份公司提交委托贷款申请

❷ 审核（不同意／同意）

签订合同

❸ 合同生效日与到期日办理相应的委托贷款手续

会计凭证审核及账务处理

图 4.1.31 委托贷款管理流程

表4.1.31 委托贷款流程控制矩阵

责任单位	内部结算中心							
控制目标	根据《公司货币资金管理办法》将充足的流动资金以委托贷款的形式存入股份公司，将得到高于临时存款利率的收益							
流程名称	委托贷款管理流程							
流程编号	—							
节点编号	节点目标	是否为关键控制点	风险描述	控制措施	控制证据	责任部门	责任岗位	控制制度/文件
1	向股份公司提交委托贷款申请	是	股份公司不能及时答复或需要贷款，影响利息收益带来收益	与股份公司协调，尽快将款项以委贷的形式存入股份公司	委托贷款申请	财务部	资金会计	《公司货币资金管理办法》
2	审核	否	如果委托贷款合同违反国家法律、行政法规的禁止性规范，委托贷款合同无效，法保障公司利益	确保委托贷款合同合法、合规				
3	由股份公司法定代表人或其授权人签订合同	是	根据《合同法》规定，合同由法定代表人或其授权人员签订，不允许其他人员代签	法定代表人或其授权人签合同，其他人员签订合同无效	书面合同		部门负责人	
4	合同生效日与到期日办理相应的委托贷款手续	是	合同生效日财务人员办理汇款手续、合同到期日股份公司将本金及存款利息打入公司账户	临近到期日通过委托方及时催款				

4.1.32 借款管理流程

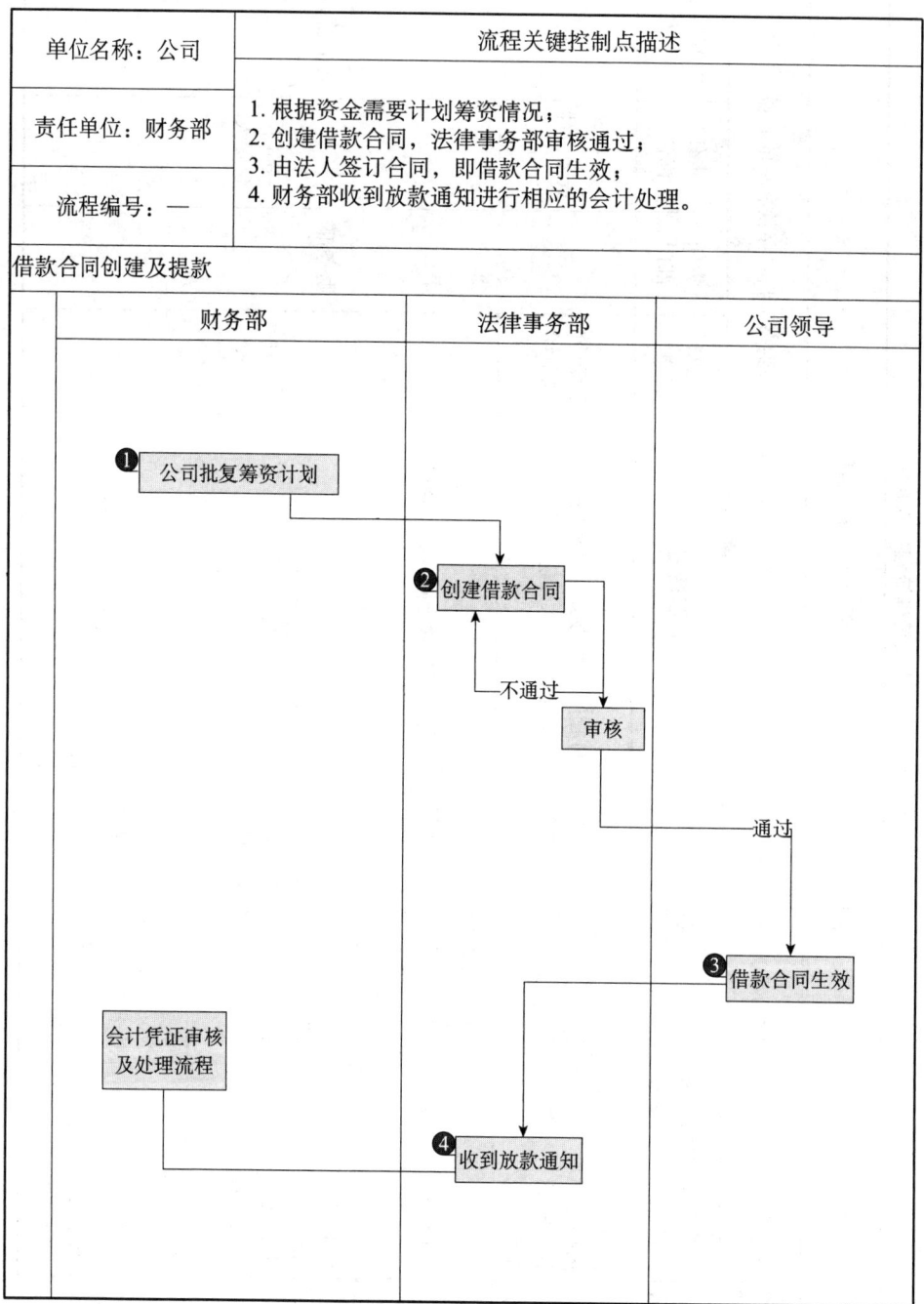

图 4.1.32 借款管理流程

第二篇 重点业务管控

表4.1.32 借款管理流程控制矩阵

责任单位	控制目标	流程名称	借款合同创建及提款流程		流程编号		流程编号：—	
公司财务部	降低资金风险，规范借款程序，保证借款及提款安全，实现资金的合理安全管理							
节点编号	节点目标	是否为关键控制点	风险描述	控制措施	控制证据	责任部门	责任岗位	控制制度文件
1	公司批复筹资计划	是	筹资计划是否具急需，不必要的借款对公司造成资金浪费	落实批复的相关筹融资计划	批复筹资计划	公司各部门		
2	创建借款合同	是	创建借款合同文稿不合理	创建借款合同文稿合理	借款合同文稿	公司各部门		
3	审核	否	借款合同文稿不真实，不合法	借款合同文稿真实、合法	借款合同文稿	政策法规部	部门负责人	《公司财务管理办法》《合同法》
4	借款合同生效	是	合同没有记录	相关单位登记借款合同信息	借款合同文稿	政策法规部		
5	收到放款通知	是	不能及时放款	通知相关单位及时放款	借款合同	公司各部门		

85

4.1.33 资金计划编制流程

单位名称：公司	流程关键控制点描述
责任单位：财务部	1. 汇总子单位次月（年）用款计划，各子单位收集数据不全影响资金预算的准确性； 2. 上报次月（年）用款计划，上报期间由于时间差及用款额度影响资金计划； 3. 下发月度资金计划给各子单位，各子单位资金按计划支付，否则造成资金管理失控； 4. 接收并执行月度资金用款计划，资金执行反映资金计划准确度；资金执行与资金计划差异太大，影响资金调度的准确性。
流程编号：—	

资金计划编制流程

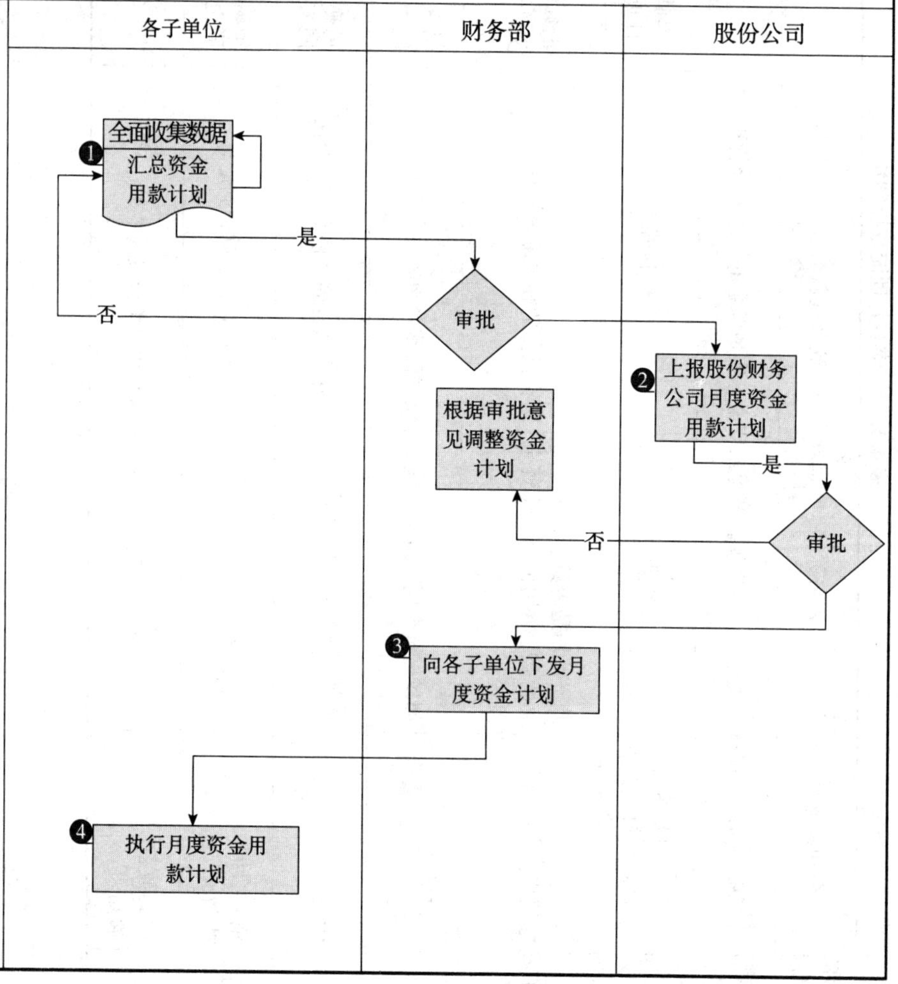

各子单位	财务部	股份公司
❶ 全面收集数据 / 汇总资金用款计划 → 审批（是→）；（否←）	根据审批意见调整资金计划	❷ 上报股份财务公司月度资金用款计划 → 审批（是→）；（否←）
❹ 执行月度资金用款计划	❸ 向各子单位下发月度资金计划	

图 4.1.33 资金计划编制流程

表4.1.33 资金计划编制流程控制矩阵

责任单位	内部结算中心	流程名称	资金计划编制流程		流程编号：—		
控制目标	及时、准确完成资金计划的编制，有效安排资金使用，为公司整体资金运转提供真实资料						
节点目标	是否为关键控制点	风险描述	控制措施	控制证据	责任部门	责任岗位	控制制度/文件
节点编号							
1 汇总子单位用款计划	否	收集数据不全影响资金预算准确性	全面收集数据提高资金准确性				
2 审批	是	资金管理管控缺失，不能合理使用资金	加强资金管控，确实需要使用资金的担保单批，追加资金计划				《公司财务管理办法》《公司全面预算管理办法》等
3 上报公司月度资金用款计划	否	上报期间由于时间差及用款额度影响资金计划	定期分析资金预算执行情况，如有问题及时采取措施协调解决	月度资金用款计划	财务部	部门负责人	
4 审批	是	业务管控缺失，可能带来风险	加强资金管控，确实需要使用资金的担保单批，追加资金计划				
5 下发月度资金计划给各二级单位	是	各二级单位资金按计划支付，否则造成资金管理失控	各二级单位要按资金计划支付，超出部分当月拒付，如有必须支付的款项，申请批准				
6 接收并执行月度资金用款计划	是	资金执行反应资金计划准确度，资金执行与资金调度差异大，影响资金计划的准确性	定期分析资金预算执行情况，如有问题及时采取措施协调解决				

4.1.34 资金计划执行流程

单位名称：公司	流程关键控制点描述
责任单位：财务部	1. 根据每月实际发生的收支情况编制资金执行流程； 2. 是否在资金计划内，是否可以在各项目之间平衡，如果出现偏差较大的资金收支项目，查找原因，提出建议及资金管理措施； 3. 上报财务处资金执行情况说明及资金执行报表； 4. 上报股份公司资金处资金执行情况说明及资金执行报表。
流程编号：—	

资金计划执行流程

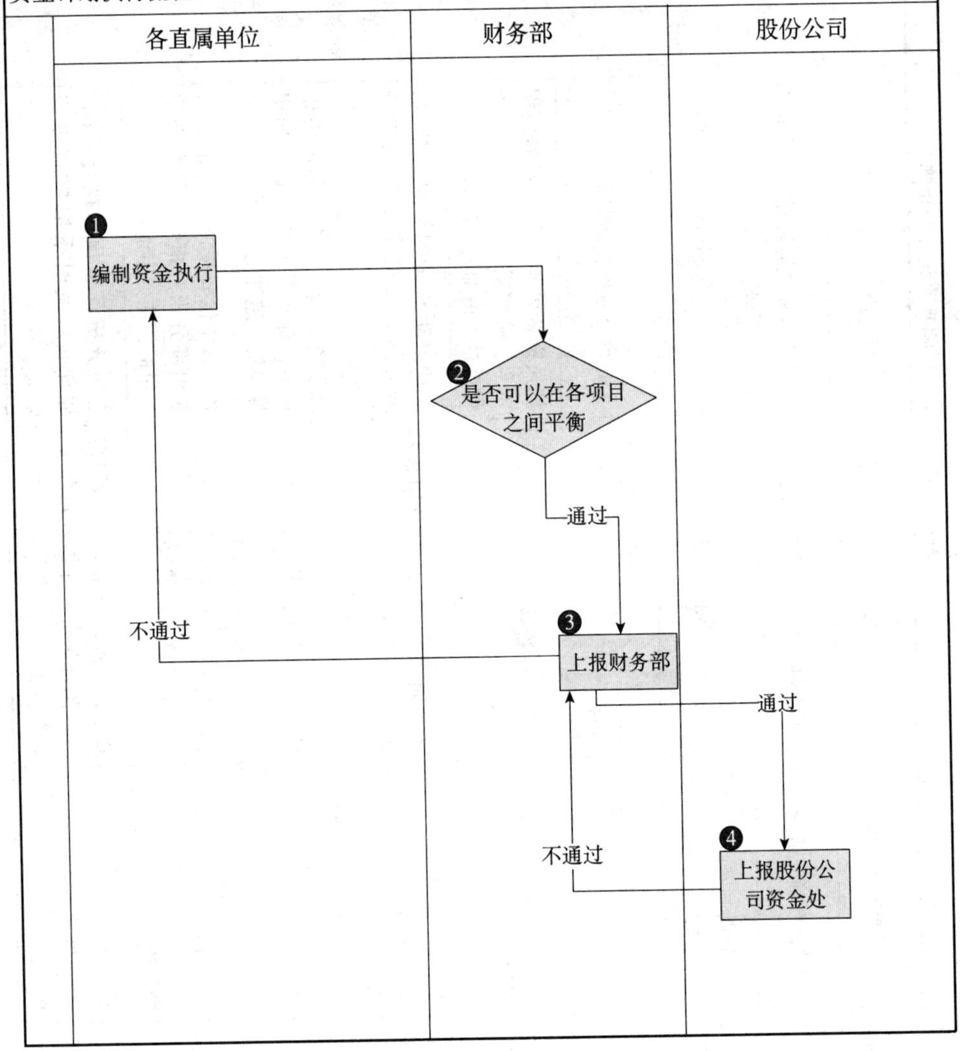

各直属单位	财务部	股份公司
❶ 编制资金执行	❷ 是否可以在各项目之间平衡	
	❸ 上报财务部	
		❹ 上报股份公司资金处

图4.1.34 资金计划执行流程

表4.1.34 资金计划执行流程控制矩阵

责任单位	内部结算中心						
控制目标	一切以目标为执行导向，最后以目标完成程度作为业绩评价的依据。目标管理强调授予下级一定自主权，减少干预，在统一的目标下由员工在工作中实行自我控制，并强调事前明确目标，使下级周密安排并选择实现目标的有效方法						
流程名称	资金计划执行编制流程			流程编号		编制流程：一	
节点编号	节点目标	是否为关键控制点	风险描述	控制措施	控制证据	责任部门	责任岗位	控制制度/文件
1	是否在年度各项目资金计划内	是	如果预算超减支，产生预算差异得不到及时分析，预算监控难以发挥作用	建立预算报告制度，各单位定期报告预算的执行情况，对于预算执行中发生的新情况、新问题及出现偏差较大的重要项目，查找原因，提出建议及管理措施		财务部	部门负责人	《公司财务管理办法》《公司全面预算管理办法》等
2	是否可以在各项目之间平衡	是	资金预算控制不严格，影响资金的及时收支，不利于调节资金收付平衡	严格按照资金收付计划组织协调资金，定期分析资金预算执行情况，如有问题及时采取措施协调解决				
3	上报财务部	是	财务部审核各二级单位资金执行情况，资金执行与资金计划存在差异性，影响资金考核	资金执行与资金计划有差异，写清说明并上报，如果不是计划内的，也不是追加的计划，将纳入考核单位的考核依据	月度资金用款计划			
4	上报股份公司资金处	是	股份公司审核资金计划执行情况，资金执行与资金计划存在差异性，影响资金考核	资金执行与资金计划有差异，写清说明并上报，如果不是计划内的，也不是追加的计划，将纳入考核单位的考核依据		股份公司资金处		

4.1.35 资金计划调整流程

单位名称：公司	流程关键控制点描述
责任单位：公司财务部	1. 资金预算受客观因素变化及其对资金计划造成影响，需要调整资金计划； 2. 规定日期内统一汇总并审核各单位资金预算申请； 3. 统一上报各单位资金预算调整申请，规定的时间内上报调整申请，不能延时； 4. 下发调整后的资金计划给各级单位； 5. 分解调整后的资金计划项目要详细具体、明确资金管理责任。
流程编号：—	

资金计划调整流程

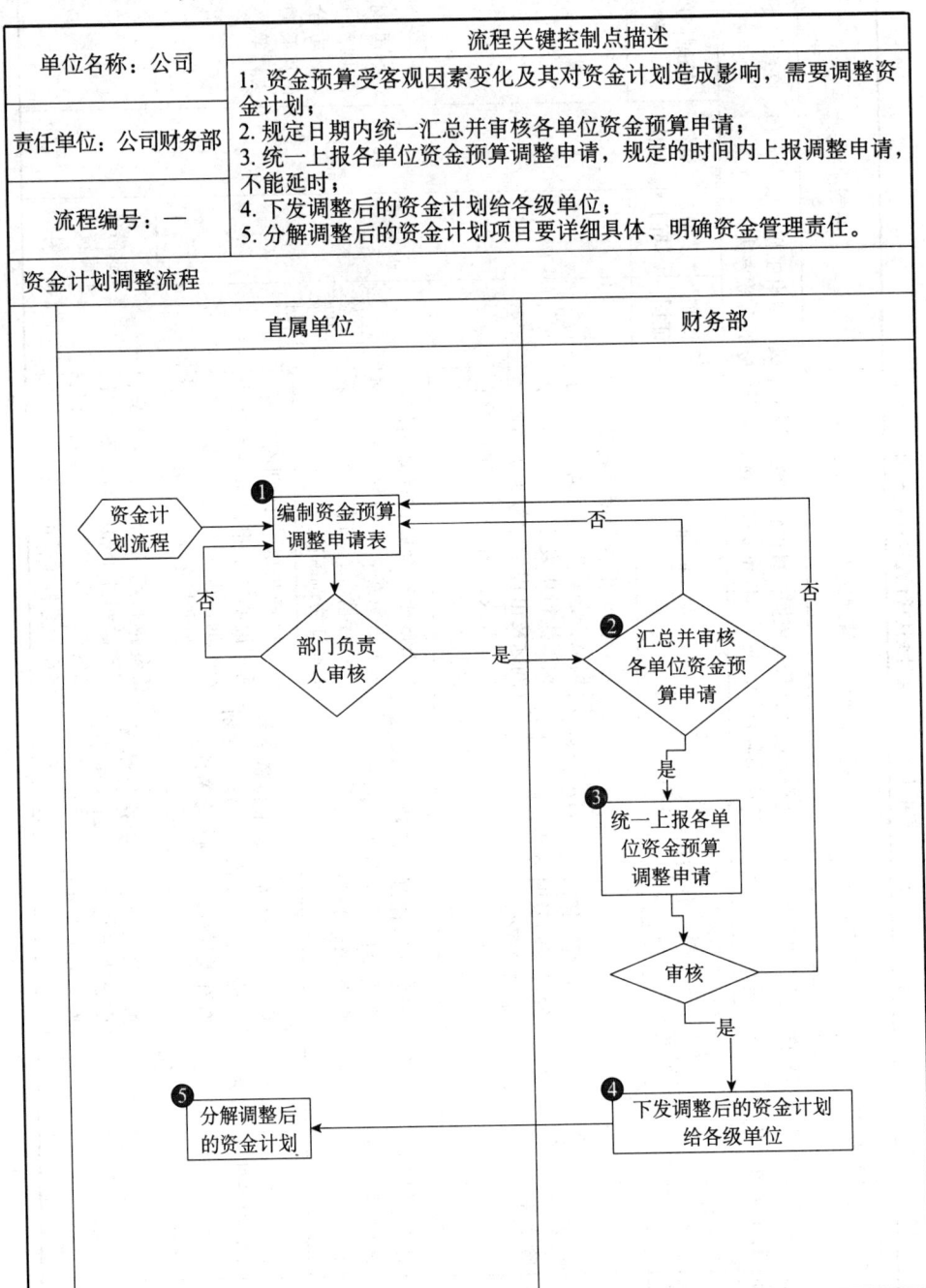

图 4.1.35 资金计划调整流程

表 4.1.35　资金计划调整流程控制矩阵

流程名称	资金计划调整流程	流程编号：—	流程编制：—

责任单位	控制目标	是否为关键控制点	节点编号	节点目标	控制措施	控制证据	责任部门	责任岗位	控制制度/文件
内部结算中心	根据预算执行的具体情况、客观因素变化情况及其对预算执行造成的影响，调整预算指标	是	1	编制资金预算调整申请表	填制资金预算调整申请表，并审核后追加资金计划	资金使用计划	财务部	部门负责人	《公司财务管理办法》、《公司全面预算管理办法》等
		否	2	审批	通过相关信息确定确实需要调整资金计划，否则不予批准				
		是	3	汇总审核后的单位资金预算调整申请	规定日期内统一汇总并审核各单位资金预算申请				
		是	4	统一上报各单位资金预算调整申请	统一上报各单位资金预算调整申请	年度/月度资金使用计划			
		否	5	审批	由相关信息确定确实需要调整资金计划，否则不予批准				

续表

节点编号	节点目标	是否为关键控制点	风险描述	控制措施	控制证据	责任部门	责任岗位	控制制度/文件
6	下发调整后的资金计划给各级单位	是	资金计划调整下达不及时,可能导致预算执行或考核无据可依	及时下发调整后的资金计划给各级单位	年度/月度资金使用计划	财务部	部门负责人	《公司财务管理办法》《公司全面预算管理办法》等
7	分解调整后的资金计划	是	预算指标分解不够详细具体,可能导致管理责任不明确,预算目标难以实现	分解调整后的资金计划项目要详细具体、明确资金管理责任				

4.1.36 企业所得税管理流程

单位名称：公司	流程关键控制点描述
责任单位：公司财务部	1. 财务部门严格按照会计准则准确归集收入、成本； 2. 纳税人会计处理与税收规定不一致，需要进行纳税调增调减、对不得扣除项目的监督检查，应严格按照税法的规定执行，如与税法规定不符，必须进行调整； 3. 财务部门应及时关注新颁布的税收优惠政策，根据自身的实际情况充分合理利用，实现企业利润最大化。
流程编号：—	

企业所得税流程图

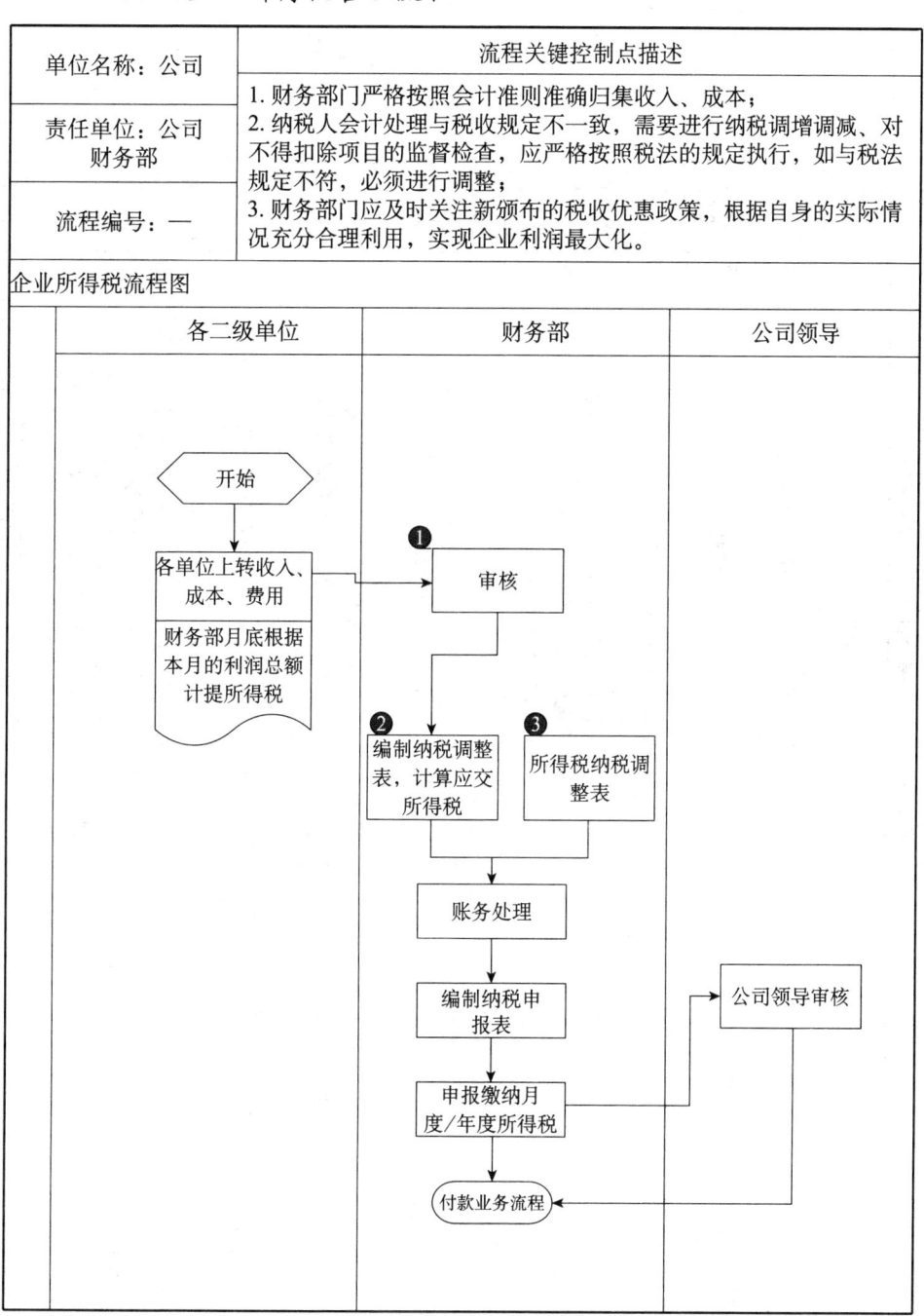

图 4.1.36 企业所得税管理流程

表 4.1.36 企业所得税管理流程控制矩阵

责任单位	公司财务部						
控制目标	正确计算企业所得税，及时在规定的申报期内申报，按时缴纳税款，规避税务风险						
节点编号	流程名称	企业所得税处理流程		流程编号			
	节点目标	是否为关键控制点	风险描述	控制措施	控制证据	责任部门	责任岗位	控制制度/文件
1	保证收入、成本计算准确	是	确认收入、成本没有遵循企业会计准则权责发生制原则，收入、成本确认不及时，出现跨年度确认，导致延迟缴纳税款，存在税务风险	相关业务部门及时提供所发生业务单证，及时办理结算手续；财务办理人员依据企业会计准则及时入账；财务人员加强企业会计知识的日常学习，熟练掌握会计核算要求		各职能部门		
2	保证资本性支出和费用性支出划分合理	是	没有正确区分资本性支出和费用性支出，导致资产和费用的确认不准确，存在税务风险	严格按照企业会计准则的要求，正确区分资本性支出、费用性支出范围		各级财务部门		
3	保证申报表填写正确	是	没有按照税务要求正确填写纳税申报表，导致申报错误，形成税务风险	税务专管员按照税法要求正确填报申报表；复核人员审核申报表填报的正确性；部门负责人审核并签字		各级财务部门		
4	保证申报期内正常申报	是	没有按照税法规定的申报期正常申报，导致滞纳金惩罚	税务专管员在申报期内及时申报、足额缴纳税款		财务部	部门负责人	
5	保证纳税调整事项准确无误	是	没区分企业所得税和税法的差异要求进行纳税调整，导致应纳税所得额计算错误，形成税务风险	年终所得税汇算清缴聘请中介机构出具年度所得税汇算鉴证报告，规避税务风险；财务人员熟悉掌握会计法和税法，并找出会计法和税法的差异，财政相关知识，正确调整纳税；纳税申报表必须由部门负责人审核并签字				《公司财务管理办法》

4.1.37 增值税管理流程

单位名称：公司	流程关键控制点描述
责任单位：公司财务部	1. 根据发票管理办法规范审核增值税发票类型是否符合国家规定，填写是否规范，金额、开具发票单位等是否与合同内容相符； 2. 审核取得的增值税发票是否在税法规定的可抵扣范围，不得转借、转让、代开发票，不得自行扩大发票使用范围，不得以其他凭证代替发票； 3. 应根据国家税收法律规定，正确计算，及时申报、缴纳税款。
流程编号：—	

增值税流程图

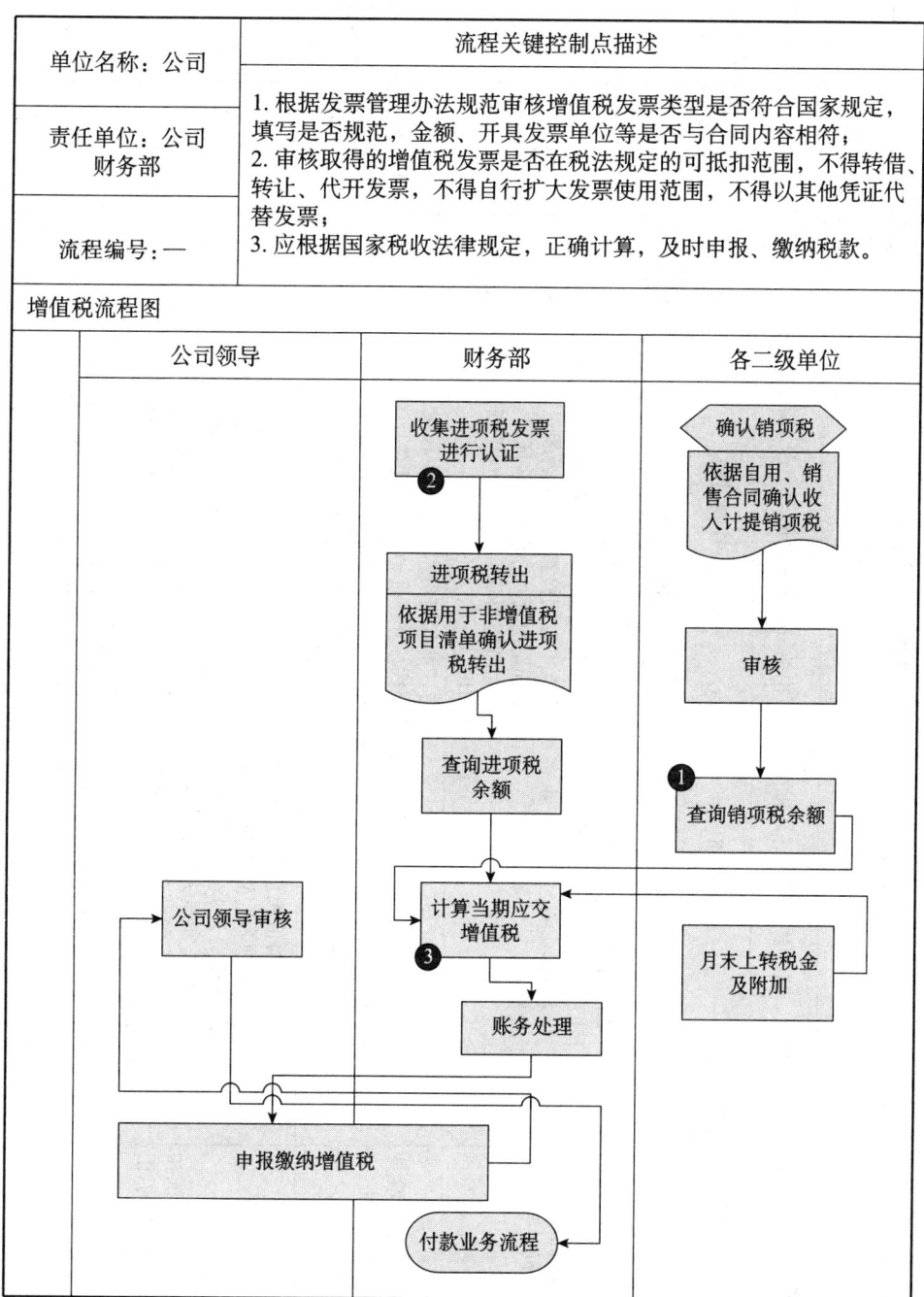

图 4.1.37 增值税管理流程

表4.1.37 增值税管理流程控制矩阵

责任单位	公司财务部							
控制目标	正确计算销项税、进项税、进项税额转出，正确填写增值税纳税申报表及附表，在规定的税务申报期缴纳税款，规避税务风险							
流程编号	一							
流程名称	增值税管理处理流程							
节点编号	节点目标	是否为关键控制点	风险描述	控制措施	控制证据	责任部门	责任岗位	控制制度/文件
1	保证税票在税法规定期间内认证	是	取得的增值税专用发票没有在税法规定期间内认证，将不能抵扣进项税，导致企业多缴税款	采购部门及相关业务部门对取得的增值税专用发票，在增值税专用发票及时办理入账手续；财务部门税务专管员对入账的增值税专用发票不定期检查发票是否超过认证期，在认证期内及时办理网上认证，及时更新掌握财税政策、税法知识		公司各部门	职能部门负责人	《公司财务管理办法》
2	保证发票与业务的一致性	是	取得的发票与业务发生不具有一致性，导致该费用不能在企业所得税税前列支	各职能部门责人确认审批单上签字盖章，并在报销审核发销的发票发生业务的真实性、规范性，对不符合规定的发票一律退回，不予办理				
3	保证可抵扣发票的正确性	是	用于非增值税应税项目、免征增值税项目、集体福利或者个人消费购进货物或者应税劳务；非正常损失购进货物及相关的应税劳务；非正常损失的在产品、产成品所耗用的购进货物或者应税劳务做了进项税额抵扣，违反增值税暂行条例规定，存在税务风险	货物使用部门、接受劳务部门严格区分货物和劳务的用途，提供财务部门；财务部门根据所购进货物、接受劳务暂行条例规定能够抵扣的货物和劳务做了进项税抵扣，而抵扣的货物或者应税劳务做进项税额转出；加强增值税培训，增强税收意识				

续表

节点编号	节点目标	是否为关键控制点	风险描述	控制措施	控制证据	责任部门	责任岗位	控制制度/文件
4	保证业务部门提供资料的准确性、及时性	是	相关业务部门不及时、不准确提供与销售货物有关的资料，错误确认，导致财务人员少确认，影响财务人员正在税务风险	相关业务部门及时、准确提供与销售货物、提供增值税应税劳务有关的资料；财务部门根据收入正确计提销项税		公司各部门	职能部门负责人	《公司财务管理办法》
5	保证填写申报表的正确性	是	没有按照增值税申报要求，正确填写纳税申报表，导致错报增值税	财务部门税务管理员认真填写增值税纳税申报表；审核人员认真审核已填写的申报表，财务负责人签字		财务部	部门负责人	

4.1.38 其他税费管理流程

单位名称：公司	流程关键控制点描述
责任单位：公司财务部	1. 根据业务部门提供的原始资料作为计税依据，并进行认真审核； 2. 按照各项业务的性质，确定税率，计算税额； 3. 根据国家税收法律规定，正确计算及时申报、缴纳税款。
流程编号：—	

其他税费流程图

各二级单位	财务部	公司领导
	开始	
	❶ 根据业务部门提供的原始资料确定计提各项税费	
	❷ 审核	
	账务处理	
	❸ 编制纳税申报表	公司领导审核
	申报缴纳月度税费	
	付款业务流程	

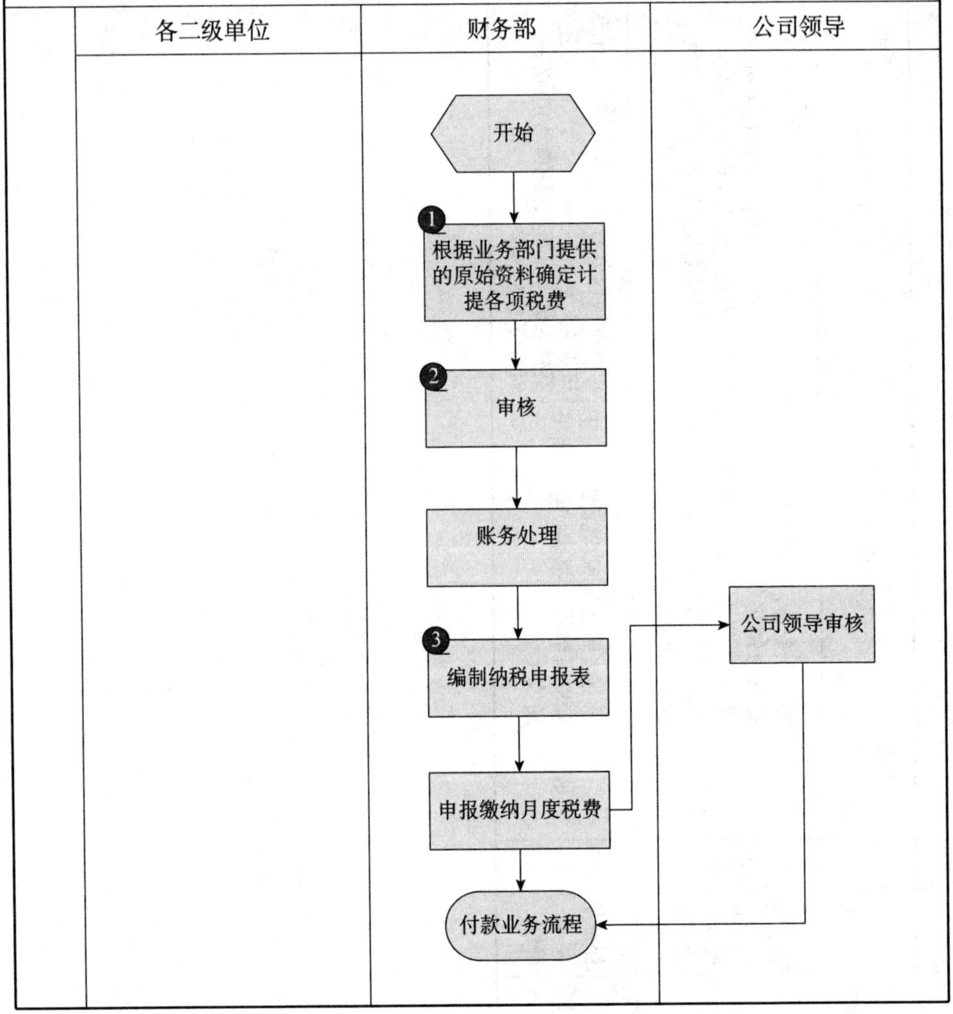

图 4.1.38 其他税收管理流程

第二篇 重点业务管控

表 4.1.38 其他税费管理流程控制矩阵

责任单位	财务部						
控制目标	正确计算各项税费，及时在规定的申报期内申报，按时缴纳税款，规避税务风险						
流程名称	其他税费处理流程	流程编号	一				
节点编号	节点目标	是否为关键控制点	风险描述	控制措施	控制证据	责任部门	责任岗位	控制制度/文件
1	相关业务部门提供正确的原始资料作为计算税款依据	是	相关业务部门没有正确提供计税项各税费的基础资料（如土地面积），导致各项税费计算错误，存在税务风险	相关业务部门在提供基础资料时应认真核对，确保资料真实可靠；相关业务部门负责人对本部门提供资料负责		各职能部门		《公司财务管理办法》
2	按照正确税率计算税额	是	没有按照适用税率及计提依据正确计算税费，导致计算错误，存在税务风险	财务人员熟悉掌握财政、税务知识，依据税法规定的税率正确计算流转税；审核人员对制证人员凭证复核其正确性、合规性		各级财务部门		
3	正确填写税务申报表	是	没有按照税务要求正确填写纳税申报表，导致申报错误，形成税务风险	税务专管员按照税法要求正确填报申报表；复核人员审核申报表填写的正确性；部门负责人审核并签字		财务部	部门负责人	
4	在规定申报期申报税额	是	没有按照税法规定的申报期正常申报，导致罚金的惩罚款滞纳金的惩罚	税务专管员在申报期内及时申报，足额缴纳		财务部		

99

4.1.39 税费管理流程

单位名称：公司	流程关键控制点描述
责任单位：公司财务部	1. 各直属单位财务部负责准确计提本单位相关税费，按规定要求及时上转公司财务部； 2. 公司财务部税务主管负责审核各直属单位上转的税费凭证； 3. 公司财务部负责公司税费的统一核算、统一申报及缴纳。
流程编号：—	

税费管理流程

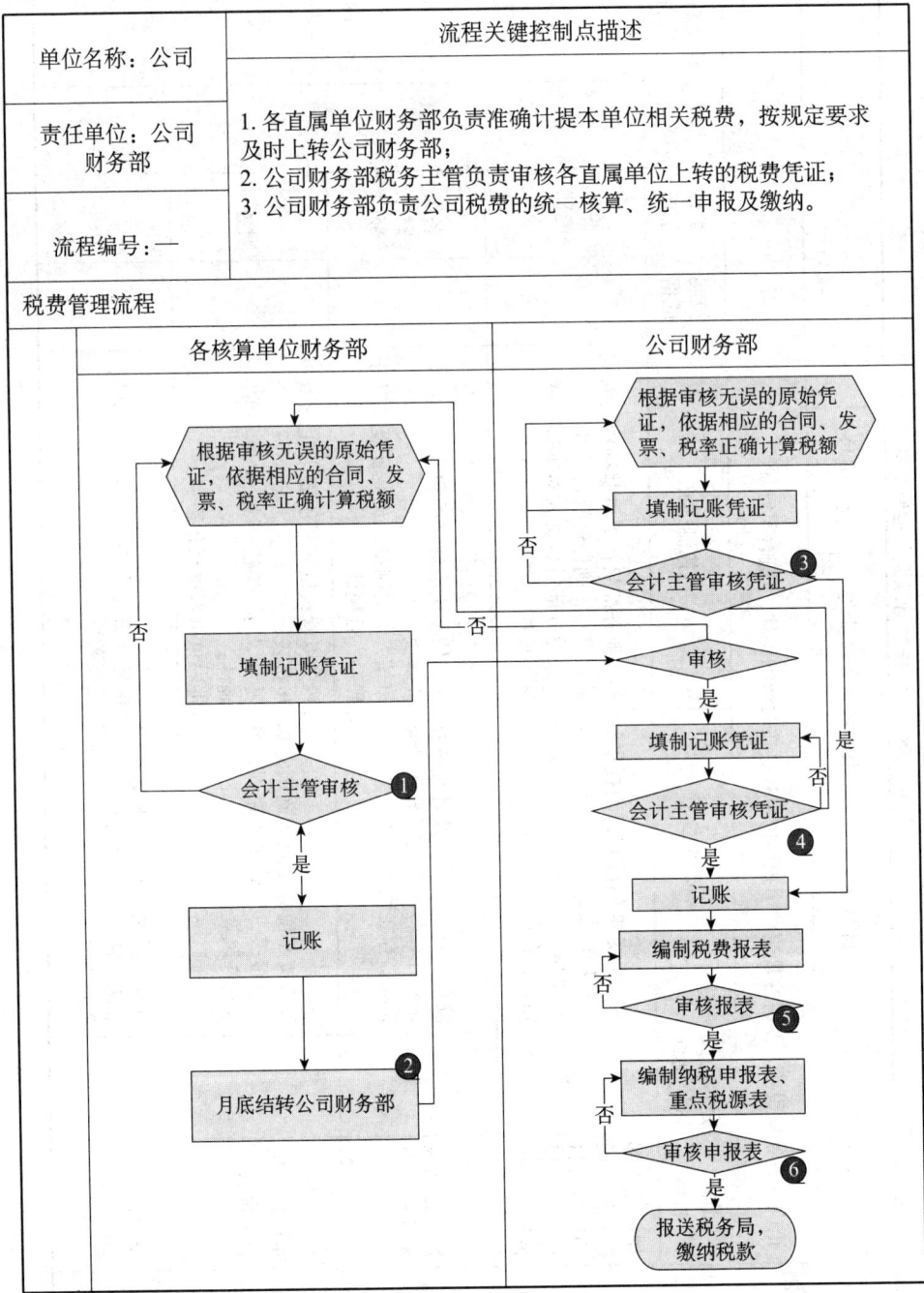

图4.1.39 税费管理流程

表 4.1.39 税费管理流程控制矩阵

责任单位	公司财务部							
控制目标	正确计算销项税、进项税、进项税额转出，正确填写增值税纳税申报表及附表，在规定的税务申报期缴纳税款，规避税务风险							
	流程名称		税费管理流程		流程编号		—	
节点编号	节点目标	是否为关键控制点	风险描述	控制措施	控制证据	责任部门	责任岗位	控制制度/文件
1	保证税票在税法规定期间认证	是	取得的增值税专用发票没有在税法规定期间内认证，不能抵扣进项税，导致企业多交税款	采购部门及相关业务部门对取得的增值税专用发票，在增值税专用发票期间及时办理入账手续；财务部门专管员对入账人员的增值税专用发票不定期检查是否超过认证期，适时在认证期内及时办理网上认证，熟悉掌握财政税政策，税法知识				
2	保证发票与业务的一致性	是	取得的发票与业务发生不一致，导致该费用不能在企业所得税前列支	各职能部门负责人对发生业务的真实性，确认审核，并在报销审批单上签字盖章；财务人员检查审核报销发票的真实性、合规性，对不符合规定的发票一律退回，不予办理		公司各部门	职能部门负责人	《公司财务管理办法》
3	保证可抵扣发票的正确性	是	用于非增值税应税项目、免征增值税项目、集体福利或者个人消费购进货物或者应税劳务；非正常损失的购进货物及相关应税劳务；非正常损失的在产品、产成品所耗用的购进货物或者应税劳务做了增值税专用发票做了增值税暂行条例规定，违反了增值税暂行条例的规定，存在税收风险	货物使用部门，接受劳务部门根据所购进货物、用途情况，对于增值税和劳务允许抵扣的货物和劳务做进项税抵扣，对不允许抵扣的货物和劳务而抵扣了进项税额转出；加强不定期税务培训，增强税收意识				

101

续表

节点编号	节点目标	是否为关键控制点	风险描述	控制措施	控制证据	责任部门	责任岗位	控制制度/文件
4	保证业务部门提供资料的准确性、及时性	是	相关业务部门未及时、准确提供与销售货物有关的资料，导致财务少确认收入，错确认销项税的正确性，影响销项税，存在税务风险	相关业务部门及时、准确提供与销售货物有关的资料；提供增值税应税劳务有关的资料，财务部门根据收入正确计提销项税		公司各部门	职能部门负责人	
5	保证填写申报表的正确性	是	没有按照增值税申报表要求，正确填写增值税申报表，导致错报增值税	财务部门税务管理员认真填写增值税纳税申报表；审核人员认真审核已填写的申报表；财务负责人签字		财务部	部门负责人	《公司财务管理办法》

4.1.40 无采购订单发票报销流程

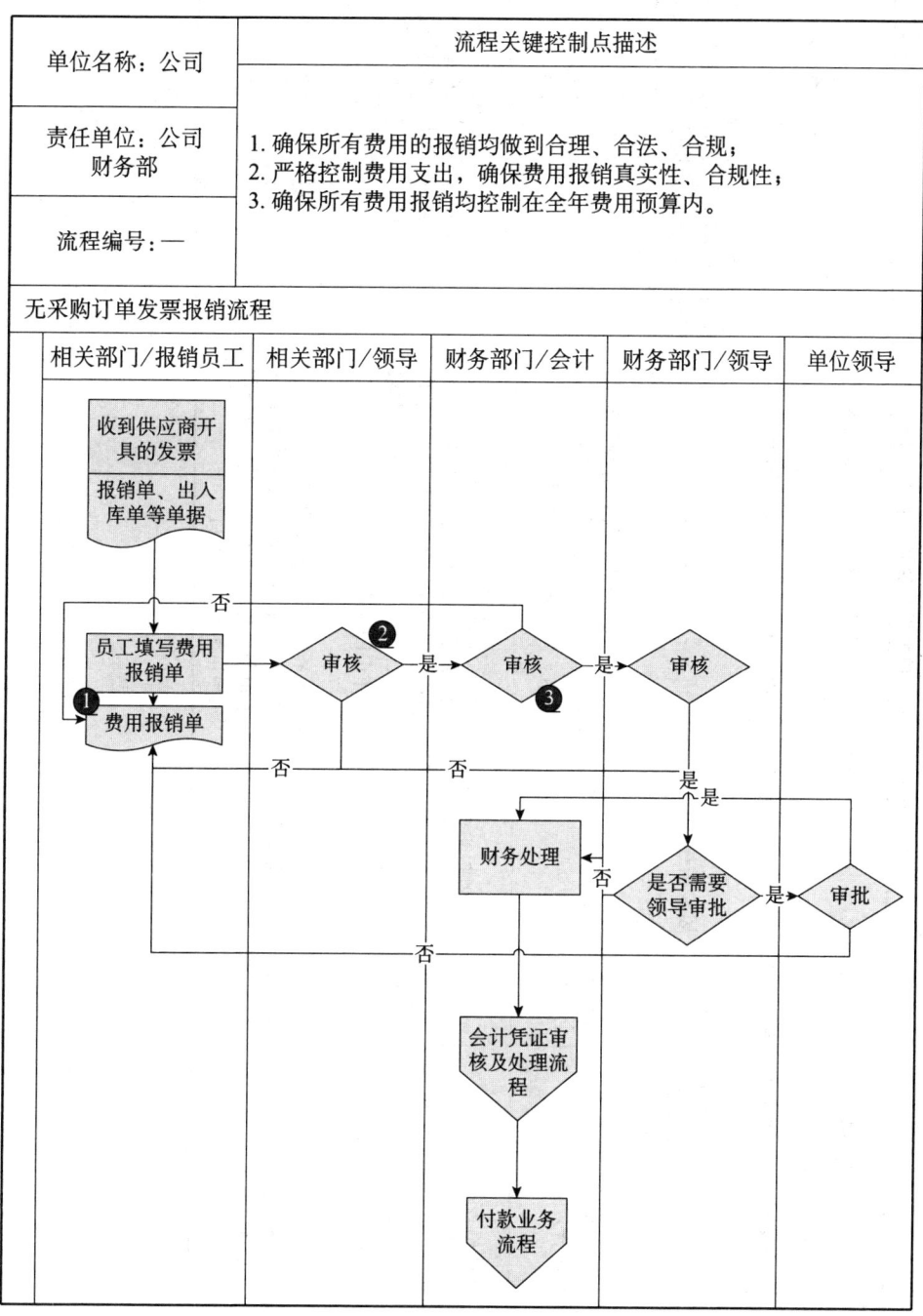

图 4.1.40　无采购订单发票报销流程

表4.1.40 无采购订单发票报销流程控制矩阵

责任单位	公司财务部							
流程名称	无采购订单发票报销流程							流程编号	—
控制目标	确保所有费用报销均控制在费用预算内，严格控制费用支出，确保所有费用合法合规							
节点编号	节点目标	是否为关键控制点	风险描述	控制措施	控制证据	责任部门	责任岗位	控制制度/文件
1	费用报销合法合规		报销虚假费用，报销手续不齐全，开具发票不规范	机关各部室正职和代核算单位部门正职负责审批采购是否真实，发票、数据是否真实有效	—		—	
2	严格控制费用支出，保证费用报销的真实性、合规性		费用报销中，各职能部门负责人如果把关不严，签字带有随意性，一律依赖财务部门，给公司带来不必要的财务风险	会计审核采购报销单据填写是否齐全，是否经过规定程序审核批准，各程序的审批是否在规定的审批权限内，对不合规的报销单据、发票一律退回，不予办理		公司各部门	部门负责人	《公司内部控制风险管理手册》
3	严格控制全年预算		计划外采购超全年预算控制	对于各部门发生的预算外采购费用，必须先经本部门领导审批，并上报预算外审批复函申请，经公司领导审批签字后方可办理				

4.1.41 对外投资管理流程

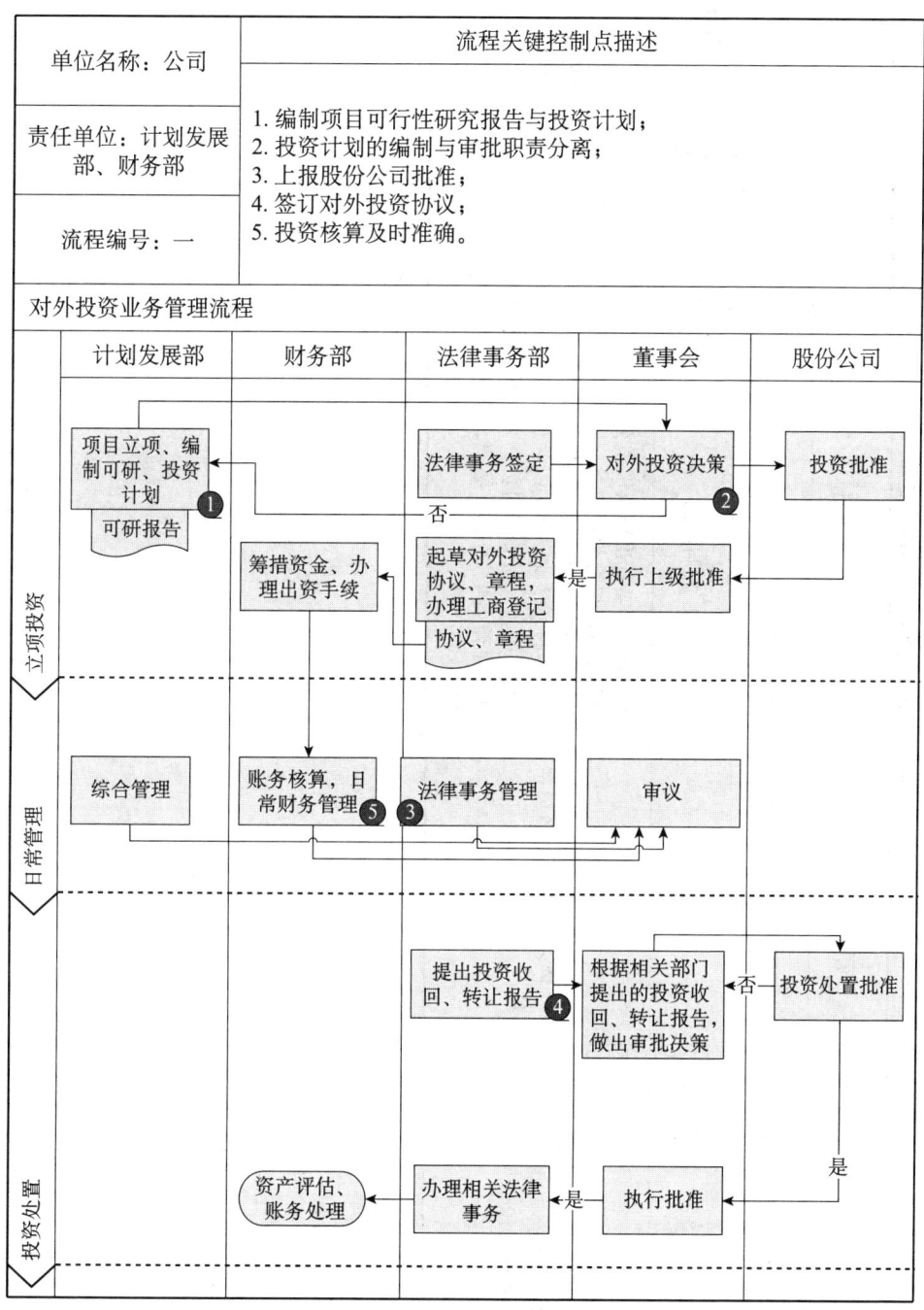

图 4.1.41 对外投资管理流程

表 4.1.41 对外投资管理流程控制矩阵

责任单位	公司财务部			
流程名称	对外投资业务管理流程			
流程编号	—			
控制目标	保证长期股权投资账面价值的真实、准确、完整、及时收取投资回报			
节点目标	是否为关键控制点	风险描述	控制措施	控制证据	责任部门	责任岗位	控制制度/文件
保证长期股权投资账面价值的真实、准确、完整、及时收取投资回报	是	会计核算遗漏，造成信息不完整	财务部按照会计准则及股权投资核算制度规定核算合并会计报表，反映子公司收益情况，并按时、足额收取投资收益。财务部门负责人审核报表并监督收益是否足额、及时收回		财务部	财务部经理	《公司内部控制风险管理手册》

4.2 二级单位层面管理及措施

4.2.1 煤炭生产

4.2.1.1 财务预算编制流程

责任单位：煤矿	流程关键控制点描述
流程编号：—	1. 建立全面预算组织架构； 2. 编制预算； 3. 生产单位预算管理委员会审核预算； 4. 上报公司预算。

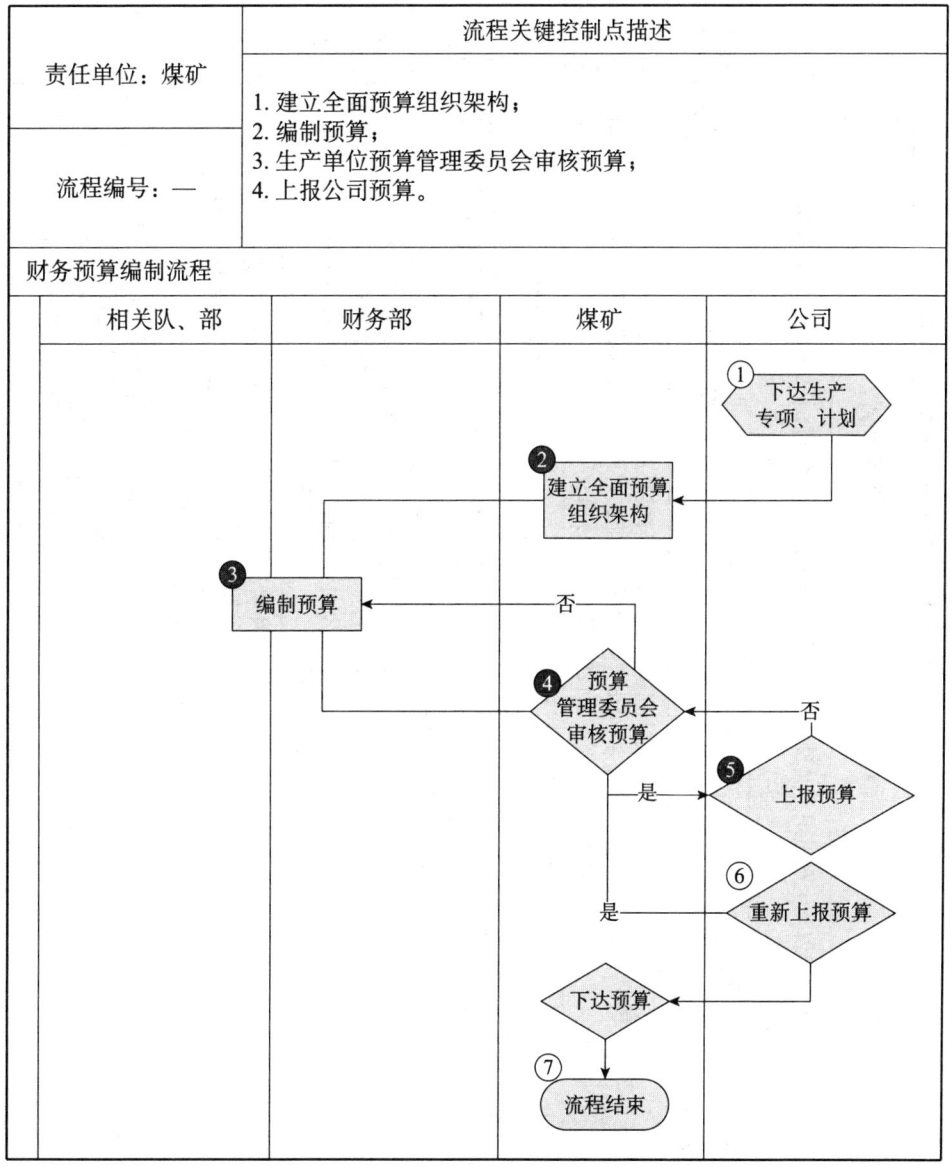

图 4.2.1　财务预算编制流程

表 4.2.1 财务预算编制流程控制矩阵

责任单位	煤矿									
控制目标	基于年度生产计划及生产组织方案设计，编制细化到月的生产经营财务预算，保证预算制定的合理性与可行性，并进行及时的跟踪分析与调整									
流程名称	财务预算编制							流程编号	—	
节点编号	节点目标	是否为关键控制点	风险描述	控制措施	控制证据	责任部门	责任岗位	控制制度/文件		
1	下达生产专项计划	否	生产及各专项计划编制、上报、审批的进度不同步，可能导致财务预算编制不能按时完成	与煤矿及公司的相关部门沟通，保证财务预算各项专项计划已下达	抽查各计划下达通知	各项计划的编制部门	部门负责人	—		
2	建立全面预算组织架构	是	缺乏清晰的全面预算管理组织架构，相关部门职责不明确，牵头部门和生产技术部、企业管理部等部门的工作协调不顺畅	建立煤矿全面预算组织机构，应包括煤矿全面预算决策执行单位、预算组织监控单位等，并明确相关职责设定	抽查管理制度建设	预算管理委员会	矿长	《公司全面预算管理办法》、《煤矿预算管理实施细则》		
3	编制预算	是	没有依据具体生产环境变化，生产组织方案制定明确，可能导致生产计划与公司年度生产经营计划偏离 未能对相关政策、生产环境变化、价格等信息进行适时跟踪预测，并纳入预算编制，可能导致编制的预算偏离实际情况 与下属单位沟通不畅，可能导致没有根据下属单位的预算编制预算	预算决策机构应当总结上一年度预算及执行情况和本年度生产计划，提出初步的预算编制指导原则 应收集汇总与预算相关的政策、单车成本量等，单耗、消耗总量等，准确的预算目标 要求各单位提供预算编制的支持依据，包括任务量、主要设备消耗、消耗总量等，预算编制机构应当召开与各单位的预算编制质询会	抽查会议记录 抽查存档资料	预算管理委员会 财务部	矿领导 部门负责人			

续表

节点编号	节点目标	是否为关键控制点	风险描述	控制措施	控制证据	责任部门	责任岗位	控制制度/文件
3	编制预算	是	预算编制没有精确到月度预算，可能导致实际指导意义不强	预算决策机构应该对月度预算编制内容提出相应要求，依据各月的生产计划编制月度预算	抽查存档资料	财务部		
4	审核预算	是	预算编制部门未经预算管理委员会审核通过就上报公司，可能导致上报的预算偏离实际	财务部预算初稿编制完成后，预算管理委员会组织相关部门进行会审，确定最终应上报的财务预算		财务部		
5	上报预算	是	和公司沟通不畅，可能导致上报确定的预算偏离实际	在公司审定预算时，组织相关部门的专业人员参加，充分阐述生产组织方案和预算的增减变因素	抽查会议记录		部门负责人	《公司全面预算管理办法》《煤矿预算管理实施细则》
6	重新上报预算	否	未按公司预算管理委员会审定的预算上报，可能导致反复审核工作	在公司审定预算时，在充分沟通的基础上做好记录，记录好变动的原因和金额				
7	下达预算	否	对公司下达的预算指标没有进行认真核对，可能导致指标不可控，变动与固定指标之间出错或审项	收到预算下达通知后，认真核对可控指标与不可控指标，变动成本和固定成本，发现问题及时通知委员会	抽查存档资料	财务部		

4.2.1.2　财务预算分解与考核流程

责任单位：煤矿	流程关键控制点描述
	1. 财务部、企管部分解预算指标； 2. 下达各队、部门执行； 3. 提供考核数据； 4. 与预算指标对比分析、考核； 5. 编制预算执行情况分析报告； 6. 对预算执行情况进行分析总结，上报预算管理委员会。
流程编号：—	

财务预算分解与考核流程控制矩阵

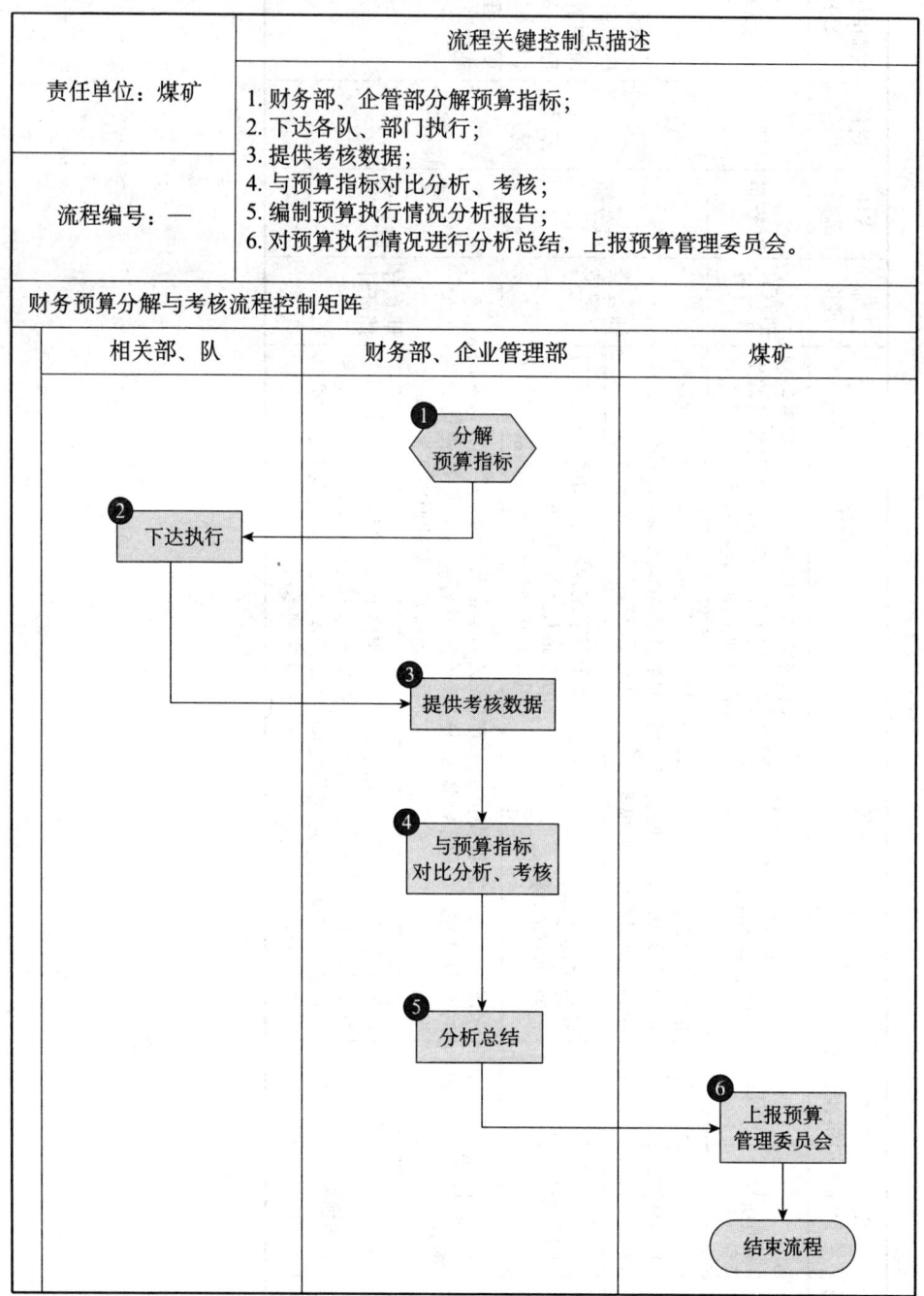

图 4.2.2　财务预算分解与考核流程

第二篇 重点业务管控

表4.2.2 财务预算分解与考核流程控制矩阵

责任单位	煤矿								
流程名称	财务预算分解与考核								
流程编号	一								
控制目标	基于预算指标的分解、执行情况，定期进行考核，并及时跟踪分析与总结，为改善经营管理提供可靠依据								
节点编号	节点目标	是否为关键控制点	风险描述	控制措施	控制证据	责任部门	责任岗位	控制制度/文件
1	分解预算指标	是	指标分解不当，可能导致考核失去意义	深入现场，与各队、部门进行沟通，结合历史资料及生产变化情况进行测算，制定出合理的考核指标，确保实现生产经营目标	抽查经营管理考核办法			
2	下达执行	是	在实际执行过程中，没有按照预算执行，可能导致无法达到经营目标	将生产计划和预算目标的完成情况纳入绩效考评				
3	提供考核数据	是	提供的考核数据计算有误，可能导致考核结果错误	对于实际执行过程中的预算偏离与超支现象，需由相关单位提出解释原因及处理建议，并提供预算超支原因及纠正措施报告	抽查存档资料	财务部 企业管理部	部门负责人	《公司全面预算管理办法》《煤矿预算管理实施细则》
4	考核	是	考核不严，可能导致考核流于形式，结果不真实	每月核对内部生产经营管理报表与财务报表，发现问题及时解决，做到准确无误				
				及时组织考核人员深入现场，通过听汇报、查资料、现场检查等方法，保证核期的成本、费用实项目真实，力争考核结果反映实际情况				

111

续表

节点编号	节点目标	是否为关键控制点	风险描述	控制措施	控制证据	责任部门	责任岗位	控制制度/文件
4	考核	是	分析不客观，可能导致经营分析没有参考价值	考核结果进行系统的、客观的分析，形成生产经营分析报告，真实反映生产经营情况		财务部企业管理部	部门负责人	
5	分析总结	是	缺乏实际经营结果与预算比较及在此基础上的差异分析和定期总结，可能导致经营决策失误	各单位及时收集每月经营结果，与预算进行对照，并基于此编制预算差异分析报告，上报财务部与企业管理部	抽查存档资料	各队及部门	各队及部门负责人	《公司全面预算管理办法》《煤矿预算管理实施细则》
				财务部每月、季、上年初对上月、上季度全矿年度预算执行情况进行分析总结，及时提供预算管理委员会		财务部		
				企业管理部每月、季、上年度、上年初对上月、上季各单位预算执行情况进行分析总结，及时提供预算管理委员会		企业管理部	部门负责人	

4.2.1.3 成本核算流程

责任单位：煤矿	流程关键控制点描述
	1. 确立成本费用开支范围标准； 2. 相关队、部执行预算； 3. 各部、队配合财务部收集各项成本费用原始数据； 4. 财务部审核原始数据并进行财务处理； 5. 会计主管审核审批； 6. 分管领导审批； 7. 归集各生产过程的成本费用； 8. 编制各类成本费用报告。
流程编号：—	

成本核算流程

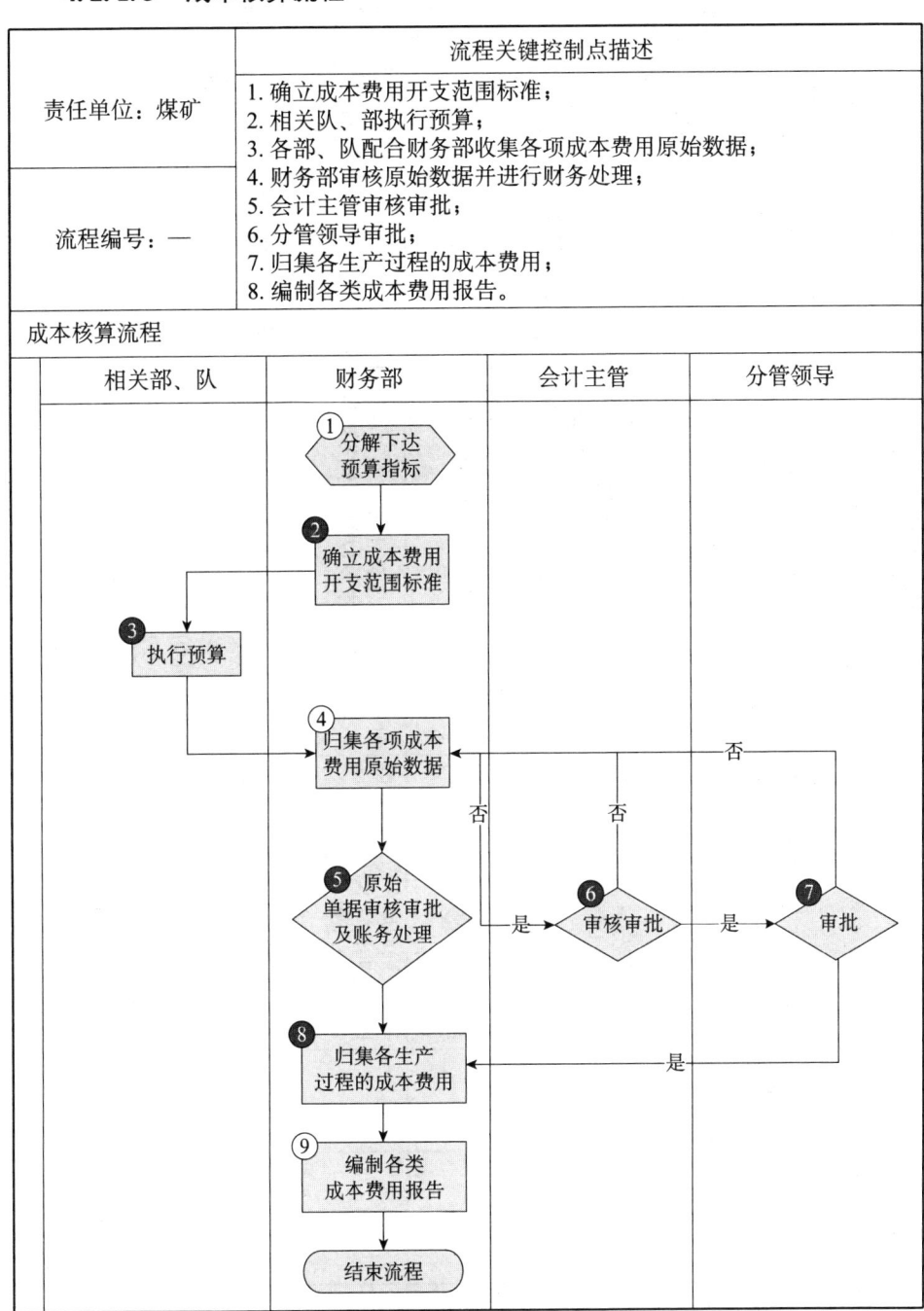

图 4.2.3 成本核算流程

表 4.2.3 成本核算流程控制矩阵

责任单位	流程名称	成本核算	流程编号	—			
煤矿	控制目标	严格执行成本费用的开支范围，准确及时地反映生产成本的发生情况和经营成果，并结合成本计划的执行情况，分析成本的构成情况，研究成本的升降原因，寻求降低成本费用的有效途径和方法，为经营决策提供可靠的依据					
节点编号	节点目标	是否为关键控制点	风险描述	控制措施	控制证据	责任部门	责任岗位	控制制度/文件
1	分解下达预算指标	否	成本指标分解不当，可能导致实际成本与预算指标偏离较大	现深入现场，与各队、部门进行沟通，结合历史资料及生产变化情况进行预测算，分解消耗定额，核定材料及水电的消耗指标，下达给各单位执行	抽查经营管理考核办法	财务部、企业管理部	部门负责人	《公司财务会计制度》《公司财务会计核算办法》《煤矿成本核算和管理办法》
2	确立成本费用开支范围标准	是	缺乏健全的成本费用责任制，可能导致对成本费用的奖罚约没有兑现机制	建立健全成本费用责任制，并明确相关部门及人员的职责、权限，实行成本费用责任追究制度	抽查制度建设	财务部		
			缺乏明确的成本费用范围、标准，资本性支出与成本费用性支出的界限不清，可能导致成本核算不真实	财务部应当结合会计法及公司的会计核算办法制定本单位的成本核算办法，并严格执行				
			没有正确划分本期成本费用和下期成本费用、生产性费用和非生产性费用的界限，可能导致成本计算和会计报告期不一致	按照权责发生制原则确定成本费用，不得任意提前和摊销费用，做到成本计算和会计报告期一致				
3	原始单据审核审批账务处理	是	各类成本费用的审核审批账务处理有误，可能导致会计核算错误	建立专职成本会计归集各类成本费用，并设立稽核会计对归集的各类成本费用进行复核，确保日常成本核算的正确性	抽查岗位责任制	财务部		

续表

节点编号	节点目标	是否为关键控制点	风险描述	控制措施	控制证据	责任部门	责任岗位	控制制度/文件
3	原始单据审核审批账务处理	是	各项原始记录不健全，数据统计不准确，可能导致实际单耗不真实，与预算和上年同期比较无意义	应收集汇总各种消耗的原始记录，准确计算实际单耗指标，并与年初消耗定额及上年同期比较，分析超支或节约的原因	抽查岗位责任制			
4	归集各生产过程的成本费用	是	成本核算和管理人员不熟悉原煤生产的各个生产环节、配件消耗材料，不了解现场实际消耗、配件消耗定额的执行情况，可能导致核算和管理脱节	成本核算和管理人员应经常深入现场，熟悉生产的各个生产环节，了解现场消耗材料、配件消耗的实际情况与定额消耗和管理心中有数，做到核算和管理心中有数	抽查存档资料	财务部	部门负责人	《公司财务会计核算制度》《公司财务会计核算办法》《煤矿成本核算和管理办法》
			基层成本核算没有细化到班组、单机、单车，可能导致成本控制的难度增加	成本核算和管理人员应经常深入基层工作中存在的问题、协调解决部门之间有关成本计算的问题				
				制定基层成本核算和管理办法，加强基层成本核算工作，积极开展车间、班组、单机、单车核算，将成本核算深入生产技术领域				
5	编制各类成本费用报告	否	缺乏实际经营结果与预算的比较及在此基础上的差异分析和定期总结，可能导致无法达到期经营目标	在财务部设立辅助账，对机动车辆部门进行单台核算，并按月编制车辆费用明细表，按季度进行考核兑现	抽查存档资料			
				财务部和各核算单位应按本核算数据，并与预算及上年同期进行对照，编制差异分析报告，按时上报				
				将消耗定额的执行情况纳入绩效考评，月考核，季兑现				

4.2.1.4 费用报销流程

	流程关键控制点描述
责任单位：煤矿	1. 制定费用开支范围标准； 2. 设立费用报销稽核付款岗位； 3. 相关部、队提供原始单据； 4. 审核原始凭证；
流程编号：—	5. 会计主管审批原始凭证； 6. 分管领导审批原始凭证； 7. 财务部编制记账凭证； 8. 会计主管审批付款； 9. 设置账户登记账簿。

费用报销流程

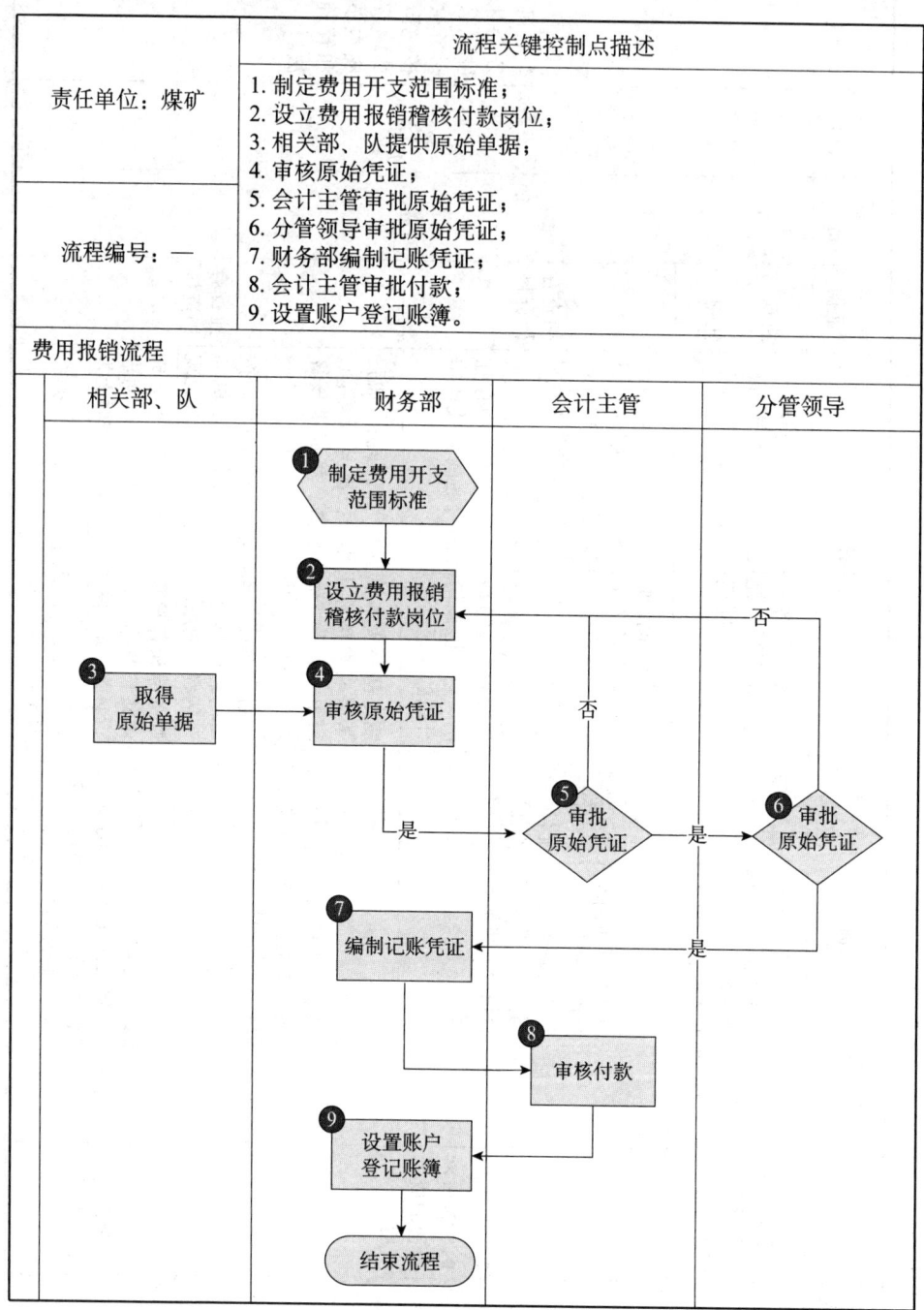

图4.2.4　费用报销流程

表 4.2.4 费用报销流程控制矩阵

责任单位	煤矿		流程名称	费用报销		流程编号		
控制目标	依据会计法和企业会计准则的基本规定，有效发挥会计的监督职能，保证会计核算信息质量及财务收支的合理性、合法性，为内部经营管理和外部有关方面了解财务状况和经营成果提供会计信息							
节点编号	节点目标	是否为关键控制点	风险描述	控制措施	控制证据	责任部门	责任岗位	控制制度/文件
1	制定费用开支范围标准	是	缺乏明确的费用开支范围和标准，可能导致会计核算不规范	制定各项费用的开支范围和标准，严格控制费用开支；建立七项费用核算和管理办法，严格执行、定期考核	抽查管理制度建设	财务部、相关部门	—	《公司财务会计制度》《公司差旅费报销办法》《煤矿财务收支审批办法》
2	设立费用报销审核付款岗位	是	缺乏岗位职责分工控制，可能导致内部牵制制衡机制失调	建立会计工作的岗位责任制，人员进行科学合理的分工，使之相互监督和制约				
			未按照公司有关规定采购、核算、管理办公用品和低值易耗品，可能导致办公用品和低值易耗品管理混乱	办公用品和低值易耗品严格按照需求申报计划，分管领导审批，办公室采购并建合账，财务部设置明细科目核算的内部管理办法执行，实行账物分管，防止资产流失	抽查管理制度建设		部门负责人	《煤矿原始单据审核办法》
3	审核原始凭证	是	不熟悉国家有关财经政策、相关法律法规，对各项原始凭证审核不严，可能导致不能充分发挥会计的监督职能	上岗前进行培训，熟悉国家有关财经政策、相关法律法规，并能将其熟练应用到实际工作中，按照规定取得和填制原始凭证，对凭证进行连续编号	抽查管理制度建设	财务部		《公司七项费用管理办法》《煤矿七项费用管理办法》等
			会计人员自身的业务水平不高，可能导致不能正确审核、填制和保管有关费用报销的原始凭证	规范合理的凭证传递程序，明确凭证的装订和保管手续责任	抽查存档资料			

续表

节点编号	节点目标	是否为关键控制点	风险描述	控制措施	控制证据	责任部门	责任岗位	控制制度/文件
4	审批原始凭证	是	缺乏授权批准体系，没有明确的授权批准的范围、层次、程序和责任，可能导致审批混乱	建立授权批准体系，明确授权批准的范围、层次、程序和责任，实行"一支笔"审批制度	抽查管理制度建设			《公司财务会计制度》《公司差旅费报销办法》《煤矿财务收支审批原始单据审核制度》《公司七项费用管理办法》《煤矿七项费用管理办法》等
5	编制记账凭证	是	未经领导审批，会计人员擅自办理报销、付款业务，可能导致虚假经济业务	明确记账人员与经办业务事项和会计事项的审批人员、经办人员、财物保管人员的职责权限，并相互分离、相互制约		财务部	部门负责人	
6	审核付款	是	付款错误，未付、多付或少付，可能导致现金和银行存款账实不符	设置付款业务的复核制度，出纳人员逐笔序时登记现金日记账和银行日记账，做到日清月结	抽查存档资料			
7	设置账户登记账簿	是	没有按照要求正确设置会计科目，建立会计账簿，填制、审核记账凭证和原始凭证，登记账簿，可能导致会计核算错误	合理设置账户，登记会计账簿，进行复式记账				

4.2.1.5　固定资产核算及管理流程

	流程关键控制点描述
责任单位：煤矿	1. 购建更新调拨； 2. 验收； 3. 办理出库交接手续；
流程编号：—	4. 资产使用与管理部门建立实物台账； 5. 财务部建立卡片台账； 6. 财务部月末计提折旧并结账； 7. 固定资产清查盘点； 8. 处置与转移。

固定资产核算及管理流程

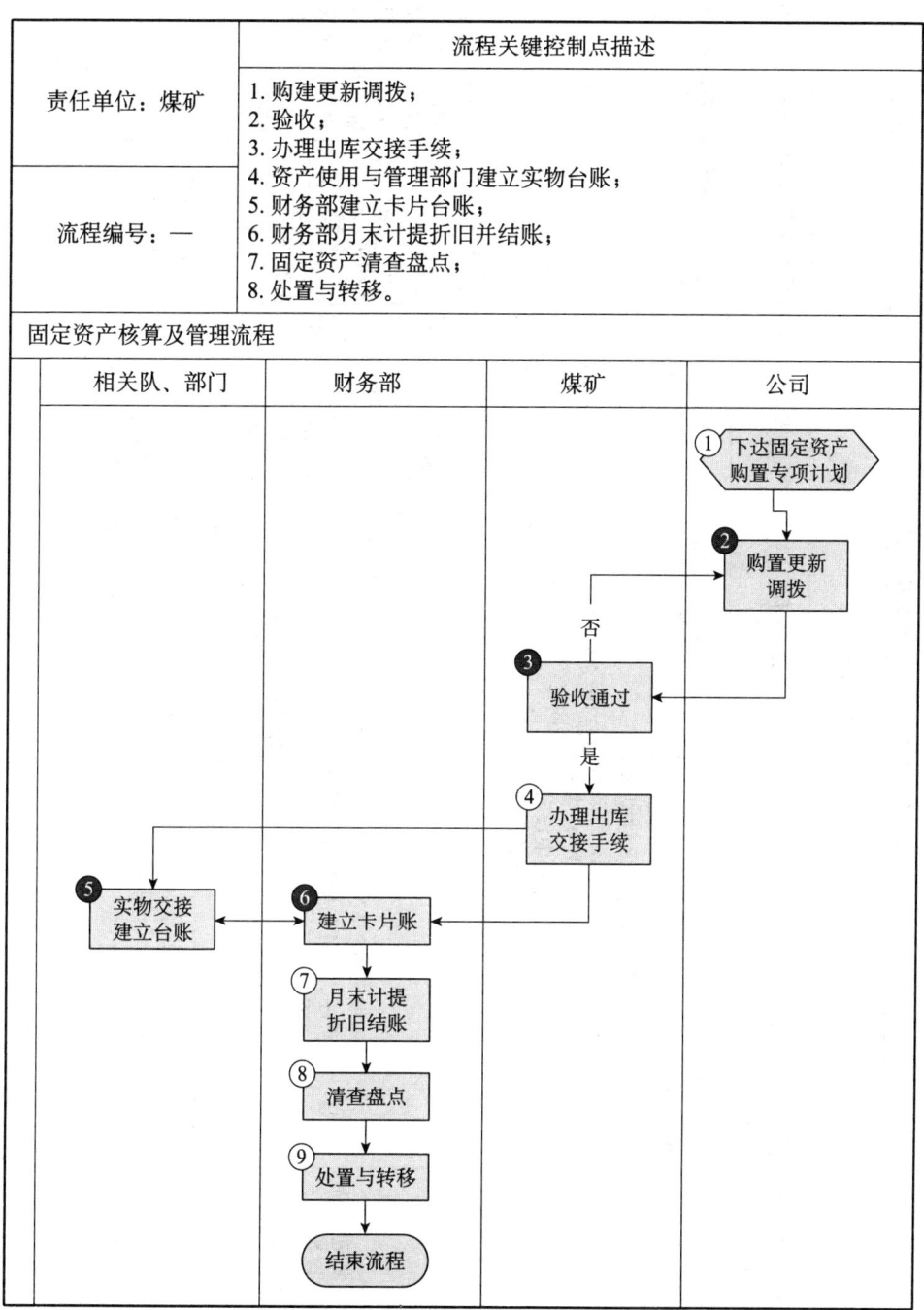

图 4.2.5　固定资产核算及管理流程

表 4.2.5 固定资产核算及管理流程控制矩阵

责任单位	流程名称	流程编号
煤矿	固定资产核算和管理	

控制目标	是否为关键控制点					
依据《会计法》和《企业会计准则》的基本要求,规范固定资产的确认、计量和处置,明确各部门的管理权责,提高固定资产的使用效益,保障固定资产的安全和完整						

节点编号	节点目标	是否为关键控制点	风险描述	控制措施	控制证据	责任部门	责任岗位	控制制度/文件
1	下达专项计划	否	固定资产投资缺乏计划控制,计划没有审批,经办人员擅自购入或计划中没有按批,实际执行过程中没有按照计划执行,可能导致计划失去制约的作用	加强固定资产投资预算管理,明确固定资产投资预算编制、调整、审批、执行等控制要求	抽查各项投资计划	—	—	—
2	购建更新调拨	是	审批人员授权批准的方式、程序、责任和相关控制措施不明确,可能导致被权超审批	建立固定资产归口分级管理制度,明确固定资产管理部门、使用部门和财会部门的职责权限	抽查投资计划和存档资料	企业管理部、机电管理部、使用部门、财务部等相关部门	部门负责人	《公司财务会计制度》《公司固定资产管理办法》《煤矿资产核算与管理办法》《煤矿机电管理制度》等
3	验收	是	缺乏严格的验收制度,可能导致验收不合格的固定资产也办理了付款、出库手续	制定固定资产业务流程,明确固定资产的取得与验收、日常保管、处置与转移等环节的控制要求,设置相应的记录或凭证 建立固定资产验收制度,由固定资产管理部门、使用部门和财会部门等参与固定资产验收工作	抽查存档资料			

续表

节点编号	节点目标	是否为关键控制点	风险描述	控制措施	控制证据	责任部门	责任岗位	控制制度/文件
4	办理出库交接手续	是	缺乏固定资产业务流程控制，可能导致固定资产业务办理岗位之间不相容岗位没有分离，起不到制约和监督作用	建立固定资产业务的岗位责任制，明确固定资产相关部门和岗位的职责、权限，确保办理固定资产业务的不相容岗位相互分离、制约和监督，不得由同一部门或个人办理固定资产的全过程业务		企业管理部、机电管理部、使用部门、财务部等相关部门	部门负责人	《公司财务会计制度》《公司固定资产管理办法》《煤矿资产核算与管理办法》《煤矿机电管理制度》等
5	建立卡片台账	是	固定资产的账簿记录和卡片记录、卡片记录与实物不符，可能导致清查盘点工作困难	对验收合格的固定资产，使用单位的固定资产管理部门应尽快办理出库手续，登记固定资产的卡片记账与台账；经营性租入、借用、代管的固定资产账簿记录制度，建立备查登记簿专门登记；建立健全固定资产卡片管理制度和固定资产管理部门、财会部门，定期核对相关账簿、记录、文件和实物	抽查存档资料			
6	月末计提折旧结账	是	未正确进行固定资产核算、减值等相关会计核算，可能导致固定资产的账面价值不能代表资产的真正价值	财务部门定期做好固定资产折旧、减值等相关会计核算工作，确保各项会计处理的正确性		财务部		

续表

节点编号	节点目标	是否为关键控制点	风险描述	控制措施	控制证据	责任部门	责任岗位	控制制度/文件
7	清查盘点	是	缺乏对固定资产的定期盘点、维护和保养,可能导致固定资产的流失和不正常损坏	建立固定资产维修保养制度,对固定资产进行定期检查,把固定资产维修保养费用纳入单位预算,并在经批准的预算额度内执行				
				对于启封使用固定资产或将固定资产由使用状态转入封存状态,严格履行审批手续				
		是	固定资产清查的范围、期限和组织程序不明确,可能导致清查盘点混乱	建立固定资产清查盘点制度,明确固定资产清查的范围、期限和组织程序,定期或不定期地进行盘点	抽查管理制度建设及存档资料	企业管理部、机电管理部、使用部门、财务部等相关部门	部门负责人	《公司财务制度》《公司固定资产管理办法》《煤矿资产核算与管理办法》《煤矿机电管理制度》等
8	处置与转移	否	固定资产处置、调拨的审批手续不严格,相关职责设定不健全,可能导致固定资产流失	建立固定资产处置环节的控制制度,明确固定资产处置的范围、标准、程序、审批权限和责任				
				组织相关部门或人员对固定资产的处置依据、处置方式、处置价格等进行审核				
				加强固定资产内部调拨管理,明确办理固定资产内部交接的手续和责任				

4.2.1.6 低值易耗品管理流程

责任单位：煤矿	流程关键控制点描述
	1. 低值易耗品的核算和分类； 2. 办公室申报计划，负责经营的矿长、办公室主任签字批准后进行采购； 3. 建立台账； 4. 低值易耗品的财务核算； 5. 低值易耗品的使用过程管理及盘点。
流程编号：—	

低值易耗品管理流程

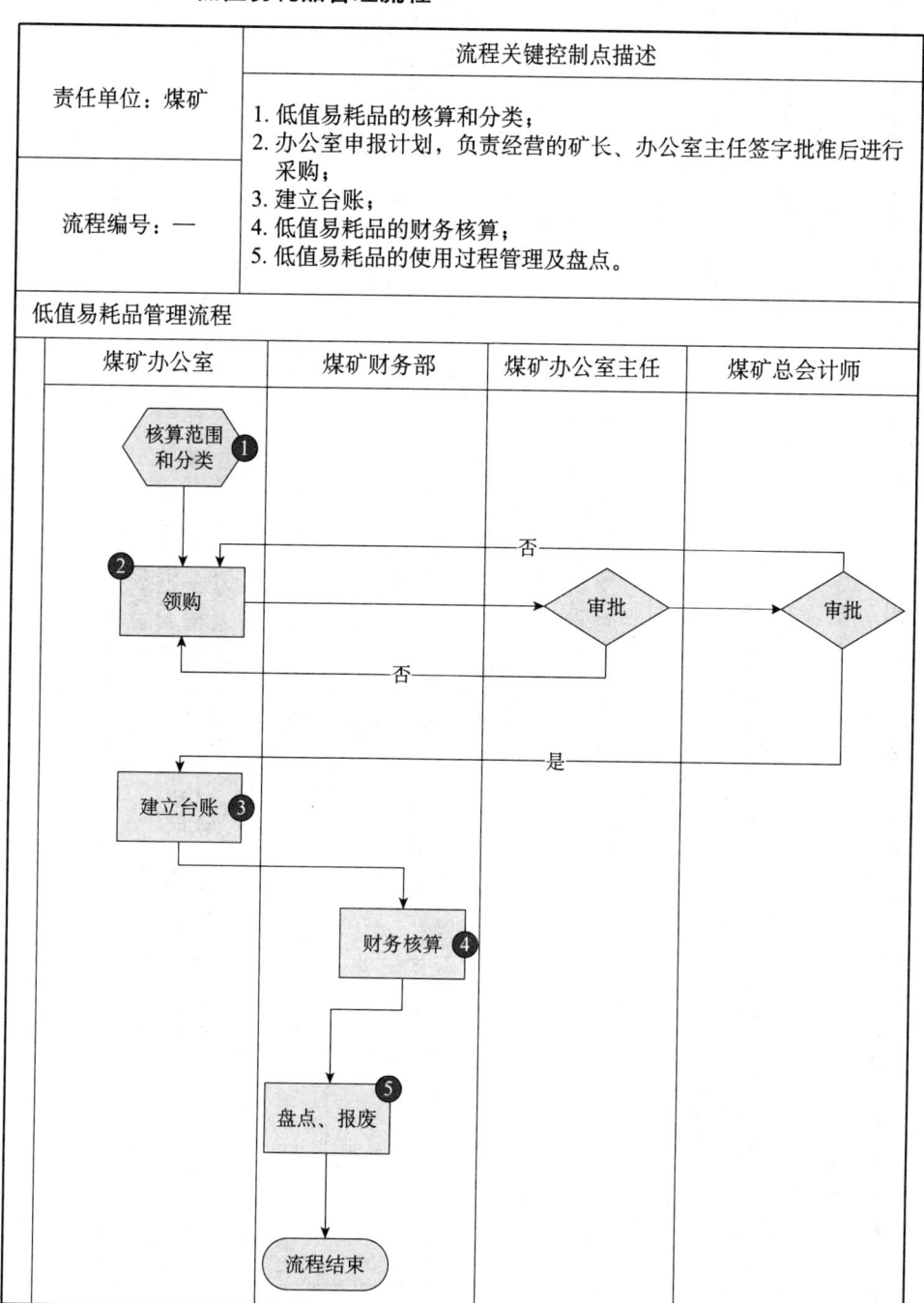

图 4.2.6　低值易耗品管理流程

表 4.2.6 低值易耗品管理流程控制矩阵

责任单位	煤矿							
流程名称	低值易耗品核算和管理							
流程编号	—							
控制目标	依据企业会计准则、公司财务会计制度，公司财务管理办法的基本要求，规定低值易耗品的确认、计量和处置，明确各部门的管理权责，提高低值易耗品的使用效益，保障低值易耗品的安全和完整							
节点编号	节点目标	是否为关键控制点	风险描述	控制措施	控制证据	责任部门	责任岗位	控制制度/文件
1	范围和分类	是	低值易耗品范围和分类不明确，可能导致固定资产和低值易耗品混淆	严格按照低值易耗品的定义执行，制定低值易耗品的目录并参照	查看定义参照目录			《公司财务会计制度》《企业会计准则》《公司财务管理办法》等
2	领购	是	不按计划领购或者购置时不询价，可能导致资源浪费	由办公室申报计划，经营矿长、办公室主任签字批准后进行采购	领导签字			
3	核算	是	发票金额不正确，低值易耗品不准确	及时到财务部报账，报账时附物资验收单、领料单内容齐全；及时建立台账；财务核算时必须认真查看发票	查看发票	办公室、财务部	部门负责人	
4	使用过程管理	是	低值易耗品的变动，报废办理相关手续不及时，可能导致管理台账不到位	低值易耗品的变动报废要及时办理相关手续，确保账账相符、账实相符；不定期进行盘点油库，实时监控，做到账实相符	查看台账和实物盘点			

4.2.1.7 工程款支付管理流程

责任单位：煤矿	流程关键控制点描述
	1. 根据合同，竣工报告等实际业务办理结算单； 2. 分管领导审批； 3. 根据结算审批单审核费用； 4. 出具付款审批表； 5. 分管领导审批； 6. 总会计师审批； 7. 支付款项。
流程编号：—	

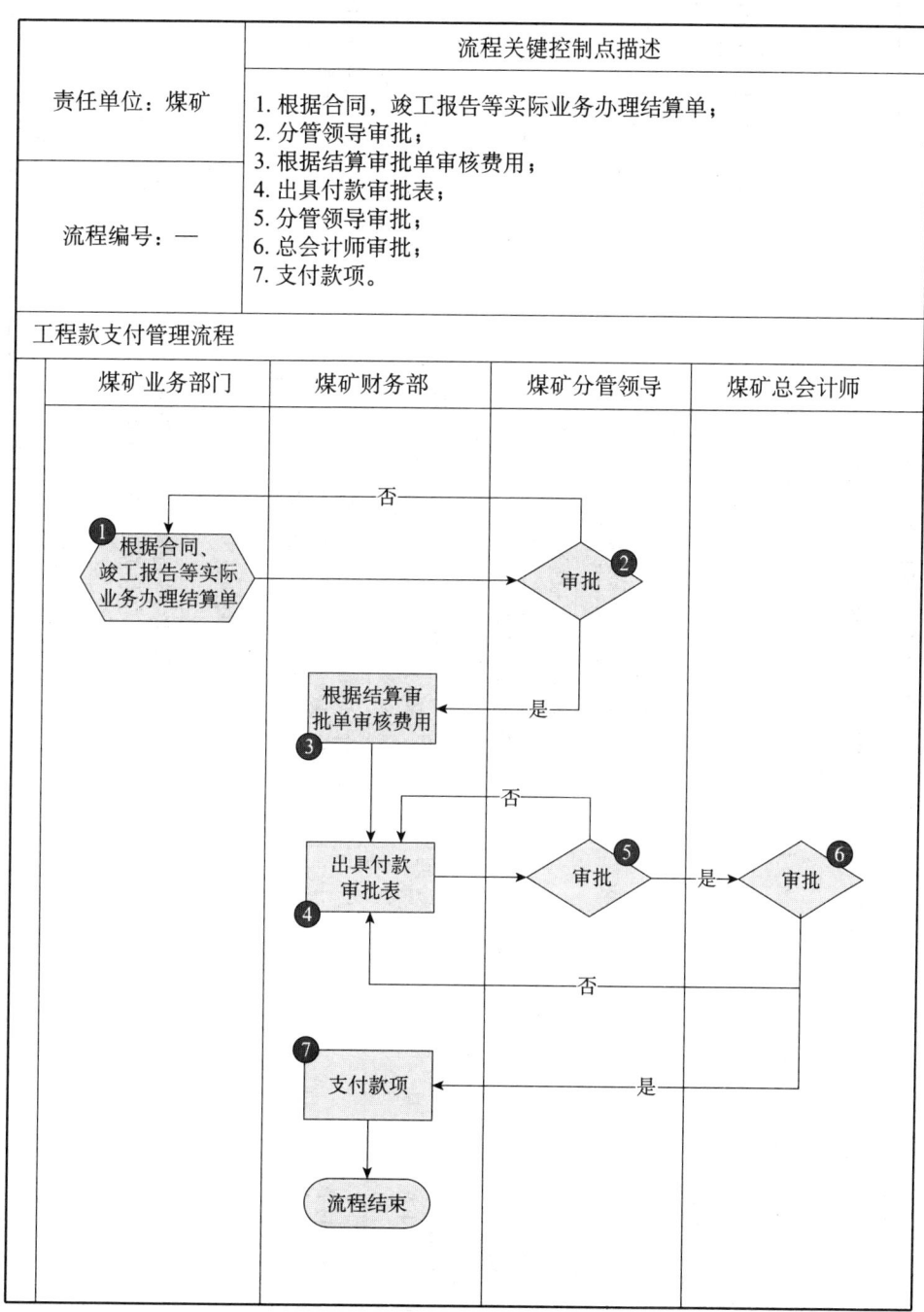

图4.2.7 工程款支付管理流程

表4.2.7 工程款支付管理流程控制矩阵

责任单位	控制目标	节点编号	节点目标	是否为关键控制点	风险描述	控制措施	控制证据	责任部门	责任岗位	控制制度/文件
煤矿	理顺工程款支付审批程序,加强工程款支付管理,保证款项支付及时准确,确保资金使用安全		流程名称	工程款支付管理流程		流程编号				
		1	根据合同、竣工报告等实际业务办理结算单	是	支付款项没有有效的依据,可能导致结算纠纷	主管部门应完善合同、协议的约定条款;监理单位审核意见明确,工程审计报告及时完备		企管部	企管部经理	《财务与经营管理手册》
		2	分管领导审批	是	实际完成工作量与编制结算清单不详、内容不符,可能导致竣工结算纠纷	业务部门要根据实际情况审核每月的工作量及工程进度报表每月的工作量,保准确无误;对数据有误的必须驳回整改			分管领导	
		3	根据结算审批单审核费用	是	费用审核有误,可能导致审核批准不正确	对每月拨付工程款与实际结算价款对比审核,使拨付金额相符;对数据有差异的驳回整改	签字审核		费用会计	
		4	出具付款审批表	否	未对拨付工程款与实际结算款进行对比审核,可能导致拨付超额	对每月拨付工程款与实际结算价款对比审核,使拨付金额相符;对数据有差异的驳回整改		财务部	总会计师	
		5	分管领导审批	是	没按计划执行,直接批复,可能导致实际与计划不符	严格按计划执行审批流程			分管领导	
		6	总会计师审批	是	对相关工程款未进行严格审查,不清楚费用发生情况,可能导致实际与计划不符	掌握计划的执行情况以及发生的费用,并严格按计划执行审批流程			总会计师	
		7	支付款项	是	对原始资料查阅不清,致支付款项与审批金额不一致	及时查阅审批表,确保支付金额与审批金额一致			财务部经理会计出纳	

4.2.1.8 往来款项核算与管理流程

	流程关键控制点描述
责任单位：煤矿	1. 制定往来开支范围标准； 2. 收集供应商、客户信息； 3. 开具发票是否正确； 4. 工作量与实际量一致并且按合同条款执行；
流程编号：—	5. 分管领导审批； 6. 财务部门审核原始凭证； 7. 分管领导审批原始凭证； 8. 财务部门编制记账凭证； 9. 往来款项账龄分析。

往来款项核算与管理流程

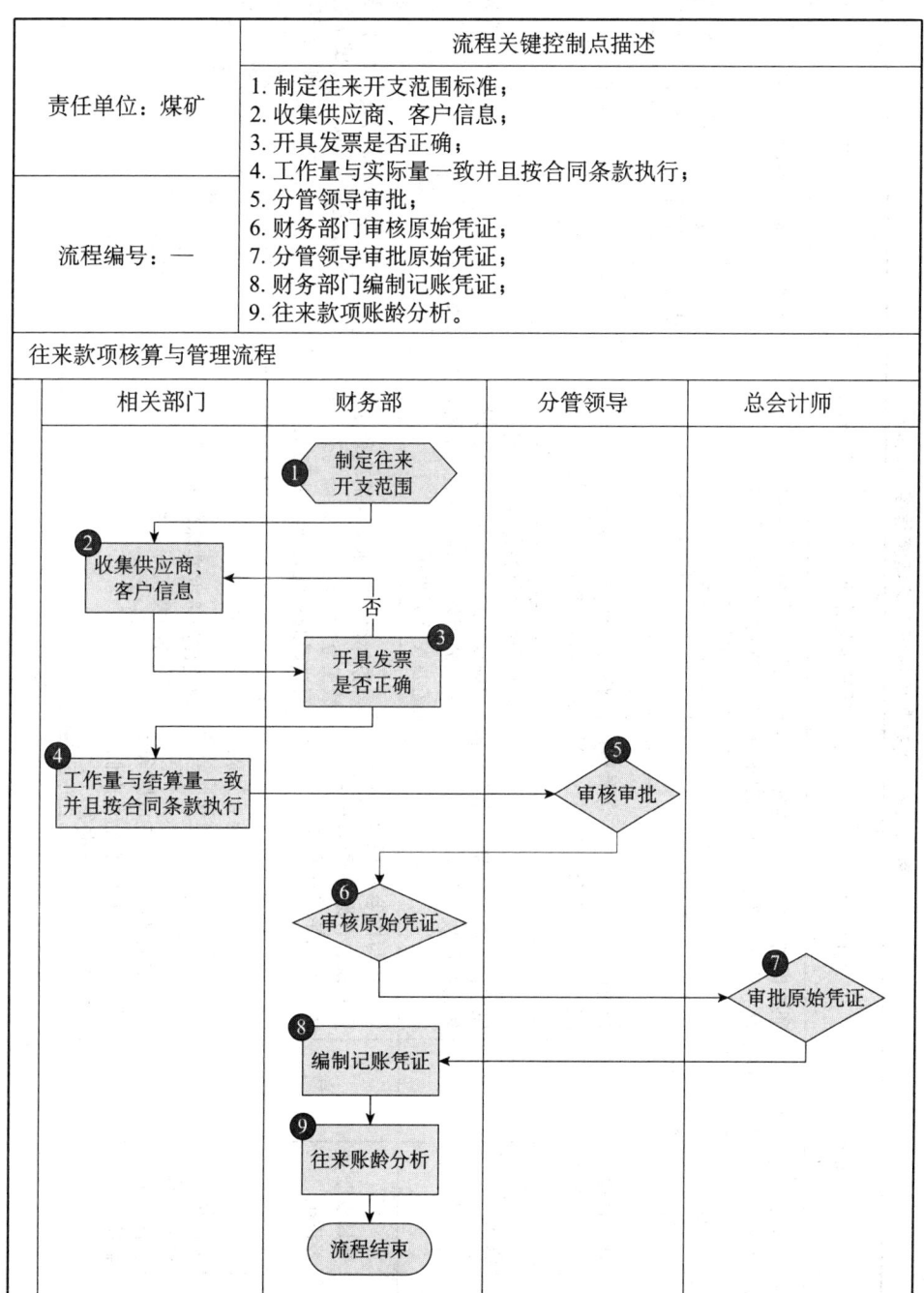

图 4.2.8　往来款项核算与管理流程

表 4.2.8 往来款项核算与管理流程控制矩阵

责任单位	流程名称	控制目标	节点编号	节点目标	是否为关键控制点	风险描述	控制措施	流程编号	控制证据	责任部门	责任岗位	控制制度/文件
煤矿	往来款项核算与管理流程	加强往来款项管理,保证数据的真实可靠,应付账款提供依据,为应收、规范往来业务管理,确保往来款项核算准确有序支付,降低财务风险	1	制定往来开支范围标准	是	缺乏明确的往来开支范围和标准,可能导致会计核算不规范	制定往来开支范围和标准,严格控制往来款项的支付与回收	提高往来回收与支付率,从而采取切实可行的措施,加强往来回收与支付	抽查管理制度建设	财务部	—	《公司财务会计制度》《财务管理手册》《煤矿财务收支审批及原始单据审核制度》等
			2	收集供应商、客户信息	是	供应商、客户信息不详细可能导致收付款挂账不准确	认真详细地收集供应商的需求信息,合同金额较大的需分管领导审批备案,审批后由经办人负责收集		查看备案	财务部		
			3	开具发票是否正确	是	发票填写内容不规范,开票金额大小不符,开出信息等,可能导致收付款不符的结算错等,可能导致往来账挂账	财务部根据实际结算情况核实票据数量金额、内容等正确与否,对填写错误的发票必须驳回重新开具		查看原始发票	财务部	部门负责人	
			4	工作量结算与合同条款一致并且按合同条款执行	是	工作量结算按照合同支付无法错收、错付;往来款项挂账有误造成财务数据不实,可能导致企业虚假往来数据,造成经济损失	相关部门根据实际情况审核结算是否按合同及实际工作量结算,数据有误必须驳回调整改		签字审核	企管部、财务部相关部门		

续表

节点编号	节点目标	是否为关键控制点	风险描述	控制措施	控制证据	责任部门	责任岗位	控制制度/文件
5	审核原始凭证	是	不熟悉国家有关财经政策、相关法律法规，对各项原始凭证审核不严，可能导致不能充分发挥会计的监督职能	上岗前进行培训，熟悉国家有关财经政策、相关法律法规，按照工作中熟练应用，按照规定取得实际和填制原始凭证，对凭证进行连续编号	抽查管理制度建设	财务部	部门负责人	《公司财务会计制度》《财务与经营管理手册》《煤矿财务收支审批及原始单据审核制度》等
6	审批原始凭证	是	会计人员自身业务水平不高，可能导致权批不能正确审核、填制和保管有关费用报销的原始凭证	规定合理的凭证传递程序，明确凭证的装订和保管手续责任	抽查存档资料			
7	编制记账凭证	是	缺乏授权批准体系，没有明确的授权批准的范围、层次、程序和责任，可能导致审批混乱	建立授权批准体系，明确授权批准的范围、层次、程序和责任，实行"一支笔"审批制度	抽查管理制度建设			
8	款项账龄	是	未经过领导审批，会计人员擅自办理报销、付款业务，可能导致虚假经济业务	明确记账人员与经济业务事项和会计事项的审批人员、经办人员、财物保管人员的职责权限，并相互分离，相互制约	抽查存档资料			
			账龄分析有问题，账龄准备的加大，增加财务风险	每月根据应收款项账龄进行分析，确定坏账准备金额，并做出收账成本分析	抽查财务报表			

4.2.1.9 无形资产管理与核算流程

责任单位：煤矿	流程关键控制点描述
	1. 下达无形资产购置专项计划； 2. 签订合同购置； 3. 验收；
流程编号：—	4. 办理无形资产交接手续并建立无形资产台账； 5. 建立卡片，日常财务核算； 6. 财务部月末摊销并结账； 7. 年度清查盘点； 8. 核算处置收益冲销卡片。

无形资产管理与核算流程

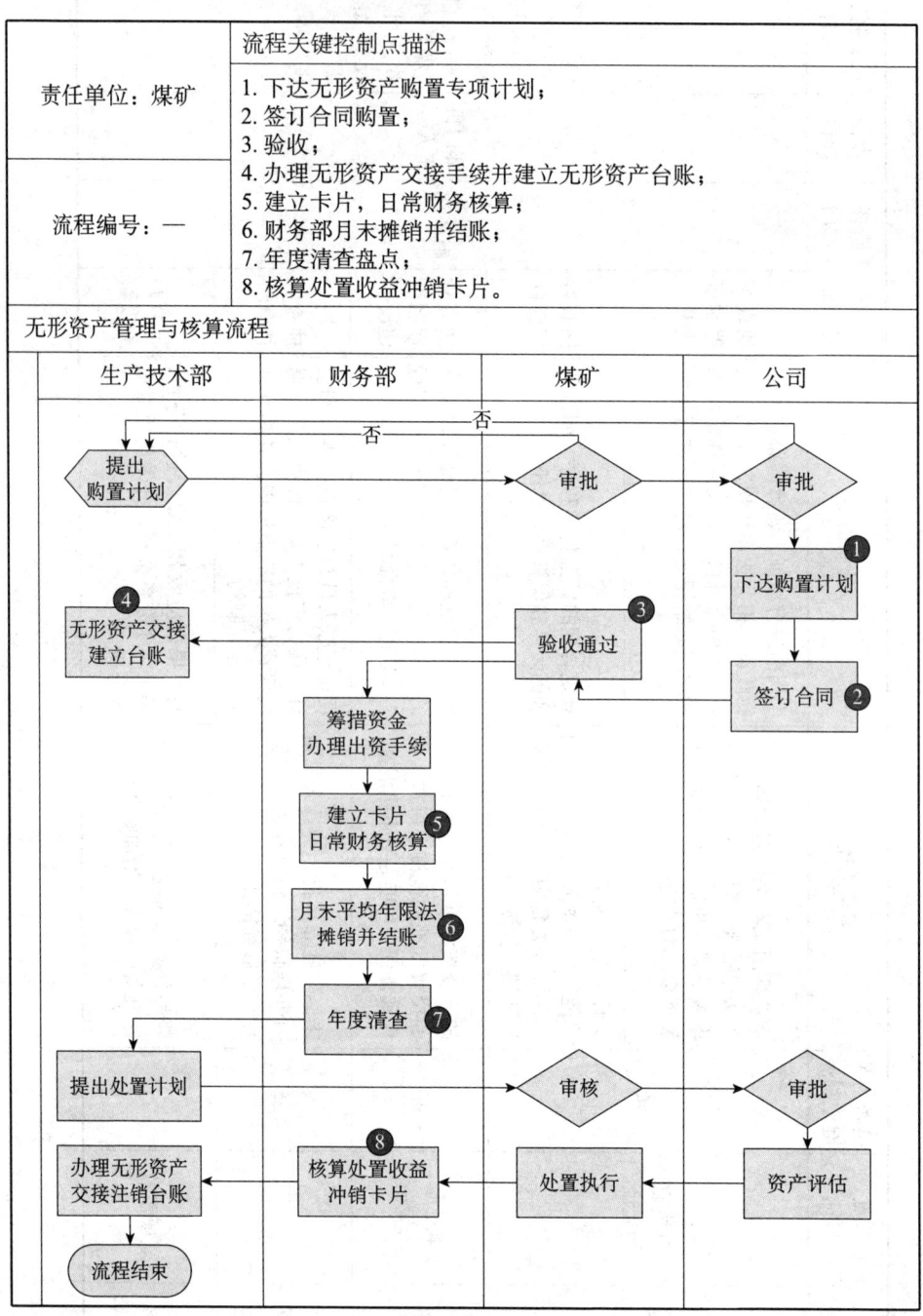

图4.2.9　无形资产管理与核算流程

表4.2.9 无形资产管理与核算流程控制矩阵

责任单位	流程名称		无形资产核算和管理	流程编号	—			
财务部	控制目标		依据《会计法》和《企业会计准则》基本要求，规范无形资产的确认、计量和处置，明确各部门的管理权责，提高无形资产的使用效益，保障无形资产的安全和完整					
节点编号	节点目标	是否为关键控制点	风险描述	控制措施	控制证据	责任部门	责任岗位	控制制度/文件
1	下达购置计划	是	无形资产投资缺乏预算控制，或预算没有审批，虽然审批，实际执行过程中没有按照预算执行，可能导致超预算支出或资金短缺	加强无形资产投资预算管理，明确无形资产投资预算编制、调整、审批、执行等环节的控制要求	抽查各项投资计划			《公司财务会计制度》《公司财务管理办法》《煤矿财务管理办法》
2	购置	是	没有签订购置合同，或审批人权限、审批程序、责任和相关的控制措施不明确，在越权审批、购置存在法律诉讼，或造成资产损失	购置签订合同，建立无形资产级管理制度，明确各级管理部门职责权限，不相容职务相分离	抽查投资计划和存档资料	公司有关部门		
3	验收	是	缺乏严格的无形资产验收制度，没有办理了付款手续，可能导致无形资产账实不符	制定无形资产业务流程，明确无形资产的取得、验收与处置的业务流程		生产技术部、财务部等相关部门		
4	建立卡片台账，日常核算与管理	是	无形资产的验账簿记录和实物不符，台账记录与卡片记录不符，可能导致无形资产账实不符	建立无形资产管理部门和财务部验收工作，生产技术部负责无形资产验收管理；生产技术部负责建立无形资产台账，并对无形资产进行日常管理	抽查存档资料		部门负责人	

第二篇 重点业务管控

续表

节点编号	节点目标	是否为关键控制点	风险描述	控制措施	控制证据	责任部门	责任岗位	控制制度/文件
4	建立卡片台账,日常核算与管理	是	无形资产的账簿片记录、台账记录和实物不符,可能导致无形资产账实不符	建立健全无形资产账簿登记制度和无形资产卡片管理制度,财会部门、生产技术部门定期核对相关账簿、记录、文件和实物	抽查存档资料	公司相关部门、生产技术部、财务部等相关部门		
5	月末摊销结账	是	未正确进行资产摊销、减值等相关会计核算,无形资产的账面价值不能代表资产的真正价值,可能导致无形资产价值虚增或虚减风险	财务部门每月做好对无形资产摊销等相关会计核算工作,确保各项会计处理的正确性	清查年度	财务部	部门负责人	《公司财务会计制度》《公司财务管理办法》《煤矿财务管理办法》
6	年度清查	是	没有无形资产清查,可能导致无形资产账实不符的风险	建立无形资产清查制度,年度进行清查		生产技术部、财务部		
7	处置	是	无形资产处置审批手续不严格、相关职责设定不健全、处置的资产价值评估不合理,或财务对处置收益不入账,可能导致处置资产收益偏低或处置收益不入账的风险	建立无形资产处置控制制度,明确无形资产处置的范围、标准、程序、审批权限和责任;组织相关部门或人员对无形资产的处置依据、处置方式、处置价格等进行审核,处置收益及时入账处理	抽查管理制度建设及存档资料	公司有关部门、生产技术部、财务部等相关部门		

4.2.1.10 报表编制和分析流程

责任单位：煤矿	流程关键控制点描述
	1.提供编制依据；
	2.分期编制会计报表；
流程编号：—	3.财务负责人审核审批；
	4.单位负责人、分管领导审批；
	5.上报公司。

报表编制和分析流程

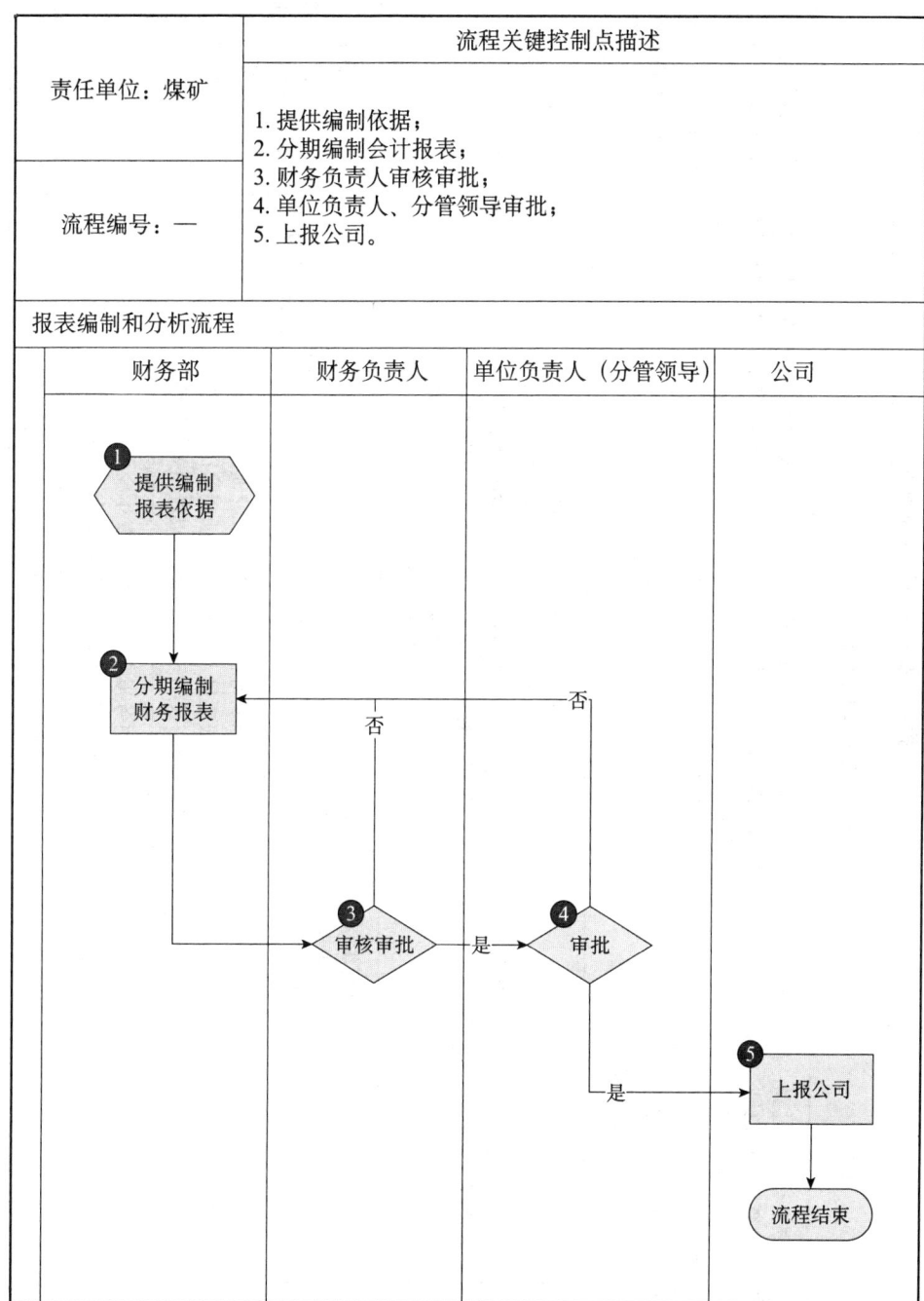

图 4.2.10 报表编制和分析流程

表 4.2.10 报表编制和分析流程控制矩阵

责任单位	控制目标	节点目标	是否为关键控制点	节点编号	流程名称	报表编制及分析	流程编号	—				
					风险描述	控制措施	控制证据	责任部门	责任岗位	控制制度/文件
煤矿	依据会计核算过程,及时为内部经营管理和外部各有关方面了解财务状况、经营成果和现金流量提供真实可靠的会计信息,是会计核算工作的总结,是财务状况和经营成果的最终体现。为使财务会计报告使用者能够正确理解和及时掌握财务会计报告所揭示的真正经济内涵,还要运用科学的方法对其进行综合分析	提供编制依据	是	1		会计核算不规范或不按时结账,可能导致不成报表	以持续经营为基础,根据实际发生的交易和事项,按照基本准则的规定进行确认和计量,项目具体准则的规定做好费用报销、成本核算、固定资产等各类成本费用,分月归集核算基础工作,分月结账				
		分期编制	是	2		未分期编制报表及财务分析,可能导致报表信息没有可比性	按月报、季报、中期财务报告、年度财务报告分期编报	抽查存档资料	财务部	部门负责人	《公司财务会计制度》《公司财务会计核算办法》《煤矿会计核算办法》
						当期财务报表的列报项目缺乏上一可比会计期间的比较数据以及对比分析,可能导致会计信息没有相关可比性	当期财务报表的列报,应提供所有列报项目上一可比会计期间的比较数据以及与理解当期财务报表相关的说明				
							财务报表项目的列报发生变更的,应当对上期比较数据按照当期的列报要求进行调整,并在附注中披露调整的各项目金额以及调整的原因和性质				

续表

节点编号	节点目标	是否为关键控制点	风险描述	控制措施	控制证据	责任部门	责任岗位	控制制度/文件
2	分期编制	是	当期财务报表的列报项目缺乏当期预算数据及比较分析,可能导致不能从财务报表中了解预算的执行情况	当期财务报表的列报,应提供所有列报财务报表当期预算数据及与理解当期财务报表相关数据的说明				
			在会计准则要求之外随意变更各个会计期间财务报表列报,可能导致各期报表缺乏可比性	除会计准则要求外,财务报表项目的列报应当在各个会计期间保持一致,不得随意变更				
				性质或功能不同的项目,应当在财务报表中单独列报,性质或所属类别具有重要性类似的项目,应当按其类别在财务报表中单独列报				
				设置会计报告的编制、审核、审批人员,明确各类人员的职责权限				
				财务报表中的资产项目和负债项目的金额、收入项目与费用项目的金额不得相互抵销				
3	审核审批	是	以附注披露代替确认和计量,可能导致会计处理错误	中期财务报告和年度财务报告必须有附注说明,对不符合确认和计量条件的交易或事项,要及时进行确认和计量,不得以附注披露代替	抽查存档资料	财务部	部门负责人	《公司财务会计制度》《公司财务会计核算办法》《煤矿会计核算办法》

续表

节点编号	节点目标	是否为关键控制点	风险描述	控制措施	控制证据	责任部门	责任岗位	控制制度/文件
3	审核审批	是	当期财务报表的列报项目虽然有上一可比会计期间的比较数据和当期预算数据,分析不科学,搞报表罗列,可能导致报表使用者不能从分析中找出生产经营过程中存在的问题	要求编报人员把全部成本费用分解为可控与不可控两部分,了解各项目所占比重,在此基础上对成本情况进行进一步分解,使企业管理者可以有的放矢地压缩有关开支,以最小投入取得最大产出		财务部	部门负责人	《公司财务会计制度》《公司财务会计核算办法》《煤矿会计核算办法》
4	上报	是	所提供的会计信息缺乏及时性,不便于各层次决策者及时利用所提供的会计信息,可能导致会计信息失去使用价值	通过分析,找出生产经营过程中存在的问题,评价当前财务状况,预测未来发展趋势 对已经发生的交易或者事项,要及时进行确认和计量,在此基础上编制财务报告	抽查存档资料			

4.2.1.11 资金管理流程

责任单位：煤矿	流程关键控制点描述
	1. 分期编制资金收支计划； 2. 会计主管审核； 3. 分管领导审批； 4. 上报公司； 5. 执行资金计划； 6. 月末或季度编制本月或本季度现金收支执行表，并分析产生差异的原因； 7. 会计主管审核； 8. 分管领导审批； 9. 上报公司。
流程编号：—	

资金管理流程

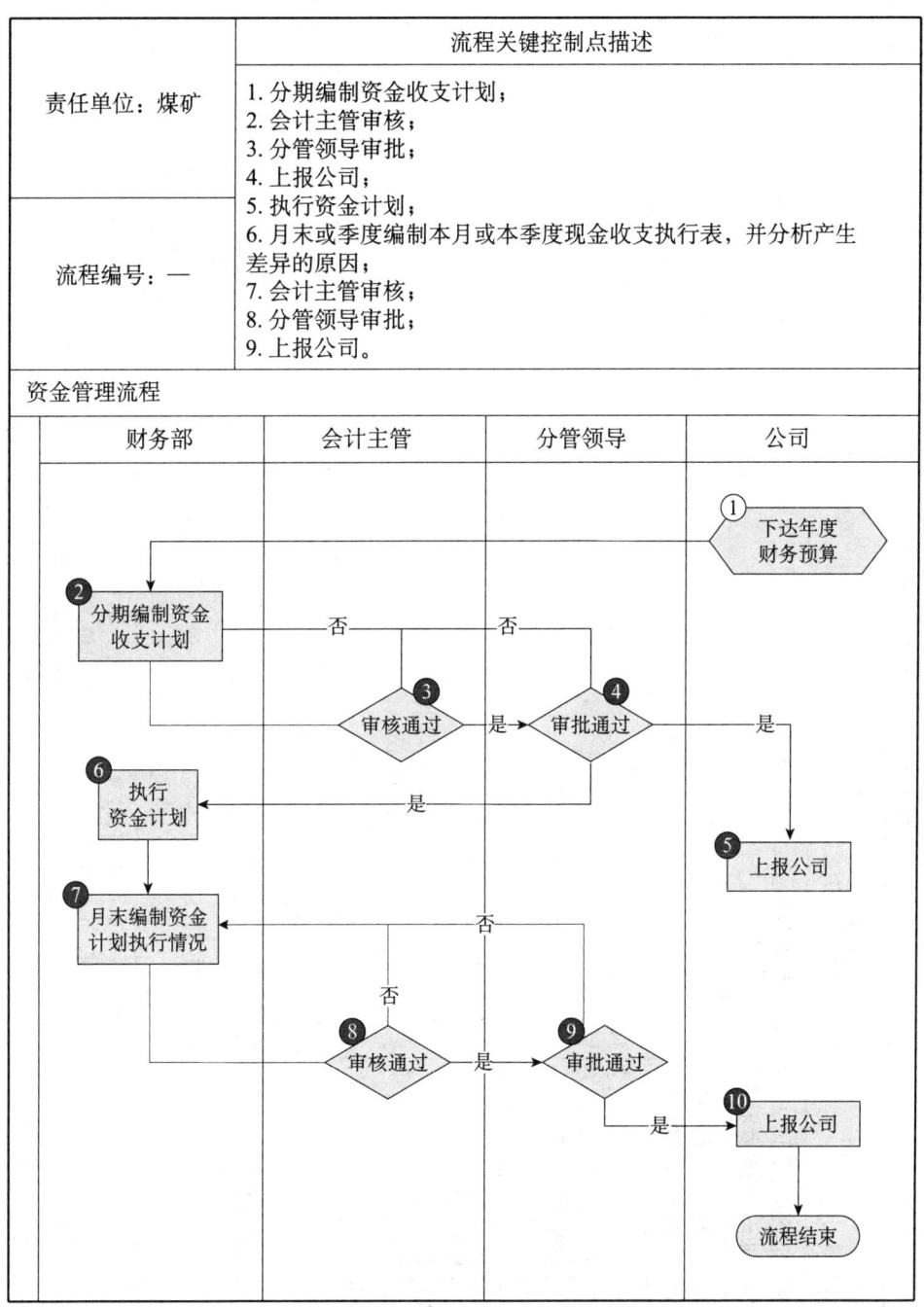

图 4.2.11 资金管理流程

表 4.2.11 资金管理流程控制矩阵

责任单位	流程名称	流程编号
煤矿	资金管理	一

控制目标	保证资金收付基于资金收支计划和相应的审批程序授权，银行账户与会计记录准确、完整地反映资金收支业务，并保证资金的安全性和及时到账

节点编号	节点目标	是否为关键控制点	风险描述	控制措施	控制证据	责任部门	责任岗位	控制制度/文件
1	下达年度财务预算	否	资金管理人员对年度资金收支计划考虑不全，可能导致预测不科学	建立全面预算管理制度和流程，财务部主导进行全面预算的编制上报工作				
2	分期编制资金收支计划	是	没有按期编制资金收支计划，可能导致财务人员不清楚收支的时间与金额	按月编制资金收支计划，详细的资金收支计划与预算相应的、清晰的、明确资金收支的时间与金额				
3	审核上报	否	缺乏授权批准体系，可能导致授权批准方式、权限、责任不明确	建立授权批准体系，明确资金业务的授权批准方式、程序、责任和相关控制措施，审批人不得超越审批权限	抽查存档资料	财务部	部门负责人	《公司财务会计制度》《公司财务会计核算办法》《煤矿会计核算办法》
4	执行	是	缺乏货币资金业务的分工控制，可能导致内部牵制的制衡机制失调	明确经办人员办理货币资金业务的职责范围和工作要求 建立货币资金业务的岗位责任制，明确货币资金人员和岗位的职责权限，确保办理货币资金业务的不相容岗位相互分离、制约和监督				

续表

节点编号	节点目标	是否为关键控制点	风险描述	控制措施	控制证据	责任部门	责任岗位	控制制度/文件
4	执行	是	缺乏货币资金业务的分工控制，可能导致内部牵制的制衡机制失调	出纳人员不得兼任稽核、会计档案保管，收入、支出、费用、债权债务账目的登记工作				
				建立回避制度，单位负责人的直系亲属不得担任会计机构负责人，会计机构负责人的直系亲属不得担任出纳员				
			对支付凭证（如报销单据）的真实性、完整性与有效性审核不严，可能导致经济业务事项或发票等单据的虚假	严格按照申请、审批、复核、支付的程序办理货币资金业务，并及时准确入账	抽查存档资料	财务部	部门负责人	《公司财务会计制度》《公司财务核算办法》《煤矿会计核算办法》
				严禁未经授权的部门或人员办理货币资金业务或直接接触货币资金				
			对会计记账凭证复核不严，可能导致记账凭证不准确、不完整、不及时或与实际业务不匹配	完善凭证的审核控制制度，在对凭证进行审核时，应注重真实性、有效性、要素完整性、收支业务匹配性等问题				
				加强对凭证审核复核的绩效考核制度，对于因凭证审核不严而造成相关经济损失的，应追究相应过失人责任				
				通过培训加强财务工作人员的业务能力与业务素质，并强化风险意识与职业道德				

节点编号	节点目标	是否为关键控制点	风险描述	控制措施	控制证据	责任部门	责任岗位	控制制度/文件
4	执行		对会计记账凭证复核记账不严，可能导致记账凭证不准确、不完整，不及时或与实际业务不匹配	应定期检查，不定期抽查会计记账凭证的复核执行情况，并将检查或抽查结果纳入绩效考评				
			凭证传递未按流程进行，可能导致原始凭证和记账凭证在相关人员之间传递时发生遗失	原始凭证或记账凭证在相关人员之间进行传递，明确凭证处理各环节执行人的责任，并通过签字、盖章等形式落实责任，凭证遗失应追究相关人员责任				
		是	印鉴管理不严，可能导致资金被挪用	用于银行支取的预留印鉴分人保管，财务专用章由本人或其授权人员保管，个人名章禁由一人保管支付款项所需的全部预留银行印鉴	抽查存档资料	财务部	部门负责人	《公司财务会计制度》《公司财务会计核算办法》《煤矿会计核算办法》
			未遵循操作规程，现金盘点和每月与银行对账不及时，可能导致致账实不符	实行现金库存限额管理制度，明确现金支付范围和支付限额并严格执行。出纳对现金管理应做到日清月结，账实相符。财务部独立于出纳的人员对现金进行每月盘点和不定期抽查，并对盘点差异早进行跟进				

续表

节点编号	节点目标	是否为关键控制点	风险描述	控制措施	控制证据	责任部门	责任岗位	控制制度/文件
4	执行	是	未遵循操作规程，现金盘点和每月与银行对账不及时，可能导致账实不符	货币资金收入及时入账，不得账外设账，严禁收入不入账。现金收入及时存入银行，严格控制坐支现金，严禁擅自挪用、借出货币资金 财务部专门人员每月根据银行对账单与总账、明细账进行核对，编制银行存款余额调节表并说明未达账产生的原因，交由独立于银行存款和账务管理的财务部门人员审阅				
5	月末编制资金计划执行情况并上报	是	所提供的会计信息缺乏及时性，不便于各层级决策者对会计信息的及时利用，可能导致所提供的会计信息失去使用价值 缺乏资金计划与执行的实际收支的比较及在此基础上的差异分析和总结，可能导致资金计划失去控制作用	对已经发生的交易或者事项，要及时进行确认和计量，在此基础上编制财务报告 财务部根据资金收支计划对资金收支进行监督，每月编制资金收支执行表对未按计划执行的款项，应解释其原因	抽查存档资料	财务部	部门负责人	《公司财务会计制度》《公司财务会计核算办法》《煤矿会计核算办法》

4.2.1.12 会计档案管理流程

责任单位：煤矿	流程关键控制点描述
	1. 会计人员归集会计档案； 2. 装订入盒； 3. 财务负责人审核签章； 4. 专人保管； 5. 移交公司档案室保管。
流程编号：—	

会计档案管理流程

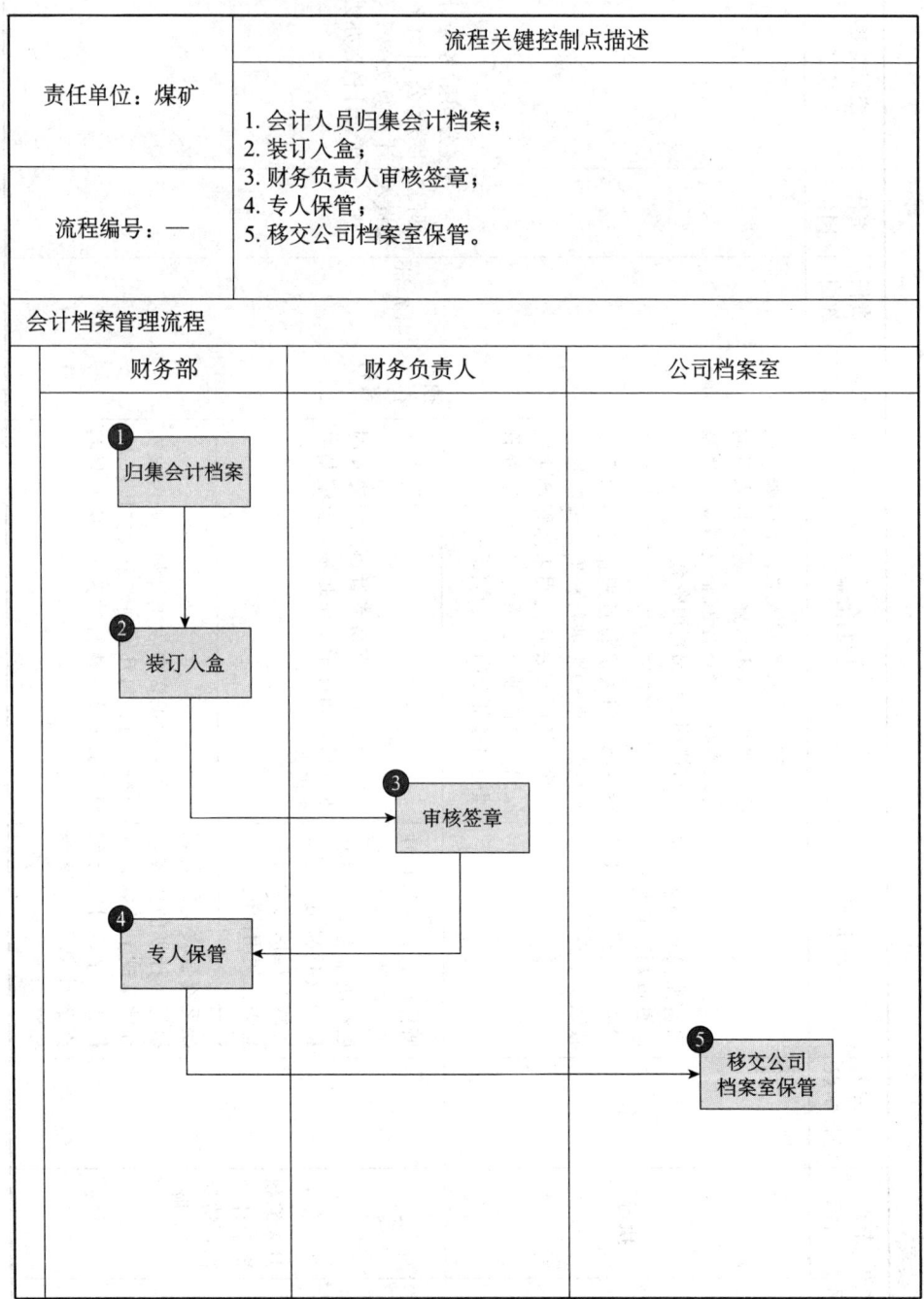

图 4.2.12　会计档案管理流程

表 4.2.12 会计档案管理流程控制矩阵

责任单位	煤矿						
流程名称	会计档案管理						
控制目标	建立会计档案的立卷、归档、保管、查阅和销毁等管理制度，保证会计档案妥善保管，有序存放，方便查阅，严防毁损、散失和泄密，维护会计档案的完整与安全						
流程编号	一						
节点编号	节点目标	是否为关键控制点	风险描述	控制措施	控制证据	责任部门	责任岗位	控制制度/文件
1	归集会计档案	是	不按规定归集立卷归档，可能导致会计档案残缺	明确会计材料的归档范围，归档的会计材料应包括会计凭证、存储在磁性介质或光盘上的会计核算数据、打印输出的纸质载体的会计账簿和财务会计报告等会计核算专业材料	抽查存档资料	财务部	部门负责人	《公司财务会计制度》《公司会计档案管理办法》《煤矿会计档案管理办法》
2	装订入盒	是	不按规定立卷归档，可能导致会计档案混乱	按照规定进行填制，会计凭证与财务报告按月，会计账簿按年装订整齐，编号清楚，签字、附件齐全。会计档案的卷宗排列，一般采用先排报表，再排账簿，后排凭证的顺序				

续表

节点编号	节点目标	是否为关键控制点	风险描述	控制措施	控制证据	责任部门	责任岗位	控制制度/文件
3	专人保管	是	没有专人保管，可能导致已收款凭证和记账凭证的原始凭证毁损、丢失	会计档案的积累和立卷应由总账会计负责，每年度终了后应将会计档案整理立卷，装订成册，编制会计档案保管清册，归档并填写"会计档案卷宗目录"，在卷宗上标明保管期限		财务部	部门负责人	《公司财务会计制度》《公司办法》《煤矿会计档案管理办法》
				会计档案不论是归档前还是归档后，财务会计部门和档案室都应做好保管工作。应设立专柜，安善保管，有序存放会计档案，做到查找方便，同时严格执行安全和保密制度，不得随意堆放，严防损毁，散失和泄密				
			没有专人保管，可能导致会计档案被涂改、伪造	存储在磁性介质或光盘上的会计核算数据等电子文件，应进行写保护处理，归入档案机构或磁盘或光盘要进行双备份，一套封存保管，另一套作为日常使用	抽查存档资料			
			保管不善，可能导致会计档案被擅自提供、销毁、出卖、转让	打印输出的纸质载体会计核算材料，必须有经手人员和会计主管人员的签字或盖章，以保证其真实性、准确性				
				财务人员和会计档案管理人员调动或更换时，必须办理会计档案交接手续，对损坏和丢失会计档案者，要查清原因，并根据情节轻重严肃处理				

续表

节点编号	节点目标	是否为关键控制点	风险描述	控制措施	控制证据	责任部门	责任岗位	控制制度/文件
3	专人保管	是	保管不善，可能导致会计档案被擅自提供、销毁、出卖、转让	建立健全会计档案借阅制度，保证会计档案的完整与考核利用。无论是会计检查还是日常查卷或借阅，都要进行详细登记，包括案卷号、借阅人、借阅日期、归还日期等。会计档案不得外借，如有特殊需要，经单位负责人批准，可以提供查阅或者复制，并办理登记手续。内部人员经办主管或经理复制文件证明。外部人员还需持有相关证明。查阅或复制档案进行计档案进行的人员，严禁对会计档案进行涂画、拆封和抽换，借出的会计档案管理人员要按期如数收回，并办理注销借阅手续				
4	移交公司档案室保管	是	不按期移交公司档案室保存，可能导致会计档案丢失、毁损	当年形成的会计档案，在会计年度终了时，可暂由本单位财务会计部门保管一年。期满之后，由财务会计部门编造会计档案移交清册，移交公司档案部门统一保管	抽查存档资料	财务部	部门负责人	《公司财务会计制度》《公司档案管理办法》《煤矿会计档案管理办法》

4.2.1.13 账销案存资产管理流程

责任单位：煤矿	流程关键控制点描述
	1. 分管领导审批； 2. 公司鉴定委员会组织鉴定； 3. 办理报废手续； 4. 财务部及机电管理部建立账销案存资产备查簿； 5. 财务部、机电管理部及相关部门定期盘点； 6. 机电管理部提出销案申请； 7. 分管领导审批； 8. 公司鉴定委员会鉴定审批； 9. 销案。
流程编号：—	

账销案存资产管理流程

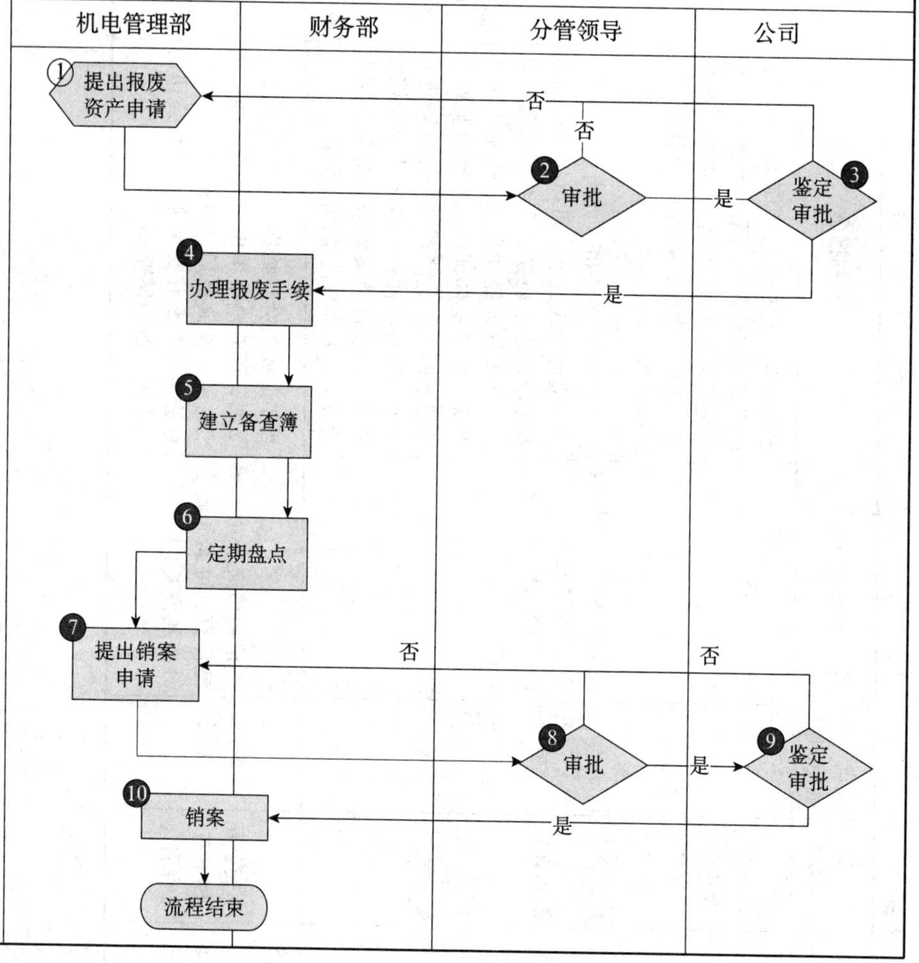

图4.2.13 账销案存资产管理流程

表 4.2.13 账销案存资产管理流程控制矩阵

责任单位	流程名称	流程编号
煤矿	账销案存资产管理	—

控制目标	规范账销案存资产的管理工作，建立和完善内部控制制度，强化国有资产管理，明确各部门的管理权责，保障固定资产的安全和完整，维护国有资产权益，提高固定资产使用效益

节点编号	节点目标	是否为关键控制点	风险描述	控制措施	控制证据	责任部门	责任岗位	控制制度/文件
1	提出报废资产申请	否	未按规定建立账销案存资产管理制度，可能导致资产实际工作中账销案存资产的处置范围不明确	根据固定资产的实际使用情况和不同类别，区分使用和不需用固定资产，拟出报废固定资产等，采取相应的处置程序；建立账销案存资产管理制度，明确账销案存资产的具体范围	抽查管理制度建设	机电管理部、企业管理部、使用部门、财务部等相关部门	部门负责人	《公司财务会计制度》《中央企业资产损失责任追究管理办法》《公司账销案存资产管理办法》《煤矿账销案存资产管理实施细则》
2	鉴定审批	是	未经公司鉴定委员会就办理报废手续，可能导致资产报废手续不全	固定资产的实物管理部门在提出报废申请后，牵头联系公司鉴定委员会组织鉴定	抽查存档资料			
3	办理报废手续	是	报废手续未按规定流程办理，可能导致报废资产错误	制定固定资产报废处置业务流程，明确申请、审批与处置等环节的控制要求				
4	建立备查簿	是	销账后没有建立备查簿或以卡片代替备查簿，可能减少片卡的记录，可能导致账销案存资产明细不准确	对清产核资及日常资产管理过程中经确认进行账务核销，但尚未最终形成事实损失，按规定建立专门管理的固定资产进行专项管理和进行档案建立备查簿				

续表

节点编号	节点目标	是否为关键控制点	风险描述	控制措施	控制证据	责任部门	责任岗位	控制制度/文件
5	定期盘点	是	缺乏对账销存资产的定期盘点，账销存资产的备查簿记录与实物不符，可能导致清查盘点工作困难	机电管理部负责账销存资产的日常保管、维护保全工作，协助公司有关部门办理资产处置工作，财务部对账销存资产的变动情况进行及时、准确、完整的记录，在单独设立的备查簿内如实反映，按月核对				
			未按照规定对账销存资产的损失原因进行分析，整改又产生新的同类资产损失	定期或不定期对账销存资产进行盘点，发现账销存资产有损失的，要及时分析原因并进行整改	抽查存档资料	机电管理部、使用部门、财务部等相关部门	部门负责人	《公司财务会计制度》《中央企业账销存资产管理工作规则》《公司账销存资产管理办法》《煤矿账销存资产管理实施细则》
6	拍卖销案	是	在账销存资产的处理过程中进行私下交易，个人从中捞取资产，恶意低价售出账单位，个人占有，可能导致资产流失	对于账销存资产的处置应遵循"成本效益"和"处置资产公开、处置价格公开"原则，并按公司报废资产管理办法执行				
				清理账销存资产，应当认真做好变卖处置工作，能利用的尽量利用，无法利用和变卖的也应当及时变卖，能变卖的应当按市场方式处置，尽可能收回残值				

148

续表

节点编号	节点目标	是否为关键控制点	风险描述	控制措施	控制证据	责任部门	责任岗位	控制制度/文件
6	拍卖销案	是	对账销账存资产的变现收入不入账上交公司,私设"小金库"或账分单位资产,可能导致账外账	财务部对账销资产清理收回的资金,应按有关财务制度的规定及时入账并上交公司,不得形成"小金库"或账外账	抽查存档资料	机电管理部、使用部门、财务部等相关部门	部门负责人	《公司财务会计制度》《中央企业存货存资产管理工作规则》《公司账销案存资产管理办法》《"煤矿"账销案存资产管理实施细则》
			未遵循公司账销案存资产管理办法和内部程序,可能导致对账销案存资产的擅自销案	账销案存资产销案时应取得合法、充分的证据作为销案依据,对账销案资产的销案情况建立专门档案管理,以备查询和检查				

4.2.2 电力生产

4.2.2.1 财务报告编制流程

责任单位： 电厂财务部	流程关键控制点描述
	1. 电厂发电运行部与电力公司核对电量；
流程编号：—	2. 电厂财务部报表编制人详细复核成本；
	3. 电厂财务部报表编制人逐一填制报表各类主表及附表。

财务报告编制流程

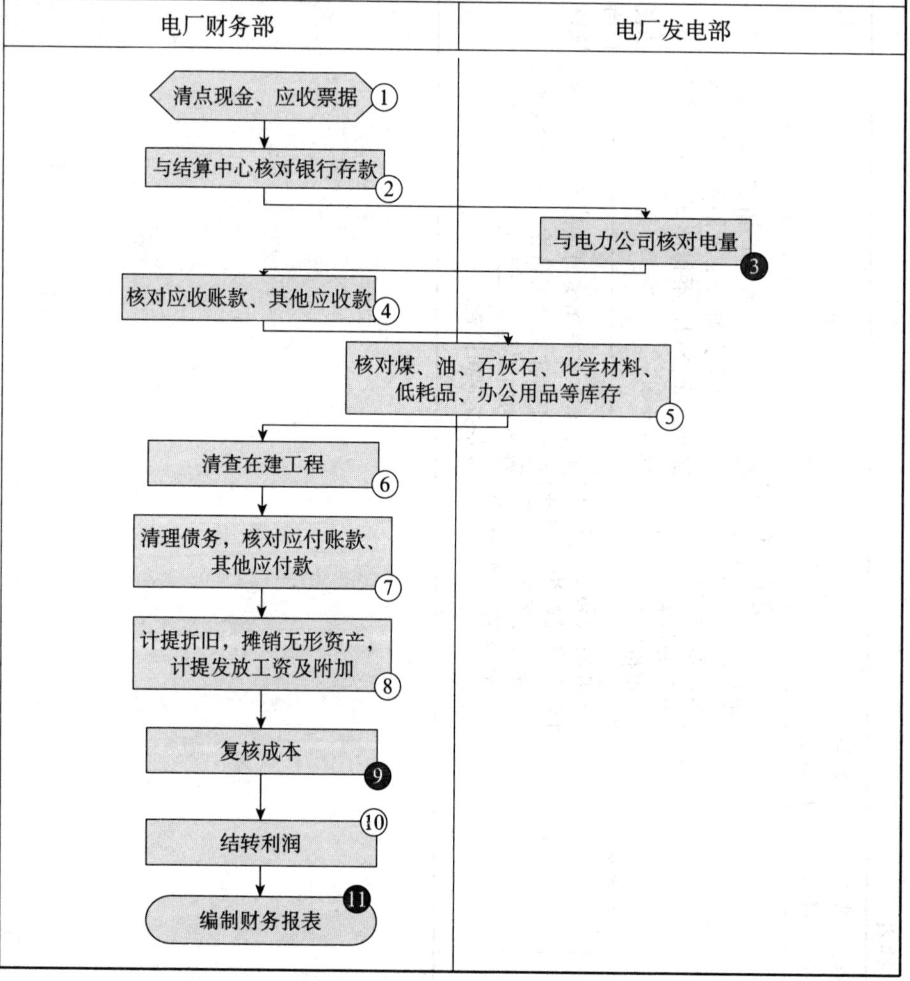

电厂财务部	电厂发电部
清点现金、应收票据 ①	
与结算中心核对银行存款 ②	
	与电力公司核对电量 ❸
核对应收账款、其他应收款 ④	
	核对煤、油、石灰石、化学材料、低耗品、办公用品等库存 ⑤
清查在建工程 ⑥	
清理债务，核对应付账款、其他应付款 ⑦	
计提折旧，摊销无形资产，计提发放工资及附加 ⑧	
复核成本 ❾	
结转利润 ⑩	
编制财务报表 ⓫	

图 4.2.14 财务报告编制流程

表 4.2.14 财务报告编制流程控制矩阵

责任单位	电厂							
控制目标	了解公司财务状况，分析公司盈利能力，经营效率，对公司在行业中的竞争地位、持续发展能力做出判断							
流程名称	财务报告编制流程							
流程编号	—							
节点编号	节点目标	是否为关键控制点	风险描述	控制措施	控制证据	责任部门	责任岗位	控制制度文件
1	清点现金、应收票据使账实相符	否	现金、应收票据账实不符导致企业资产流失，出现管理漏洞，增加企业经济风险	出纳员每天清点现金，达到日清月结；每月核对应收票据，防止票据有误、逾期和丢失	签字审核后的现金、票据盘点表	财务部	财务部负责人	《货币资金及票据管理标准》
2	核对银行存款账项相符，避免银行结账未达款项	否	不及时核对银行存款，导致账项未达账项没有被发现，无法顺利结账	每月月底及时与结算中心核对银行存款，填写银行余额调节表	签字审核后的银行余额调节表	财务部	财务部负责人	《货币资金及票据管理标准》
3	及时、正确、完整地核对电量，避免电量有误	是	电量上报有误，影响收入，导致利润不实	发电运行部每月定期与电力公司核对发电量，并于两个工作日内将核对一致的电量上报财务部确认收入，财务部与电力公司对口部门进行核查，再次确认电量的准确性	发电运行部盖章的电量报表	发电运行部	发电运行部负责人	
4	及时完整收回各类应收款项，提高企业资金利用效率	否	各类应收款项不及时完整的回收，会导致企业资金紧张，降低资金流动性，增加企业风险，导致利润损失	按月核对各类应收款项，对不能及时回收的款项派专人协调，确保款项及时收回；按公司制度要求，定期及时清理备用金	盖章的对账函	财务部	财务部负责人	《财务收支管理标准》

续表

节点编号	节点目标	是否为关键控制点	风险描述	控制措施	控制证据	责任部门	责任岗位	控制制度/文件
5	煤、水、油、石灰石等各类材料消耗数量属实、准确	否	各类材料消耗量与实际不符,使当月成本不实、有误,进而导致利润的错误	由发电运行部根据各项材料的计量工具对材料使用量进行准确计量,并及时将发生量上报财务部;部分材料要及时进行月底盘点并编制盘点报告;财务部在结算各类材料成本时,根据以往经验对材料费进一步复查	签字的盘点表及燃煤等材料的消耗表	发电运行部财务部	发电运行部负责人及财务部负责人	《财务成本管理标准》
6	在建工程的发生量及结算量完全统一的,结算科目正确	否	工程结算进度与工程款结算量不符;结算资金流失;结算工程所用科目不准确导致在建工程科目混乱,最终竣工决算困难	核对实际工程量与所报工程进度数额	审核后的工程进度表	审计部	部门负责人	《在建工程管理标准》
7	对对期负债及时清理,确保公司信誉	否	应付账款不及时核对,会导致账务错误,容易超付或少付款项,增加资金风险,降低企业信誉	分时分地对各类应付账款进行核对并签发对账函;每月对各类应付款项进行账龄分析和风险预测	签字盖章的对账函	财务部	财务部负责人	《财务管理标准》
8	及时正确地计提折旧及摊销	否	折旧或摊销类成本有误,导致当月成本不实,进而影响利润	每月对系统生成的折旧额及摊销额进行核查,确保资产计量的完整性和正确性;每月核对系统生成的工资及附加等凭证的正确性	审核后会计凭证	财务部	财务部负责人	《财务成本管理标准》

续表

节点编号	节点目标	是否为关键控制点	风险描述	控制措施	控制证据	责任部门	责任岗位	控制制度/文件
9	成本真实可靠	是	未认真复核各项生产、销售情况，是否有少转、多转、错转成本，会查对盈亏的真实性，影响企业盈亏的真实性，导致多分利润，多交税金，造成企业资产流失	每月月末结合实际经验和历史数据对成本科目余额逐项进行检查分析；检查成本费用类科目借贷方向的正确性，实际与预算比对，对差异较大的费用项目进行重点核查，找到差异原因	审核后的会计凭证			《财务成本管理标准》
10	利润真实可靠	否	利润结转不真实导致资产流失，企业经济效益不高等综合指标降低，增加税务风险	确保收入成本的准确性；及时向公司上缴利润		财务部	财务部负责人	
11	报表填报详细、真实、无误，账表相符	是	报表填报有误，导致账表不符，不能真实反映企业的经营情况，使管理层做出错误决策，影响企业发展	根据核对无误的财务账表认真详细填写报表；对报表各类主表及附表逐一比对，保证报表的正确性和关联性，认真编写根据当月报表经营情况，认真编写报表说明	签字后的财务报表			《财务管理标准》

4.2.2.2 财务预算管理流程

责任单位：电厂财务部	流程关键控制点描述
	1. 电厂各部门部长对下级上报的班组预算进行审核； 2. 电厂预算管理委员会对财务部上报的年度预算进行审核； 3. 各部门根据本部门预算进行向下分解并编写执行方案；
流程编号：—	4. 预算管理委员会审批年度分解预算的执行方案； 5. 电厂各部门部长对下级上报的班组预算进行审核并每月开预算执行分析会； 6. 财务部组织开电厂预算分析会，重点分析各部门存在问题，并提出解决办法和整改方案。

财务预算管理流程

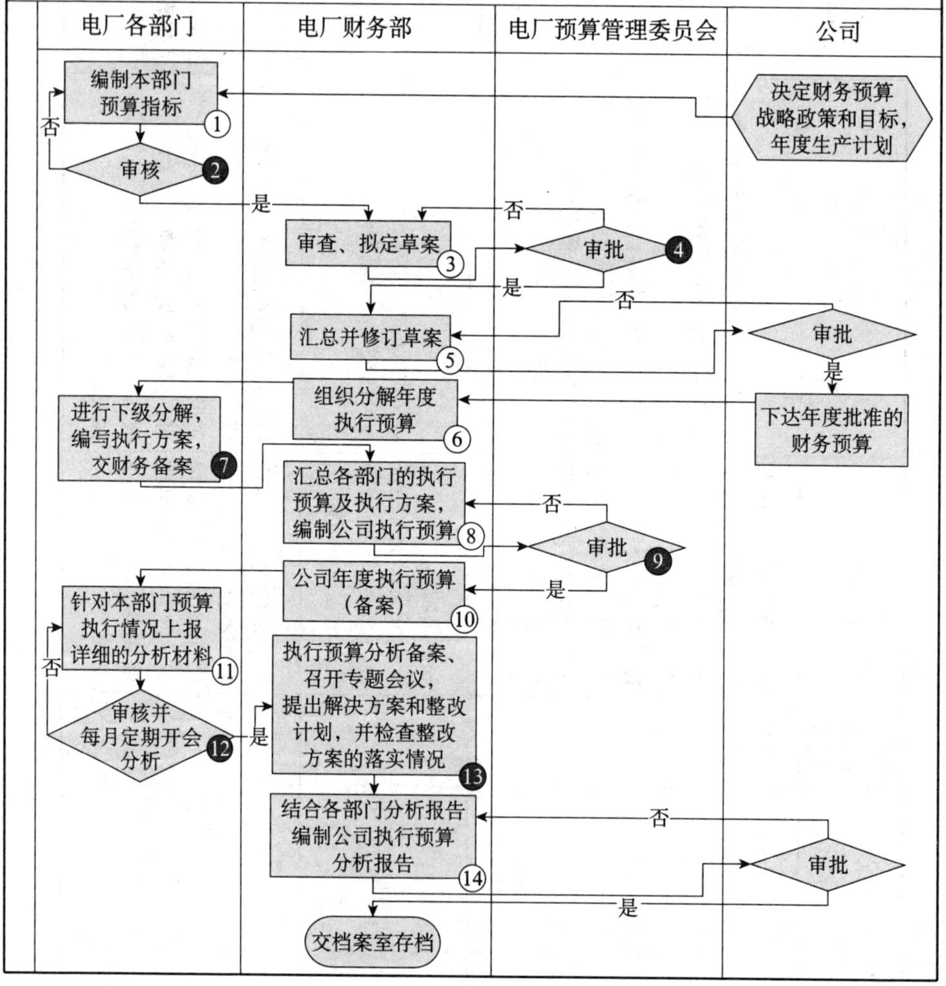

图 4.2.15 财务预算管理流程

表4.2.15 财务预算管理流程控制矩阵

责任单位	电厂							
控制目标	通过预算管理控制公司的收入、成本费用等，实行经济活动的程序化、标准化、规范化，最终实现企业经济效益最大化							
流程名称	财务预算管理流程							
流程编号	一							
节点编号	节点目标	是否为关键控制点	风险描述	控制措施	控制证据	责任部门	责任岗位	控制制度/文件
1	及时符合实际的编制本部门预算指标	否	不及时且脱离实际制本部门预算指标会延迟财务预算准确申报	各部门责任人监督各责任人按时准确地编制本部门预算指标	部门指标上报资料			
2	部门基础预算原始数据真实、准确、可靠	是	部门预算编制过大，导致实际使用不了，资金闲置和浪费；预算编制偏小，实际发生额透支，部门预算指标上报不及时，影响后续预算的编制进程	结合自身特点和下达预算目标的执行条件，参考历史经验，实事求是，详细分解，仔细调查，杜绝虚报和过大的预计成本，还要多思靠，考虑问题要全面，不可有所遗漏；开发预算信息系统平台，建立数字化网络预算管理体系，各部门严格按预算系统要求的时间上报部门当期预算；根据《财务预算管理标准》中的第五条对本部门预算指标进行审核	签字审核的部门预算资料	各相关部门	部门负责人	《财务预算管理标准》

续表

节点编号	节点目标	是否为关键控制点	风险描述	控制措施	控制证据	责任部门	责任岗位	控制制度/文件
3	准确全面地拟定预算草案	否	预算草案简单粗略影响年度预算编制的科学性和完整性	财务部长领导财务部人员尽早编制预算,提高预算编制质量	预算草案	财务部	部门负责人	
4	计算汇总后的年度预算符合电厂年度规划	是	计算统计时全面预算与当年预算偏差较大,不符合实际情况,导致预算落空	预算编制要求对形势分析有前瞻性,对公司预算准确的把握,预算目标必须侧重点以公司战略目标为出发点,始终与公司整体战略及财务战略紧密结合	审核后的预算草案	预算管理委员会	电厂预算管理委员会负责人	
5	财务预算科学和完整	否	汇总修订的预算指标不准确,导致全年预算脱离实际,降低企业经济效益	结合工作实际和计划目标,细心全面地汇总修订预算草案	修订后的预算草案	各相关部门		
6	执行预算及时上报	否	影响执行预算及时准确	科学及时地组织分解年度执行预算草案	执行预算分解表	财务部	部门负责人	
7	部门预算分解细致、执行办法详细、可行、及时	是	分解不全面,责任人不明确,分析缺乏科学性和合理性;未能把分解不完全,不能把预算分解到具体责任单元	部门负责人积极同各责任点沟通,做到上下结合,各责任人多讨论、多研究,将预算指标分解到最基本的责任单元并加以监控;编写部门执行预算草案,积极调动各责任单元尽量分细化,把指标分细化或者个人	部门预算分解表	各相关部门	部门负责人	《财务预算管理标准》

续表

节点编号	节点目标	是否为关键控制点	风险描述	控制措施	控制证据	责任部门	责任岗位	控制制度/文件
8	完整汇总各部门分解材料,并对其进行检查、把关	否	汇总不够仔细,导致部分费用有遗失或超出指定标准,使年度执行预算与原计划有偏差	汇总的财务人员必须严格把关,逐部门、逐费用检查和汇总,并检查各部门费用的合理性,分解完毕后与年度总执行准确性,汇总完毕后与年度总执行预算进行无差异对比	执行预算	财务部	预算管理会计	
9	计算汇总后的年度执行预算符合电厂实际情况	是	执行报告不科学,不符合电厂实际情况,导致年度预算目标难以实现	要全面、系统、科学地审核预算,防止预算脱离实际,不能达到预算目标	审批后执行预算	预算管理委员会	预算管理委员会	
10	方便查阅预算指标,监督预算有效执行	否	预算指标数据丢失,无法与实际比对	妥善保管执行预算资料	执行预算存档			
11	全面反应预算执行情况	否	分析材料不完整,不能据揭露矛盾,发现问题	在进行财务预算分析之前,根据年度预算目标及财务预算执行过程中发现的问题,明确分析目标,拟订分析工作纲要,做好适当的安排,有步骤地开展分析工作	部门预算分析材料	各相关部门	部门负责人	
12	部门基础分析材料真实、可靠	是	分解不全面,责任人不明确,分析缺乏科学性和合理性,造成预算分析不准确,给公司带来经济损失	积极同各岗位责任节点沟通,做到上下结合、全面分析,与各责任人多讨论、多研究,将预算指标分解到最基本的责任单元并加以分析管控	部门负责人签字的部门预算分析材料	各部门		《财务预算管理标准》

续表

节点编号	节点目标	是否为关键控制点	风险描述	控制措施	控制证据	责任部门	责任岗位	控制制度/文件
13	计算汇总后的年度预算符合电厂年度规划	是	分析报告不详细，不能说清楚分析不全面，或者预算不准确，导致公司预算出现问题，给公司造成损失，整改没有落实，成本得不到控制，经济效益无法提高	对执行情况从最基本的责任单元自下而上逐层分析，对于预算执行中发现的新情况、新问题及出现偏差较大的重大项目，要认真思考挖掘问题背后的真正原因，并提出合理化建议，在上报的分析材料中重点说明；对存在问题制定整改将目标落到实处，并通过企业充分挖掘与合理利用一切人力、物力和财力，取得最大的经济效益	企业预算执行情况分析报告及预算分析会纪要	财务部	财务部负责人	《财务预算管理标准》
14	保障预算的实时控制	否	预算与实际对比不准确，不能从不同角度分析问题，找出矛盾	在进行财务预算分析时，主要运用对比的方法，揭露矛盾，发现问题；结合企业实际情况通过对比可以找出差距，分清先进和落后，成绩和浪费	企业预算执行情况分析报告			

158

4.2.2.3 会计档案管理流程

责任单位：电厂财务部	流程关键控制点描述
	1. 保证会计档案完整齐全；
流程编号：—	2. 保证会计档案及时归档； 3. 准确编制档案销毁清册。

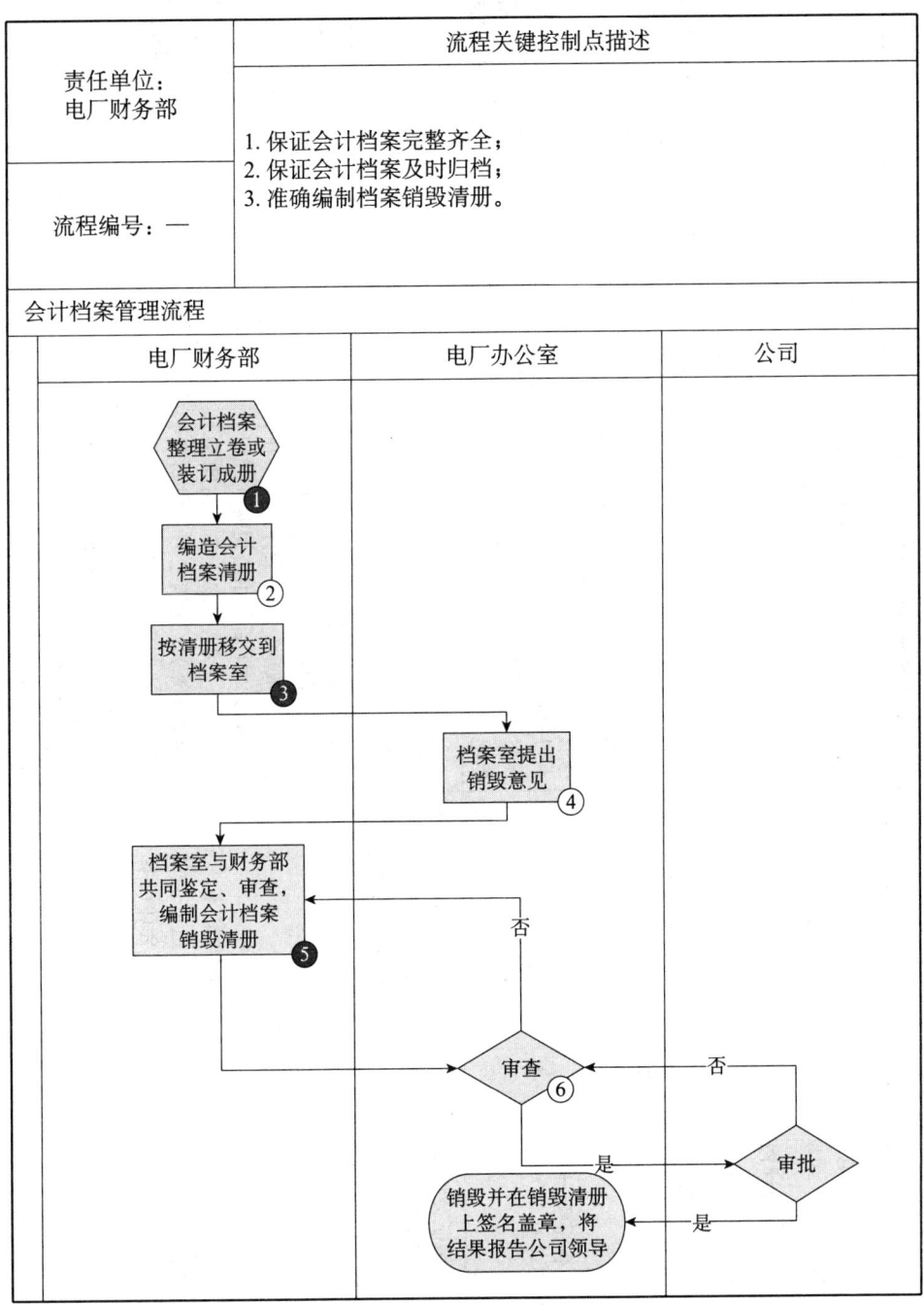

图 4.2.16 会计档案管理流程

表4.2.16 会计档案管理流程控制矩阵

责任单位	电厂							
控制目标	加强会计档案管理，保证会计档案的安全、完整							
流程名称	会计档案管理流程							
流程编号	—							
节点编号	节点目标	是否为关键控制点	风险描述	控制措施	控制证据	责任部门	责任岗位	控制制度/文件
1	保证会计档案齐全	是	会计档案不全，直接造成会计档案不能真实完整地记录和反映相关经济业务	财务部门及经办人必须按期将应归档的会计档案全部移交档案部门，不得自行封包保存；档案部门必须按期点收，不得推诿拒绝	会计档案装订成册	财务部	财务会计	《会计基础工作管理标准》
2	保证会计档案清册与会计档案一致	否	会计档案清册与会计档案不一致，不能正确反映档案的真实情况	编制会计档案清册时，按照档案实际情况核对准确	会计档案清册	财务部	出纳	
3	保证会计档案及时归档	是	会计档案不及时归档，会造成会计档案丢失，会计档案不全	公司每年形成的会计档案，由财务部门按照归档的要求，负责整理立卷或装订成册，当年会计档案，在公司年度终了后，由公司财务部门暂行保管一年（基本建设期同会计档案除外）。期满之后，由财务部门编造清册移交公司档案管理部门保管；建设工程完工后形成的会计档案应全部移交给档案管理部门，并按规定办理交接手续	会计档案成功归档	财务部	财务会计	《会计档案管理办法》

续表

节点编号	节点目标	是否为关键控制点	风险描述	控制措施	控制证据	责任部门	责任岗位	控制制度/文件
4	销毁到保存期限的会计档案	否	到期不销毁档案，导致档案室空间不合理占用	及时提出到期档案的销毁意见	销毁申请	办公室	档案管理员	
5	准确编制档案销毁清册	是	错误地编制档案销毁清册，应销毁的没有及时销毁，不应销毁的提前销毁，违反会计档案管理办法	正确判断会计档案保存期限；编制档案销毁清册时——与预销毁档案核对	档案销毁清册	办公室、财务部	档案管理员、出纳	《会计档案管理办法》
6	确保档案销毁清册的准确性	否	相关领导没有及时、正确地对档案销毁清册进行处理，导致档案销毁工作不能顺利进行	相关领导及时、准确地对销毁清册进行审核	领导签字后的档案销毁清册	办公室	相关领导	

4.2.2.4 差旅费报销流程

责任单位：电厂	流程关键控制点描述
	1. 公出人员填写公出审批单；
	2. 部门负责人对公出人员公出单进行审批；
	3. 分管领导对公出人员审批单进行审批；
	4. 人力资源部对公出审批单进行审批；
流程编号：—	5. 到财务部办理公出借款；
	6. 汇报公出任务完成情况整理票据填写差旅费报销单；
	7. 部门负责人对公出人员差旅费报销凭证进行审批；
	8. 财务负责人对公出人员差旅费报销凭证进行审批；
	9. 到财务部报销差旅费清账。

差旅费报销管理流程

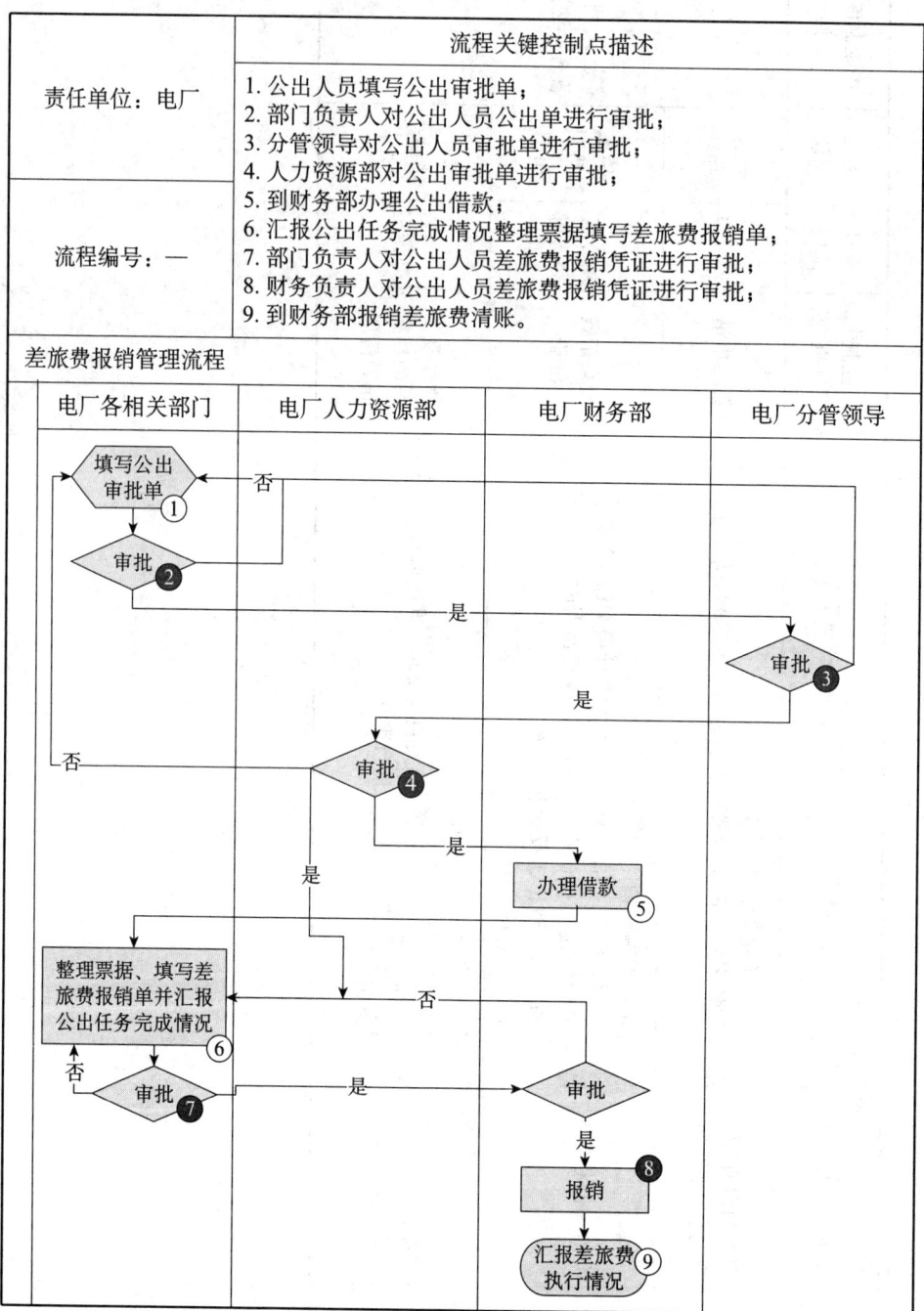

图 4.2.17 差旅费报销流程

表 4.2.17 差旅费报销流程控制矩阵

责任单位	电厂							
控制目标	加强差旅费管理，理顺差旅费报销审批程序，确保报销程序符合规定、数据准确							
流程名称	差旅费报销管理流程							
流程编号	—							
节点编号	节点目标	是否为关键控制点	风险描述	控制措施	控制证据	责任部门	责任岗位	控制制度/文件
1	正确填写公出审请单	否	公出审批填写不完整、不正确，影响差旅费报销	认真填写公出审批单，填写完毕审核后提交	公出审批单	公出部门	公出人员	
2	公出事由合规，公出时间、路线合理	是	不必要的公出以及超出限定公出天数在公司中造成负面影响，增加费用造成资金的浪费	部门领导要根据实际情况对公出人员公出明目的，限定公出任务时间，驳回不必要的公出	签字审批	各相关部门	部门负责人	《差旅费管理标准》
3	明确公出人员完成公出任务及公出质量	是	公出任务完成不了给公司造成浪费	分管领导要根据实际情况对公出人员的公出任务时间及地点进行审核；对于不必要的公出及超出限定地点、时间查明原因，否则驳回	签字审批	分管领导	分管领导	
4	公出及考勤的真实	是	公出不实造成考勤名存实亡，增加公司管理费用造成资金浪费	核查公出审批与考勤，对有弄虚作假不真实的退回纠正	签字审批	人力资源部	部门负责人	
5	按规定办理借款	否	不按规定数额借款违反财务制度	财务按差旅费借款规定数额办理借款	借款单	财务部	部门负责人	

续表

节点编号	节点目标	是否为关键控制点	风险描述	控制措施	控制证据	责任部门	责任岗位	控制制度/文件
6	准确填写报销单	否	填写不规范，不能及时报销	填写不规范财务部退回重新准确填写	差旅费报销单	各相关部门	经办人员	
7	公出人员报销凭据真实有效	是	报销凭据不真实给公司造成浪费，扰乱财务制度	审核差旅费报销与公出审批是否一致、票据是否真实有效，对不符合要求的不予审批	签字审批	各相关部门	部门负责人	
8	报销凭证符合财务制度	是	把关不严违反财务制度，加大企业成本费用，严重的触犯法律	审核报销票据是否真实合法、公出日期地点是否明确真实，驳回不合规报销凭证	签字审核	财务部门	部门负责人	
9	核算支付差旅费并清账	否	报销后不及时清账，造成备用金占用时间长	财务部根据报销情况及时督促清理往来账务	支款凭证	财务部	会计	《差旅费管理标准》

4.2.2.5 成本费用管理流程

责任单位：电厂	流程关键控制点描述
流程编号：—	1. 部门负责人审批报销费用； 2. 分管领导审批； 3. 总会计师对费用审批； 4. 财务部负责人对费用进行审批； 5. 会计对费用报销凭证进行审核和账务处理。

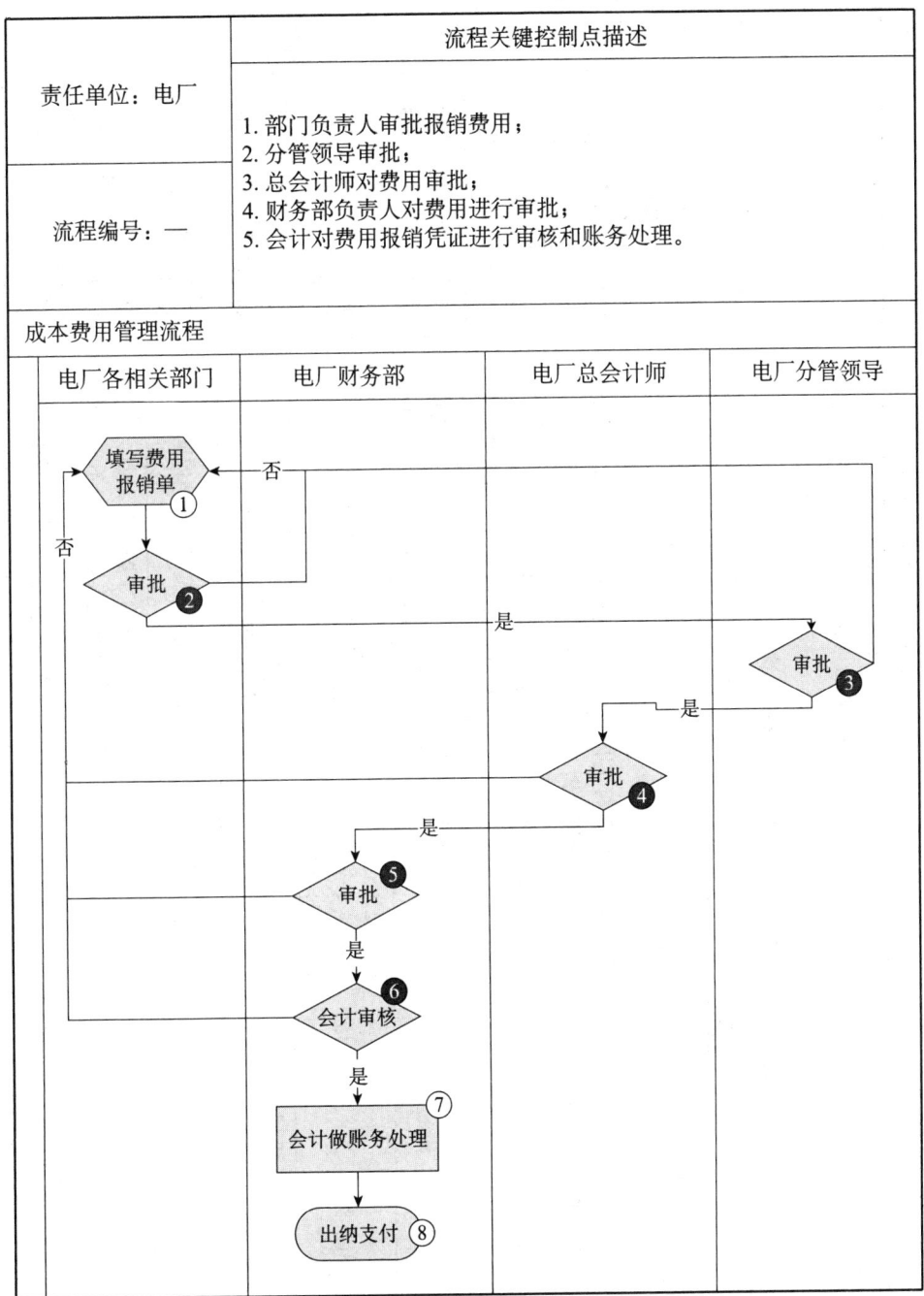

图 4.2.18 成本费用管理流程

表 4.2.18 成本费用管理流程控制矩阵

责任单位	流程名称	_	_	流程编号	—			
电厂	成本费用管理流程							
控制目标	加强成本费用管理，理顺成本费用报销审批程序，准确核算成本							
节点编号	节点目标	是否为关键控制点	风险描述	控制措施	控制证据	责任部门	责任岗位	控制制度/文件
1	正确填写成本费用报销审批单	否	费用审批填写不正确，不准确影响费用报销	认真按财务报销要求填写费用报销单位	报销审批单	相关部门	经办人	《经营管理标准》
2	审批成本费用单	是	增加费用造成资金浪费，加大成本费用	部门负责人根据实际情况进行审批，对于不必要的费用驳回	签字审批	各相关部门	部门负责人	
3	审批费用	是	不必要的费用给公司造成浪费	分管领导根据实际情况审核，对不必要发生的费用驳回	签字审批	电厂领导	分管理领导	
4	审批费用	是	增加成本造成资金浪费，加大成本费用的同时影响资金计划执行	总会计师根据实际情况审核，对于不必要发生的费用的驳回	签字审批	电厂总会计师	总会计师	
5	审批成本费用单据及费用	是	发票及报销单有误退回	发票及报销单有误退回纠正	签字审批	财务部	部门负责人	
6	审核发票及审批单	是	不按规定报销，违反财务制度	报销票据有误不予报销退回	签字审批	财务部	会计	
7	进行账务处理	否	审核未通过退回影响报销	审批合格做账务处理编制会计凭证，填写不规范、审批不全不予报销退回	会计凭证	财务部	会计	
8	出纳支付报销款项	否	凭证错误导致支付费用错误	根据会计凭证支付报销费用	支付款凭证	财务部	出纳	

4.2.2.6 工程款结算流程

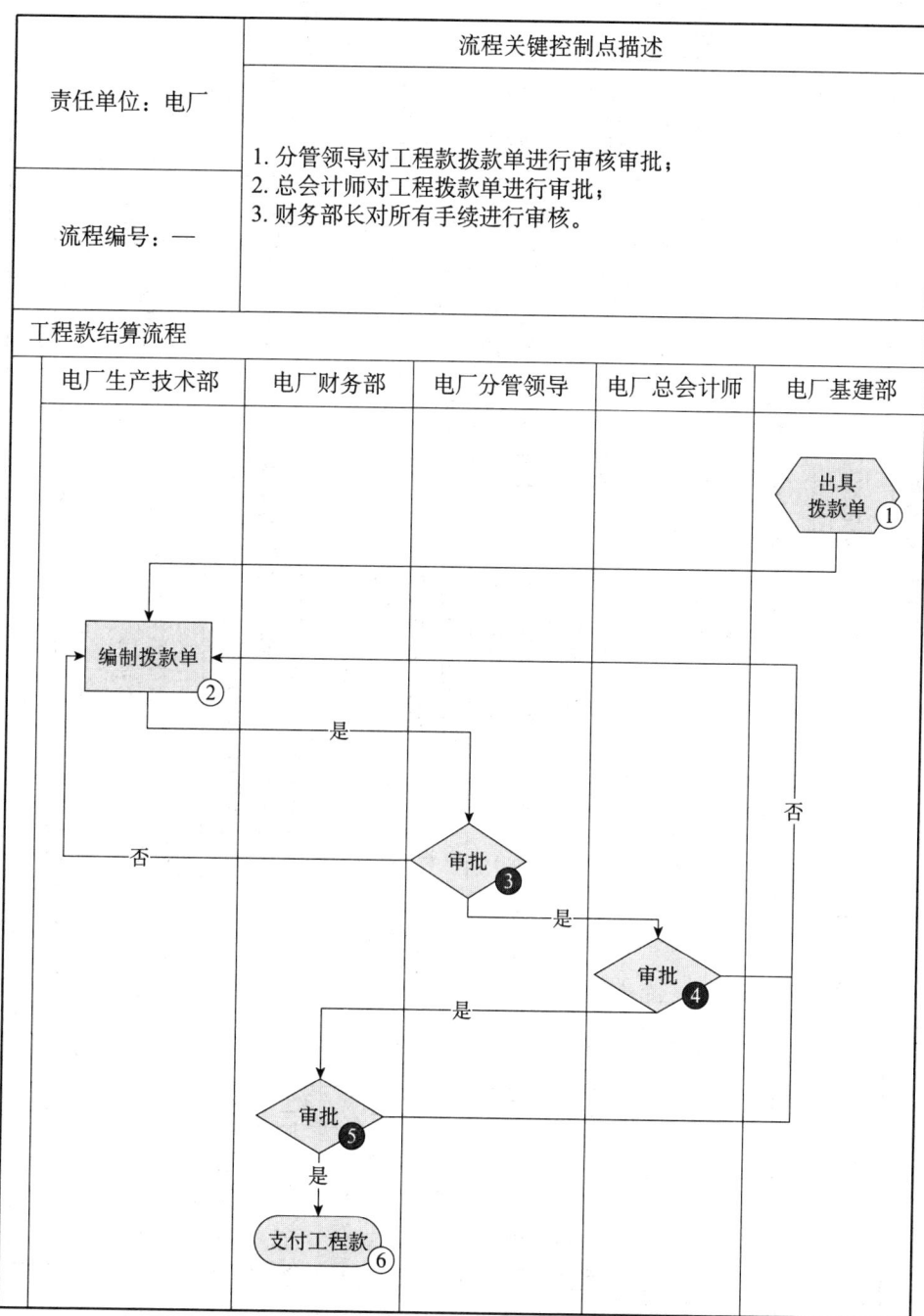

图4.2.19 工程款结算流程

表 4.2.19 工程款结算流程控制矩阵

责任单位	电厂						
流程名称	工程款结算流程						
流程编号	—						
控制目标	加强工程款支付管理，理顺工程款支付审批程序，保证款项及时到位，确保基建工程进度						
节点编号	节点目标	是否为关键控制点	风险描述	控制措施	控制证据	责任部门	责任岗位	控制制度/文件
1	正确开具工程价款拨付单	否	工程量计算错误影响拨款数额	基建部按合同、进度及结算情况下拨工程款	工程价款拨付单	基建部	工程管理计经人员	《经营管理标准》
2	正确开具拨款通知单	否	拨款金额错误导付款错误	根据基建部工程价款拨付单电厂拨款通知单	拨款通知单	电厂生产技术部	经办人员	
3	实际完成工作量与结算量、编制的结算明细完整统一	是	实际完成工作量与编制结算清单内容不符，造成竣工结算纠纷	部门领导根据实际情况每月的工作量及工作量进度报表每月准确无误；对数据有误的必须驳回调整改	签字审核	电厂领导	分管领导	
4	支付结算量与款一致，款项按合同约定支付	是	不按合同约定支付款，使公司现金流不准确，影响企业经营管理	对每月拨付工程款对比审核，使拨付金额无差异；对数据有差异的驳回进行审批	签字审批	电厂领导	总会计师	
5	对支付工程款进行审批	是	完成金额错误影响挂账，拨款金额错误影响支付	对拨款单完成金额、拨付金额进行审批	签字审核	电厂财务部	财务负责人	
6	编制凭证，支付工程款	否	凭证错误导致支付工程款错误	核对拨款单及凭证内容，金额是否一致	付款凭证	电厂财务部	会计	

168

4.2.2.7 低值易耗品管理流程

责任单位：电厂	流程关键控制点描述
流程编号：—	1. 根据预算和当年成本费用情况提报采购计划； 2. 详细记录低值易耗品卡片账； 3. 低值易耗品清查、盘点； 4. 清查完后准确对低耗品进行处置。

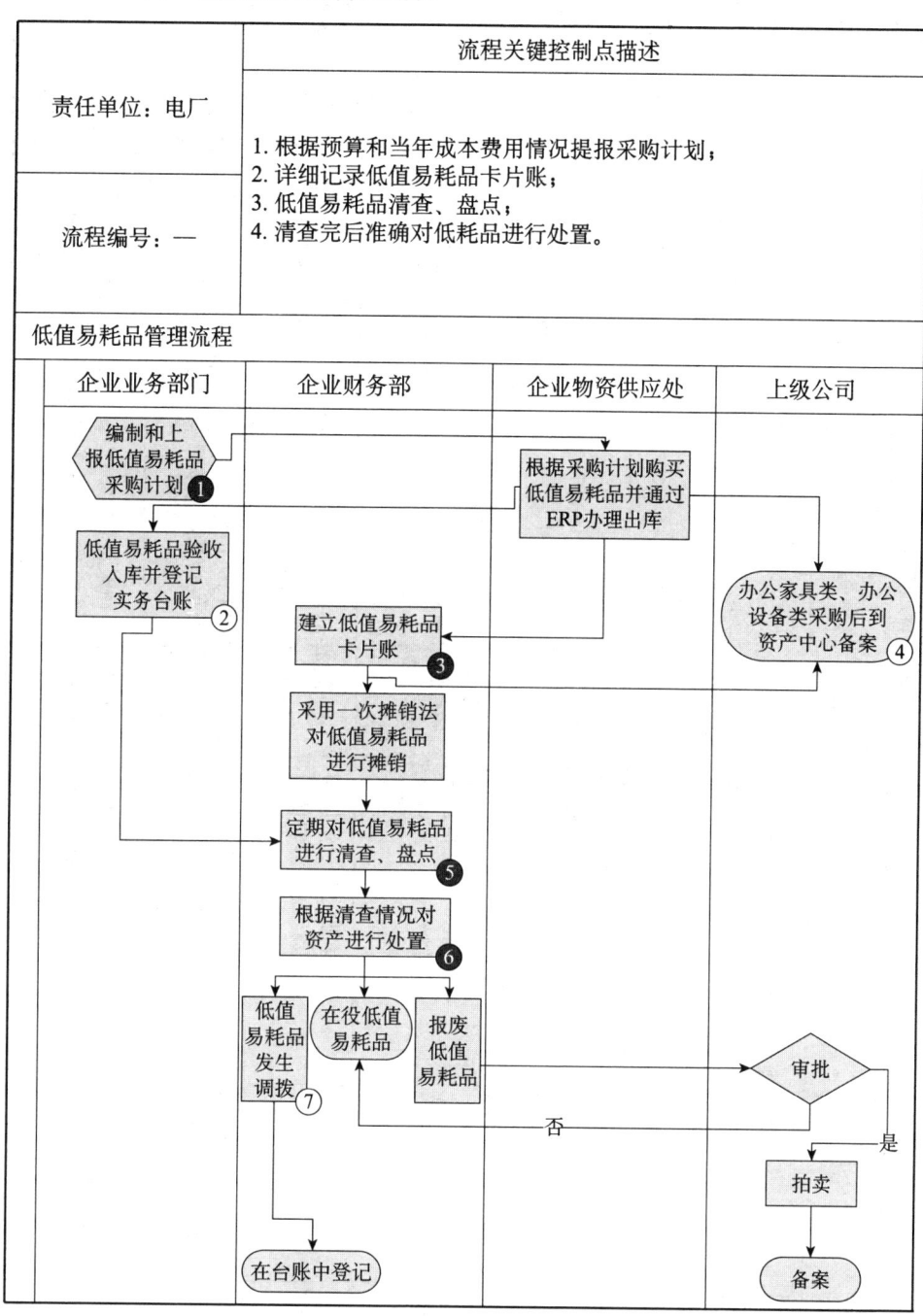

图 4.2.20　低值易耗品管理流程

表 4.2.20 低值易耗品管理流程控制矩阵

责任单位	流程名称	流程编号
电厂	低值易耗品管理流程	—

控制目标	规范低值易耗品管理工作，防止流失、损坏

节点编号	节点目标	是否为关键控制点	风险描述	控制措施	控制证据	责任部门	责任岗位	控制制度/文件
1	根据预算和当年成本费用情况提报采购计划	是	各部门没有考虑预算和当年成本费用编制采购计划，导致超出预算或影响当年成本	各部门在编制采购计划时参考当年预算及成本费用	预算、采购计划	各使用部门	采购计划编制人员	
2	详细记录低值易耗品实物台账	否	不规范的登记低值易耗品实物台账，影响清查工作	实务部门在登记实物台账时，应明确低值易耗品的分类、详细填列其购入时间、规格型号、数量、单价等	实物台账	各使用部门	采购计划编制人员	
3	详细记录低值易耗品卡片账	是	不详细的登记易耗品卡片账，影响低值易耗品摊销	建立卡片账时严格分类登记；明确填写摊销时间	卡片账	财务部	低值易耗品会计	
4	办公类低值易耗品采购后到资产管理中心备案	否	办公类低值易耗品没有及时到资产管理中心备案，影响各部门工作进度	ERP低值易耗品出库后，及时将办公类低值易耗品到资产管理中心备案	ERP出库单	财务部	低值易耗品会计	《公司低值易耗品管理办法》
5	定期与实物核对保证账实相符	是	账实不符，导致企业无法真实的反映和有效控制低值易耗品情况	详细登记实物账及卡片账，定期与实物核对相符	实物账、卡片账	财务部、各使用部门	低值易耗品会计、实物使用人	

续表

节点编号	节点目标	是否为关键控制点	风险描述	控制措施	控制证据	责任部门	责任岗位	控制制度/文件
6	清查完成后准确处置	是	无法准确对低值易耗品进行处置,造成该报废的没有报废、不该报废的提前报废,对低值易耗品管理造成不良影响	清查低值易耗品实物时应仔细核对;准确判断低值易耗品的状态	清查结果	财务部	低值易耗品会计	《公司低值易耗品管理办法》
7	调拨完成后在台账中做出相应变动记录	否	低值易耗品调拨没有及时变更台账信息,对低值易耗品工作顺利进行造成影响	低值易耗品发生调拨变动时及时在台账中做出相应变动记录	实物台账、卡片账			

4.2.2.8 固定资产管理流程

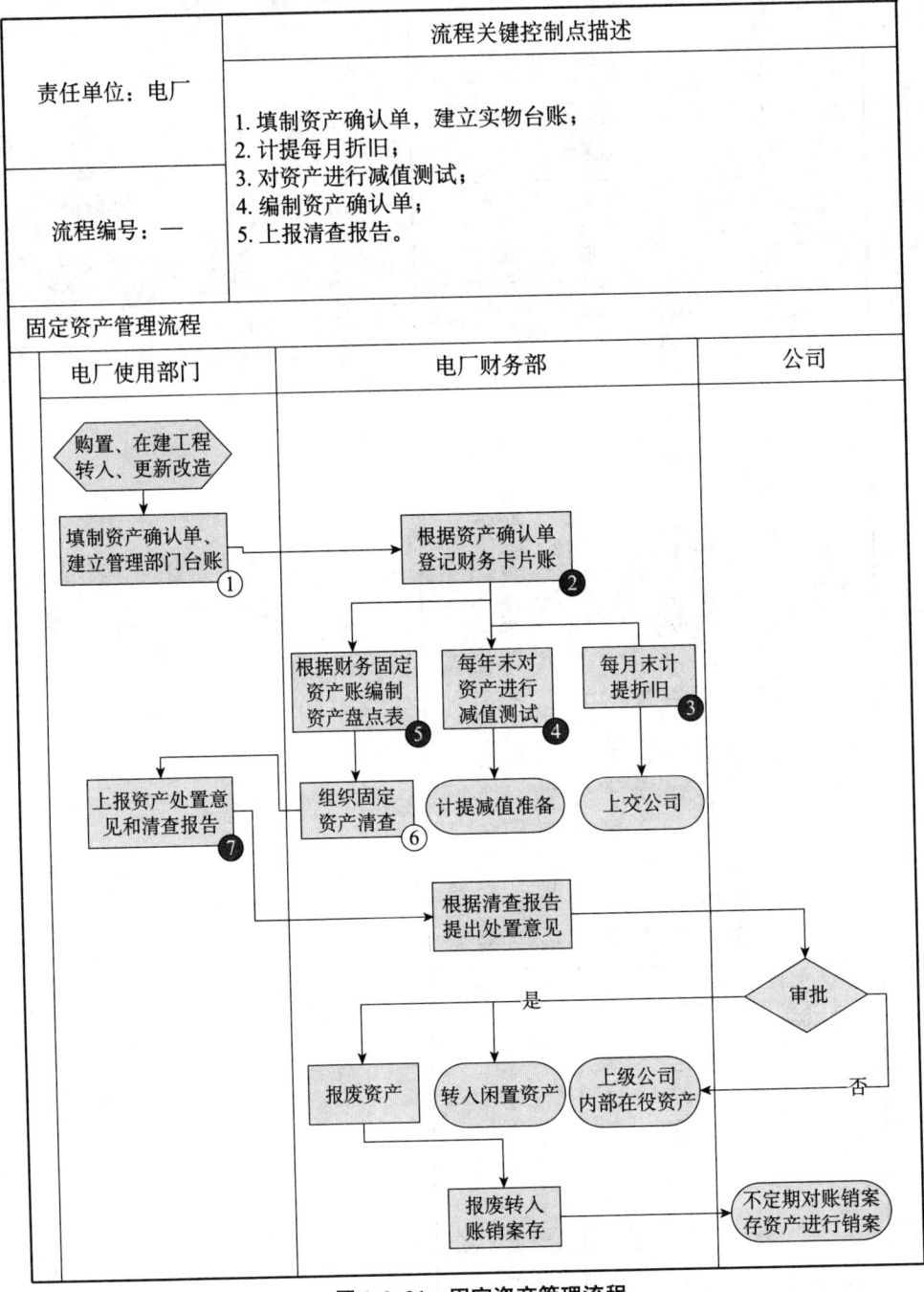

图 4.2.21 固定资产管理流程

第二篇 重点业务管控

表4.2.21 固定资产管理流程控制矩阵

责任单位	电厂								
控制目标	通过对最新数据与原始数据的对比分析，达到降本增效的目的	生产指标管理流程	制定并执行最经济合理的运行方式，使机组在安全稳定运行的前提下，降低各项能耗指标	流程编号	—				
节点编号	节点目标	是否为关键控制点	风险描述	控制措施	控制证据	责任部门	责任岗位	控制制度/文件
1	确保资产确认单与资产各项数据准确、完整	否	资产确认单数据填报不正确直接导致财务部门卡片账与实物管理部门的台账不符	更新改造资产、自建资产按照审计报告填制资产确认单；购置的固定资产，必须按照发票金额填写资产确认单原值	资产确认单必须确保数据准确无误	资产使用部门、财务部	固定资产会计、资产确认录入人员	《固定资产管理标准》
2	财务卡片账与资产确认单数据完全一致	是	卡片账填写时与资产确认单产生差异	固定资产会计在登记卡片账时严格按照资产确认单中各项数据填写	资产确认单中有部门录入人员及领导签字	资产使用部门、财务部	固定资产会计	
3	使用集团规定的折旧方法计提折旧，正确计提折旧	是	错误选择折旧方法影响企业成本及当期损益	填写卡片账时确保填写的折旧方式正确，每月及时上交折旧	折旧方式确保与集团要求的一致	财务部	固定资产会计	
4	真实反映企业资产状况	是	每年末资产负债表日不及时进行资产减值测试将导致资产的虚增，从而导致企业利润的虚增	每年末资产负债表日对资产进行减值测试	每年末对有证据证明减值资产计提减值准备	财务部	固定资产会计	

续表

节点编号	节点目标	是否为关键控制点	风险描述	控制措施	控制证据	责任部门	责任岗位	控制制度/文件
5	正确编制资产盘点表	是	错误的资产盘点表将导致错误的资产使用和管理方式	严格按照资产账及实际使用情况编制资产盘点表	资产盘点表	财务部	固定资产会计	
6	做好固定资产清查工作	否	不进行固定资产清查，或清查不彻底，走过场，就不了解资产的进出情况，也会造成资产流失，给企业带来经济损失	不定期对固定资产进行专项清查；年中和年终对公司的固定资产进行全面盘点清查	资产盘点表	财务部	固定资产会计	
7	准确判断资产使用状态，是否及时上报	是	资产使用状态判断正确后没有及时上报，导致信息变更没有及时完成	资产管理部门应经常深入现场，了解资产使用状况，对固定资产做出全面、真实的评价；资产使用部门责任人必须及时掌握自己负责资产的使用情况，有资产变动或报废及时上报	有各责任人签字的资产盘点表，有领导签字的报废申请	资产使用部门，财务部	各资产负责人，固定资产会计	《固定资产管理标准》

4.2.2.9 收入及应收款管理流程

责任单位：电厂	流程关键控制点描述
	1. 及时准确的核对上网电量及外供水、供汽量； 2. 开具正确合规的发票； 3. 财务审核确认发票的正确性、合规性。
流程编号：—	

收入及应收款管理流程

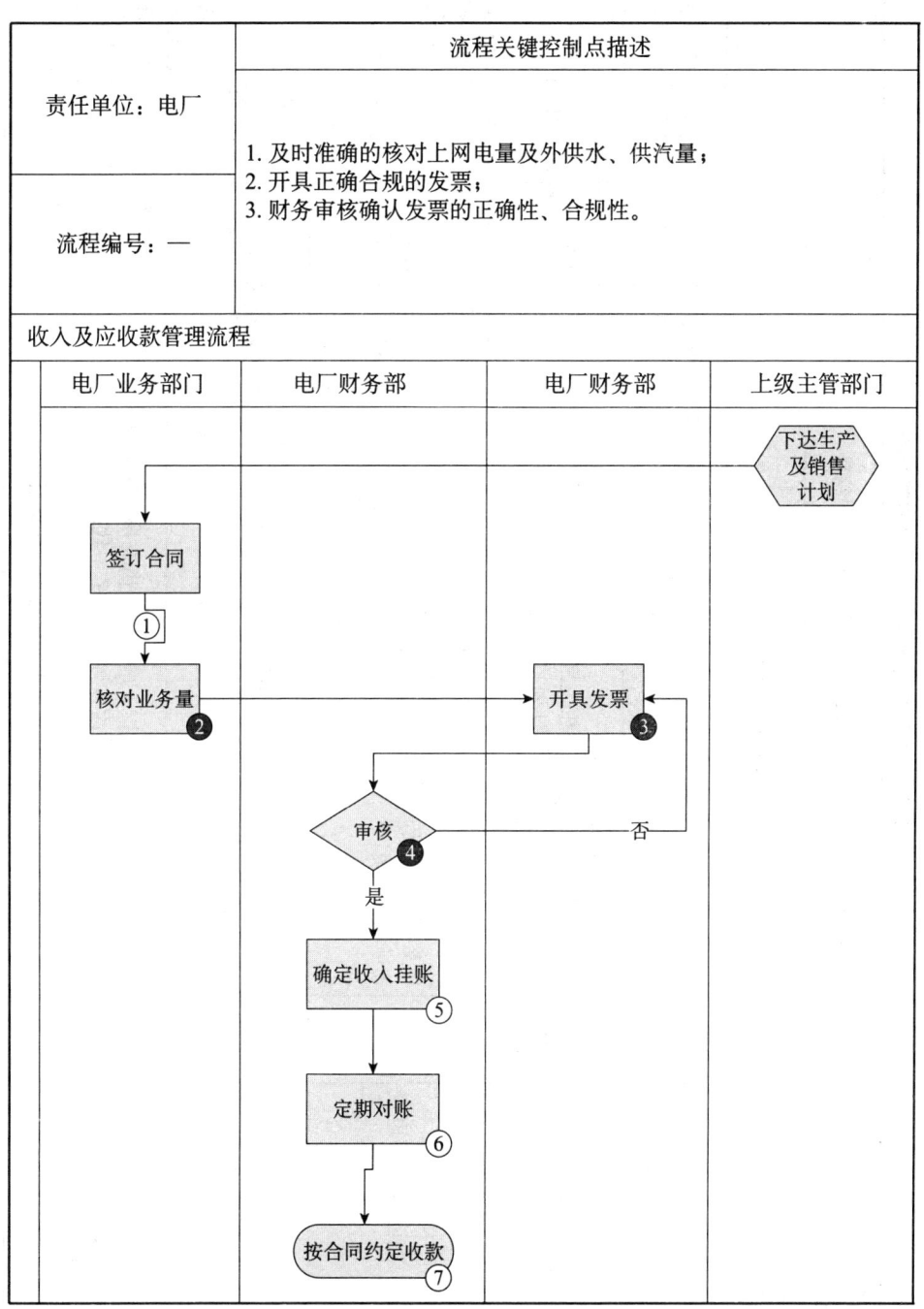

图 4.2.22 收入及应收款管理流程

表4.2.22 收入及应收收款管理流程控制矩阵

责任单位	电厂								
控制目标	加强收入管理，确保及时准确收到应收货项，提高资金利用率								
流程名称	收入及应收收款管理流程								
流程编号	一								
节点编号	节点目标	是否为关键控制点	风险描述	控制措施	控制证据	责任部门	责任岗位	控制制度/文件
1	准确签订合同	否	合同签订不准确，不完善，影响后期货款的结算，或引起经济纠纷	相关业务部门根据公司下发发电计划与电力公司签订合同	合同	相关业务部门	分管领导	《经营管理标准》
2	正确核对每月电量	是	电量核对不准确，直接影响收入的确定	相关业务部门每月20号与电力公司及时核对电量；如发生双方电量不一致的情况，要及时沟通、寻找差异，保证电量核对一致	电力网报表	相关业务部门		
3	正确开具相关发票	是	发票开出不正确，影响货款的结算	公司财务部根据实际结算情况开具准确的发票；所开发票必须合规	发票	公司财务部	经办人员	《中华人民共和国发票管理办法》
4	保证所审核的发票正确	是	发票开出不正确，影响货款的结算	财务部审核开出发票，内容与实际业务一致，审核开具的发票是否合规；对错误发票必须驳回重新开具				

176

第二篇 重点业务管控

续表

节点编号	节点目标	是否为关键控制点	风险描述	控制措施	控制证据	责任部门	责任岗位	控制制度/文件
5	将货款准确挂账	否	挂账不准确，影响货款的收回	会计人员根据发票等附件及时准确挂账	会计凭证	财务部	经办人员	《企业会计制度》
6	有效避免失误，发现错误，确保账簿的准确真实	否	往来单位之间账账不符，影响货款的收回	会计人员定期与各往来单位对账，如发现双方往来不一致的情况，必须及时沟通、改正，保证账账相符	会计凭证	财务部	经办人员	《企业会计制度》
7	及时准确的收回资金	否	资金收回不及时准确，会造成公司资产的流失	已挂账的收入及时准确收回；资金收回时必须与挂账金额一致	进账单	财务部	经办人员	《经营管理标准》

4.2.2.10 税费管理流程

责任单位： 电厂财务部	流程关键控制点描述
	1. 财务部准确无误地对应交税金进行记账、复核； 2. 财务部及时、准确地审核验证进项税发票； 3. 财务部认真核对收入并开具销项税发票。
流程编号：—	

税费管理流程

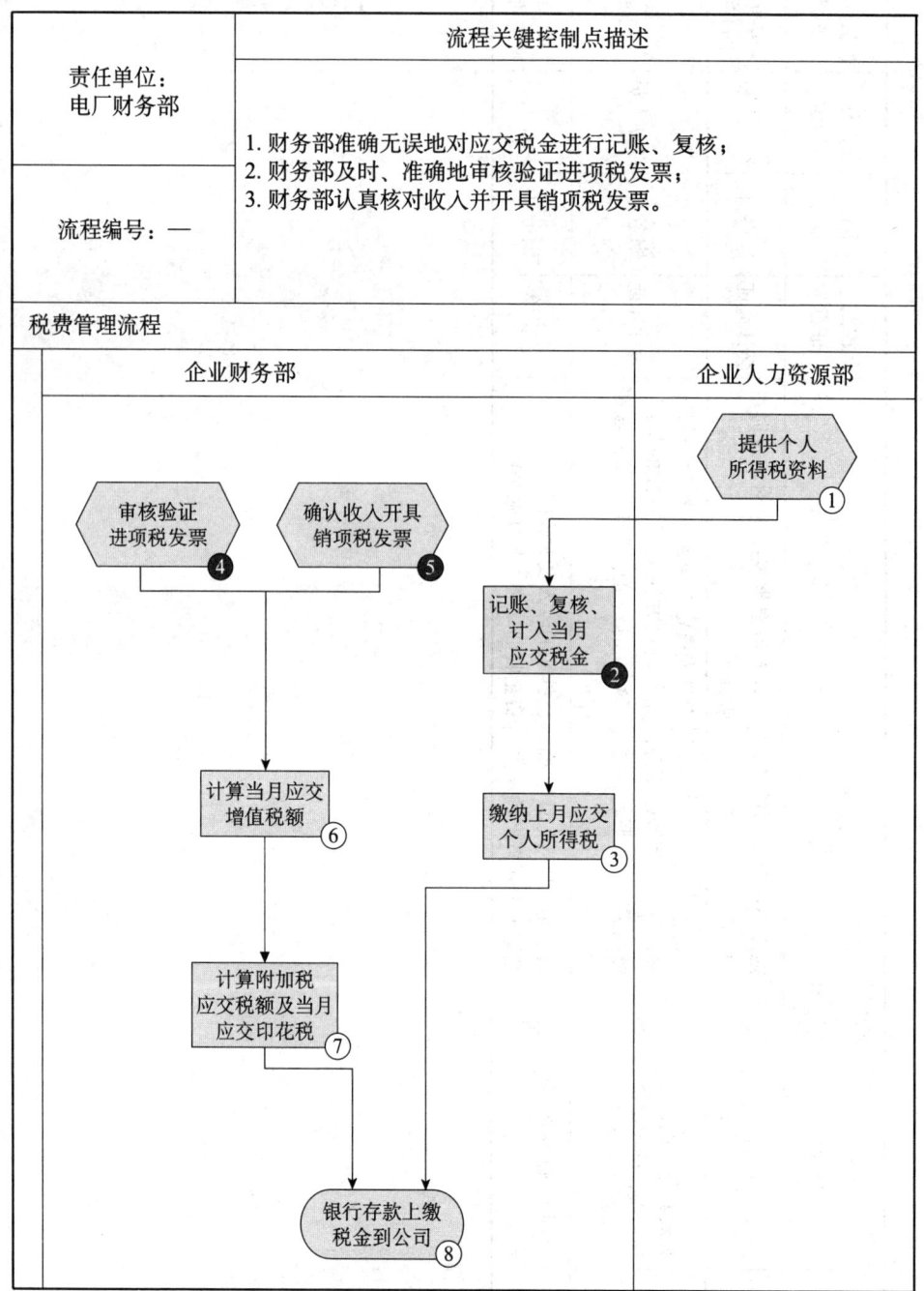

图 4.2.23　税费管理流程

表 4.2.23　税费管理流程控制矩阵

责任单位	控制目标	流程名称	流程编号	节点编号	节点目标	是否为关键控制点	风险描述	控制措施	控制证据	责任部门	责任岗位	控制制度/文件
电厂	在税法允许的范围内，对企业的经营、投资、理财、组织、交易等各项活动进行合理纳税安排；增加企业的经营效益，提高企业的经营管理水平和会计管理水平	税费管理流程	—	1	及时、准确、详细地缴纳个人所得税	否	个人所得税计提金额错误，导致应交税费错误，使企业及个人的利益受到损失	人力资源部通过系统软件及时有效正确地取数计算并手工复查，防止多提、漏提税金	签字盖章后的工资表	人力资源部	人力资源部负责人	《工资支付管理标准》
				2	正确完整计提当期个人所得税	是	财务部按照税法等规定提行车费用的个人报销费用的个人所得税，导致少缴的个人所得税，增加企业税务风险	严格审查人力资源部工资表个人所得税额；审核个人报销费用凭证，杜绝少提、漏提个人所得税税金	审核后的会计凭证			
				3	按时、准确缴纳个人所得税	否	上缴不及时，导致税务局滞纳金处罚，为企业带来经济损失	每月定时专人上缴个人所得税	缴款书	财务部	财务部岗位负责人	《财务管理标准》
				4	增值税进项税票真实、准确，并能及时效验	是	不能及时完整地效验进项税发票，导致发票过期或进项税额不准确，增加企业税负	由专人整理进项税发票，保证进项税发票的完整性和真实性；每月末核对进项税发票面税额与账面税额一致性；每月末定时去公司效验票	效验后的进项税票			

续表

节点编号	节点目标	是否为关键控制点	风险描述	控制措施	控制证据	责任部门	责任岗位	控制制度/文件
5	及时准确地开具当月销项税发票	是	所开增值税发票税额与实际不符导致当月税额及收入不实,影响当月利润	严格审核电量及收入的正确性,从而确保税额的准确;由固定人员准时去公司开具销项税票,保证税票的真实性和准确性	盖章后的销项税票			
6	应交税额准确无误	否	应交增值税税额错误导致当月税金多缴或漏缴,使附加税计提错误,最终导致企业违反税法	严格核查增值税进销项税金,认真计算应缴税金,做到分毫不差;根据当月销项税额及进项税额计算当月印花税额				
7	各项附加税额计算正确	否	附加税额计算错误导致企业缴纳税金有误,增加税负风险	认真审核应缴增值税额,保证正确无误;按照税法规定的税种和计提比例准确无误计提各类附加税额	审核后的会计凭证	财务部	财务部岗位负责人	《财务管理标准》
8	及时正确地向公司缴纳税款	否	上缴不及时导致税务局滞纳金处罚,使企业遭受经济损失,进而影响公司利益	每月定点定时有专人及时准确地向公司缴纳税金,并及时与公司核对,确保所缴税金的正确性				

4.2.2.11 现金管理流程

责任单位：电厂	流程关键控制点描述
流程编号：—	1. 正确判断并确保提现请求符合规定； 2. 保证库存现金不超出限额； 3. 保证收付款金额与凭证金额一致，防止多付或少付。

现金管理流程

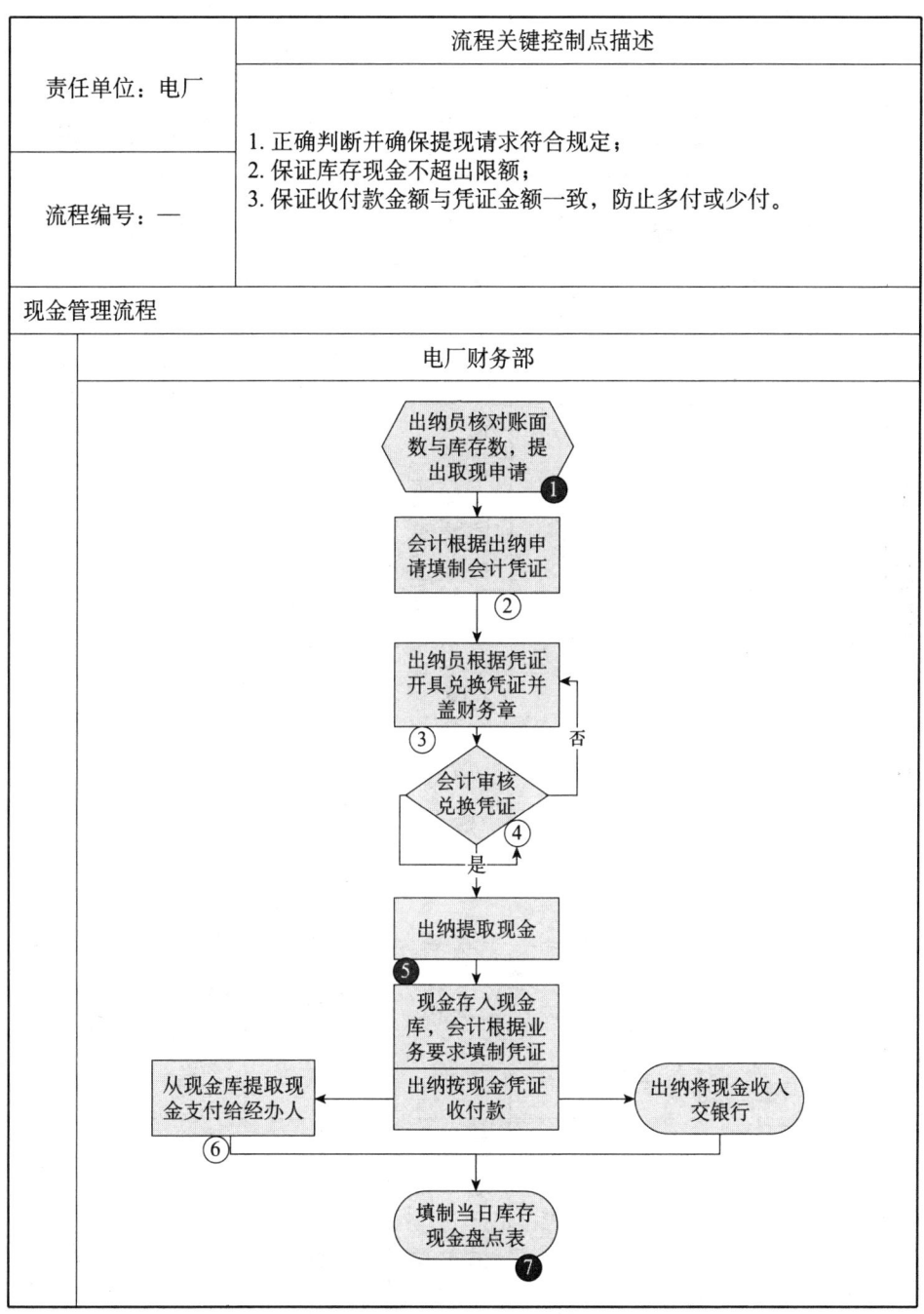

图 4.2.24 现金管理流程

表 4.2.24 现金管理流程控制矩阵

责任单位	流程名称	流程编号										
电厂	规范现金管理工作	一										
控制目标												
节点编号	节点目标	是否为关键控制点	风险描述	控制措施	控制证据	责任部门	责任岗位	控制制度/文件				
1	按照现金支出范围支付现金	是	超出现金支出范围支付现金，容易产生账外账和小金库	按现金开支范围支取现金	库存现金数	财务部	出纳					
2	确保出纳提出的资金申请真实、无误	否	错误提出资金申请，超出库存限额，违反公司规定	出纳提出资金申请后，会计核对库存现金账务实际数与现金数，做出正确判断	库存现金账务数、现金库实际数	财务部	出纳					
3	会计凭证与兑换凭证数据一致	否	会计凭证与兑换凭证数据填制不一致，导致库存现金账务金额与现金账金额不符	出纳员严格按照会计凭证金额填写兑换凭证	签字、审核的兑换凭证	财务部	出纳					
4	保证兑换凭证填写正确	否	兑换凭证填写错误导致库存现金账金额与现金账金额不一致	按会计凭证金额填写兑换凭证	签字、审核的兑换凭证	财务部	出纳、会计					
5	保证库存现金不超出限额	是	现金超出限额违反财务管理制度，容易出现管理漏洞，增加企业资金风险	经常检查库存现金收支情况，对现金数量心中有数	库存现金	财务部	出纳	《货币资金及票据管理标准》				

续表

节点编号	节点目标	是否为关键控制点	风险描述	控制措施	控制证据	责任部门	责任岗位	控制制度/文件
6	保证收付款金额与凭证金额一致	否	收付数额不一致，导致库存余额与现金账金额不一致	将收付实际数与凭证数额进行核对	会计凭证	财务部	出纳	《货币资金及票据管理标准》
7	保证收付款金额与凭证金额一致，防止多付或少付	是	多付或少付，导致库存现金数与库存现金账面金额不符	出纳支付现金时按照会计凭证支付，防止多付或少付	库存现金、会计凭证	财务部	出纳	

4.2.2.12 应付账款管理流程

责任单位：电厂	流程关键控制点描述
	1.分管领导对业务结算进行审批；
流程编号：—	2.分管领导对支付款项进行审批；
	3.总会计师对支付款进行审批，10万元以上需经理审批。

应付账款管理流程

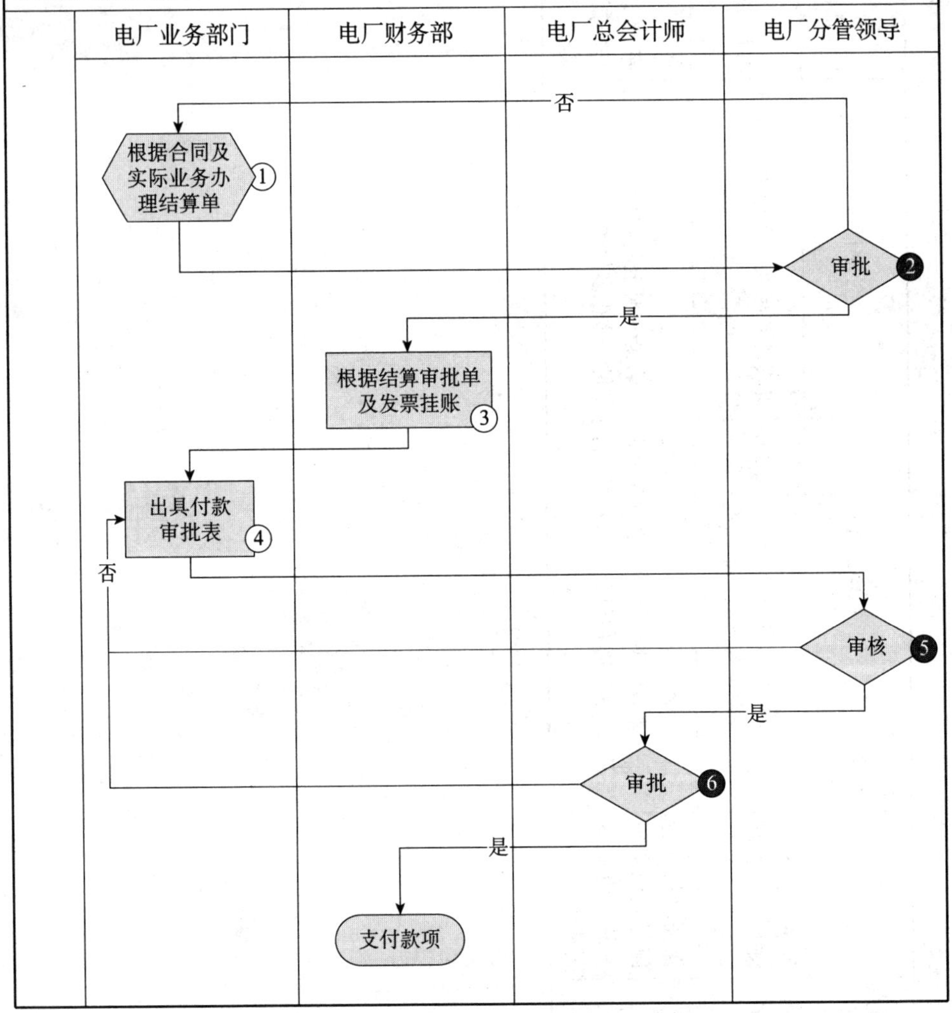

图4.2.25 应付账款管理流程

表 4.2.25 应付账款管理流程控制矩阵

责任单位	控制目标	节点编号	节点目标	是否为关键控制点	风险描述	控制措施	控制证据	责任部门	责任岗位	控制制度文件
电厂	加强应付款项管理，确保应付账款准确和有序支付，降低财务风险	1	正确填写付款审批单	否	填写错误得不到审批	按照合同相关内容填写审批单	付款审批单	相关部门	经办人员	—
		2	工作量与结算量一致并且按合同条款执行	是	工程款的工作量结算有误造成经济损失投资给企业挂账有误增加	部门领导要根据实际情况审核结算是否按合同及实际工作量结算，数据有误必须驳回整改	签字审核	电厂领导	分管领导	
		3	准确实时挂账	否	应付账款挂账有误挂账不实，给企业增加成本费用，造成经济损失挂账错误导致付款项不实和支付错误	根据结算单按合同及实际结算业务挂账	结算单及发票	财务部	会计	
		4	出具支付款审批单	否	付款单错误导致不能支付款项	根据合同及付款要求支付应付款	支付款审批单	相关部门	经办人员	
		5	支付款按合同条款执行	是	应付账款不按合同执行，增加成本费用	分管领导对付款的数额进行核对，找出超支原因，分析后做出决定，如错误驳回整改	签字审核	电厂领导	分管领导	
		6	超支及不按合同执行的情况	是	不按合同支付造成超支财务风险	总会计师审批付款，查明超支不按合同执行的原因，有误的驳回整改	签字审批	电厂领导	总会计师	《经营管理标准》

4.2.2.13 资金管理流程

责任单位：电厂财务部	流程关键控制点描述
	1. 编制下月资金计划；
	2. 根据各部门上报数据编制下月资金计划；
流程编号：—	3. 总会计师审批下月资金计划；
	4. 月末对账，编制余额调节表；
	5. 编制当月资金执行表。

资金管理流程

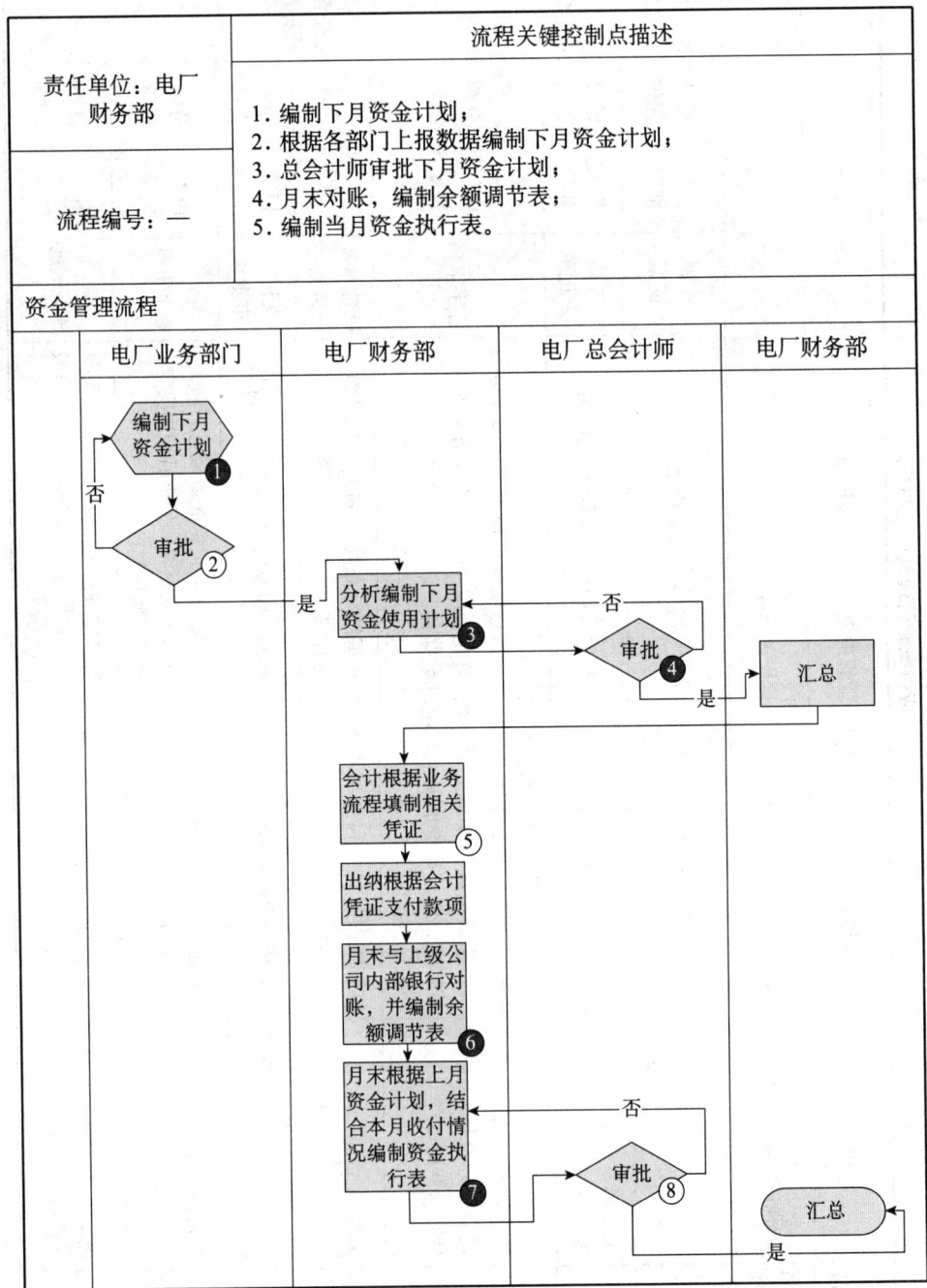

图 4.2.26 资金管理流程

第二篇 重点业务管控

表4.2.26 资金管理流程控制矩阵

责任单位	控制目标	节点编号	节点目标	是否为关键控制点	流程名称	风险描述	资金管理流程 控制措施	流程编号 控制证据	责任部门	责任岗位	控制制度/文件
电厂	加强对现金流的管控，确保资金安全	1	控制部门资金使用用量，杜绝资金浪费及闲置	是		各部门资金计划不准确，直接给厂部提供错误信息，造成公司资金编制计划，影响资金管理失控	部门领导根据实际情况审核每月资金编制计划数据，数据不真实、不准确的必须驳回整改	签字审核	各相关部门	部门负责人	《资金管理标准》
		2	确保各相关人员上报信息准确无误	否		审批不严直接影响财务预算编制的准确性	加强审批环节，确保上报财务数据的真实、准确性	签字审核	各相关部门	部门负责人	《资金管理标准》
		3	确保计算汇总后的资金预算准确	是		资金"计划编制大"造成资金闲置，小"按计划执行资金不能，影响企业经营管理	对每月各部门上报的资金计划进行全面审核，确保上报数据与实际偏差小于5%，对数据不准确的必须驳回整改	签字审核	财务部	部门负责人	《资金管理标准》
		4	汇总上报资金计划的误差小于5%	是		上报数据不及时或不真实可靠，会直接影响当月资金使用情况	总会计师对上报的资金计划进行核对，对弄虚作假数据不真实的退回整改	签字审批	电厂领导	总会计师	《资金管理标准》
		5	根据业务需要保证填制凭证正确	否		填制凭证不及时，资金计算错误，导致多付或少付，造成公司经济损失	会计在填制凭证时严格按照公司规定审核原始凭证，熟悉公司有关费用报销类规定	审核后的会计凭证	财务部	会计	公司"七项费用"管理办法

187

续表

节点编号	节点目标	是否为关键控制点	风险描述	控制措施	控制证据	责任部门	责任岗位	控制制度/文件
6	确保账账相符，避免未达账项	是	未达账项没有及时发现，导致无法结账，影响财务工作顺利进行	出纳应于每月月底及时与内部银行核对银行存款数，确保不存在未达账项	余额调节表	财务部	出纳	报表管理办法
7	分析本月资金执行情况确保数据准确	是	资金执行分析不准确导致与本月计划产生差异，违背资金计划初衷	严格按照分类编制资金执行表	资金执行表	财务部	出纳	《资金管理标准》
8	汇总上报资金执行的误差小于5%	否	审批不准确导致原有错误持续存在	总会计师对上报的资金执行进行核对，如发现不符，予以驳回	签字审批	电厂领导	总会计师	《资金管理标准》

4.2.3 铁路生产

4.2.3.1 全面预算管理流程

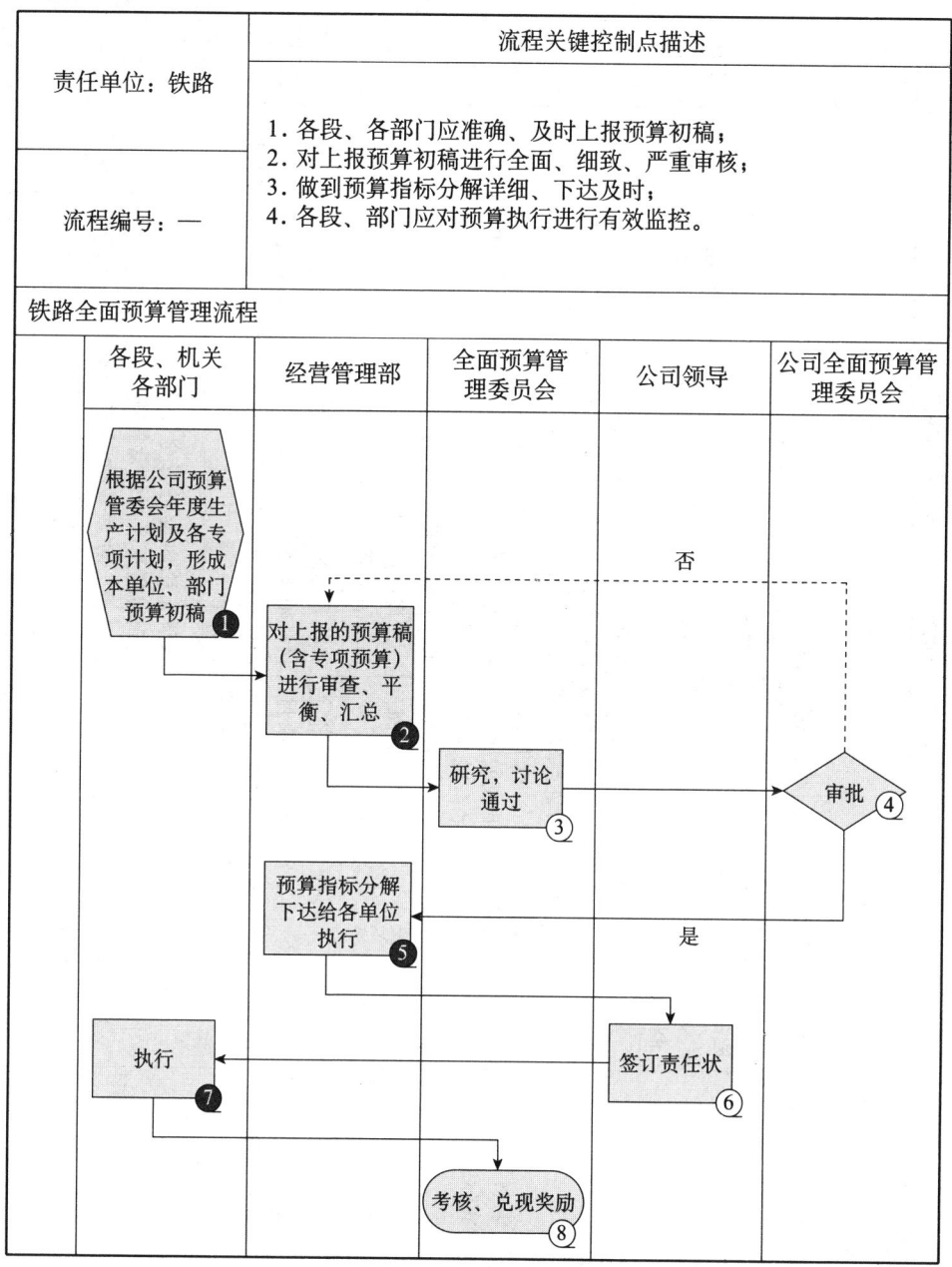

图 4.2.27 全面预算管理流程

表 4.2.27　全面预算管理流程控制矩阵

责任单位	铁路								
流程名称	全面预算管理								
控制目标	以企业战略为导向，以经营目标为中心，通过预算编制、控制、考评与激励等一系列活动，对业务、资金、信息、人员等资源进行有效整合，以全面提高企业管理水平和经营效率，促进企业实现价值最大化								
流程编号	—								

节点编号	节点目标	是否为关键控制点	风险描述	控制措施	控制证据	责任部门	责任岗位	控制制度/文件
1	编制切合企业实际的预算	是	预算编制的工作主要由财务部门开展，其他业务部门参与程度较低，可能导致编制的预算不切合企业实际，出现偏高、偏低或漏掉的情况；预算编制的范围和项目不全面，各个部分预算之间缺乏整合，可能导致全面预算整体难以形成	在形成预算初稿时要进行全面性控制。一是各个部门必须参与到全面预算的管理过程中；二是将所有经济活动纳入的个方面，各个环节都纳入预算编制范围，形成由经营预算、投资预算、筹资预算、财务预算等一系列预算组成的相互衔接和勾稽的全面预算体系	预算初稿	经营管理部	成本会计	《铁路全面预算管理实施细则》
2	防止成本费用突破预算	是	对上报预算稿审核、汇总时，由于预算外增支项目，未经集团预算管理委员会批准，导致成本费用突破预算	审核、汇总时，必须按照公司年度成本预算项目方案，资金审批流程制定预算外项目	预算初稿	经营管理部	成本会计	
3	通过审核优化预算编制	否	审核不严格，导致预算编制不合理，不能完成预算目标	对预算稿内容进行全面审核，发现问题及时与经营管理部进行沟通，对预算内容进行优化，审查合格后，签署同意意见	审批记录	审核部门	审批人	《关于公司领导及总经理助理、副总师工作分工的通知》

续表

节点编号	节点目标	是否为关键控制点	风险描述	控制措施	控制证据	责任部门	责任岗位	控制制度/文件
4	审定预算科学合理，便于监督、控制、考核	否	对生产单位基本情况了解不充分，造成核定成本过紧或者过松	对市场进行充分调研，预算的运量基础确定合理；参照历史数据、定额消耗水平，结合生产经营变化情况，准确核定预算指标	集团公司预算指标下达文件及责任状	集团公司财务部、企管部	预算会计、绩效考核人员	《公司全面预算管理办法》
5	将预算指标进行合理分解，及时下达	是	1. 预算指标分解不够详细、具体，可能导致企业对指标的某些岗位和环节的理解不到位，与业绩考核体系不匹配，可能导致预算执行不力；预算责任体系缺失或部分不健全，无法落实责任，预算缺乏强制性和严肃性；预算责任与执行单位或个人的控制能力不匹配，可能导致预算目标难以实现。2. 预算下达不及时，可能导致预算执行或考核无据可查	1. 企业全面预算一经批准下达，各预算执行单位应当将预算指标层层分解，寻找影响预算目标的关键因素并加以控制。2. 建立确定预算执行责任目标，对照已确定地对完成情况进行检查、定期或不定期地对相关部门及人员实施考评。3. 分解预算指标和建立预算执行责任制应当遵循量化、全局性、可控性原则。4. 企业全面预算经审议批准后，在年度工作会时下达，并签订责任状	经营绩效责任状	经营管理部	成本会计	《铁路全面预算管理实施细则》
6	准确确定责任状各项指标	否	责任状签订所含指标不全面，划分不准确造成考核指标依据不充分	对成本属性进行认真分析，准确合理确定责任状考核指标	责任状			

续表

节点编号	节点目标	是否为关键控制点	风险描述	控制措施	控制证据	责任部门	责任岗位	控制制度/文件
7	有效监控预算执行	是	预算执行过程中缺乏有效监控，可能导致预算执行不利，预算执行难以实现；缺乏健全有效的预算反馈和报告体系，预算执行情况不能及时反馈，预算执行差异得不到及时分析、沟通，预算监控难以发挥作用	1. 建立预算执行的预警机制，合理确定预警范围，及时发出预警信号，积极采取应对措施。 2. 建立预算执行的记录与报告制度。企业可将年度预算细分为季度、月度等时间进度预算，通过实施分期预算控制，实现年度预算目标。 3. 建立预算执行实时监控制度，及时发现和纠正预算执行中的偏差。 4. 建立预算执行的责任制度	预算执行	经营管理部	成本会计	《铁路全面预算管理实施细则》
8	预算目标顺利实现	否	预算考核不严格、不合理，不到位，可能导致预算目标难以实现、预算管理流于形式	建立健全预算执行考核制度，合理界定预算考核主体和考核对象，按照公开、公平、公正的原则实施预算考核	考核通报			

4.2.3.2 运输收入管理核算流程

责任单位：铁路	流程关键控制点描述
	1. 确保货主预付款余额充足，防止坏账情况发生；
流程编号：—	2. 根据进款收支报告及月报汇总与货票进行核对，防止少收、漏收运杂费现象发生。

铁路运输收入管理核算流程

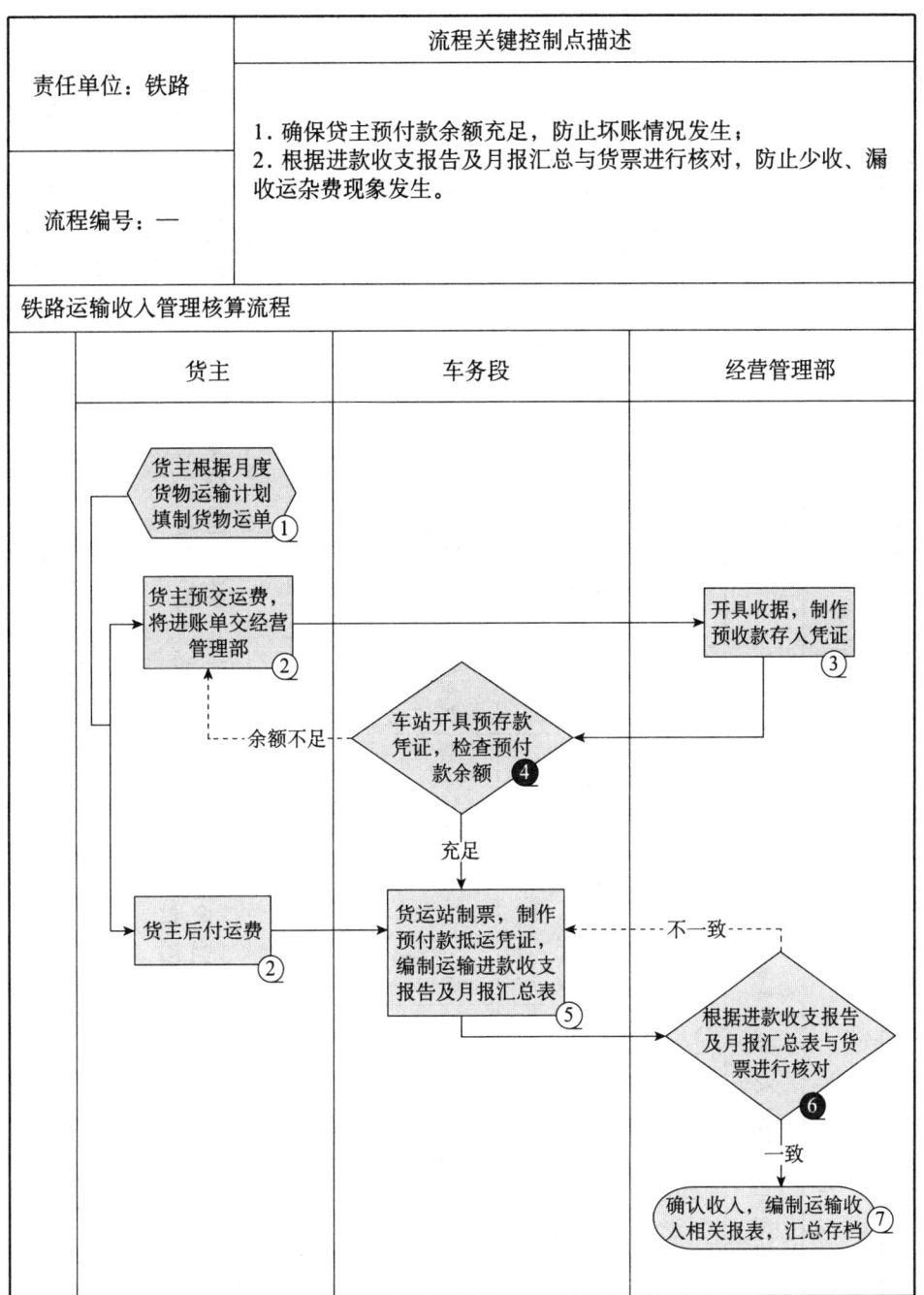

图 4.2.28 运输收入管理核算流程

表 4.2.28 运输收入管理核算流程控制矩阵

责任单位	流程名称	运输收入管理核算	流程编号	—			
铁路	控制目标	正确确认运输收入，推进企业生产经营活动的顺利开展					
节点编号	节点目标	是否为关键控制点	风险描述	控制措施	控制证据	责任部门	责任岗位	控制制度/文件
1	保证货主按货物运输计划发送货物	否	对运输计划和运单审核不严格，造成货主无计划发送货物	认真将运单和日计划进行核对	运单、运输日计划	各货运站	货运员	
2	根据运输计划合理预交运费，保证预付款充足	否	预交款不足，造成货主不能正常起票，影响运输	货主在发运货物前一天要自行核对预付款是否充足	进账单	各货运站	货运员	
3	及时真实的反映货主预付款情况	否	入账不及时，预付款情况反映不真实，影响运输安排	收到运单后及时入账，开具收据进行账务处理	预付款存入凭证	经营管理部	收入会计	
4	足额收取预付款	是	货主的预付款余额不足，造成货运费不能及时收回	如发现货主缴纳的预付款余额不足，车站不予起票，挂运单	预存款凭证	各货运站、经营管理部	货运员、收入会计	
5	货运制票抵运业务办理及时准确	否	未完成货运制票程序发运列车	加强收入稽查，确保月末车务、调度和财务数据一致	货票	各货运站、经营管理部	货运员、收入会计	《铁路货物运输规程》

续表

节点编号	节点目标	是否为关键控制点	风险描述	控制措施	控制证据	责任部门	责任岗位	控制制度/文件
6	保证运输收入准确完整	是	财务未进行认真审核，造成收入数据不准确，出现少收、漏收现象	财务将运输进款收支报告和月度汇总表与货票明细认真核对	货票	各货运站、经营管理部	货运员、收入会计	《铁路货物运输规程》
7	收入入账及时，核算细致，报表数据准确	否	入账不及时，报表数据错误	对收入凭证和报表进行认真审核	会计凭证、收入报表	经营管理部	收入会计	

4.2.3.3 成本费用报销流程

责任单位：铁路	流程关键控制点描述
	1．确保原始凭证粘贴单上票据真实；
流程编号：—	2．部门负责人，车站、工区、车间负责人，单位负责人对费用进行严格审批；
	3．报销费用金额严格按照金额进行审批，不得越限。

成本费用报销流程

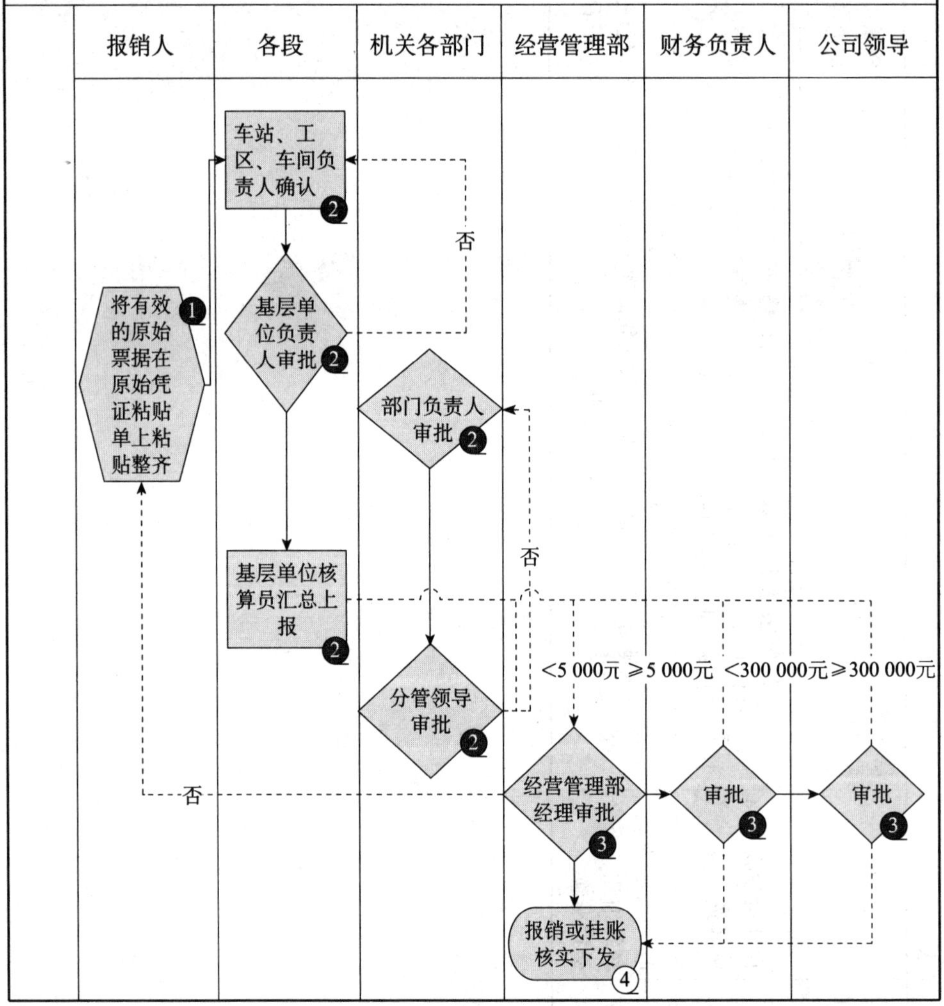

报销人	各段	机关各部门	经营管理部	财务负责人	公司领导

流程步骤：
- 报销人：将有效的原始票据在原始凭证粘贴单上粘贴整齐 ❶
- 各段：车站、工区、车间负责人确认 → 基层单位负责人审批 ❷ → 基层单位核算员汇总上报 ❷ → 分管领导审批 ❷
- 机关各部门：部门负责人审批 ❷
- 经营管理部：经营管理部经理审批 ❸ → 报销或挂账核实下发 ❹
- 财务负责人：审批 ❸（<5 000元 ≥5 000元）
- 公司领导：审批 ❸（<300 000元 ≥300 000元）

图4.2.29　成本费用报销流程

表 4.2.29 成本费用报销流程控制矩阵

责任单位	流程名称		流程编号				
铁路	成本费用报销						
控制目标	对成本费用报销的合规、合法性进行审查，确保各项经济业务活动的真实、准确、有效降低成本，提高经济效益						
节点编号	节点目标	是否为关键控制点	风险描述	控制措施	控制证据	责任部门	责任岗位	控制制度/文件
1	票据粘贴规范、整洁、美观	否	票据粘贴不符合要求，检查中被考核扣分	各段核算员收集汇总及财务报销时严格把关，不符合要求的原始凭证拒绝接收	原始凭证	各段经营科、经营管理部	各段核算员、费用报销会计	《公司财务能力评价考核细则》
2	确保经济业务真实性	是	各段及机关各部门审批时把关不严，造成虚假业务报销，套取现金	各段及机关各部门经理审批时从源头逐级审查业务的真实性	费用审批单	各段、机关各部门	各段段长、各部门经理	《铁路基层核算管理办法》
3	保证费用报销按照审批权限和流程进行，费用控制在预算指标内	是	没有按流程进行审批，造成成本失控，资金周转困难	经营管理部经理、财务负责人要对成本预算、资金计划全面了解，严格按权限进行审批	费用审批单	经营管理部	经营管理部经理、财务负责人、总经理	《铁路财务管理办法》
4	报账及时准确	否	报账中未对发票真实性进行核查，出现虚假发票；报账不及时出现积压	费用报销会计在费用审查原始票据以及报销过程中认真履行审批程序；经营管理部经理定期进行抽查	会计凭证	经营管理部	费用报销会计	《铁路预算及资金支出管理办法》《铁路开具发票有关要求的通知》

4.2.3.4 固定资产核算流程

责任单位：铁路	流程关键控制点描述
	1. 进行固定资产的验收，以免出现数量短缺或质量问题； 2. 根据资产确认单对固定资产原值、规格型号、使用部门、存放地点等信息进行确认。
流程编号：—	

固定资产核算流程

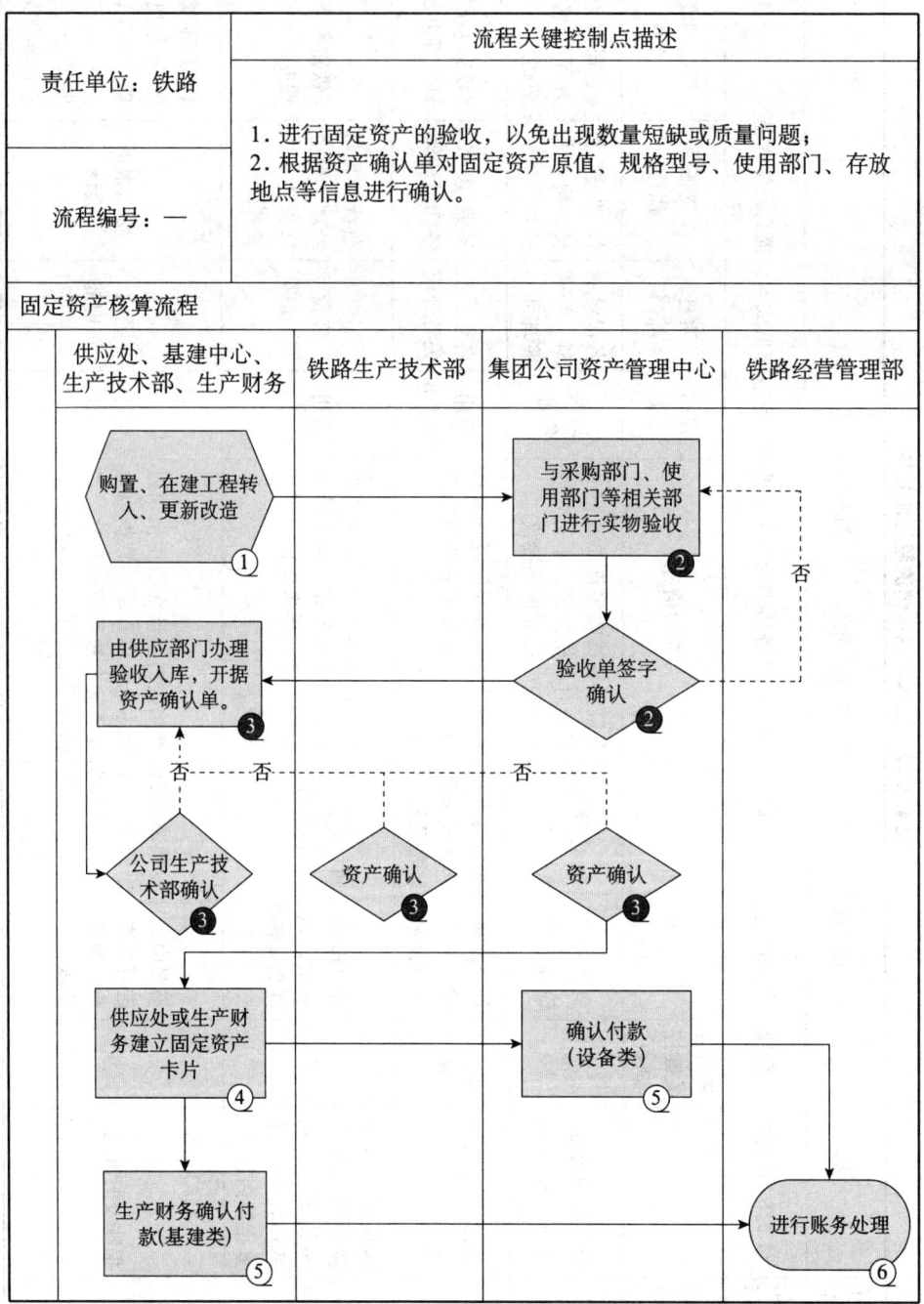

图 4.2.30 固定资产核算流程

表4.2.30 固定资产核算流程控制矩阵

责任单位	铁路							
控制目标	严格执行公司固定资产管理制度，规范公司固定资产管理工作							
流程名称	固定资产核算				流程编号	一		
节点编号	节点目标	是否为关键控制点	风险描述	控制措施	控制证据	责任部门	责任岗位	控制制度/文件
1	各项资产均纳入年初投资计划管控	否	擅自购建固定资产	严格按照年初固定资产购建计划实施，不得以任何理由擅自做主自行购建固定资产	固定资产购建计划	经营管理部	固定资产会计	《铁路固定资产管理办法》第五章第一款和第五十四条第十五条
2	确保资产数量、质量符合合同要求	是	由于验收把关不严，造成不能正常使用	采购部门、固定资产管理部门、使用单位等相关部门进行实物验收，对验收不合格的，记录异常情况并查明原因，对于数量短缺的，查明原因及时处理；对于质量问题，需单独存放，并协商退换货	固定资产验收单	生产技术部、资产使用单位、供应处、资产管理中心	参与资产验收人员	《铁路固定资产管理办法》第九章第十六条
3	确保资产规格型号、使用部门、存放地点正确	是	由于未真确认，造成资产信息不准确，造成实物管理混乱	资产确认单位和部门要认真核对资产型号，使用部门、存放地点是否正确	资产确认单	生产技术部、资产管理中心	资产确认单审批人	《铁路固定资产管理办法》

续表

节点编号	节点目标	是否为关键控制点	风险描述	控制措施	控制证据	责任部门	责任岗位	控制制度/文件
4	卡片相关信息准确无误	否	未认真填写卡片，造成卡片信息不全、内容有误，日常管理困难	物资供应部门或生产财务部严格按照资产确认单相关信息，正确建立卡片	固定资产卡片	供应处、生产财务部		
5	付款准确、转账及时	否	由于转账不及时，造成基层单位资产入账不及时	固定资产会计要主动与上级相关部门沟通，及时进行相关业务处理	转账凭证	经营管理部、生产财务部、资产管理中心	固定资产会计	《铁路固定资产管理办法》
6	资产入账及时	否	资产入账不及时，影响折旧计提和上交	接到生产财务部或资产管理中心转账凭证后，及时进行账务处理	转账凭证	经营管理部		

4.2.3.5 财务报告编制流程

责任单位：铁路	流程关键控制点描述
流程编号：—	1. 经营管理部审核汇总，编制财务报告、汇总报表； 2. 部门经理、分管领导进行审核确认。

财务报告编制流程

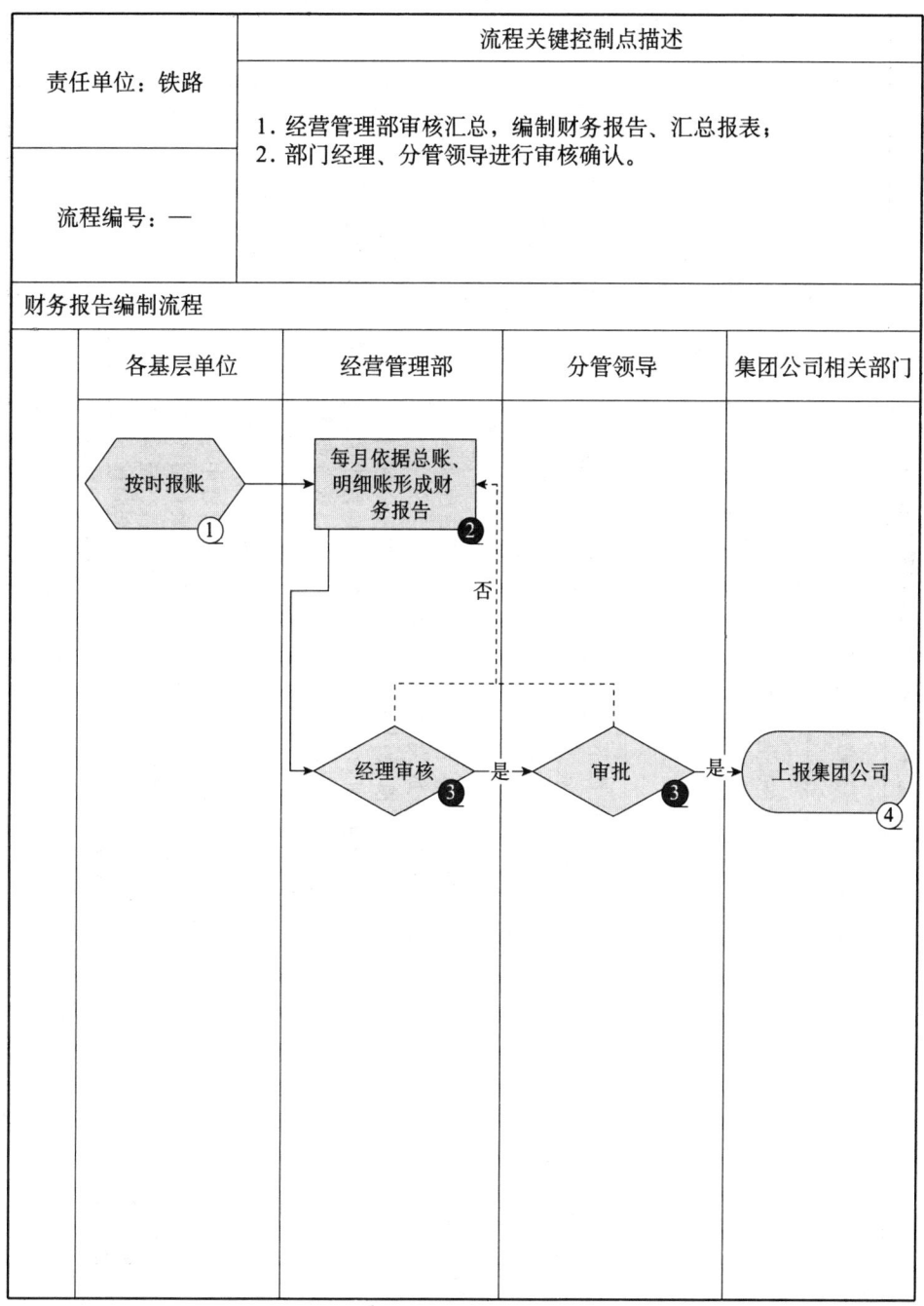

图 4.2.31 财务报告编制流程

表4.2.31 财务报告编制流程控制矩阵

责任单位	铁路							
流程名称	财务报告编制							
流程编号	—							
控制目标	严格执行《公司财务会计制度》，规范公司财务报告编制工作							
节点编号	节点目标	是否为关键控制点	风险描述	控制措施	控制证据	责任部门	责任岗位	控制制度/文件
1	确保各段、机关各部门报账及时、准确	否	业务发生不真实，报账不及时，造成财务报告缺乏依据，不能及时地反映真实的财务状况和经营成果	各段负责人审批时严格把关，确保经济业务真实，各段核算员要督促及时报账	会计凭证	各段经营科、经营管理部	各段核算员、成本会计	
2	形成财务报告，数据真实，编报及时	是	提供虚假财务数据，误导财务报告使用者，造成决策失误，遭受经济损失；财务报告分析不够细致，不能找到经营情况变化的原因为决策者提供依据	每月形成的财务报告应加强分析，关注数据的异常变化，尽量做到财务报告分析有理、有据，找到企业经营变化的真正原因，为企业管理者的决策者提供参考	财务报告	经营管理部	报表会计	
3	及时发现财务报告中存在的重大问题	是	不能严格审核财务报告，对财务报告中出现的问题不能及时发现、纠正，可能导致企业财务和经营风险失控	对财务报告要进行严格审核，确保企业生产经营管理中存在的问题能客观地反映在财务报告中；每季度召开经营活动分析会，对存在的问题进行分析并提出指导意见，可供参考形成真实有效的财务报告	财务报告	经营管理部	部门经理、财务负责人	《公司财务会计制度》

续表

节点编号	节点目标	是否为关键控制点	风险描述	控制措施	控制证据	责任部门	责任岗位	控制制度/文件
4	及时上报	否	由于报表上报不及时，造成上级部门不能及时了解基层单位的生产经营状况	确保账务处理及时，按时结账，在规定时间内完成报表编制，及时上报	财务报告	经营管理部	成本会计、报表会计	《公司财务会计制度》

4.2.3.6 资金计划编制流程

	流程关键控制点描述
责任单位：铁路	1. 资金计划的编制没有从生产实际出发，造成月末资金的节余或不足；
流程编号：—	2. 机关各部门、各直属单位编制相对准确的资金计划。

资金计划编制流程

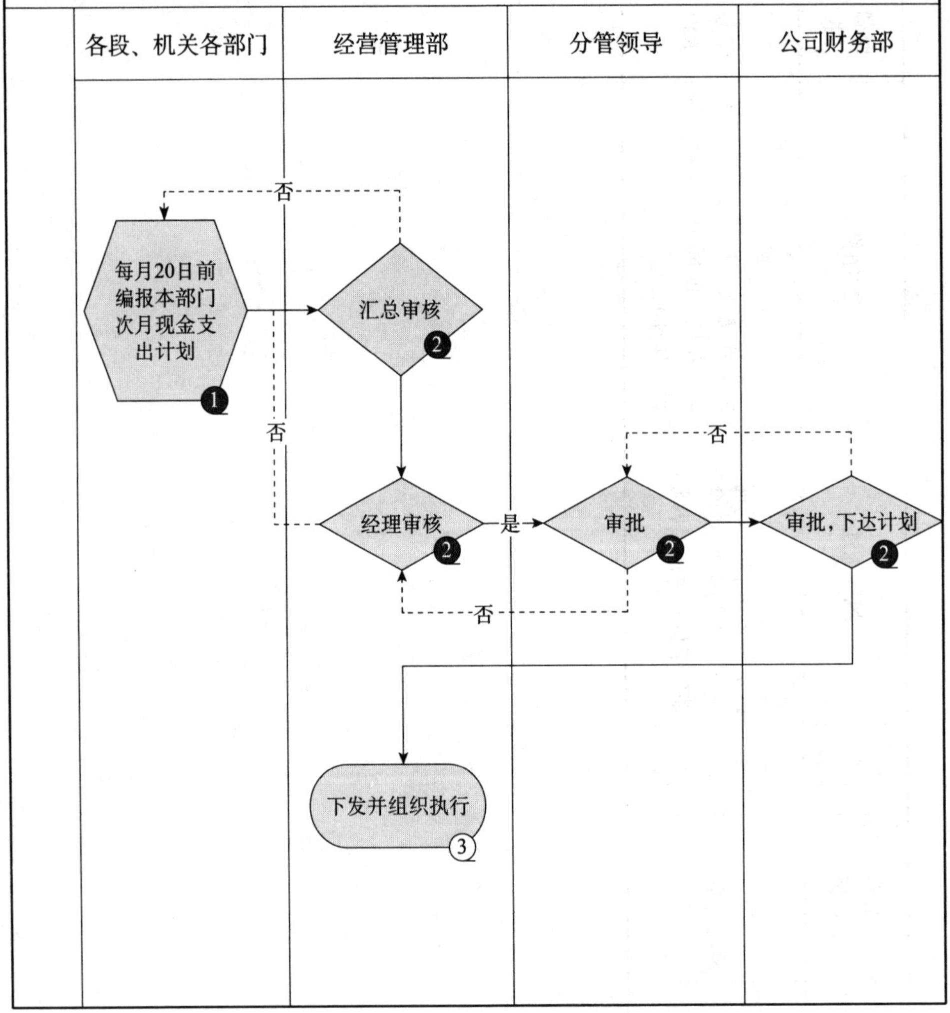

各段、机关各部门	经营管理部	分管领导	公司财务部

每月20日前编报本部门次月现金支出计划 ①

汇总审核 ②

经理审核 ②

审批 ②

审批，下达计划 ②

下发并组织执行 ③

图 4.2.32 资金计划编制流程

表 4.2.32 资金计划编制流程控制矩阵

责任单位	铁路							
控制目标	通过资金计划的编制和执行，使公司的资金能够得到合理有效的运用							
流程名称	资金计划编制							
流程编号	—							
节点编号	节点目标	是否为关键控制点	风险描述	控制措施	控制证据	责任部门	责任岗位	控制制度/文件
1	按规定时间及时提报资金计划，确保资金支出控制在成本预算之内	是	未按规定时间提报资金计划，影响报账；资金支出超大造成成本超支	资金计划编制人员提前两天编制资金计划；认真与成本预算核对	资金计划	机关各部门、各段、经营管理部	资金计划编制人员	《铁路财务管理办法》
2	保证当月重要的资金项目均有资金计划，不影响结算	是	由于资金计划考虑不周全，造成大额的资金项目没有计划，影响结算	资金计划编制人员要结合成本预算、投资计划以及各类合同、修理计划根据实际资金需求量，编制资金计划	资金支出计划	经营管理部	资金计划编制人员，经营管理部经理、分管领导	
3	资金计划编制合理，执行到位，结算顺畅	否	未严格执行资金计划，导致资金缺失，影响正常结算	财务报销人员要严格执行资金支出计划，逐笔登记资金预算登记卡，特殊资金支出项目应单独向集团申请	资金支出计划	经营管理部	报销会计	

4.2.3.7 会计档案借阅流程

责任单位：铁路	流程关键控制点描述
	1. 会计档案借阅时，认真填写《会计档案借阅登记表》，防止会计档案遗失；
流程编号：—	2. 对借阅人资格、是否需要外借进行审核，确保经济数据安全；
	3. 借阅档案进行抄录、复印时，须有人陪同，并做好记录，防止重要经济数据外泄。

会计档案借阅流程

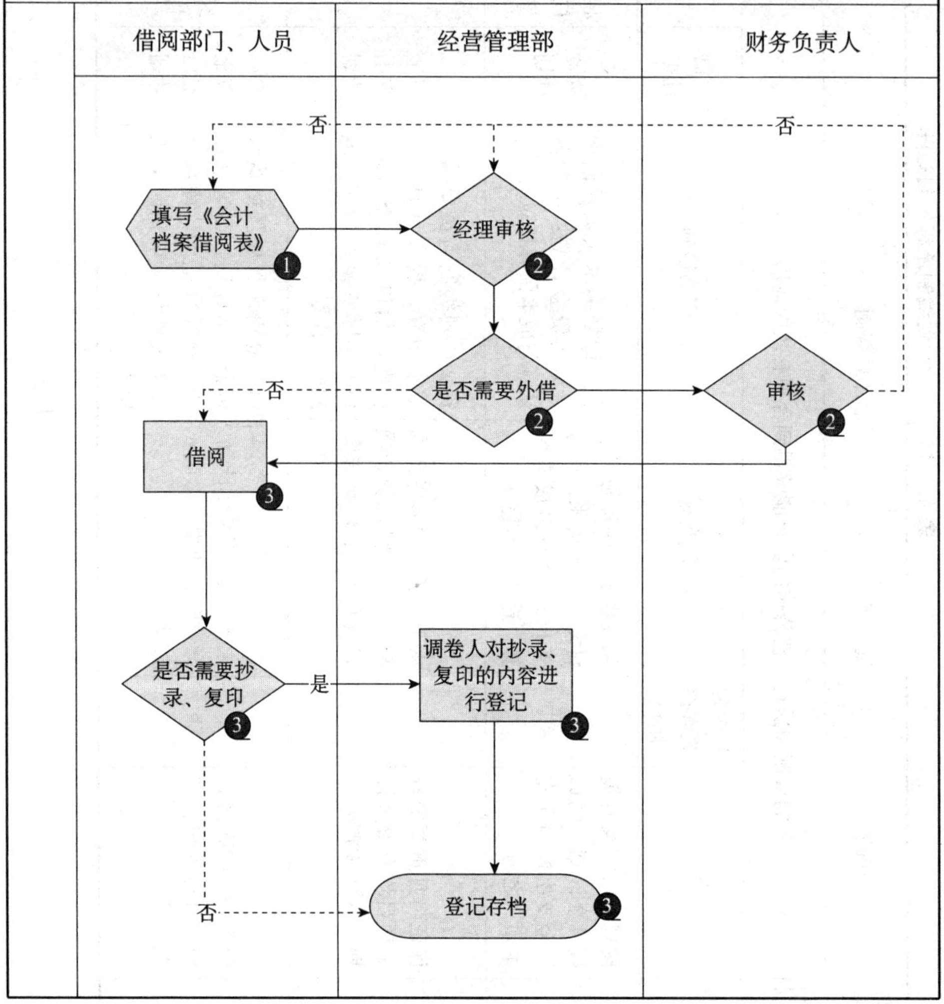

图4.2.33 会计档案借阅流程

第二篇 重点业务管控

表4.2.33 会计档案借阅流程控制矩阵

责任单位	铁路								
控制目标	通过会计档案管理工作的开展，使公司会计档案的管理更加合理有序，以利于公司各项工作的顺利进行								
	流程名称	会计档案借阅		流程编号	一				
节点编号	节点目标	是否为关键控制点	风险描述	控制措施	控制证据	责任部门	责任岗位	控制制度/文件
1	所有档案的借阅必须有记录	是	未办理相关借阅手续借阅档案，造成会计档案遗失	档案保管人员出借会计档案时，必须要求借阅人认真填写《会计档案借阅表》			档案管理员	《铁路会计档案、收入票据管理办法》
2	会计档案借阅经过相关审批程序，保证会计信息安全、档案信息完整	是	会计档案借阅未经过相关审批程序，造成会计信息外泄、档案毁损、遗失	借阅过程执行审批程序，内部借阅的必须经过经营管理部经理审批，如需外借，在经过经营管理部经理审批后，还需经财务负责人审批后方可借阅	会计档案借阅表	经营管理部	经营管理部经理、财务负责人	
3	会计信息安全、档案完好、归还及时	是	未经批准，将会计信息外泄；借阅过程中未妥善保管会计档案，造成会计档案毁损、遗失	要求借阅人妥善保管会计档案；如需抄录内容，需经对抄录或复印卷人登记，档案管理人员要督促借阅人及时归还，查验数量进行登记存档			档案管理人员	

4.2.4 化工生产

4.2.4.1 全面预算管理流程

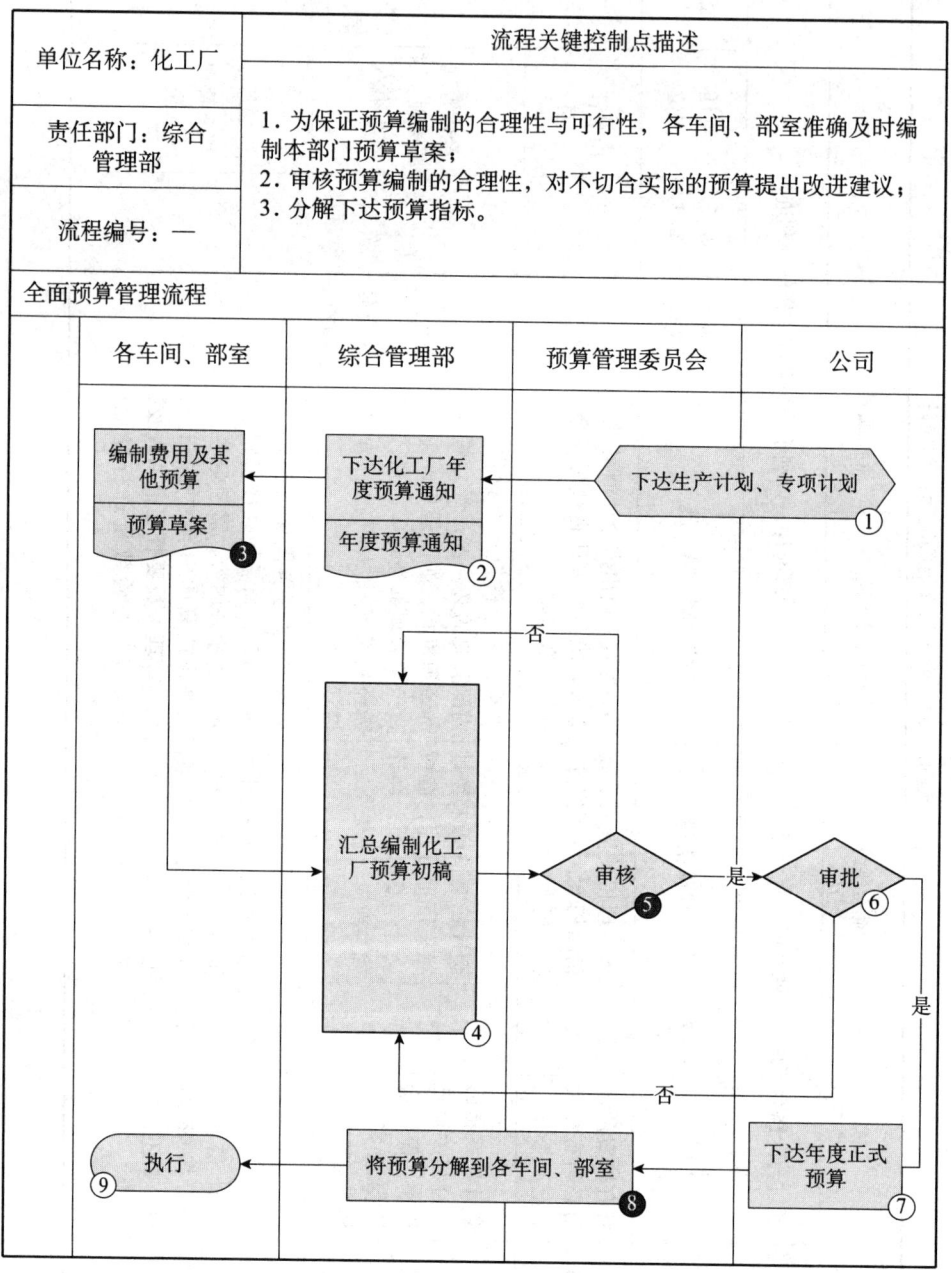

图 4.2.34　全面预算管理流程

第二篇 重点业务管控

表4.2.34 全面预算管理流程控制矩阵

责任单位	化工厂								
流程名称	全面预算管理								
流程编号	—								
控制目标	根据年度生产计划，结合生产环境的变化，编制月度、季度生产经营预算，保证预算制定的合理性与可行性								
节点编号	风险控制点	是否为关键控制点	风险描述	控制措施	控制证据	责任部门	责任岗位	控制制度/文件
1	部门职责分工合理，设置完善，预算编制流程明确	是	由于实际试验项目的不确定性，影响年度预算编制的全面性、及时性和准确率偏低、专项计划完成偏低	依据化工厂试验生产情况，部室结合自身试验生产计划、各车间、部室编制本部门材料消耗、成本费用等编制月度预算，按预算进行控制	年度试验生产预算指标消耗计划材料单耗研发成本费用	各车间、部室	部门负责人	《公司财务核算办法》、《关于加强职工福利费财务管理及财务核算的通知》(财字[2010]1号)、《关于规范七项费用核算的通知》《化工厂车辆管理办法》(财字[2010]417号)
2	汇总编制化工厂预算初稿	否						
3	成本预算的合理性	是	对财务预算审核不严，预算偏离实际试验生产情况，预算的可行性、合理性不强，无法实现预算目标	总会计师认真审核成本预算表，确保财务预算合理可行，厂长认真审核成本预算实际生产预算的每一环节都控制在成本预算表，对偏离提出改进建议，使生产预算的每一环节都控制在成本预算之内	成本预算表	预算管理委员会	厂长、总会计师	
4	审批	否						
5	下达年度正式预算	否						

续表

节点编号	风险控制点	是否为关键控制点	风险描述	控制措施	控制证据	责任部门	责任岗位	控制制度/文件
6	分解预算符合实际情况	是	未按实际试验情况进行预算分解，导致在实际执行过程中，预算执行力不够，无法达到控制实际试验生产的目标	综合管理部财务负责人认真审核各部门的预算分解指标，对发现的问题提出改进建议，总会计师审核试验全年计划，厂长审核预算分解是否按试验生产实际情况进行分配，使预算真正起到指导生产的作用	分解预算表	综合管理部	厂长、相关负责人	《公司财务核算办法》、《关于企业加强职工福利费财务管理及财务核算的通知》（财字[2010]1号）、《关于规范七项费用核算的通知》《化工厂车辆管理办法》（财字[2010]417号）
7	执行							

4.2.4.2 货币资金预算管理流程

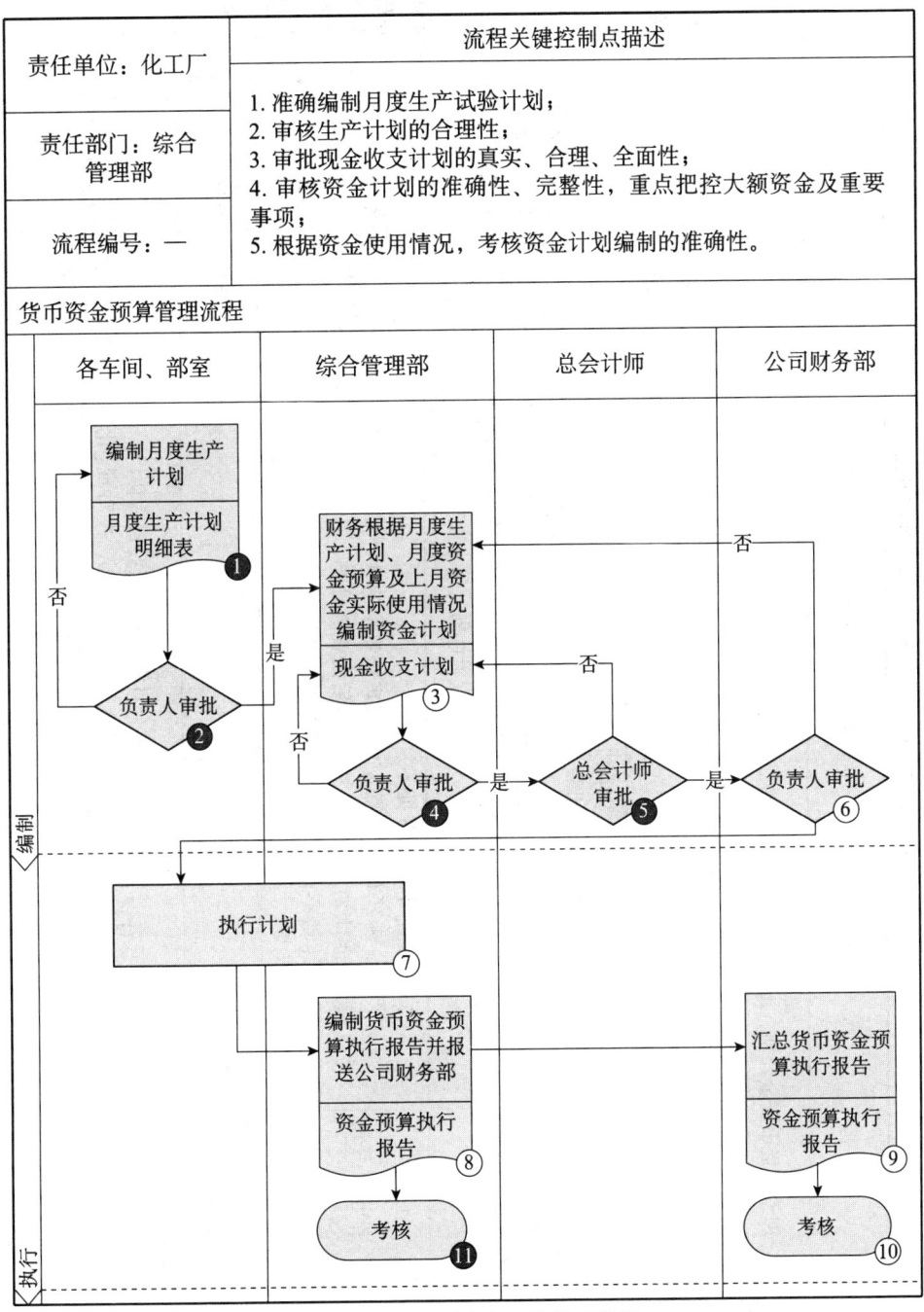

图 4.2.35　货币资金预算管理流程

表4.2.35 货币资金预算管理流程控制矩阵

责任单位	控制目标	节点编号	风险控制点	是否为关键控制点	风险描述	控制措施	流程编号	控制证据	责任部门	责任岗位	控制制度/文件
化工厂	合理编制货币资金计划，提高货币资金使用效率，保证货币资金的安全			流程名称	货币资金预算管理		—				
		1	月度资金计划编制全面、切合实际	是	由于资金计划脱离实际需要，可能导致货币资金储备量不合理，货币资金使用效率低下，影响化工厂的日常经营管理	各车间、部室编制月度生产计划，综合管理部（财务）根据月度生产计划、月度预算及上月资金使用情况编制月度资金计划		各车间、部室月度资金计划	各车间、部室	车间技术员、各部门相关人员	《公司财务管理办法》《公司资金管理办法》
		2	严格审批月度资金计划	是	由于资金计划的审批不严格，未经研究动资金计划，可能导致资金计划不能真实反映实际需要	上报审核签字确认并加盖部门章后的资金计划，计划一经提报不得随意变更改		各车间、部室月度资金计划	各车间、部室	车间技术员、各部门相关人员	《公司财务管理办法》《公司资金管理办法》
		3	现金收支计划全面、完整	否				会计凭证	财务部	会计	
		4	严格审批现金收支计划，保证现金收支计划的真实、合理、全面	是	由于未对资金收支计划进行综合分析，可能影响资金的正常流转	结合日常试验生产经营活动，审核现金收支计划，并对现金收支计划中不合理内容做出补充、完善		化工厂资金计划	综合管理部	财务负责人	《化工厂资金管理办法》

续表

节点编号	风险控制点	是否为关键控制点	风险描述	控制措施	控制证据	责任部门	责任岗位	控制制度/文件
5	严格审批现金收支计划,保证现金收支计划的真实、合理、全面	是	由于未对资金收支计划进行统筹考虑,大额资金及重要事项审批不严,可能影响日常生产经营活动的正常运转	结合日常试验生产经营活动情况,对资金计划的准确性、完整性进行统筹考虑,重点把控大额资金及重要事项	货币资金计划	厂部	总会计师	
6	审批	否						
7	进行日常生产经营活动要严格合理核定好的资金计划	否				财务部		《公司财务管理办法—资金管理》《公司资金管理办法》《化工厂资金管理办法》
8	资金计划执行报告全面、合理、真实	否				财务部		
9	汇总货币资金执行预算,并执行报告	否				财务部		
10	考核公平、公正	否						
11	考核公平、公正	是	由于未准确考核资金计划及时不能对资金计划的执行起到激励作用	根据化工办法管理考核办法有关细则对执行情况进行考核,奖罚分明	预算考核表	综合管理部	财务经理	

4.2.4.3 费用报销管理流程

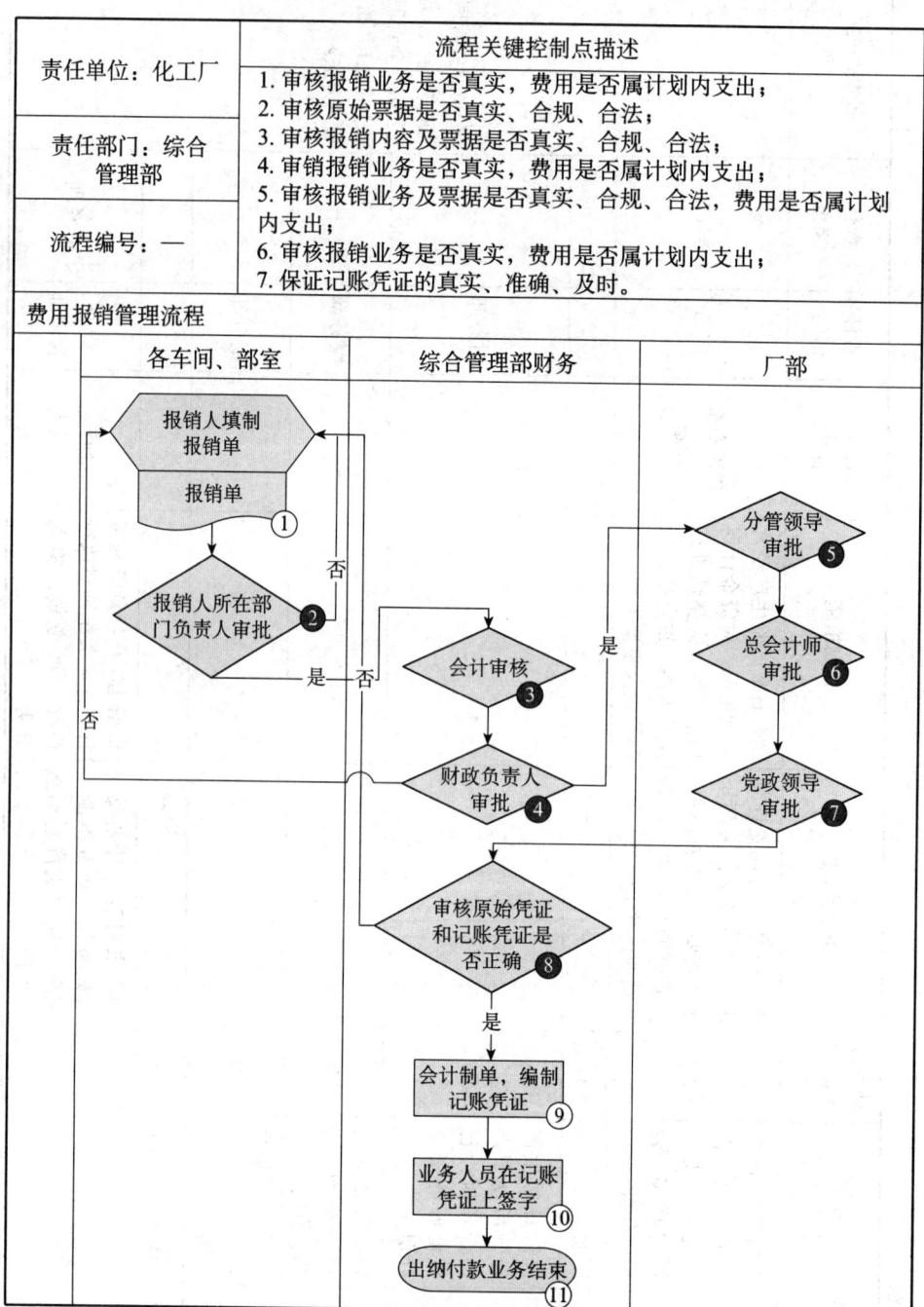

图 4.2.36 费用报销管理流程

表 4.2.36 费用报销管理流程控制矩阵

责任单位	化工厂							
流程名称	费用报销管理							
流程编号	—							
控制目标	依据国家颁布的《会计法》和《企业会计准则》的基本规定，有效发挥会计监督职能，准确记录氧化铝中试装置各工艺流程的试验运行费用，保证会计核算信息质量合理性、合法性，为工业化生产经营管理提供可靠的数据							
风险控制点	是否为关键控制点	风险描述	控制措施	控制证据	责任部门	责任岗位	控制制度/文件
节点编号								
1	报销人填制报销单	否						
2	保证原始单据真实性、合理性、合法性	是	对各项原始单据审核不严，未经车间、部门审核，分管领导审批，擅自办理报销业务，造成经济损失	审核业务信息是否真实，附件是否齐全，合同金额与发票金额是否有当月资金计划	发票、原始单据、资金计划	车间、部室	负责人	
3	会计审核	是	由于报销单据或原始凭证的真实性存在问题，合法性存在问题，导致经济业务不实	审核业务信息是否真实，附件是否齐全，合同金额与发票金额是否符合财务制度	发票、原始单据、财务制度	综合管理部	会计	《公司费用标准及报销办法》
4	财务负责人审批	是	由于报销单据或原始凭证的真实性存在问题，合法性存在问题，导致经济业务不实	审核业务信息是否真实，附件是否齐全，合同金额与发票金额是否符合财务制度	发票、原始单据、财务制度	综合管理部	财务负责人	
5	保证业务真实、合同合法合规	是	分管业务不明确，对合同内容审核不严	审核是否符合合同内容，验收程序是否合规，金额是否真实	原始单据	厂部	分管厂长	《化工厂费用报销实施细则》

215

续表

节点编号	风险控制点	是否为关键控制点	风险描述	控制措施	控制证据	责任部门	责任岗位	控制制度/文件
6	保证资金、业务合法、合规	是	对年度计划、资金计划、财务预算的内容审核不严，造成经济损失	按照年度试验计划、资金计划，财务预算进行控制，审核业务是否真实，付款金额是否准确	原始单据	厂部	总会计师	《公司费用报销办法》《化工厂费用报销实施细则》
7	保证业务真实、合同合法、合规	是	对年度计划的内容审核不严，对列支的项目不明确，造成经济损失	查看合同，业务是否符合实际情况，是否按照年度计划结算	原始单据	厂部	厂长	
8	会计认真制单、编制记账凭证	是	记账凭证编制不准确，造成会计业务不真实，导致为领导决策提供了错误信息	根据原始单据，认真填写记账凭证，保证内容真实、准确	记账凭证	综合管理部	会计	
9	会计制单、编制凭证	否						
10	业务人员在记账凭证上签字	否						
11	保证准确、及时付款	否						

4.2.4.4 成本控制核算管理流程

单位名称：化工厂	流程关键控制点描述
	1. 各车间、部室根据公司下达的预算及时准确编制各项费用消耗计划； 2. 各车间、部室，及时准确、记录各类生产消耗数据；
责任部门：综合管理部	3. 审核各项费用消耗计划及各类生产消耗数据记录的真实合规性； 4. 审核各项费用消耗计划是否真实、合理，是否超预算； 5. 审核费用消耗是否合理、合规，是否超预算； 6. 审核费用消耗是否超预算，管理部财务人员审核供应处出库料单及电厂的消耗计量单；
流程编号：—	7. 审核供应处出库料单及电厂的消耗计量单是否真实、准确，并进行账务处理。

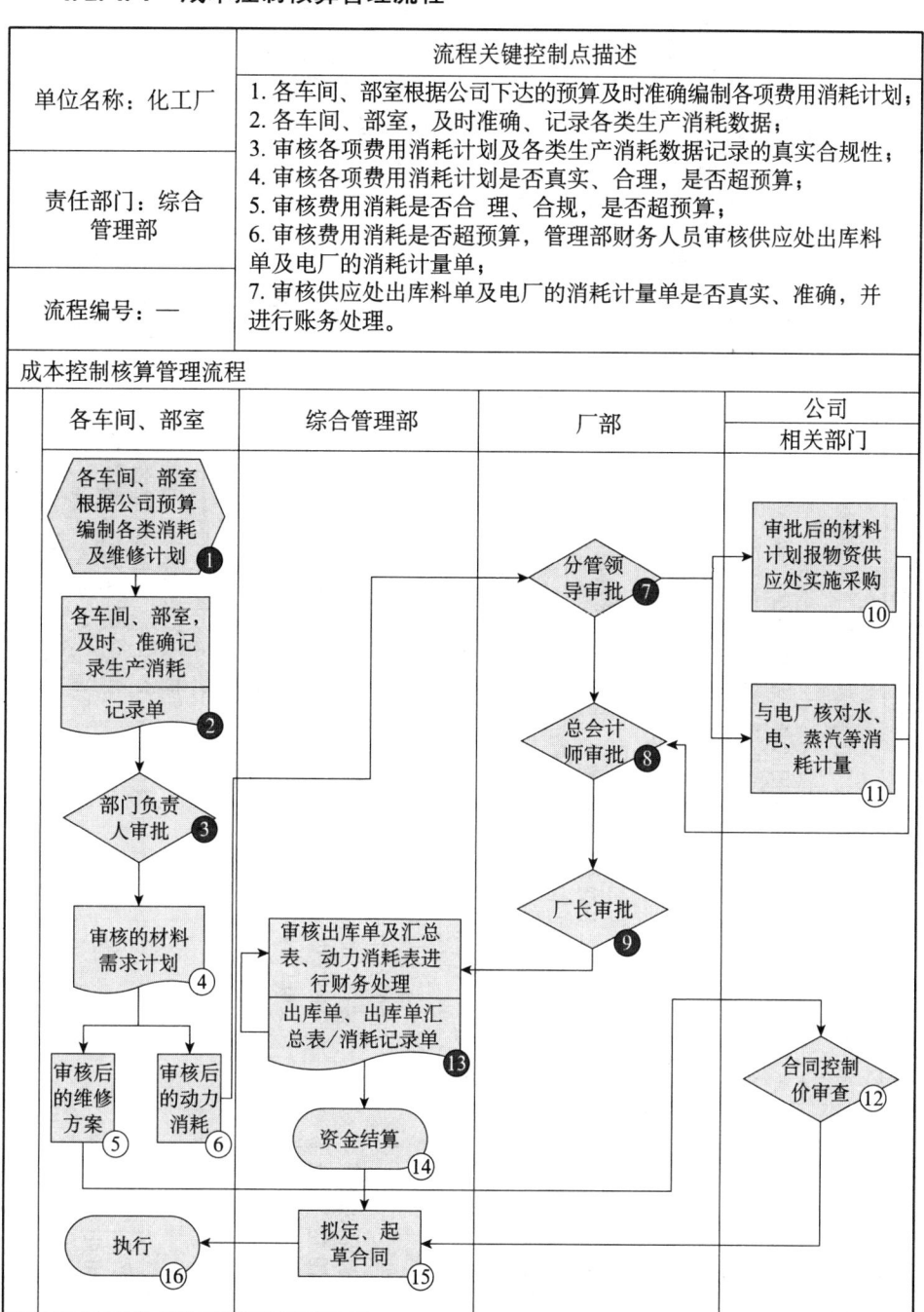

图 4.2.37 成本控制核算管理流程

表 4.2.37 成本控制核算管理流程控制矩阵

责任单位	化工厂							
流程名称	成本控制核算管理							
流程编号	—							
控制目标	规范化工厂试验生产管理工作，严格执行成本费用的开支范围，及时、准确反映试验运行费用的情况，分析试验成本的升降原因，寻求降低试验成本的有效途径和方法，为工业化建设提供可靠的依据							
节点编号	风险控制点	是否为关键控制点	风险描述	控制措施	控制证据	责任部门	责任岗位	控制制度/文件
1	确保各类消耗及维修计划必要、合理、合规	是	由于试验工艺流程中，各项原始记录不健全，数据统计不准确，可能导致实际消耗不真实，各关键节点试验消耗费用的上升，降低对该工艺流程可行性的判断	管理人员深入现场，了解试验生产环节，掌握现场材料、动力消耗的实际情况，检查审核原始记录，验收单据，发票，做到核算和管理相结合	各项原始记录			
2	确保生产消耗记录及时、准确	是	由于管理人员不熟悉试验生产的各个环节，不了解现场材料、动力消耗的实际情况，只能按供应处转回的材料单及发电厂转来的水、电、蒸汽等记录单进行事后核算，可能导致核算和管理相脱节	管理人员深入现场，了解试验生产环节，掌握现场材料、动力消耗的实际情况，检查审核原始记录，验收单据，发票，做到核算和管理相结合	实际情况与定额消耗执行情况记录单	各车间、部室	各车间、部室负责人	《公司财务管理办法》《公司财务核算办法》
3	负责人严格审批	是	由于试验生产消耗和维修计划不完善，不真实，不准确，管理不善，而导致情况不实	管理人员深入现场，了解试验生产环节，掌握现场材料、动力消耗的实际情况，检查审核原始记录，验收单据，发票，做到核算和管理相结合	各项原始记录与实际情况			

续表

节点编号	风险控制点	是否为关键控制点	风险描述	控制措施	控制证据	责任部门	责任岗位	控制制度/文件
4	认真审核材料需求计划	否	—	—	各项原始记录与实际情况	各车间、部室	各车间、部室负责人	
5	审核维修方案	否	—	—				
6	审核动力消耗	否	—	—				
7	严格执行原始单据的审批程序	是	由于对各项原始单据审核不严，未经车间、部室审核，未经分管领导审批，擅自办理报销业务，可能导致资金外流，从而使成本增加	相关负责人按照年度预算严格审批业务的真实性，对预算执行情况实时控制，并保证资金的合理使用	维修方案费用审批单	厂部	分管领导	《公司财务管理办法》
8	严格执行原始单据的审批程序	是	由于对各项原始单据审核不严，未经车间、部室审核，总会计师未经分管领导审批，擅自办理报销业务，从而使成本增加	相关负责人按照年度预算严格审批业务的真实性，对预算执行情况实时控制，并保证资金的合理使用		厂部	总会计师	《公司财务核算办法》
9	严格执行原始单据的审批程序	是	由于对各项原始单据审核不严，未经车间、部室审核，未经分管领导、厂长审批，总会计师擅自办理报销业务，可能导致资金外流，从而使成本增加	相关负责人按照年度预算严格审批业务的真实性，对预算执行情况实时控制，并保证资金的合理使用		厂部	厂长	

续表

节点编号	风险控制点	是否为关键控制点	风险描述	控制措施	控制证据	责任部门	责任岗位	控制制度/文件
10	根据审批后的材料计划进行采购	否	—	—				
11	核对水、电、蒸汽等消耗计量	否	—	—	维修方案、费用审批单			
12	审查合同,控制价格	否	—	—				
13	审核出库单及汇总表,动力消耗表,进行财务处理	是	由于未对材料出库单、动力消耗记录审核不严,导致财务信息不准确	财务人员对试验材料消耗等信息进行严格审核把关,保证财务信息的准确性	出库单、出库单汇总表	综合管理部	财务负责人	《公司财务管理办法》《公司财务核算办法》

4.2.4.5 税费管理流程

责任单位：化工厂	流程关键控制点描述
责任部门：综合管理部	1. 审核发票的真伪及业务的真实性； 2. 正确计算有关税费； 3. 及时结转或上缴税款。
流程编号：—	

税费管理流程

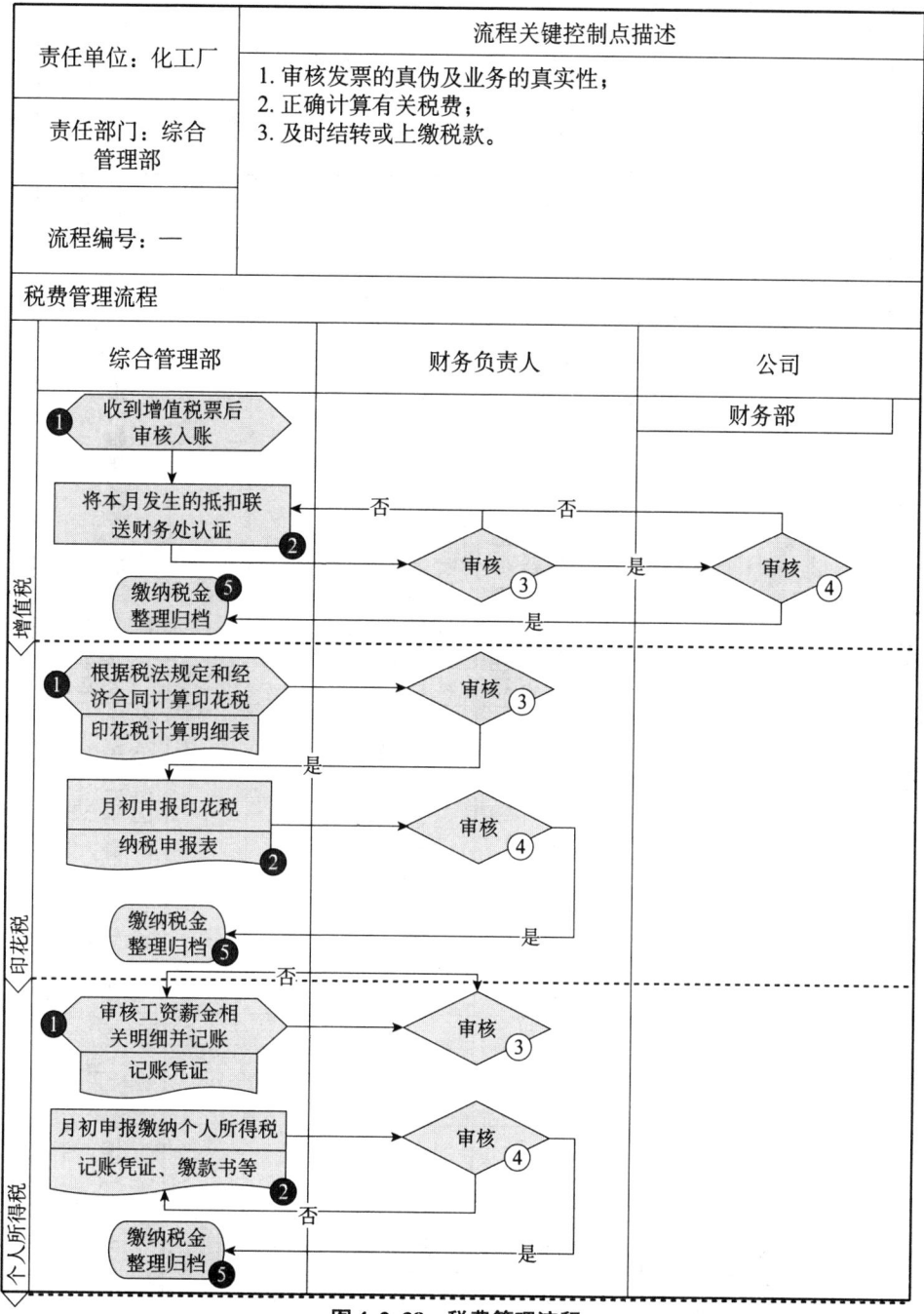

图 4.2.38 税费管理流程

表4.2.38 税费管理流程控制矩阵

责任单位	化工厂								
控制目标	通过税费管理，准确核算应缴纳的各项税费并及时足额上缴								
流程名称	税费管理								
流程编号	一								
节点编号	风险控制点	是否为关键控制点	风险描述	控制措施	控制证据	责任部门	责任岗位	控制制度/文件
1	税费符合税法规定	是	由于涉税业务处理不符合相关法律、法规规定，可能产生涉税风险	1. 专人负责税费的汇算计提。 2. 加强财务人员的税务培训，提高职业技能，及时了解并掌握税务政策变化	税票	综合管理部	负责人	《公司财务管理办法》《公司财务核算办法》
2	确保税费汇算、计提准确	是	由于税费金额汇算、计提不准确，可能造成多缴或漏缴	每月认真检查涉税凭证是否有错、漏等情况，检查税费是否已结转公司，并按要求及时上报相关税费票据	税票	综合管理部	财务负责人	
3	审核	否					财务负责人	
4	审核	否					财务负责人	
5	及时上缴税款	是	由于清缴纳滞后，给上级部门的核算工作造成困难，产生滞纳金，造成经济损失	及时、准确结转相关税费，按时缴纳税款	申报材料	综合管理部	出纳	

4.2.4.6 报表编报管理流程

责任单位：化工厂	流程关键控制点描述
责任部门：综合管理部	1. 按公司要求及时编制报表和上报； 2. 与预算、上年同期对比，分析成本升降原因； 3. 审核报表的真实性、合法性、及时性。
流程编号：—	

报表编报管理流程

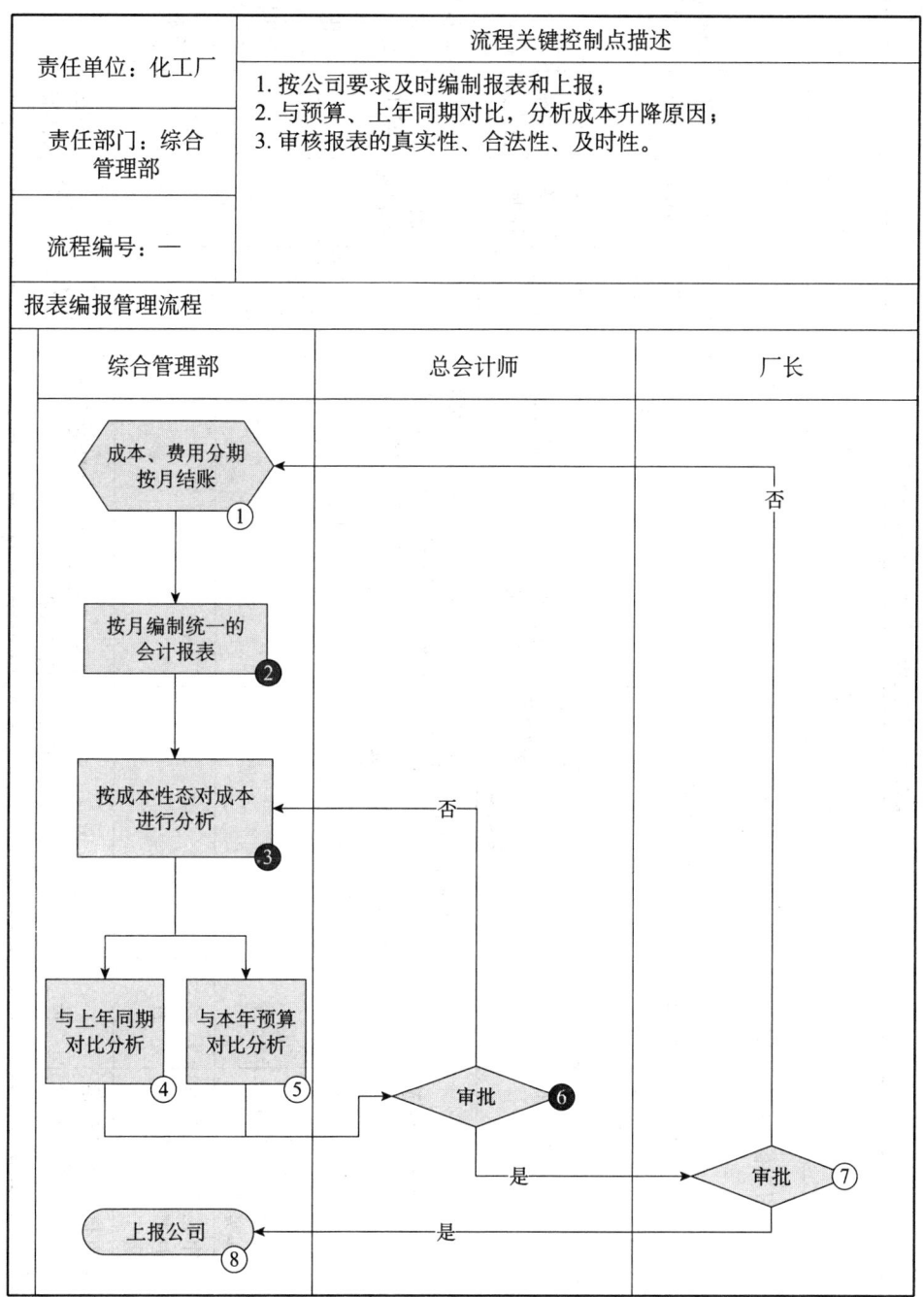

图4.2.39 报表编报管理流程

表 4.2.39 报表编报管理流程控制矩阵

责任单位	化工厂	流程名称	报表编报管理	流程编号	—			
控制目标	确保报表信息能够真实反映化工厂试验运行成果							
节点编号	风险控制点	是否为关键控制点	风险描述	控制措施	控制证据	责任部门	责任岗位	控制制度/文件
1	按月及时、准确结转成本费用	否						
2	按公司要求及时编制上报报表	是	由于未及时编制报表及财务分析，可能导致报表信息失去时效性	根据公司要求及时编制报表及财务分析	报表	综合管理部	财务负责人	《公司财务管理办法》
3	确保报表信息及时、完整、真实	是	由于编制的报表信息不及时、不完整、不真实，导致为领导决策提供错误信息	按公司设定的报表系统及时准确、真实的编制本单位财务报表，经财务主管审核后按时上报公司财务部，并积极配合审计部门的审计工作	报表	综合管理部	会计	《公司财务核算办法》《化工厂财务核算办法》
4	审核报表信息及时性、完整性、真实性	否						
5	审核报表信息及时性、完整性、真实性	否						
6	审核审批报表信息及时性、完整性、真实性	是	由于审核不严，导致会计信息不准确，决策失误	及时对报表的真实性进行审核、审批	报表	厂部	总会计师	《化工厂财务管理办法》

4.2.4.7 印鉴管理流程

单位名称：化工厂	流程关键控制点描述
责任部门：综合管理部	1. 根据业务需求，按规定申请刻制印章，并保证印章的真实性和必要性； 2. 审查印章的真实性与合法性； 3. 专人保管财务专用章，个人名章由本人或授权人保管。
流程编号：—	

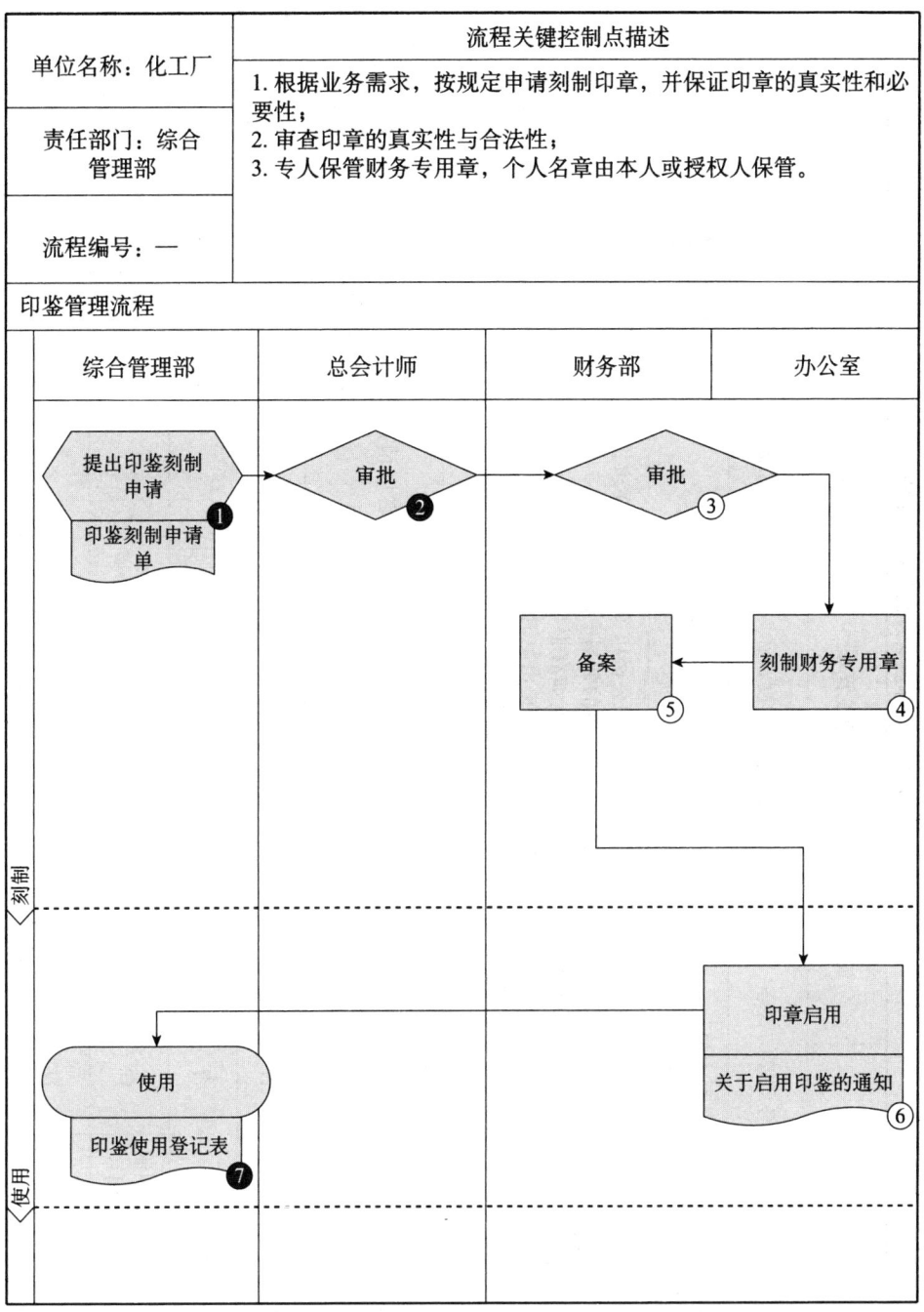

图 4.2.40　印鉴管理流程

表 4.2.40 印鉴管理流程控制矩阵

责任单位	化工厂							
流程名称	印鉴管理							
流程编号	—							
控制目标	规范化工厂财务印鉴的管理，加强对财务事项的监控力度，确保化工厂财产安全							
节点编号	风险控制点	是否为关键控制点	风险描述	控制措施	控制证据	责任部门	责任岗位	控制制度/文件
1	财务印鉴的申请真实、规范	是	印鉴的刻制不满足公司相关文件要求，不具备配套性，影响正常经济业务	1. 按照公司相关文件内容要求提出财务印鉴的刻制申请。2. 印鉴如有损坏无法使用需补刻时，要及时提出申请。3. 财务印鉴要真实、适用、规范、唯一。	印鉴刻制申请单	综合管理部	相关负责人	
2	严格审批印鉴申请的真实性、规范性	是	由于审核不严格，可能造成印鉴不真实、不适用、不规范、不唯一	根据公司相关规定对印鉴申请严格审批	印鉴刻制申请单	厂部	总会计师	《公司资金管理办法》《化工厂印章使用管理办法》
3	审批	否						
4	审批	否						
5	按规定刻制财务专用章	否						
6	备案	否						

续表

节点编号	风险控制点	是否为关键控制点	风险描述	控制措施	控制证据	责任部门	责任岗位	控制制度/文件
7	严格保管与控制印鉴的使用	是	由于财务印章、个人名章违规使用，可能带来资金损失	财务专用章须由两人以上共同保管；个人名章须由本人保管，必要时须按照规定手续授权；印鉴原则上不许带出使用单位，确因工作需要将印鉴带出使用的，经财务部门负责人同意后，由两人以上共同携带使用	印鉴使用登记表	综合管理部	出纳财务负责人	《公司资金管理办法》《化工厂印章使用管理办法》

4.2.4.8 会计档案管理流程

责任单位：化工厂	流程关键控制点描述
责任部门：综合管理部	1. 及时整理会计档案，保证会计档案的完整性； 2. 审核会计档案的完整性。
流程编号：—	

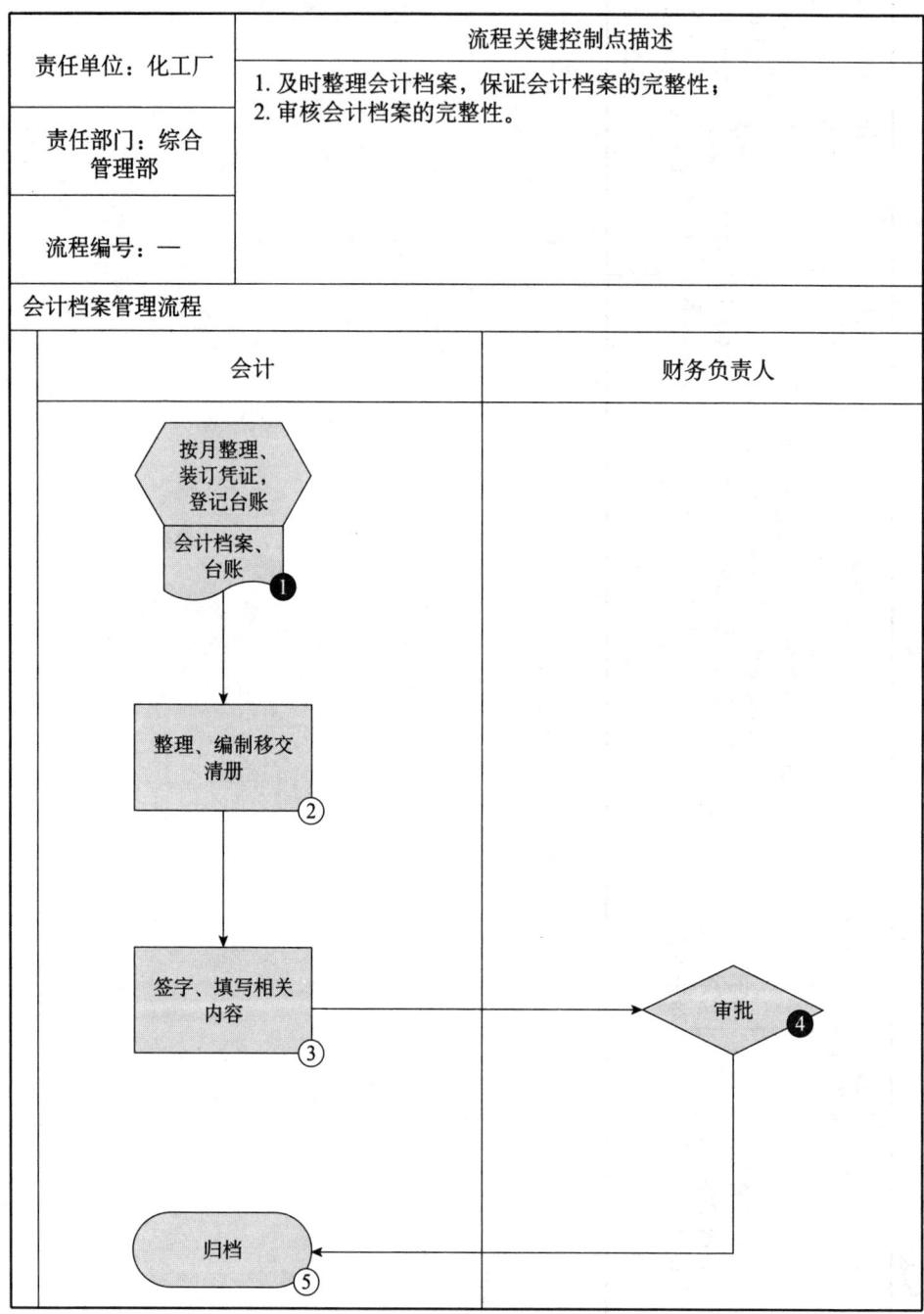

图 4.2.41　会计档案管理流程

表4.2.41 会计档案管理流程控制矩阵

责任单位	化工厂									
控制目标	加强会计档案管理，保证会计档案安全与完整									
	流程名称	会计档案管理		流程编号	—					
节点编号	风险控制点	是否为关键控制点	风险描述	控制措施	控制证据	责任部门	责任岗位	控制制度/文件
---	---	---	---	---	---	---	---	---
1	建立会计档案台账	是	会计档案建立不及时、不完整，可能导致会计档案缺乏真实性和完整性	及时建立更新会计档案、台账，按时整理装订凭证	会计档案、台账	综合管理部	会计	
2	整理、编制移交清册	否						
3	签字、填写相关内容	否						
4	确保会计档案的真实性和完整性	是	由于涂改、伪造会计档案，擅自销毁、转让会计档案，可能导致会计档案缺乏真实性和完整性	会计档案必须经有经办人员和会计主管人员的签字或盖章，以保证其真实性、完整性、准确性	会计档案、台账	综合管理部	财务部负责人	《公司财务会计制度》《公司档案管理办法》
5	归档	否						

4.2.4.9 固定资产管理流程

责任单位：化工厂	流程关键控制点描述
责任部门：综合管理部	1. 化工厂审核公司财务处转入的固定资产的真实性和完整性； 2. 实物使用部门对固定资产进行管理； 3. 设备维修部及时建立固定资产台账并进行管理； 4. 综合管理部对固定资产进行分类、填制资产卡片并准确、及时进行账务处理；
流程编号：—	5. 每半年资产管理部门、使用部门、财务对固定资产进行账账、账实、账卡核对； 6. 综合管理部按月提取固定资产折旧。

固定资产管理流程

各车间、部室	设备维修部	综合管理部	公司
			固定资产构建计划、维简费、安全费使用计划、其他调拨 ①
			构建、调拨 ②
		财务部门和实物部门确认 ❸	
			办理出库、交接手续 ④
实物使用、管理 ❺	台账登记管理 ❻	财务部门对固定资产分类，填制资产卡片并进行账务处理 ❼	
	每半年对实物使用管理情况、台账登记管理情况进行核对 ❽	每月根据固定资产账套提取折旧 ❾	每月末将固定资产折旧转入公司生产财务 ⑩

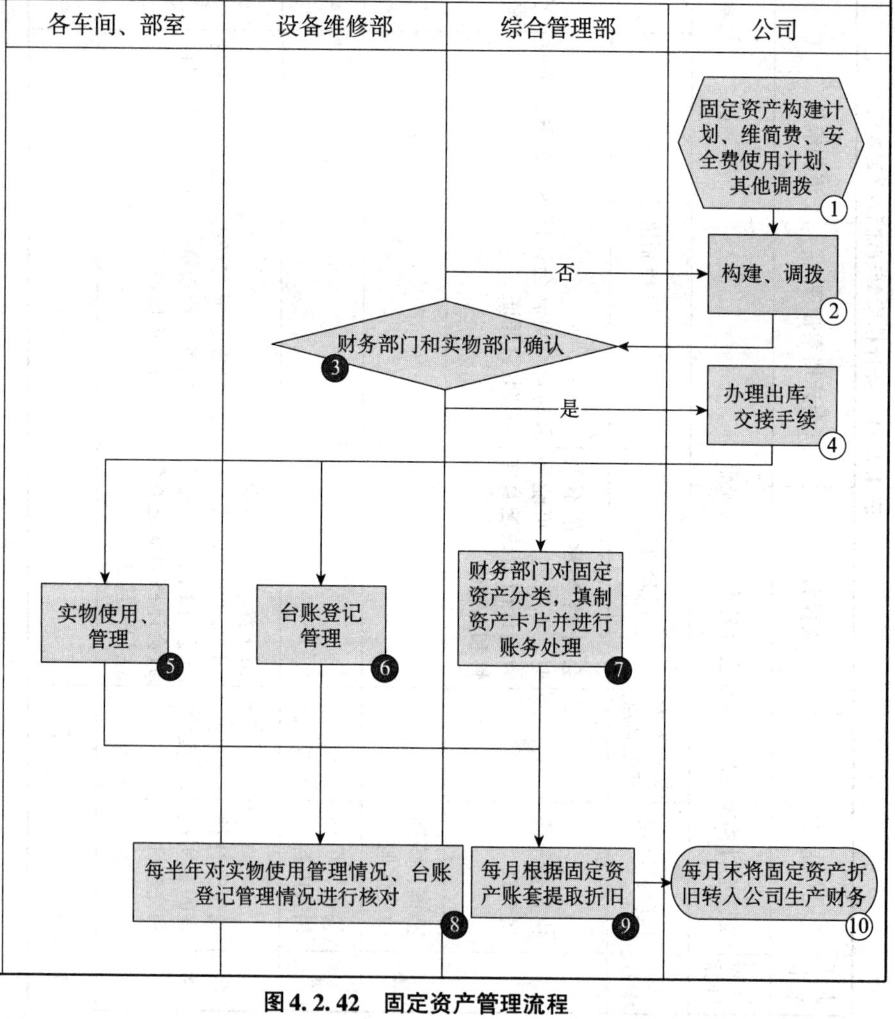

图 4.2.42 固定资产管理流程

表 4.2.42 固定资产管理流程控制矩阵

责任单位	流程名称	固定资产管理	流程编号	—
化工厂				

控制目标	依据会计法及企业会计准则的基本要求，规范固定资产的确认、计量和处置，明确各部门的管理权责，提高固定资产的使用效益，保障固定资产的安全和完整

节点目标	固定资产构建计划、安全使用计划、其他调拨	构建、调拨	确保固定资产的真实性	办理出库、交接手续	保障固定资产的安全、完整和使用效率

节点编号	是否为关键控制点	风险描述	控制措施	控制证据	责任部门	责任岗位	控制制度文件
1	否						
2	否						
3	是	未按照预算编制固定资产投资计划，预算未经审批，擅自申报固定资产投资计划	各车间、部室负责人根据年初专项计划预算，核实固定资产是否控制在预算内，若无预算、无审批，不予确认资产	专项计划、固定资产预算	各车间、部室	各车间、部室负责人	《公司固定资产管理办法》
4	否						
5	是	固定资产的账簿记录不实物清查盘点困难，没有建立固定资产的定期盘点、检修、维护和保养制度，导致资产核算无章可循，给资产核算带来困难	每月对固定资产进行检查、维修和保养，并及时反馈固定资产使用情况，对使用过程中出现的问题及时记录和采取解决措施，对技术落后、损坏、长期闲置的资产及时申请进行处置；每季度对固定资产进行盘点，做到账实相符	固定资产检查、保修记录，固定资产实物账，固定资产盘点表	各车间、部室	相关负责人	

续表

节点编号	节点目标	是否为关键控制点	风险描述	控制措施	控制证据	责任部门	责任岗位	控制制度文件
6	确保固定资产账实、账卡相符	是	缺乏严格验收制度，固定资产卡片登记不及时，出入库手续不完整，未对固定资产定期核对，台账记录与财务账不符，导致固定资产账卡不符	各车间、部室建立固定资产管理制度，由固定资产管理部门、使用部门和财务部门参与固定资产验收工作，对验收合格的固定资产应及时办理出库手续，登记固定资产账簿与台账	固定资产验收记录、出库手续、固定资产账簿及实物台账	各车间、部室	相关负责人	
7	确保固定资产分类准确性	是	没有根据自身的实际情况，按照会计准则和本企业固定资产的规定政策进行分类确认，未按规定分类，导致固定资产分类不准确	财务部门结合实际情况，按照会计准则和会计政策对固定资产进行分类，负责固定资产的卡片记录人、账务处理	固定资产账、固定资产卡片	综合管理部	会计	
8	确保固定资产账实、账卡相符	是	没有认真填写固定资产账簿记录、卡片记录，导致账簿、卡片记录与实物不符，未按规定对固定资产进行盘点	各车间、部室根据固定资产管理办法，对半年固定资产账簿、实物、记录，对相关固定资产进行盘点	实物台账、固定资产明细、固定资产卡片	各车间、部室	相关负责人	
9	确保正确提取固定资产折旧	是	未正确进行固定资产的会计核算、减值等，使得固定资产的账面价值不能代表资产的真正价值	根据《公司固定资产管理办法》，正确处理固定资产的折旧、减值等相关的会计核算	固定资产账	综合管理部	会计	《公司固定资产管理办法》
10	每月月末将固定资产折旧转入公司财务	否						

第二篇 重点业务管控

4.2.4.10 往来款项管理流程

责任单位：化工厂	流程关键控制点描述
责任部门：综合管理部	1. 建立往来客户资料并进行动态管理，根据客户信用情况制定信用政策； 2. 健全会计系统控制制度，强化往来账项的管理； 3. 根据资金计划，结算往来账款，并审核付款审批流程的相关手续。
流程编号：—	

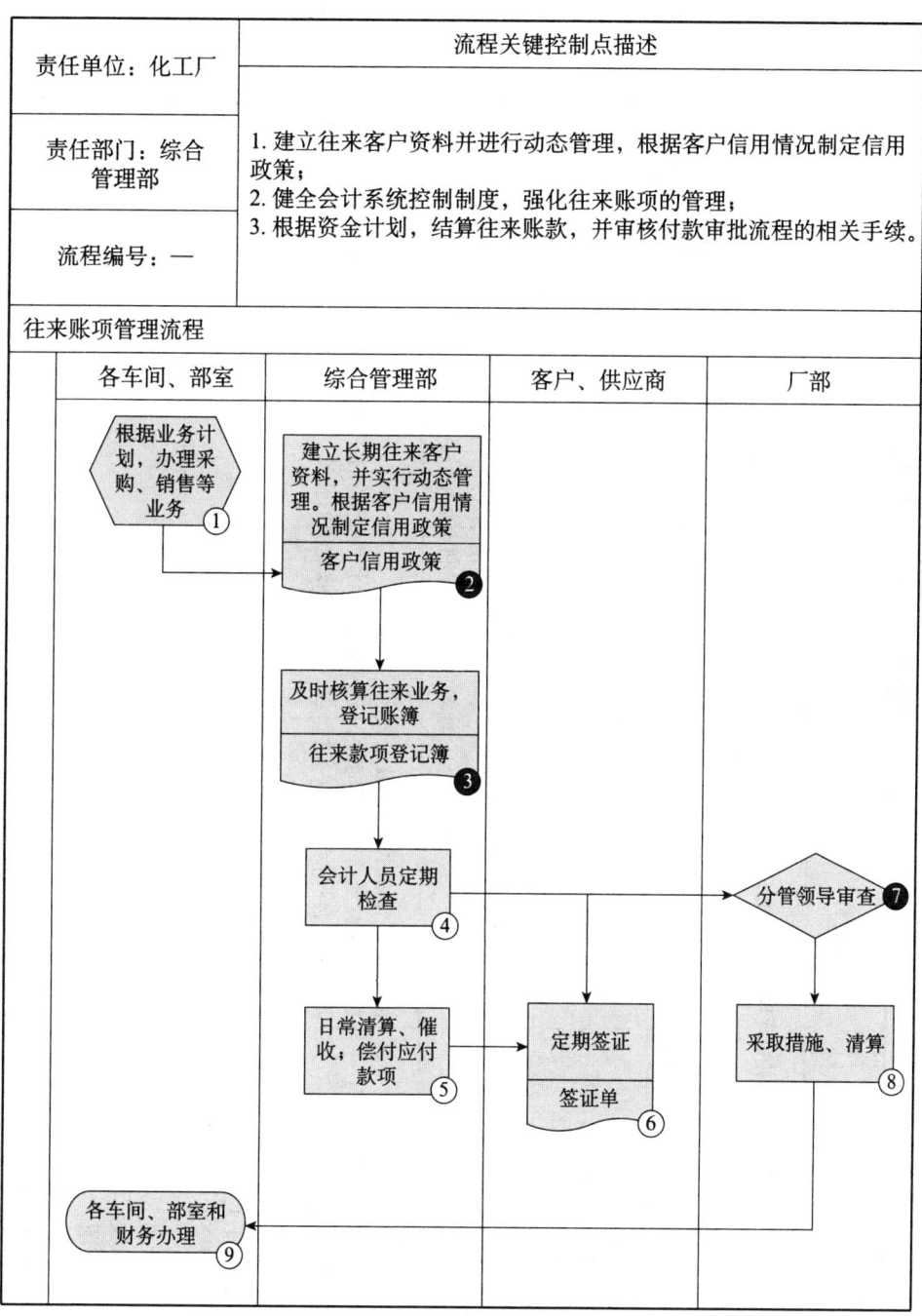

图 4.2.43 往来款项管理流程

表4.2.43 往来款项管理流程控制矩阵

责任单位	化工厂	流程名称	往来款项管理	流程编号	一			
控制目标	规范化工厂往来款项的管理，加强对往来款项的监控力度，确保化工厂资金的安全							
节点编号	风险控制点	是否为关键控制点	风险描述	控制措施	控制证据	责任部门	责任岗位	控制制度/文件
1	及时办理销售、采购等业务	否						
2	建立往来客户的信用管理制度	是	由于客户信用管理不到位，可能导致账款难以回收	建立长期往来客户资料，并对客户资料实行动态管理，根据客户信用情况制定信用政策	客户信用政策	综合管理部	综合管理部负责人	《公司资金管理办法》《化工厂资金管理办法》
3	确保往来账项登记及时、信息准确、账实相符	是	由于会计审批控制不健全，影响往来账项结算的及时性，不能保证会计信息的真实性和可靠性	建立健全会计审批结算控制制度，强化应收款项的管理	往来账项登记簿	综合管理部	财务负责人	
4	会计人员定期检查	否						
5	日常清算、催收、偿付	否						
6	定期签证	否						

续表

节点编号	风险控制点	是否为关键控制点	风险描述	控制措施	控制证据	责任部门	责任岗位	控制制度/文件
7	严格遵守审批制度	是	由于缺乏完善的授权审批制度，可能导致往来资金的管理不严	严格按照规定的审批流程办理相关手续，保证手续齐全无误后进行往来账项的收付	付款审批表	厂部	分管领导	《公司资金管理办法》《化工厂资金管理办法》
8	采取措施、清算	否						
9	办理	否						

5 生产作业管理

重点业务管控中的生产作业管理主要体现煤炭、电力、铁路运输、化工行业的生产技术管理等。

煤炭行业生产作业管理包括：坑下停（送）电、电铲装车管理、吊斗铲作业、松动爆破作业、工作面清理、设备点检管理、新总成件领用管理、总成件维修管理、拆装或更换电铲铲斗、更换电动轮、设备维护保养管理、设备故障维修管理、设备计划检修、设备大修理、检修任务分配管理、生产组织考核管理、安全目标管理、机动车辆安全管理。

电力行业生产作业管理包括：发电用煤工艺管理、生产用水管理、生产用油管理。

铁路行业生产作业管理包括：车辆、车务、工务、机务、供电、信号、通信工艺流程管理。

化工生产作业管理包括：设备大修、技改（外委）管理，设备大修（自修）管理，设备外委承包维修管理。

5.1 煤炭生产

5.1.1 坑下停（送）电流程

责任单位：煤矿	流程关键控制点描述
	1. 工作人提出停（送）电申请； 2. 矿调下达指令； 3. 核对标示牌记录； 4. 进行停（送）电操作； 5. 锁好门锁，停（送）电完毕。
流程编号：—	

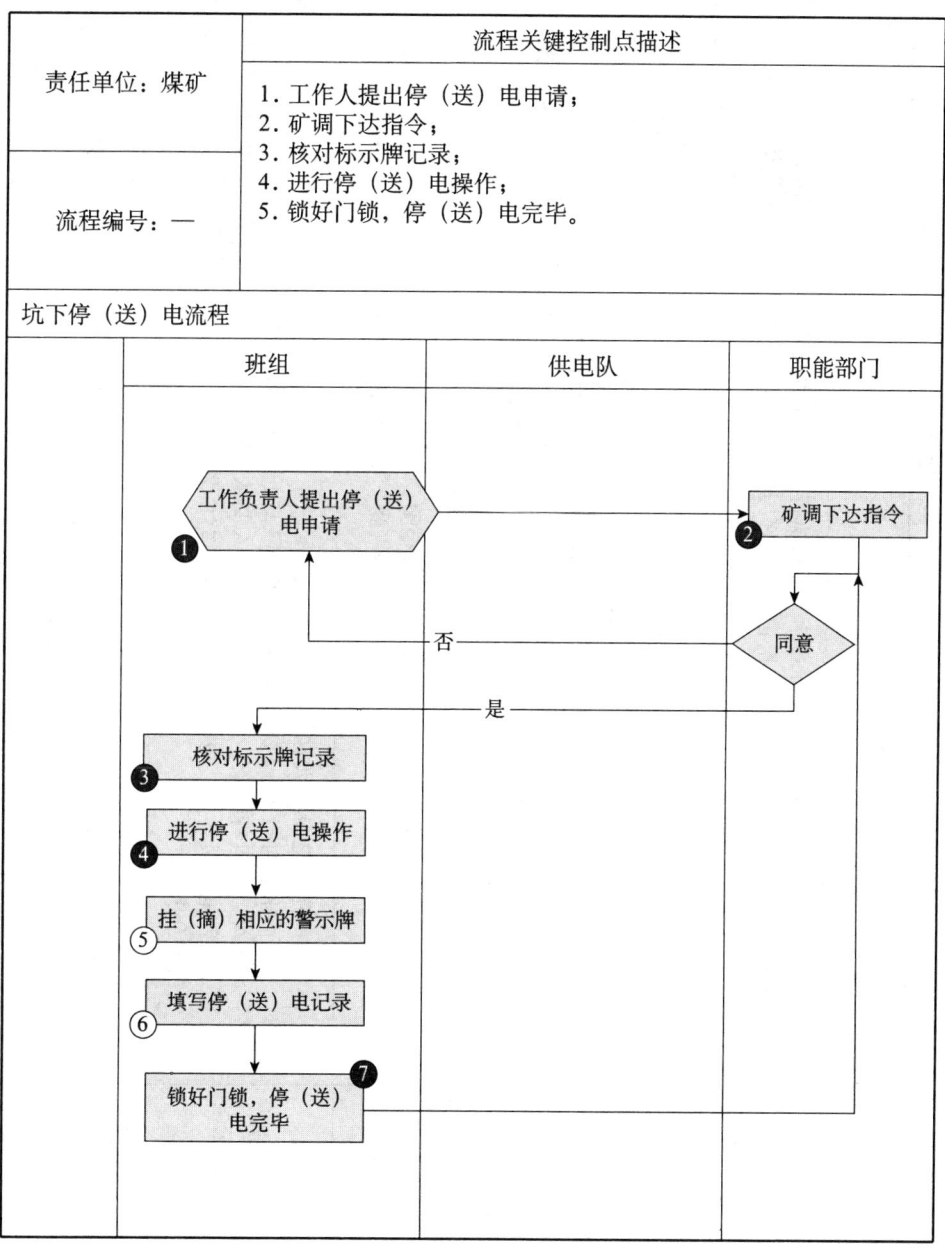

图 5.1.1　坑下停（送）电流程

表 5.1.1 坑下停（送）电流程控制矩阵

责任单位	流程名称	坑下停（送）电	流程编号	一
煤矿	控制目标	停（送）电负责人提出停（送）电申请得到矿调批准后，严格执行停（送）电制度（先核对标示牌和记录，再进行停电操作，然后挂摘相应的警示牌，锁好门锁，向矿调汇报停（送）电完毕，并做好监督检查工作），保证停送电工作安全准确的进行			

节点编号	节点目标	是否为关键控制点	风险描述	控制措施	控制证据	责任部门	责任岗位	控制制度/文件
1	工作人员提出停（送）电申请	是	停（送）电负责人向矿调提出申请，申请内容叙述不清，可能造成延误工作时间，易发生安全事故	停（送）电负责人停（送）电前申请内容应翔实，包括操作人姓名、停（送）电任务、停（送）电原因、所影响设备及停电时间间隔	相关制度及规定	供电队	队长	《煤矿安全技术操作规程》《煤矿风险管理标准与措施手册》《供电队挂牌制度》
2	矿调下达指令	是	下达指令模糊，不准确造成工作失误，影响工作	下达指令要详细、准确，矿调应对停（送）电内容进行录音	相关制度及规定	职能部门	部门负责人	
3	核对标示牌记录	是	停（送）电前未核对指令，供电设备标示牌以及运行记录，误停电或误送电，易发生安全事故	线路停（送）电前，停（送）电负责人要认真核对指令、标示牌与运行记录	相关制度及规定	班组	班组长	
4	进行停（送）电操作	是	线路停（送）电过程，操作顺序错误，可能造成供电设备设施损坏和人员伤害	停（送）电过程要严格执行停（送）电制度	相关制度及规定	班组	班组长	

续表

节点编号	节点目标	是否为关键控制点	风险描述	控制措施	控制证据	责任部门	责任岗位	控制制度/文件
5	挂（摘）相应的警示牌	否	设备停（送）电后，未及时悬挂警示牌，可能造成他人误操作，设备损坏及人身伤害	停（送）电完毕及时更新标示牌	相关制度及规定	班组	班组长	《煤矿安全技术操作规程》《煤矿风险管理标准与管理措施手册》《供电队挂牌制度》
6	填写停（送）电记录	否	停（送）电记录填写不详或不全面，可能造成他人误解，制约管理水平的提高	认真、详细的填写停（送）电记录				
7	锁好门，停（送）电完毕	是	停（送）电完毕未锁好门锁，可能造成他人进入引发事故	工作结束，要锁好门锁，防止无关人员进入，发生误操作				

5.1.2 电铲装车管理流程

责任单位：煤矿	流程关键控制点描述
	1. 组织实施； 2. 了解各铲位装车作业环境； 3. 监督、检查卡车执行操作规程、作业规程、安全规程、生产指令情况； 4. 是否规范作业； 5. 培训、处罚。
流程编号：—	

电铲装车管理流程

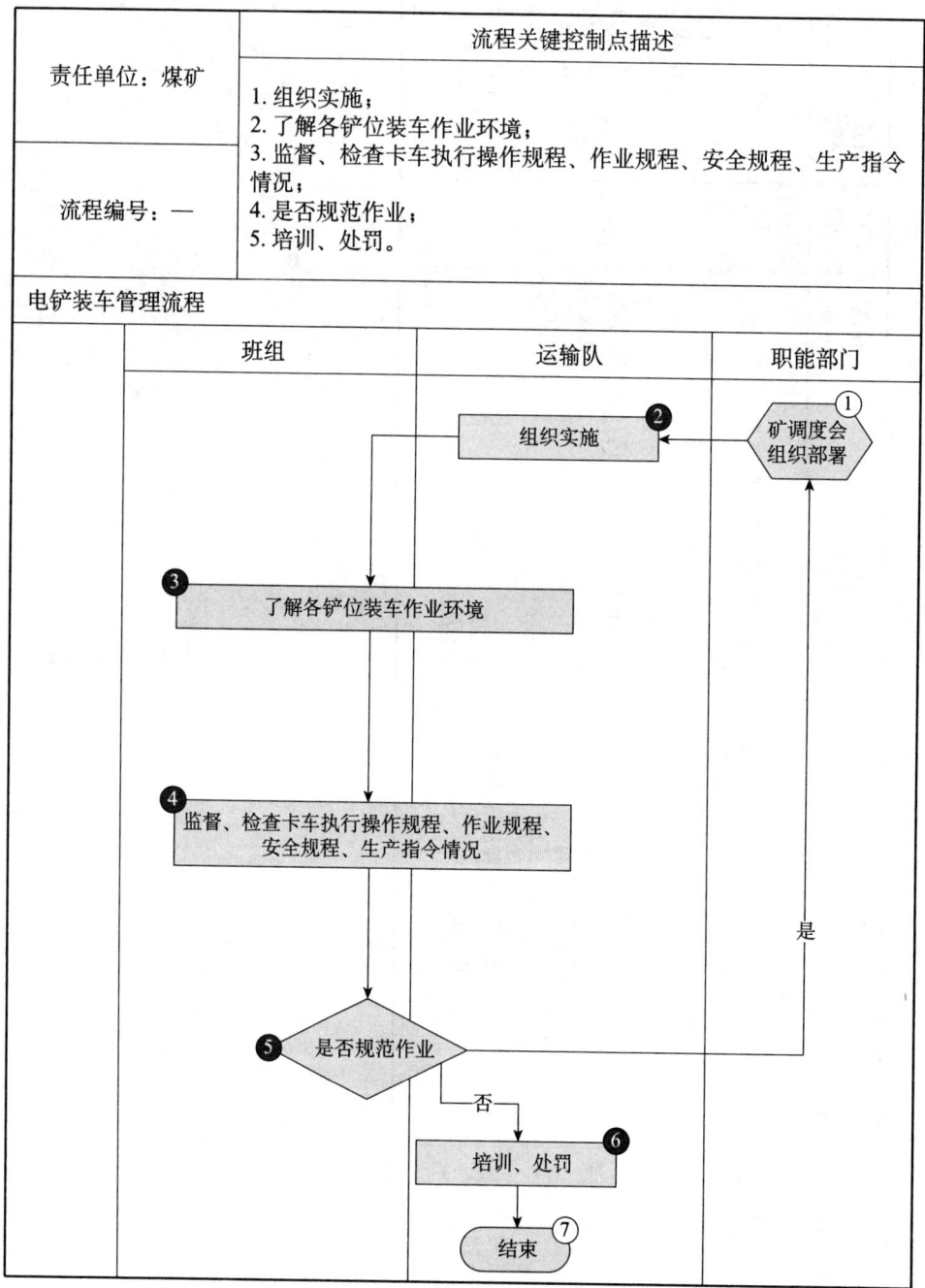

图 5.1.2 电铲装车管理流程

第二篇 重点业务管控

表 5.1.2 电铲装车管理流程控制矩阵

责任单位	煤矿							
控制目标	根据各铲位作业环境，严格按照待装、人换、装车、驶出装车位置的联合作业规程的要求完成装车任务							
流程名称	电铲装车管理							
流程编号	一							
节点编号	节点目标	是否为关键控制点	风险描述	控制措施	控制证据	责任部门	责任岗位	控制制度/文件
1	矿调度会组织部署	否	由于矿调度会部署不清楚或不及时，可能导致下达工作任务无法准确	矿调度会清楚及时地下达电铲装车指令		生产指挥中心		
2	组织实施	是	由于现场各种因素考虑不足，可能造成生产过程中组织实施不合理的结果	严格按照现场作业情况和各项操作规程进行组织实施			队长、副队长	
3	了解各铲位装车作业环境	是	由于对作业环境了解不够，可能导致设备的损坏及可能发生安全事故	部门负责人要对坑下各铲位作业环境进行详细了解 当班工长要对本班组各铲位作业环境进行详细了解 卡车司机要对作业铲位的环境详细了解	抽查存档资料	运输队	副队长 运行工长 卡车司机	
4	监督、检查卡车执行操作规程、作业规程、安全规程生产指令情况	是	由于监督、检查不及时，不能及早发现不按操作规程和生产指令操作的司机的结果	部门负责人要监督、排队待装、装车、人换情况，加大违章、违规处罚力度 相关管理人员要经常检查本班组各铲位卡车作业情况，检查有无违反作业规程和生产指令的情况			队长、副队长 队相关管理人员	

241

续表

节点编号	节点目标	是否为关键控制点	风险描述	控制措施	控制证据	责任部门	责任岗位	控制制度/文件
5	是否规范作业	是	由于作业不规范，可能导致卡车排队待装刮碰或溜车追尾，卡车未按电铲鸣笛引导盲目出车、人换不够与装载设备刮碰及本身设备的损坏等结果	运行工长要随时监督本班组卡车司机是否按规范作业；卡车司机要随时按照作业规程和生产指令进行规范作业			运行工长；卡车司机	
6	培训、处罚	是	由于培训处罚不及时，可能导致司机不能准确地了解规范操作的重要性，容易再次出现不规范的操作	对于经常不规范操作和因不规范操作导致事故的司机要进行处罚；发现不规范操作，要对司机进行全面的培训	抽查存档资料	运输队	队长、副队长；队相关管理人员	

5.1.3 吊斗铲作业流程

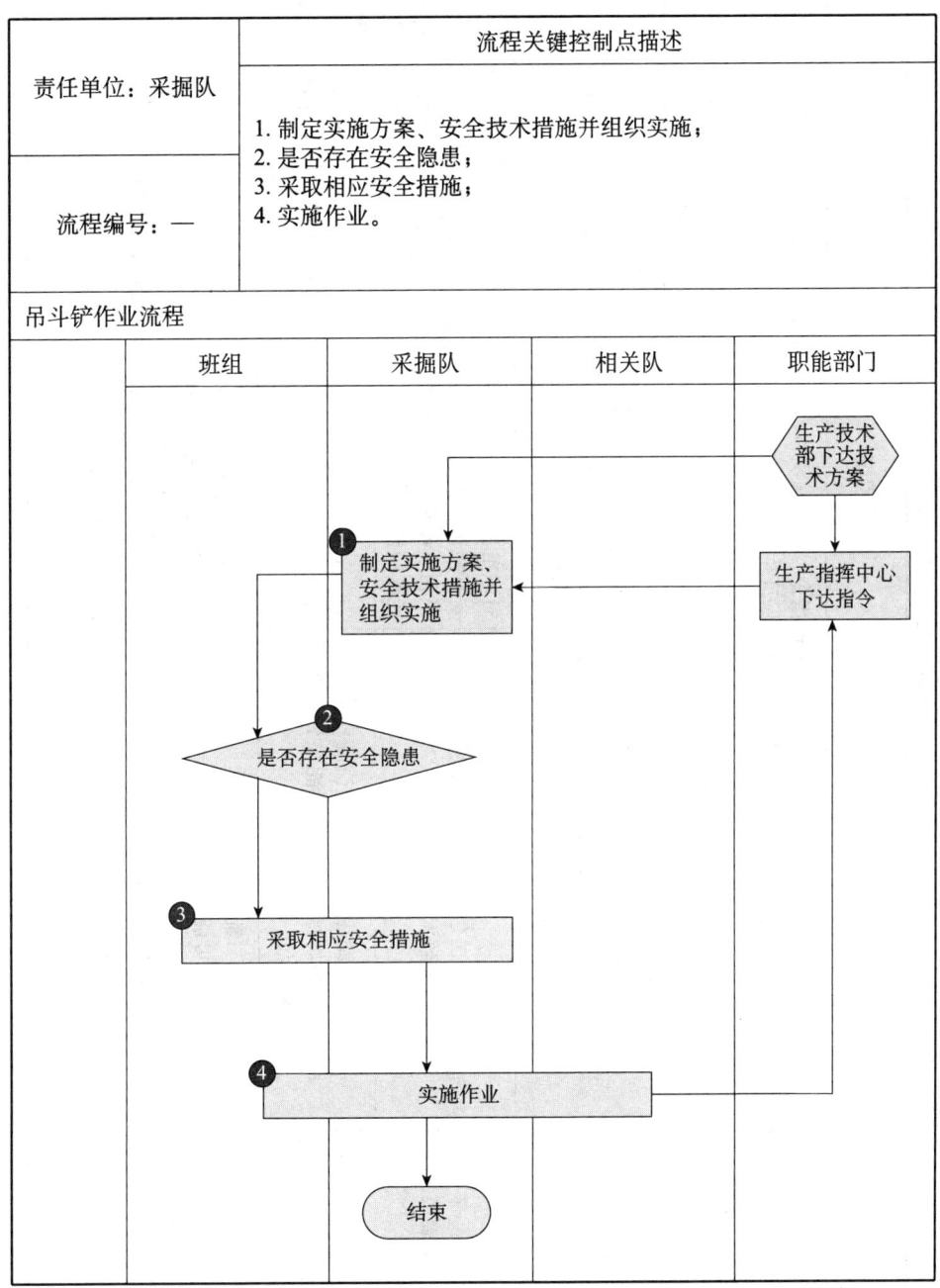

图5.1.3 吊斗铲作业流程

表 5.1.3 吊斗铲作业流程控制矩阵

责任单位	煤矿						
流程名称	吊斗铲作业						
流程编号	—						
控制目标	根据技术部的设计，吊斗铲采掘技术参数和调度部下达的生产指令，结合现场生产实际情况，制定吊斗铲作业方案及安全技术措施并组织实施，提高吊斗铲堆工程质量，保证倒堆工程使用效率，保证生产任务的完成						
节点编号	节点目标	是否为关键控制点	风险描述	控制措施	控制证据	责任部门	责任岗位	控制制度/文件
1	制定实施方案、安全技术措施并组织实施	是	由于组织实施不合理，可能导致吊斗铲作业效率降低，制定的安全技术措施考虑不周，易发生意外事故	严格执行质量标准化考核制度，执行相应的绩效考核制度	采掘记录	采掘队	生产队长	《采掘技能绩效考核办法》《煤矿安全操作规程》
2	是否存在安全隐患	是	由于任存在安全隐患的条件下，可能导致发生事故	对职工进行岗位技能及安全培训，强化风险意识和职业道德。强化职能部门监管力度	采掘记录	职能部门、采掘队	职能部门、采掘生产队长、安检员	
3	采取相应安全措施	是	由于制定的安全技术措施考虑不周或现场指挥不当，可能导致意外事故	制定切实可行的安全措施	采掘记录	采掘队	采掘生产队长	
4	实施作业	是	由于与辅助设备配合作业沟通不到位，要求没有传达到位，盲目作业；由于对工程质量不符合要求，操作技能差，可能导致设备损坏的结果，影响生产效率	严格执行联合作业规程，确保安全生产，加强协调沟通，确保吊斗铲的供电，辅助设备的配合及时，提高其实动率	采掘记录	采掘队	采掘生产队长	

5.1.4 松动爆破作业流程

责任单位：煤矿	流程关键控制点描述
	1. 生产技术部制定爆破设计及爆破参数；
	2. 审核、会签；
	3. 装药、充填、联线；
流程编号：—	4. 检查合格；
	5. 设置警戒；
	6. 具备安全起爆条件；
	7. 请示生产指挥中心并下达起爆命令；
	8. 检查爆区。

松动爆破作业流程

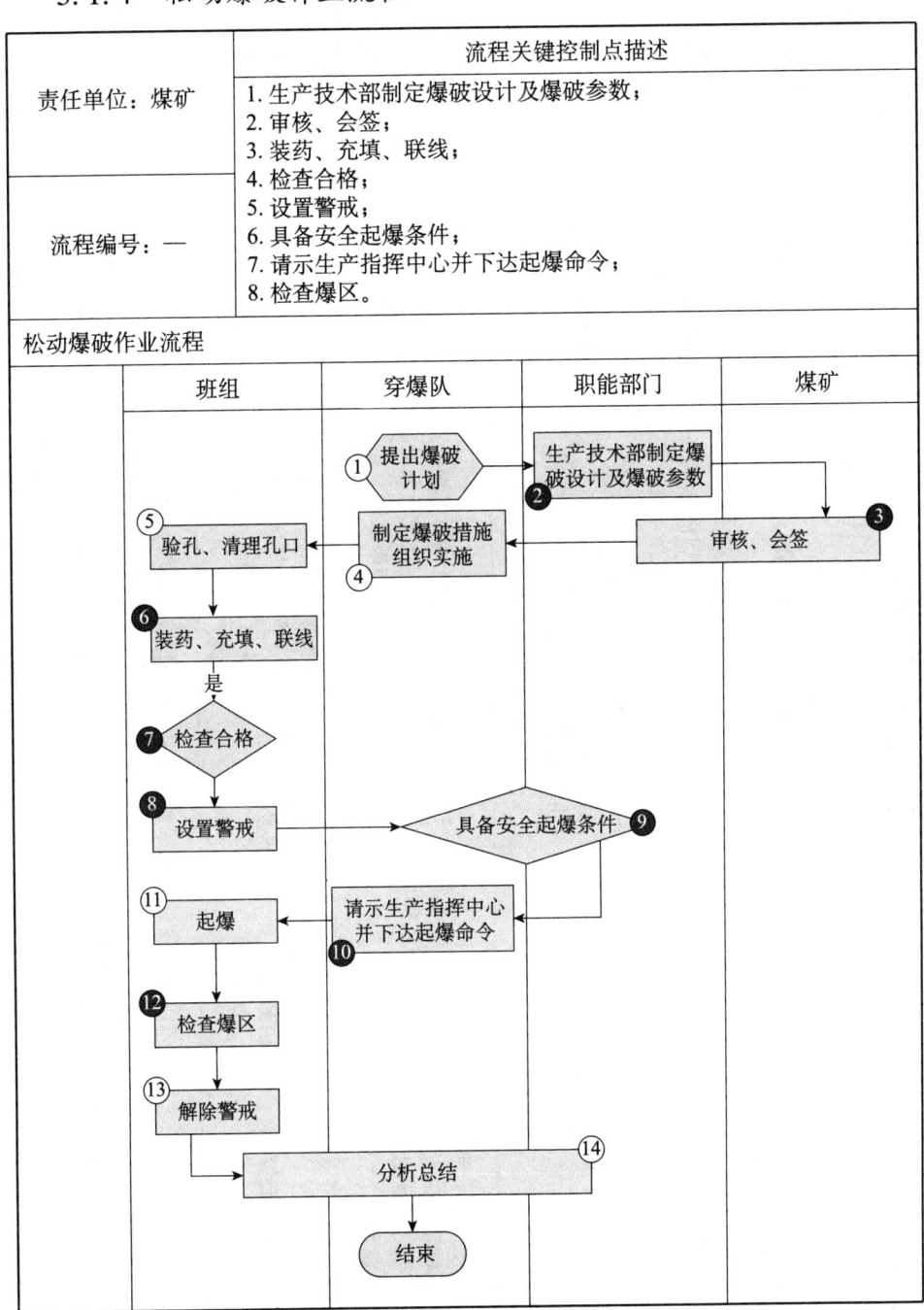

图 5.1.4　松动爆破作业流程

表 5.1.4 松动爆破作业流程控制矩阵

责任单位	煤矿							
控制目标	根据技术部下达的松动爆破设计，制定爆破实施，确保装药、连线、充填、方案、起爆网络检查、警戒、起爆后检查等环节达到技术要求							
流程名称	松动爆破作业							
流程编号	—							
节点编号	节点目标	是否为关键控制点	风险描述	控制措施	控制证据	责任部门	责任岗位	控制制度/文件
1	提出爆破计划	否	由于爆破计划提出不及时或不准确，可能导致设计不能及时下达，无法及时给爆破备量的结果	根据工程位置及现场实际情况，及时准确地提出爆破计划	抽查存档资料	穿爆队	队长	《煤矿安全技术操作规程》《煤矿爆破作业管理办法》
2	生产技术部制定爆破设计及爆破参数	是	由于设计不及时或者设计错误，可能导致爆破计划不能及时实施的结果	根据爆破计划及现场实际情况，及时准确地制定爆破设计	抽查存档资料			
3	审核、会签	是	由于审核会签不及时，可能导致爆破计划不能及时实施的结果	根据爆破计划、工程位置以及现场实际情况，判断其合理性，并及时进行会签	抽查存档资料			
4	制定爆破措施组织实施	是	由于制定的爆破实施方案不详细、欠合理，或者未按照松动爆破设计组织爆破作业，可能导致爆破效果达不到预期，影响生产进度的结果	根据技术部的实施方案，区的实际情况制定切实可行的爆破方案；严格按照松动爆破设计参数组织爆破实施作业	抽查存档资料	穿爆队	队长	

第二篇 重点业务管控

续表

节点编号	节点目标	是否为关键控制点	风险描述	控制措施	控制证据	责任部门	责任岗位	控制制度/文件
5	验孔、清理孔口	否	由于未进行验孔，可能导致钻孔深度不符合设计要求的结果；由于未清理孔口，可能导致充填时卡堵、砸坏孔内起爆器材的结果	到达作业现场后首先进行验孔工作；到达作业现场后要进行清理孔口工作				
6	装药、充填、连线	是	由于未按照要求装药、充填，可能导致药柱过高出现的漏联，或者药柱过低达不到破效果的结果	按照设计要求装药、充填、连线，检查进行到位，分明责任到人				
7	检查合格	否	由于未按照设计要求连线和进行起爆网络检查，可能导致出现漏联、错联造成瞎炮的结果	按照设计要求连线、连接，检查进行到位，分明责任到人				《煤矿安全技术规程》《煤矿爆破作业管理办法》
8	设置警戒	是	由于未进行警戒或警戒信号不明可能导致发生事故的结果	按照设计要求警戒距离，设置警戒，要把警戒范围内的设备、人员撤出警戒区域	抽查存档资料	穿爆队	工长	
9	具备安全起爆条件	否	由于未确定是否具备安全起爆命令、条件就下达起爆命令，致发生爆破事故	联系各警戒点和调度部确认具备安全起爆条件后再下达爆指令				
10	总指挥请示调度并下达起爆命令	是	由于未请示矿生产指挥中心，可炮前区负责人下达起爆命令，可能导致发生事故	起爆前炮区负责人要请示调度部，经调度部同意起爆后负责人下达起爆命令				

续表

节点编号	节点目标	是否为关键控制点	风险描述	控制措施	控制证据	责任部门	责任岗位	控制制度/文件
11	起爆	否	由于未听取炮区负责人的指令擅自起爆，可能导致发生事故	起爆人员在接到炮区负责人的起爆命令后，发出起爆信号，然后起爆				
12	检查爆区	是	由于未按要求检查爆区，导致发生爆破事故或遗留安全隐患	起爆15分后进入爆区检查，发现盲炮及时处理，如处理不了要采取安全措施并向上级部门汇报	抽查存档资料	穿爆队	工长	《煤矿安全技术操作规程》《煤矿爆破作业管理办法》
13	解除警戒	否	由于未检查爆区就解除警戒，可能导致发生事故	检查爆区确认安全后方可解除警戒				
14	分析总结	是	由于对爆破作业过程中和爆破后存在的问题没有分析总结，可能导致在以后的爆破作业中不能制定更合理的爆破方案和施工方案	根据爆破作业中存在的问题和爆破结果认真分析总结，积累经验，优化施工方案				

5.1.5 工作面清理流程

责任单位：煤矿	流程关键控制点描述
	1. 提出工作面清理要求； 2. 判断是否需要清理； 3. 下达指令； 4. 组织实施； 5. 清理作业； 6. 是否符合标准。
流程编号：—	

工作面清理流程

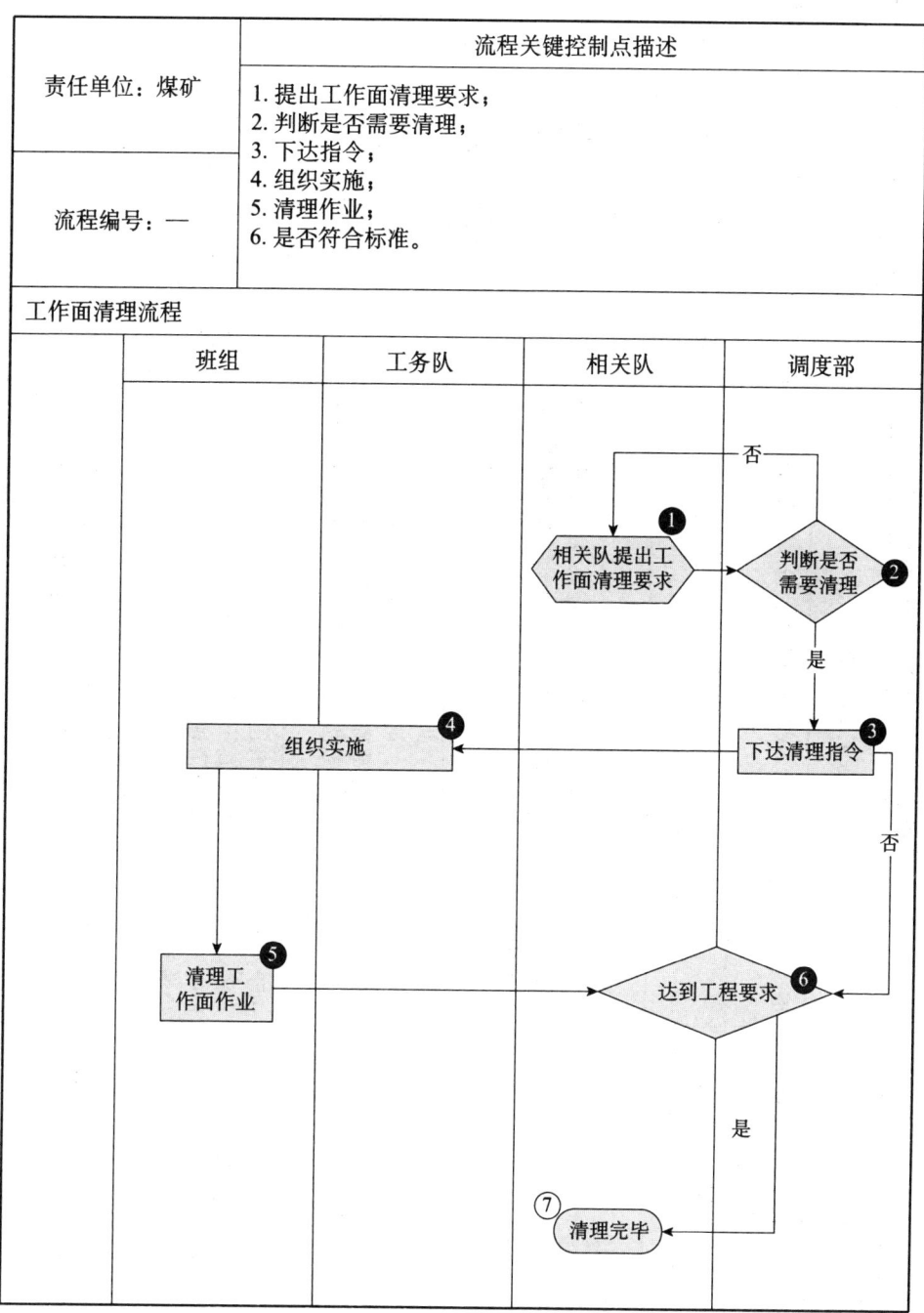

图 5.1.5　工作面清理流程

表5.1.5 工作面清理流程控制矩阵

责任单位	控制目标	流程名称	工作面清理	流程编号	—			
		节点目标	是否为关键控制点	风险描述	控制措施	控制证据	责任部门	责任岗位	控制制度/文件
煤矿	根据调度部的下达的工作面清理指令及工程要求，保证工作面符合标准化要求								
节点编号									
1		相关队提出工作面清理要求	否	由于相关队表述不清，可能导致不准确的工作命令，工程设备无法及时到位的结果	相关队责任人及工长根据工程及现场实际提出准确的工作面清理要求		轮斗队	队长、工长	按照工作面清理标准及进行清理，严格执行联合作业规程
2		判断是否需要清理	否	由于生产指挥中心对相关队提出的要求理解不到位，可能导致工务队无法下达准确的工作命令，工程设备无法及时到位的结果	生产指挥中心与相关队沟通清楚，并根据工程及现场实际情况下达清理工作命令		穿爆队	队长、工长	
							采掘队	队长、工长	
3		下达清理指令	否	由于工指令下达不及时或表述不清，可能导致指令不顺畅，工作面无法及时清理的结果	加强管理，使生产指令的下达顺畅、执行有力	抽查存档资料	生产指挥中心	部门负责人	《煤矿安全技术规程》《煤质板清理标准》
4		组织实施	是	由于组织实施方案不完善，可能导致工务队无法下达准确的工作命令，工程设备无法及时到位的结果	完善组织实施方案，队长向工长交代任务时详细、准确	抽查存档资料	调度部	部门负责人	
							工务队	生产队长	
								工长	

续表

节点编号	节点目标	是否为关键控制点	风险描述	控制措施	控制证据	责任部门	责任岗位	控制制度/文件
5	清理工作面作业	是	由于未按照煤顶板清理标准作业，或者面狭小，或者未与其他设备做好配合作业，可能导致工作面清理不到位的结果	严格按照《黑岱沟煤矿安全技术操作规程》《煤顶板清理标准》要求进行作业		工务队	设备操作人员	《煤矿安全技术操作规程》《煤顶板清理标准》
6	达到工程要求	否	由于工作面清理不到位，可能导致该处工程无法继续进行，或者可能导致重复清理的结果	管理人员加强现场动态的督导、监督，检查工作，发现问题及时解决		轮斗队	队长、工长	
						穿爆队	队长、工长	
						采掘队	队长、工长	

5.1.6 设备点检管理流程

责任单位：维修中心	流程关键控制点描述
责任部门：生产技术部	1. 尽可能的全面、详实、准确地进行设备点检； 2. 合理组织、安排检修人员、检修方案。
流程编号：—	

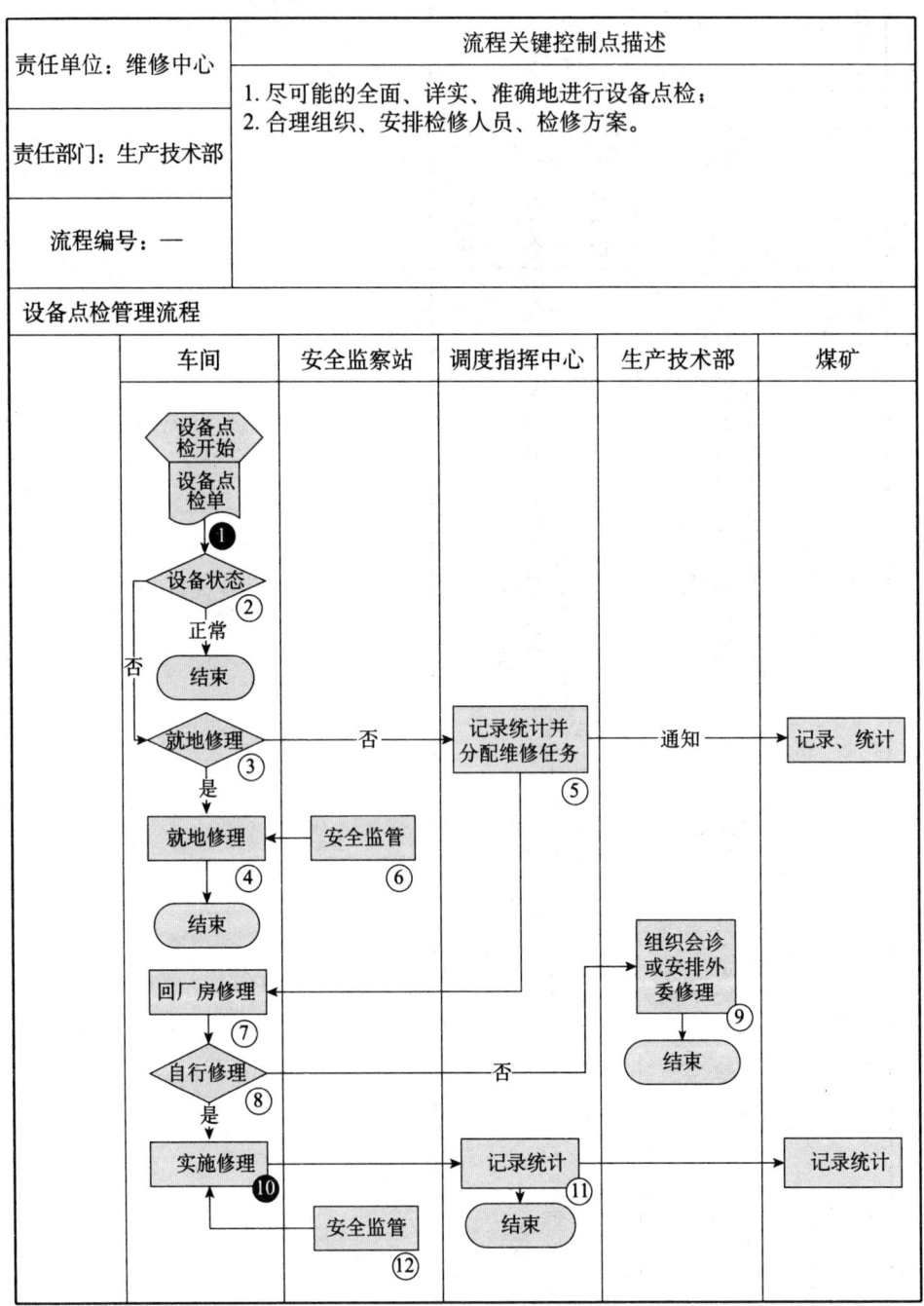

图 5.1.6　设备点检管理流程

表5.1.6 设备点检管理流程控制矩阵

责任单位	流程名称		流程编号				
维修中心	设备点检管理		—				
控制目标	减少设备事故的发生，保持或提高设备的性能和精度，降低维修费用，提高企业的生产能力和经济效益						
节点编号	节点目标	是否为关键控制点	风险描述	控制措施	控制证据	责任部门	责任岗位	控制制度/文件
1	设备点检仔细，及时发现故障点	是	设备点检项目未执行，点检不能及时发现，导致设备故障扩大	1. 设备点检认真细致，点检项目无缺失。 2. 检查设备机械性能是否达标。 3. 检查设备油水是否足够。 4. 检查设备仪表显示是否正确。 5. 检查设备安全装置是否齐全有效。 6. 检查设备灯光系统是否完好。 7. 检查设备是否存在异响。 8. 其他	设备点检单	各车间	车间技术员、车间安监员、维修钳工、维修电工、设备操作员	《设备维修中心设备维修保养制度》《设备点检保养补充规定》
2	设备状态评定准确	否	设备状态评定不准确导致设备故障扩大或影响正常生产	1. 按照点检项目进行点检。 2. 对点检存在不合格项进行记录。 3. 判定故障严重程度	设备点检单	各车间	各车间主任、车间主管工程师	
3	合理安排检修	否	检修安排不合理造成人工浪费，影响生产顺利进行	1. 根据设备状态合理安排检修。 2. 确认故障。 3. 确定检修需要工时数。 4. 确定检修故障所需材料配件是否齐全	工作单	各车间	各车间主任、车间主管工程师	

续表

节点编号	节点目标	是否为关键控制点	风险描述	控制措施	控制证据	责任部门	责任岗位	控制制度/文件
4	就地修理流程、工序正确	否	修理流程、工序不正确造成人员伤害或设备损坏	1. 填写工作单并挂工作牌。 2. 确定检修负责人和监护人员。 3. 开现场交底会。 4. 严格执行操作规程。 5. 正确使用工器具。 6. 检修完成后清点人员、材料配件和工器具。 7. 试车。	工作单	各车间	维修钳工、维修电工、维修焊工、设备操作人员	《设备维修中心设备维修保养制度》《设备维修中心设备点检保养补充规定》
5	检修任务分配合理	否	检修任务分配不合理影响生产顺利进行	1. 设备检修车间提前将设备故障上报调度指挥中心。 2. 调度指挥中心核实设备故障。 3. 调度指挥中心联络设备使用单位调回设备安排检修。 4. 记录并统计设备检修时间。	调度日志	调度指挥中心、各车间	调度员、各车间主任	《设备维修中心本质安全体系》
6	安全监管到位	否	检修过程中未对人员不安全行为或现场进行监管，造成人员伤害或设备损坏	监管内容： 1. 劳动保护用品穿戴是否齐正确。 2. "两单两会一挂牌"执行情况。 3. 现场危险源辨识情况。 4. 操作规程执行情况。 5. 现场目视化管理执行情况。	日常检查记录	安监站	安监站安监员	《设备维修中心本质安全体系》
7	回厂修理故障判断准确	否	修理流程不正确或故障判断不准确造成人员伤害或设备损坏	1. 设备调回维修场地或场房后要合理安排停车位置。 2. 检修水箱等高温部位时要充分冷却。 3. 判定设备故障。	工作单	相关车间	维修电工、维修钳工、维修焊工	《设备维修中心设备维修保养制度》《设备维修中心设备点检保养补充规定》

续表

节点编号	节点目标	是否为关键控制点	风险描述	控制措施	控制证据	责任部门	责任岗位	控制制度/文件
8	合理处置故障设备	否	故障设备处理不当延长设备停机时间	1. 判定设备故障是否可以自修。 2. 核实解决设备故障所需材料配件是否充足。 3. 核实故障配件是否需要外委修理。	外委审批单	各车间	车间主管工程师、维修电工、维修钳工、维修焊工	
9	故障原因明确,处置得当	否	故障不准确或修理不当造成设备停机时间延长	1. 请厂家人员或深修人员进行会诊,明确故障原因,议定检修方法和工艺。 2. 核实自修是否能达到议定的工艺标准。 3. 询价比较,判定是否需要外委。	会诊记录	各车间	生产技术部技术员、车间主任、车间主管工程师	
10	修理流程、工序正确	是	修理流程、工序不正确造成人员伤害或设备损坏	1. 填写工作单并挂工作牌。 2. 确定检修负责人和监护人员。 3. 开现场交底会。 4. 严格执行操作规程。 5. 正确使用工器具。 6. 检修完成后清点人员、材料配件和工器具。 7. 试车。	工作单	各车间	设备操作人员	《设备维修中心设备维保制度》《设备维修中心设备检点养护规定》
11	记录统计及时准确	否	记录统计不及时准确造成生产延误	1. 设备故障排除后,向调度中心汇报设备已处理好。 2. 调度指挥中心进行记录统计。 3. 调度指挥中心通知设备使用单位进行运行。	调度日志	调度指挥中心、各车间	调度员、各车间主任	

续表

节点编号	节点目标	是否为关键控制点	风险描述	控制措施	控制证据	责任部门	责任岗位	控制制度/文件
12	安全监管到位	否	检修过程中未对人员不安全行为或现场进行监管，造成人员伤害或设备损坏	监管内容： 1. 劳动保护用品穿戴是否齐全正确。 2. "两单两会一挂牌"执行情况。 3. 现场危险源辨识情况。 4. 操作规程执行情况。 5. 现场目视化管理执行情况。	日常检查记录	安监站	安监站安监员	《设备维修中心本质安全体系》

5.1.7 新总成件领用管理流程

责任单位：维修中心	流程关键控制点描述
责任部门：生产技术部	1. 总成件属于大额配件时应由中心主管领导进行审批； 2. 科学合理地确定总成部件的周转数量； 3. 及时地严格按检修工艺要求对待修总成件进行维修。
流程编号：—	

新总成件领用管理流程

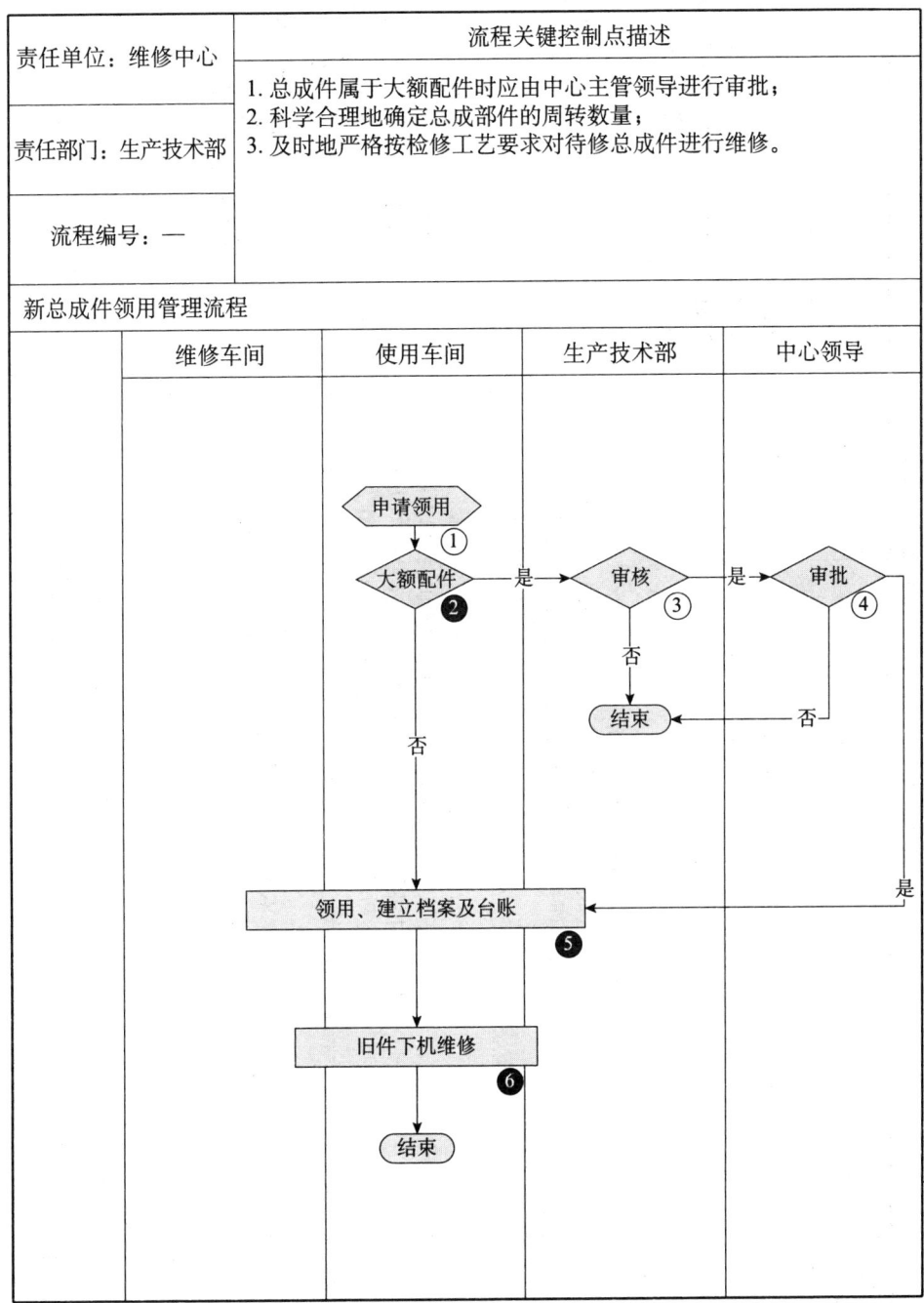

图 5.1.7　新总成件领用管理流程

表 5.1.7 新总成件领用管理流程控制矩阵

责任单位	流程名称		流程编号	
维修中心	新总成件领用管理		—	
控制目标	新总成件领用原因合理，避免因总成件维修周期长造成设备停机时间过长，为公司创造经济效益			

节点编号	节点目标	是否为关键控制点	风险描述	控制措施	控制证据	责任部门	责任岗位	控制制度/文件
1	领用更换的理由、使用方向明确	否	新总成件领用理由不充分，造成浪费或使用方向不明确影响总成件是否有跟踪	1. 新总成件领用审批单填写规范。 2. 新总成件领用理由充分恰当。 3. 新总成件使用方向明确。 4. 核实此总成件是否有备件。		相关车间	车间主管工程师	《设备维修中心维保质量体系》
2	配件价格核实准确	是	总成件单价核实不准确造成违反《设备维修中心材料配件管理办法》导致费用占用	1. 车间技术员要核实总成件单价并填写在新总成件领用审批单上。 2. 进口件单价是否大于 30 万元。 3. 国产件单价是否大于 10 万元。	新总成件领用审批单	相关车间	相关车间主任	
3	审批程序正确	否	审批程序不正确导致生产费用浪费	生产技术部主任： 1. 总成件领用理由是否充分。 2. 总成件领用有无周转件。		生产技术部	生产技术部主任	
4	审批程序正确	否	审批程序不正确导致生产费用浪费	中心领导： 1. 生产费用是否足够分配。 2. 总成件审批程序是否正确。		中心领导	中心主管领导	

续表

节点编号	节点目标	是否为关键控制点	风险描述	控制措施	控制证据	责任部门	责任岗位	控制制度/文件
5	档案建立及时，便于总成件跟踪	是	总成件档案建立不及时影响总成件故障及保养检修的跟踪，造成总成件损坏	1. 总成件出库一周内进行建档。 2. 新总成件使用车间负责对新总成件进行贴牌。	总成件档案	相关车间生产技术部		
6	总成件及时下机维修	是	总成件修复不及时导致设备用周转件不足，增加成本消耗	1. 总成件下机后要完善总成件台账。 2. 使用车间对下机的总成件及时清洗进行送修。 3. 总成件送修前使用车间要挂好总成件维修流程卡。 4. 总成件维修车间及时组织人员对总成件进行故障分析和修复。 5. 总成件维修要严格按维修控制流程执行。	总成件台账	相关车间	车间主管工程师	《设备中心维修质量保障体系》

5.1.8 总成件维修管理流程

责任单位：维修中心	流程关键控制点描述
	1. 生产技术部要对维修车间上报的总成件故障进行核实并且上报中心主管领导；
责任部门：生产技术部	2. 中心主管领导根据设备的运行状态和生产需要合理安排； 3. 生产技术部和维修车间技术人员负责对外委总成件进行验收； 4. 生产技术部要对维修车间上报的总成件维修所需配件进行核实并且上报中心主管领导；
流程编号：—	5. 中心主管领导根据设备的运行状态和生产需要合理安排； 6. 生产技术部和维修车间技术人员负责对外委总成件配件进行验收； 7. 生产技术部和维修车间技术人员负责对自修总成件进行验收。

总成件维修管理流程

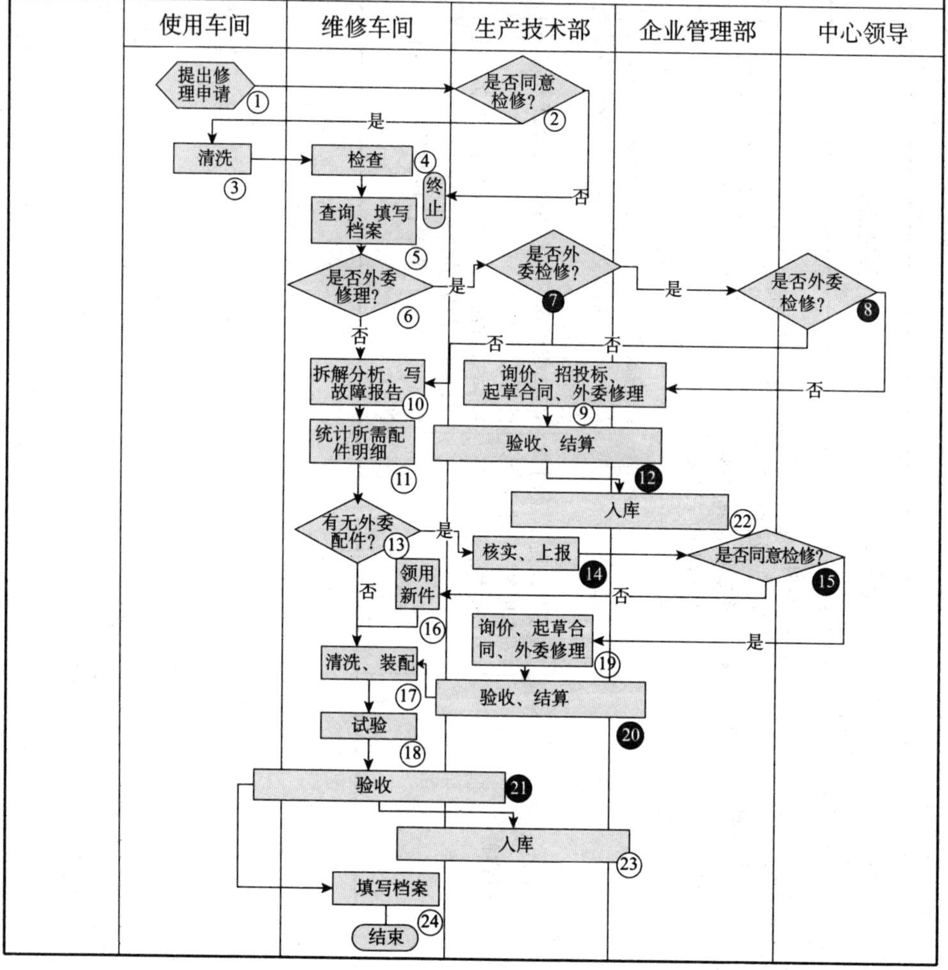

图5.1.8 总成件维修管理流程

表5.1.8 总成件维修管理流程控制矩阵

责任单位	维修中心								
流程名称	总成件维修管理								
流程编号	一								
控制目标	总成件故障报告准确,检修及时得当,缩短总成件维修时间以及恰当处置总成件,避免返修,为公司创造经济效益								
节点编号	节点目标	是否为关键控制点	风险描述	控制措施	控制证据	责任部门	责任岗位	控制制度/文件
1	及时申请总成件维修	否	不及时申请总成件维修,导致总成件报废或故障扩大,造成损失	1.随时掌握设备运行时间。 2.实时掌握设备的性能。 3.实时掌握设备的运行状态及生产能力。 4.掌握设备的能耗及维修成本。	总成件维修保养记录、总成件运行状态记录	使用车间	主管工程师	《设备中心设备大修管理办法》
2	对使用车间提报的总成件申请进行审核	否	审核不严格,将使总成件失修或提前修理,造成设备损失或修理成本增加	1.检查设备运行的准确性。 2.检查、掌握设备的性能。 3.了解设备的运行状态及生产能力。 4.检查、掌握设备的能耗及维修成本。	总成件维修保养记录、总成件运行状态记录	生产技术部	技术部主管工程师	《设备中心设备大修管理办法》
3	保证总成件清理彻底,便于维修车间检查	否	总成件未清理干净,修车间在检查故障时不能及时、完全发现故障点,为总成件检修埋下隐患	1.使用车间在总成件送修前应将总成件清洗干净。 2.维修车间在接收总成件时对总成件清洗情况进行检查,如发现清洗不彻底影响检查,不予以接收。	现场实物	相关车间	维修电工、维修钳工、维修焊工	《设备中心维修质量保障体系》

续表

节点编号	节点目标	是否为关键控制点	风险描述	控制措施	控制证据	责任部门	责任岗位	控制制度/文件
4	对总成件进行全面检查,及时发现全面故障	否	总成件检查不认真,造成成件检查时存在遗漏,影响总成件正常使用和寿命	1. 认真检查总成件故障点并进行记录。2. 总成件在出厂交货前,维修车间需对总成件进行一次全面检查,直到无故障点时方可交与使用车间。	记录	相关车间	维修电工、维修钳工、维修焊工	
5	详细记录总成件检修故障,填写档案,以便查询	否	总成件检修档案不全,影响计划检修项目安排或出现重复修理现象	1. 维修车间在总成件维修前要完善总成件档案,以便今后查询。2. 总成件检修故障作为申请是否外委的依据。3. 维修车间制定总成件维修工艺单。	总成件档案	相关车间	维修电工、维修钳工、维修焊工	《设备维修中心维修质量保障体系》
6	保证总成故障处理方式恰当	否	总成件故障报告不准确,造成对总成件故障处理方式不当或总成件故障原因未排除,造成公司的经济损失	1. 对照故障检查结果进行现场核实,故障描述是否准确。2. 检查有无遗漏故障。3. 核实维修车间是否可以进行自修。	总成件故障检查结果	相关车间	相关车间主任	
7	生产技术部核实故障,以便设备统筹安排	是	总成件未进行审批程序,影响中心计划性检修和设备安排	1. 总成件是否可以进行自修。2. 总成件是否有修复价值。	审批表	生产技术部	技术部主任	

续表

节点编号	节点目标	是否为关键控制点	风险描述	控制措施	控制证据	责任部门	责任岗位	控制制度/文件
8	经中心主管领导审批确认，以便设备统筹安排	是	总成件未进行审批程序，影响总成件计划性检修和设备安排	1. 总成件是否可以进行自修。 2. 总成件是否有修复价值。	审批表	主管领导	主管领导	
9	询投、招标合法合规	否	询件、招标不合法，造成公司经济损失	1. 中心纪委对开标过程进行监督。 2. 核实标书是否存在围标、串标现象。 3. 核实投标人是否存在相互串通投标行为。	会议纪要	生产技术部、党工部	生产技术部主任、纪委干事	
10	拆解分析、准确填写故障报告，为罗列所需配件提供参考	否	故障报告填写不规范、不全面，不能及时做检修计划，影响总成件检修工期或质量	1. 故障报告填写规范、全面。 2. 对照总成件拆解分析、故障报告进行现场核实，故障描述是否准确。	故障报告	相关车间	主管工程师	
11	详细罗列总成自修所需配件明细，以便做配件计划	否	总成件自修所需配件罗列不全面，影响总成件检修工期或质量	1. 维修车间车间主任和主管工程师要对照总成件故障分析报告对所需配件进行审核。 2. 核实总成件维修所需配件是否罗列全面。 3. 核实库存有无所配件。 4. 评定配件是否有修复价值。 5. 核实维修车间是否可以进行自修。	配件明细	相关车间	车间主任、主管工程师	《设备中心维修质量保障体系》

续表

节点编号	节点目标	是否为关键控制点	风险描述	控制措施	控制证据	责任部门	责任岗位	控制制度/文件
12	总成件故障得到根本解决并达到使用要求	是	总成件故障未能得到根本性解决，造成总成件返修，需要润滑的部位处理不合适造成总成件不符合使用要求	1. 对总成件外观进行检查，是否存在部件缺失现象。 2. 检查润滑油加注是否正确。 3. 对总成件功能进行检查，故障是否得到根本解决，有无新增故障。 4. 检查总成件安装后是否运转平稳。 5. 总成件是否密封各种管接头。	总成件验收单	生产技术部	主管工程师	
13	配件故障真实，处理方式恰当	否	总成件部分配件故障报告不准确，造成对配件故障处理方法不当或对总成件配件故障原因未排除，造成公司的经济损失	1. 对照故障检查结果进行现场核实，故障描述是否准确。 2. 检查有无遗漏故障。 3. 核实维修车间是否可以进行自修。 4. 核实配件是否有库存。	总成件故障检查结果	相关车间	相关车间主任	
14	生产技术部核实故障，以便设备统筹安排	是	总成件未进行计划性检修，影响设备检修和设备安排	1. 配件是否可以进行自修。 2. 配件是否有修复价值。 3. 配件是否有库存。	审批表	生产技术部	主管工程师	
15	经中心主管领导审批确认，以便统筹设备安排	是	总成件未进行计划性检修，影响设备检修和设备安排	1. 总成件是否可以进行自修。 2. 总成件是否有修复价值。	审批表	主管领导	主管领导	《设备维修中心维修质量保障体系》

续表

节点编号	节点目标	是否为关键控制点	风险描述	控制措施	控制证据	责任部门	责任岗位	控制制度/文件
16	领用材料配件完好,与所需配件相符	否	材料配件存在缺陷或不匹配造成成本多余消耗	1. 检查材料配件外观是否完好。 2. 检查材料配件型号和配件号是否与所需计划一致。 3. 核实材料配件是否与设备匹配。	配件需求计划	各车间	车间主管工程师	《设备维修中心配件管理制度》
17	清洗干净,装配符合标准	否	未清洗或装配不符合标准造成总成件损坏或重复维修	1. 装配前要对零部件进行清洗、擦拭。 2. 装配要按照规定的装配顺序、数据和精度完成。	装配数据报告	各车间	车间主管工程师	
18	维修结束后要进行试验、确认故障已彻底处理	否	未进行试验导致重复维修返修,造成设备停机时间加长	1. 检查总成件运行是否平稳。 2. 检查总成件是否存在泄漏点。 3. 检查总成件运行时是否存在异响。 4. 检查总成件性能是否达标。	总成件测试、试验报告	相关车间	车间主任、主管工程师	
19	询价、招投标法合规	否	询价、招标不合法,造成公司经济损失	1. 中心纪委对开标过程进行监督。 2. 核实标书是否存在围标、串标现象。 3. 核实投标人是否存在相互串通投标行为。	会议纪要	生产技术部、党工部	生产技术部主任、纪委干事	《设备维修中心外委检修管理办法》

续表

节点编号	节点目标	是否为关键控制点	风险描述	控制措施	控制证据	责任部门	责任岗位	控制制度/文件
20	配件故障得到根本解决并使用达到要求	是	配件故障未能得到根本性解决，造成总成件损坏或不符合使用要求	1. 对配件外观进行检查，是否存在部件缺失现象。2. 对配件功能进行检查，有无新增故障，是否得到根本解决。3. 配件功能是否完善，是否满足现场需求。	总成件验收单	生产技术部	主管工程师	《设备中心维修质量保障体系》
21	总成件故障得到根本解决并使用达到要求	是	总成件故障未能得到根本性解决，造成总成件返修，需要润滑的部位处理不合适造成总成件不符合使用要求	1. 对总成件外观进行检查，是否存在部件缺失现象。2. 检查润滑油加注是否正确。3. 对总成件功能进行检查，有无新增故障。4. 检查总成件安装后是否运转平稳。5. 总成件是否密封各种管接头。	总成件验收单	生产技术部	主管工程师	
22	对库存总成件要定期检查、保养等维护工作，并做好记录	否	未定期进行维护造成总成件故障	1. 维修车间每月要对总成件进行检查、保养等维护工作。2. 生产技术部定期对总成件维护记录进行检查。	总成件维护记录	生产技术部、相关车间	生产技术部主管工程师、维修电工、维修钳工	《设备中心外委检修管理办法》

续表

节点编号	节点目标	是否为关键控制点	风险描述	控制措施	控制证据	责任部门	责任岗位	控制制度/文件
23	对库存总成件定期检查、保养等维护工作，并做好记录	否	未定期进行维护造成总成件故障	1. 维修车间每月要对总成件进行检查、保养等维护工作。 2. 生产技术部定期对总成件维护记录进行检查。	总成件维护记录	生产技术部、相关车间	生产技术部主管工程师、维修电工、维修钳工	
24	档案齐全	否	档案不齐造成总成件维修故障查询不便	1. 检查是否有检修工艺单。 2. 检查是否有测试、试验报告。 3. 检查是否有验收记录。 4. 如总成件检查是否有外委申请单。 5. 检查是否有检修流程卡。 6. 如总成件进行返检检查是否有返修单。	总成件档案	相关车间	主管工程师	《设备维修中心外委检修管理办法》

5.1.9 拆装或更换电铲铲斗流程

责任单位：维修中心	流程关键控制点描述
责任部门：生产技术部	1. 若设备停放不合理或没有按检修要求停放的，在拆装时将无法连接安装； 2. 拆斗杆与铲斗前部连接销必须将斗杆用吊车吊住，以防拆掉连接销时斗杆移动伤人，铲斗与斗杆分离前必须要求将斗杆用吊车吊住。
流程编号：—	

拆装或更换电铲铲斗流程

穿采车间	煤矿	整备车间
合理停放设备 ❶		
放松提升制动器、放出大绳 ❷		
拆装锁块 ❸	←	吊车配合 ⑧
拆铲斗与斗杆前部连接销子挡圈、拉板连接销挡圈和销子 ❹	←	吊车配合 ⑨
铲斗与斗杆分离 ⑤	←	吊车配合 ⑩
装铲斗、铲斗与斗杆、后拉板连接销、各连接销挡圈 ⑥	←	吊车配合 ⑪
试运行前检查和试运行 ⑦		
否 ←	试运行	
结束	是	

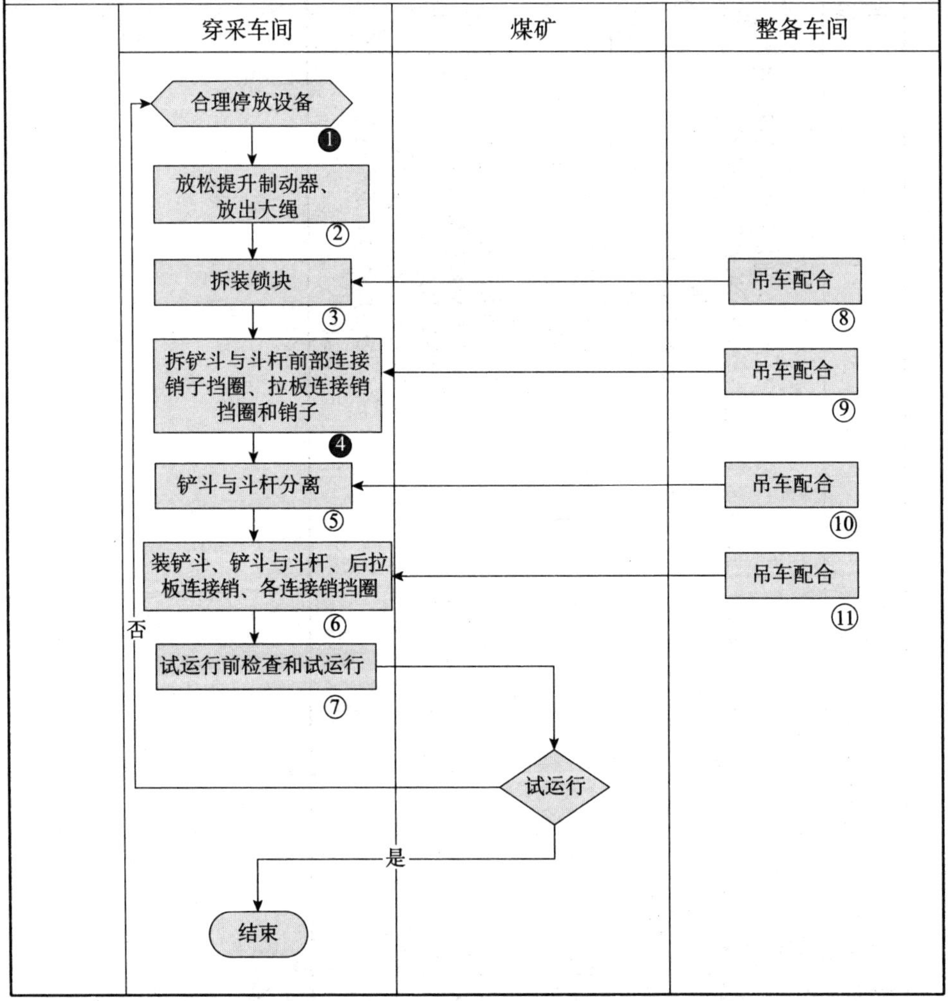

图 5.1.9 拆装或更换电铲铲斗流程

第二篇 重点业务管控

表5.1.9 拆装或更换电铲斗流程控制矩阵

责任单位	维修中心							
流程名称	拆装或更换电铲斗							
流程编号	—							
控制目标	标准化作业，作业任务安全顺利完成，缩短设备停机时间，为公司创造经济效益							
节点编号	节点目标	是否为关键控制点	风险描述	控制措施	控制证据	责任部门	责任岗位	控制制度/文件
1	设备停放	是	若设备停放不合理或没有按检修要求停放的，在拆装时将无法连接安装	保证设备与斗在同一水平地面。2. 在设备无法移动时不能对其进行拆装。	拆装或更换铲斗工单	穿采车间	维修钳工	
2	放松提升制动器、放出大绳	否	不松制动器或放出大绳无法拆装铲斗	必须放松制动器和放出大绳，否则会发生人员伤亡	更换铲斗工单	穿采车间	维修钳工	《设备中心维修维修质量保障体系》
3	拆装锁块	否	不拆下无法工作	拆装锁块时必须用吊车吊住，否则会发生人员伤亡	更换铲斗工单	穿采车间	维修钳工	
4	拆铲斗与斗杆前连接销子挡圈，拉板连接销挡圈和销子	是	拆不下无法工作	拆斗杆与铲斗前部连接销必须将斗杆用吊车吊住，以防拆掉连接销时移动伤人	更换铲斗工单	穿采车间	维修钳工	

269

续表

节点编号	节点目标	是否为关键控制点	风险描述	控制措施	控制证据	责任部门	责任岗位	控制制度/文件
5	铲斗与斗杆分离	否	不分离无法更换新铲斗	铲斗与斗杆分离前必须要求斗杆用吊车吊住以防斗杆移动伤人	更换铲斗工单	穿采车间	维修钳工	
6	装铲斗、斗杆与斗杆、后拉板连接销、各连接销挡圈	否	不装无法工作	拆斗杆与铲斗前部连接销必须将斗杆用吊车吊住，以防拆掉连接销时斗杆移动伤人；铲斗与斗杆分离前必须要求将斗杆用吊车吊住	更换铲斗工单	穿采车间	维修钳工	
7	试运行前检查和试运行	否	须确认各零部件安装是否牢固	在进行试运时，必须要求由操作人员进行操作，要求司机启动电铲时，必须操作手柄全开，慢慢试运几次，无意外变化后方可全开，试运中不准调整运动部件，不准处理故障；必须确认各零部件安装牢固	更换铲斗工单	穿采车间	维修钳工	《设备中心维修质量保障体系》
8	各工种人员配合得当	否	维修工跟吊车配合不当造成人员伤亡和损坏设备	1. 吊车接到调度通知后及时到达指定地点。2. 严格遵守吊运安全操作规程。3. 维修工不得直接指挥吊车司机操作。4. 必须设专人指挥。	更换铲斗工单	穿采车间、整备车间	维修钳工、吊车司机、起重工	

续表

节点编号	节点目标	是否为关键控制点	风险描述	控制措施	控制证据	责任部门	责任岗位	控制制度/文件
9	各工种人员配合得当	否	维修工跟吊车配合不当造成人员伤亡和损坏设备	1. 吊车接到调度通知后及时到达指定地点。 2. 严格遵守吊运安全操作规程。 3. 维修工不得直接指挥吊车司机操作。 4. 必须设专人指挥。	更换铲斗工单	穿采车间、整备车间	维修钳工、吊车司机、起重工	《设备维修中心维修质量保障体系》
10	各工种人员配合得当	否	维修工跟吊车配合不当造成人员伤亡和损坏设备	1. 吊车接到调度通知后及时到达指定地点。 2. 严格遵守吊运安全操作规程。 3. 维修工不得直接指挥吊车司机操作。 4. 必须设专人指挥。	更换铲斗工单	穿采车间、整备车间	维修钳工、吊车司机、起重工	
11	各工种人员配合得当	否	维修工跟吊车配合不当造成人员伤亡和损坏设备	1. 吊车接到调度通知后及时到达指定地点。 2. 严格遵守吊运安全操作规程。 3. 维修工不得直接指挥吊车司机操作。 4. 必须设专人指挥。	更换铲斗工单	穿采车间、整备车间	维修钳工、吊车司机、起重工	

5.1.10 更换电动轮流程

责任单位：维修中心	流程关键控制点描述
责任部门：生产技术部	1. 维修负责人观察好周围的环境。维修负责人确认卡车举斗、熄火、钥匙门回位90s后打动方向盘无转动，确认压力释放。维修负责人测量温度，冷却到40℃以下。维修负责人确认电瓶开关关闭和全车没电； 2. 维修工不得直接指挥吊车司机操作。
流程编号：—	

更换电动轮流程

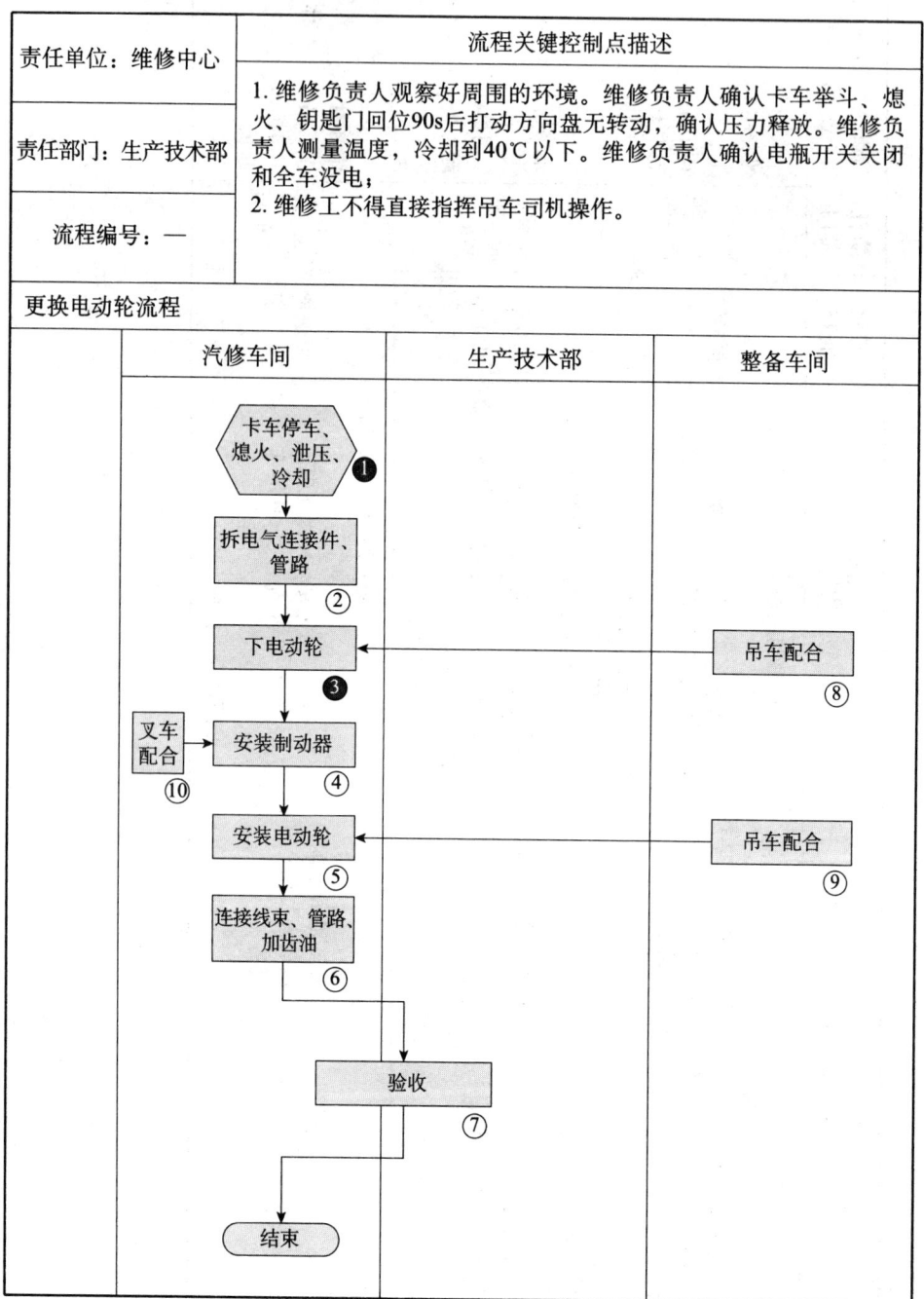

图 5.1.10　更换电动轮流程

表 5.1.10 更换电动轮流程控制矩阵

责任单位	\multicolumn{2}{c}{维修中心}	流程名称	更换电动轮	流程编号	—			
控制目标	\multicolumn{9}{l}{叉车和吊车联合作业时配合得当，抓好工作进度、效率，避免因更换电动轮而造成设备停机时间过长，为公司创造经济效益}
节点编号	节点目标	是否为关键控制点	风险描述	控制措施	控制证据	责任部门	责任岗位	控制制度/文件
1	卡车停放位置合理，确认卡车熄火，完全泄压，温度在40℃以下	是	停放位置不影响叉车和吊车作业，卡车电瓶开关未处于关闭状态，高压火泄压，卡车未熄火管路时高压液体伤人；温度在40℃以上，造成人员烫伤	1. 维修负责人观察好周围的环境。 2. 维修负责人确认卡车举上、钥匙门位90s后打动方向盘无转动，确认压力释放。 3. 维修负责人测量温度，冷动到40℃以下。 4. 维修负责人确认电瓶开关关闭和全车没电。	更换电动轮工作单	汽修车间	维修负责人	《设备维修中心维修质量保障体系》
2	拆电气连接件，管路	否	未拆卸跟电动轮连接的电气原件，线束和管路，导致下电动轮时损伤电气元件、线束和胶管	1. 维修负责人确认拆卸所有连接的线束、管路和电气元件。 2. 保证下电动轮时无连接的线束和原件。	更换电动轮工作单	汽修车间	维修负责人	
3	下电动轮	是	维修工跟吊车配合作业时严禁违反吊运安全操作规程，禁止在规定范围之内和吊运物下站人，否则会造成人员伤亡和损坏设备	1. 严格遵守吊运安全操作规程。 2. 维修工不得直接指挥吊车司机操作。 3. 必须设专人指挥。	更换电动轮工作单	汽修车间	维修负责人	

续表

节点编号	节点目标	是否为关键控制点	风险描述	控制措施	控制证据	责任部门	责任岗位	控制制度/文件
4	安装制动器	否	维修工跟叉车联合作业时严禁违反叉车安全操作规程,禁止违章指挥,使用风动扳手时检查风动扳手和动扳手前段(安装套筒)是否可靠,防止使用时脱离手打伤人员	1. 必须设专人指挥,限叉车司机配合默契。 2. 维修负责人检查、确定风动扳手和接管车固。	更换电动轮工作单	汽修车间	维修负责人	《设备维修中心维修质量保障体系》
5	安装电动轮	否	维修工跟吊车配合作业时严禁违反吊运安全操作规程,禁止在规定范围之内和吊运情况下站人,否则会造成人员伤亡和损坏设备	1. 严格遵守吊运安全操作规程。 2. 维修工不得直接指挥吊车司机操作。 3. 必须设专人指挥。	更换电动轮工作单	汽修车间	维修负责人	
6	安装管路、连接线束和加齿油	否	连接线束未连接车固造成短路和信号不稳;管路连接未牢固造成渗漏液压油损坏设备	1. 生产技术部人员检查、确认电动轮固齿油加到标准刻度,无渗漏。 2. 维修负责人确认连接线束和管路连接车固。	更换电动轮工作单	汽修车间	维修负责人	
7	符合验收标准	否	未验收造成设备损坏	1. 确认电动轮正确加注齿油。 2. 检查有无泄漏。 3. 确认电动轮达到现场使用标准。 4. 检查电动轮运转是否平稳。 5. 各种管接头连接是否正确。	验收报告	生产技术部、汽修车间	生产技术部术员、车间主任	

274

续表

节点编号	节点目标	是否为关键控制点	风险描述	控制措施	控制证据	责任部门	责任岗位	控制制度/文件
8	各工种人员配合得当	否	维修工跟吊车配合不当造成人员伤亡和损坏设备	1. 吊车接到调度通知后及时到达指定地点。 2. 严格遵守吊运安全操作规程。 3. 维修工不得直接指挥吊车司机操作。 4. 必须设专人指挥。	更换电动轮工作单	汽修车间、整备车间	维修钳工、吊车司机、起重工	《设备维修中心维修质量保障体系》
9	各工种人员配合得当	否	维修工跟吊车配合不当造成人员伤亡和损坏设备	1. 吊车接到调度通知后及时到达指定地点。 2. 严格遵守吊运安全操作规程。 3. 维修工不得直接指挥吊车司机操作。 4. 必须设专人指挥。	更换电动轮工作单	汽修车间、整备车间	维修钳工、吊车司机、起重工	
10	各工种人员配合得当	否	各工种配合不当造成人员伤亡和损坏设备	1. 设立专人进行指挥。 2. 作业开始前要进行现场技术和安全交底。 3. 严格执行安全操作规程。 4. 合理安排人员站位。	更换电动轮工作单	汽修车间	维修钳工	

5.1.11 设备维护保养管理流程

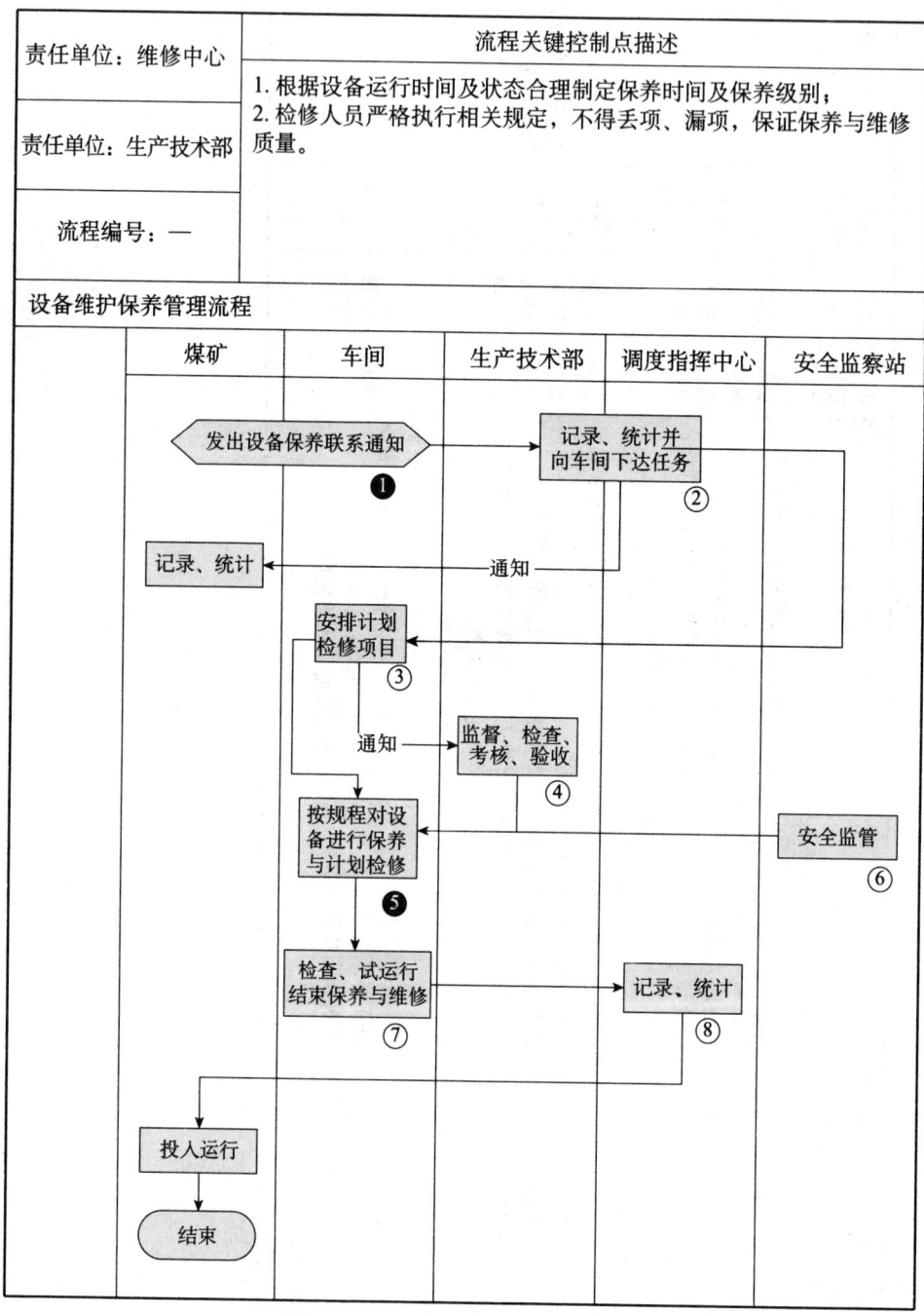

图5.1.11 设备维护保养管理流程

第二篇 重点业务管控

表 5.1.11 设备维护保养管理流程控制矩阵

责任单位	维修中心									
控制目标	设备保养符合规定，设备保养和设备计划性检修有效结合，缩短设备停机时间，为公司创造经济效益									
节点编号	流程名称	风险描述	是否为关键控制点	节点目标	控制措施	控制证据	责任部门	责任岗位	流程编号	控制制度/文件
1	设备维护保养管理	设备保养信息不准确导致成本浪费	是	设备保养信息准确	1. 设备使用单位和维修单位要依据设备运行小时数制定保养计划。 2. 设备使用单位和维修单位要依据设备油脂化验分析结果制定保养计划。	设备油脂化验报告、设备运行小时统计	各车间	车间主管工程师	一	《设备维修中心维修质量保障体系》
2		保养任务下达不当影响生产顺利进行	否	保养任务下达恰当	车间： 设备保养计划制定后，保养前一天通知调度指挥中心： 1. 调度指挥中心联络设备使用单位调回设备安排保养。 2. 记录并统计设备保养时间。	调度日志	调度指挥中心、各车间	调度员、各车间主任		

续表

节点编号	节点目标	是否为关键控制点	风险描述	控制措施	控制证据	责任部门	责任岗位	控制制度/文件
3	合理制定计划检修项目	否	计划检修项目制定不合理影响生产顺利进行	1. 制定保养和检修工序时，必须充分考虑工人白班检修效率和设备夜间具备正常作业的能力。2. 制定计划检修项目和工序时，必须结合保养计划，使计划检修项目的工时、工序与保养给定的工时、工序一致。	保养单、计划检修单	各车间	车间主管工程师	
4	监督、检查、考核、验收达标	否	监督、检查、考核、验收工作未按规定进行影响保养、检修质量	1. 制定计划检修计划，是否结合保养计划、计划检修项目的工时、工序与保养给定的工时、工序是否一致。2. 计划检修与保养工作是否同步实施。3. 现场管理是否达到5S管理标准。4. 检修项目完成后，检修人员启车进行原地空载试验，确认无误后，班组方可验收签字。	保养单、计划检修单	生产技术部	生产技术部主管工程师	《设备维修中心维修质量保障体系》
5	实现设备完好	是	未按规程对设备进行保养与计划检修影响保养和检修质量	1. 保养单和计划检修单同时下发到班组，计划检修与保养工作同步实施。2. 在实施保养和计划检修前，车间必须通知生产技术部。	保养单、计划检修单	各车间	车间主管工程师，维修钳工，维修电工，维修焊工	

续表

节点编号	节点目标	是否为关键控制点	风险描述	控制措施	控制证据	责任部门	责任岗位	控制制度/文件
5	实现设备完好	是	未按规程对设备进行保养与计划检修影响保养和检修质量	3. 实施保养和计划检修任务时，各项工作要实现定点、定时、定法、定标的要求。 4. 清洗或吹洗干净设备，现场管理要达到5S管理标准。 5. 执行保养、检修任务时，要逐条查看，逐项落实保养、检修任务，完成一项签字确认一项，绝不能漏项。 6. 保养完成后，按标把各类油脂加注齐全。 7. 保养时，对设备线路、管路、密封装置进行整理、更换，保养后线路、管路和密封装置达到安全、有效、整齐的标准。	保养单、计划检修单	各车间	车间主管工程师，维修钳工，维修电工，维修焊工	《设备维修中心维修质量保障体系》
6	安全监管到位	否	检修过程中未对人员不安全行为或现场监管，造成人员伤害或设备损坏	监管内容： 1. 劳动保护用品穿戴是否齐全正确。 2. "两单两会一挂牌"执行情况。 3. 现场危险源辨识情况。 4. 操作规程执行情况。现场目视化管理执行情况。	日常检查记录	安监站	安监站安监员	《设备维修中心本质安全体系》

续表

节点编号	节点目标	是否为关键控制点	风险描述	控制措施	控制证据	责任部门	责任岗位	控制制度/文件
7	设备保养和计划检修达到预期目标	否	设备保养和计划检修未达到预期目标，影响设备正常运行	1. 保养结束后，车间技术人员和设备操作人员对保养设备进行验收，验收合格后，在保养单确认。 2. 检修项目完成后，检修人员要启车进行原地空载试验，确认无误后，班组方可验收签字。	保养单	各车间	车间主管工程师	《设备维修中心维修质量保障体系》
8	记录统计及时准确	否	记录统计不及时准确造成生产被延误	1. 设备故障排除后，设备维修车间要向调度指挥中心汇报车辆已处理好。 2. 调度指挥中心进行记录统计。 3. 调度指挥中心通知设备使用单位进行运行。	调度日志	调度指挥中心、各车间	调度员	

5.1.12 设备故障维修管理流程

责任单位：维修中心	流程关键控制点描述
	1. 监督、检查、考核实施过程，保证保养、检修质量；
责任单位：生产技术部	2. 修理流程、工序正确。
流程编号：—	

设备故障维修管理流程

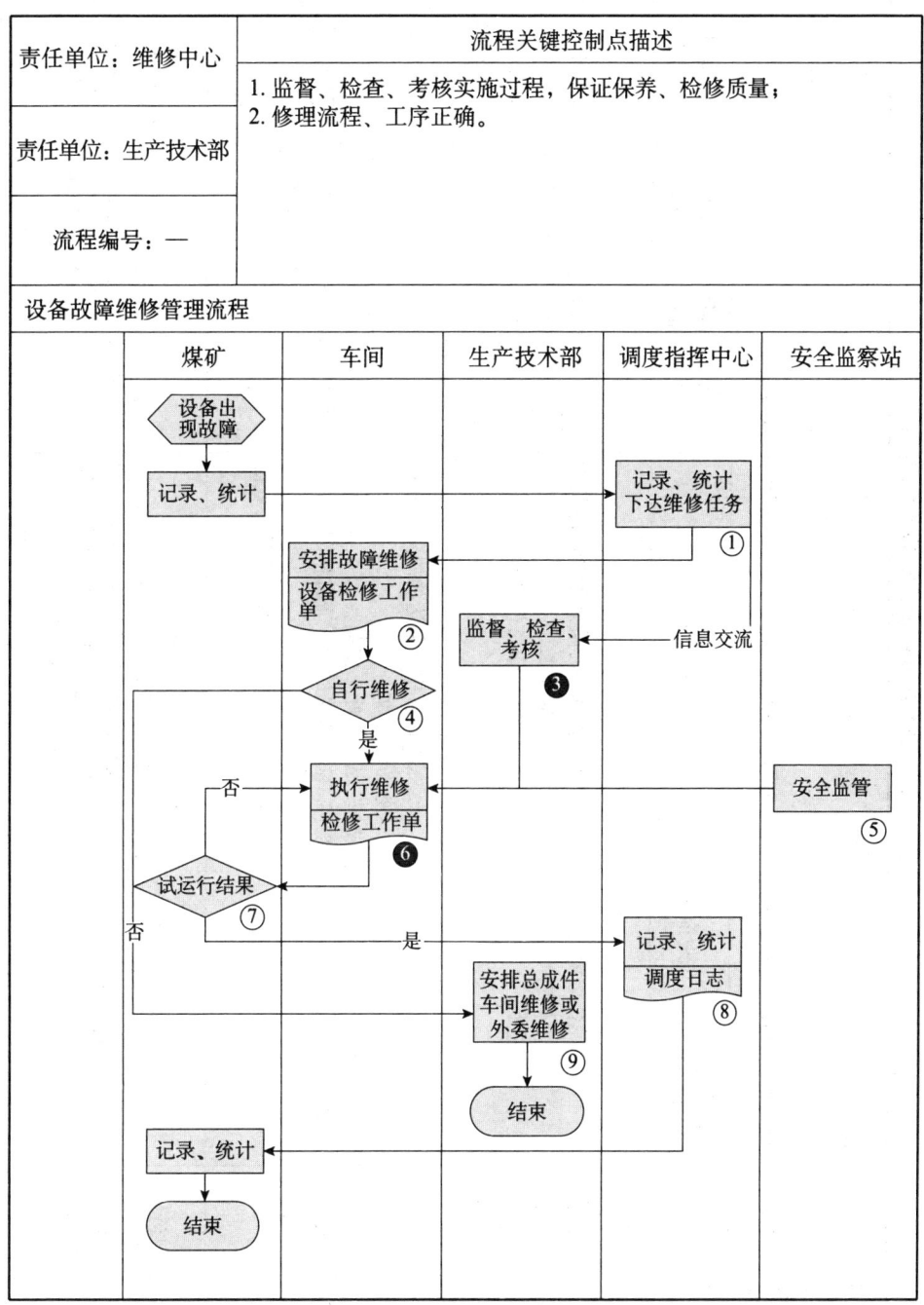

图 5.1.12 设备故障维修管理流程

表5.1.12 设备故障维修管理流程控制矩阵

责任单位	维修中心								
控制目标	设备故障维修及时，有效避免设备故障扩大，缩短设备停机时间，为公司创造经济效益								
流程名称	设备故障维修管理								
流程编号	—								
节点编号	节点目标	是否为关键控制点	风险描述	控制措施	控制证据	责任部门	责任岗位	控制制度/文件
1	设备故障维修任务下达恰当	否	设备故障维修任务下达不当影响生产顺利进行	1. 调度指挥中心接到设备故障通知后组织安排维修。 2. 记录并统计设备检修时间。	调度日志	调度指挥中心	调度员	《设备维修中心生产组织管理考核办法》
2	合理安排检修	否	检修安排不合理造成人工浪费，影响生产顺利进行	1. 根据调度中心下达的故障维修任务中确认故障。 2. 制定检修工作单。 3. 确定检修故障所需材料配件是否齐全。 4. 判定故障处理是否需要外委或配件外委。	工作单	各车间	车间主管工程师	《设备维修保养制度》
3	监督、检查、考核、验收达标	是	监督、检查、考核、验收工作未按规定进行影响保养、检修质量	1. 制定检修工作单。 2. 现场管理是否达到5S管理标准。 3. 检修项目完成后，检修人员要启车进行原地空载试验，确认无误后，班组方可验收签字。	工作单	生产技术部	生产技术部主管工程师	《设备维修保障质量体系》

续表

节点编号	节点目标	是否为关键控制点	风险描述	控制措施	控制证据	责任部门	责任岗位	控制制度/文件
4	合理处置故障设备	否	故障设备处理不当延长设备停机时间	1. 确认设备故障。 2. 设备故障件是否可以进行自修。 3. 核实解决设备故障所需材料配件是否充足。 4. 核实故障配件是否需要外委修理。	工作单	各车间	车间主管、工程师、维修钳工、维修电工、维修焊工	《设备维修中心维修保养制度》
5	安全监管到位	否	检修过程中未对现场进行监管，造成人员伤害或设备损坏	监管内容： 1. 劳动保护用品穿戴是否齐全正确。 2. "两单两会一挂牌"执行情况。 3. 现场危险源辨识情况。 4. 操作规程执行情况。 5. 现场目视化管理执行情况。	日常检查记录	安监站	安监站安监员	《设备维修中心本质安全体系》
6	修理流程、工序正确	是	修理流程、工序不正确造成人员伤害或设备损坏	1. 填写工作单并挂工作牌。 2. 确定检修负责人和监护人员。 3. 开现场交底会。 4. 严格执行操作规程。 5. 正确使用工器具。 6. 检修完成后清点人员、材料配件和工器具。 7. 试车。	工作单	各车间	维修钳工、维修电工、维修焊工、设备操作人员	《设备维修中心维修保养制度》

续表

节点编号	节点目标	是否为关键控制点	风险描述	控制措施	控制证据	责任部门	责任岗位	控制制度/文件
7	设备使用单位对设备进行试运行	否	未对设备进行试运行造成设备故障得不到及时解决或扩大故障	1. 设备使用单位接车前要对设备进行试运行。 2. 核实所报故障是否得到全面处理。 3. 核实设备是否存在其他故障。 4. 检查设备油水及润滑油加注情况。	工作单	设备使用单位	设备操作人员	《设备维修保养制度》
8	记录统计及时准确	否	记录统计不及时准确造成生产被延误	1. 设备故障排除后,设备维修车间要向调度指挥中心汇报记录处理好。 2. 调度指挥中心进行记录统计。 3. 调度指挥中心通知设备使用单位进行运行。	调度日志	调度指挥中心、各车间	调度员、各车间主任	
9	总成件处置恰当	否	总成件处置不当造成设备停机时间延长	1. 对照故障检查结果进行现场核实故障描述是否准确。 2. 检查有无遗漏故障。	故障检查表	生产技术部	生产技术部经理、生产技术部主管工程师	《设备维修件总成件管理办法》

5.1.13 设备计划检修流程

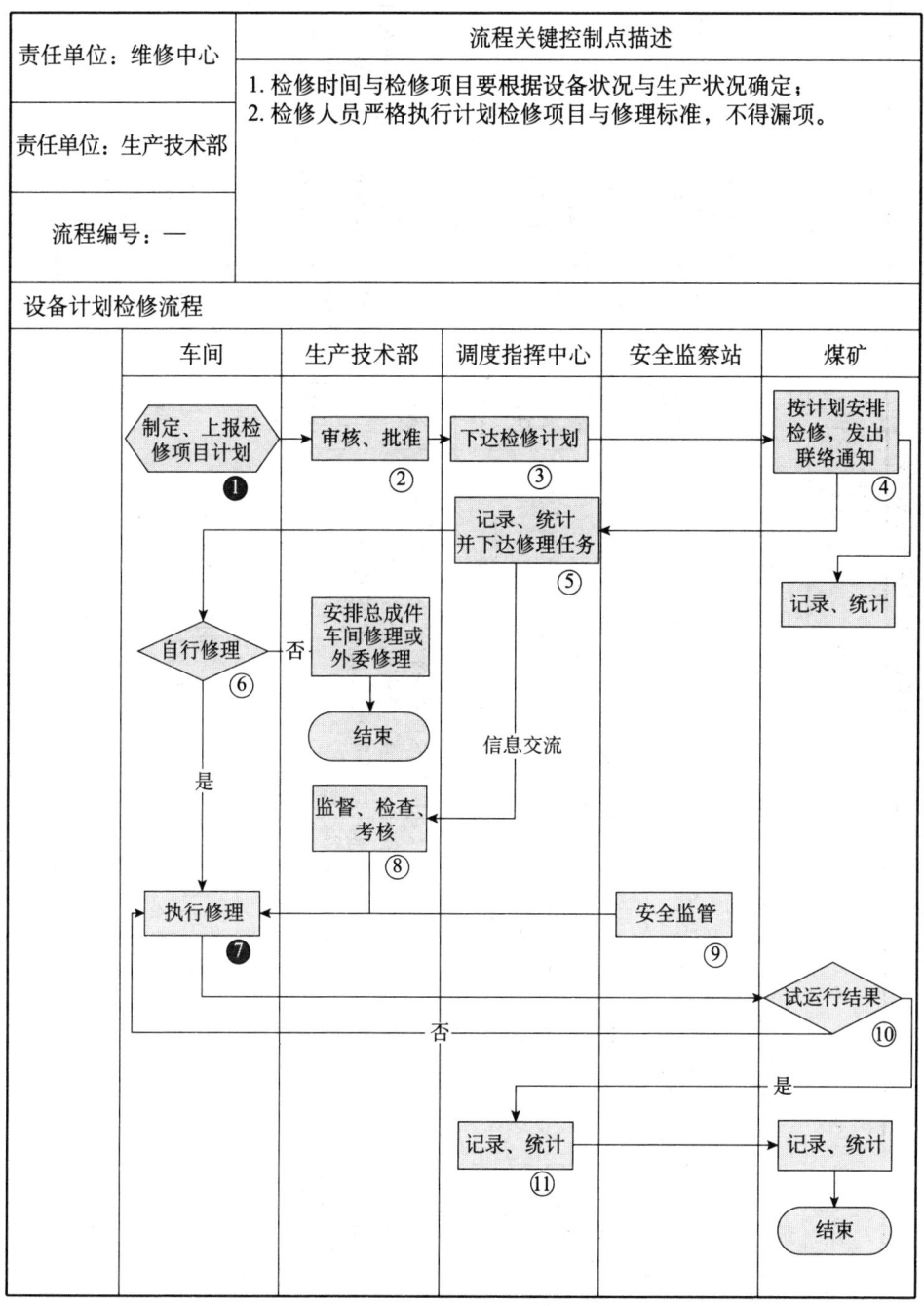

图 5.1.13 设备计划检修流程

表 5.1.13 设备计划检修流程控制矩阵

责任单位	流程名称		流程编号	
维修中心	设备计划检修			
控制目标	对设备故障进行修理，排除设备隐患，恢复设备性能，保持设备良好状态			
节点编号	节点目标	是否为关键控制点	风险描述	控制措施	控制证据	责任部门	责任岗位	控制制度/文件
---	---	---	---	---	---	---	---	---
1	制定计划检修项目及时、准确	是	设备计划检修项目制定不及时、不准确，设备将得不到及时的修理，设备状态就会恶化	1. 随时掌握设备运行时间。2. 实时掌握设备的性能。3. 实时掌握设备的运行状态及生产能力。4. 掌握设备的能耗及维修成本。	设备维修保养记录、设备状态记录	车间	车间主管工程师	—
2	及时、准确审核设备计划检修项目	否	审核、审批不严格，将使设备失修或者提前修理，造成设备损失或维修成本增加	1. 检查、掌握设备运行时间的准确性。2. 准确掌握设备的性能。3. 了解设备的运行状态及生产能力。4. 掌握设备的能耗及维修成本。	设备维修保养记录、设备状态记录	生产技术部	生产技术部主管工程师	《设备维修保养管理办法》
3	合理安排并下达设备检修计划	否	设备检修计划不合理，将会影响设备的正常修理或对生产造成影响	1. 掌握设备运行时间的准确性。2. 准确掌握设备的性能。3. 了解设备的运行状态及生产能力。4. 掌握煤矿生产对设备的需求。	调度日志	调度指挥中心	主管调度员	

续表

节点编号	节点目标	是否为关键控制点	风险描述	控制措施	控制证据	责任部门	责任岗位	控制制度/文件
4	按计划合理安排生产与检修	否	生产与设备检修安排不合理，将会影响设备的正常修理或造成影响生产	1. 根据生产需求及设备情况合理安排生产检修。2. 及时向设备维修中心反馈生产对设备的需求问题。	调度日志	煤矿调度部	调度员	《设备维修保养管理办法》
5	及时安排、下达设备修理任务	否	修理任务安排不及时，不能确保设备按时出动，影响生产	1. 检查确认所需的技术、工艺是否符合要求。2. 检查确认所需的材料配件及辅助设备是否齐全。3. 检查确认人员准备情况。	设备检修计划、调度日志	调度指挥中心	主管调度员	《设备维修保养管理办法》
6	合理处置故障设备	否	故障设备处理不当延长设备停机时间	1. 判定设备故障是否可以自修。2. 核实解决设备故障所需材料配件是否充足。3. 核实故障配件是否需要外委修理。	外委审批单	各车间	车间主管工程师，维修电工，维修钳工，维修焊工	《设备维修中心设备维修保养制度》《设备维修中心设备点检保养补充规定》
7	按时实施计划的设备检修项目	是	修理项目实施不彻底，不能确保设备按时出动，影响生产	1. 严格执行计划检修项目，各参数要达到原出厂标准。2. 检查、测试安全装置齐全有效。3. 监督、检查项目计划执行情况。	设备维修手册，设备参数	各车间	车间主管工程师	《设备维修保养管理办法》

续表

节点编号	节点目标	是否为关键控制点	风险描述	控制措施	控制证据	责任部门	责任岗位	控制制度/文件
8	监督、检查、考核、验收达标	否	监督、检查、考核、验收工作未按规定进行影响保养、检修质量	1. 制定计划检修项目和工序时，是否结合保养计划、计划检修项目的工时、工序与保养给定的工时、工序是否一致。 2. 计划检修与保养工作是否同步实施。 3. 现场管理是否达到5S管理标准。 4. 检修项目完成后，检修人员要启车进行原地空载试验，确认无误后，班组方可验收签字。	检修工作单	生产技术部	生产技术部主管工程师	《设备维修中心维修质量保障体系》
9	安全监管到位	否	检修过程中未对人员不安全行为或现场监管，造成人员伤害或设备损坏	监管内容： 1. 劳动保护用品穿戴是否齐全正确。 2. "两单两会一挂牌"执行情况。 3. 现场危险源辨识情况。 4. 操作规程执行情况。 5. 现场目视化管理执行情况。	检查记录	安监站	安监站安监员	《设备维修中心本质安全体系》
10	试运行、验收、符合标准	否	不严格按标准进行验收，设备会使不合格的设备投入生产中，存在安全隐患及维修成本的增加	1. 对设备各部进行测试，各参数要达到原出厂标准。 2. 检查、测试安全装置齐全有效。	设备维修手册、设备参数	煤矿	煤矿主管工程师	《设备维修中心设备维修保养管理办法》

续表

节点编号	节点目标	是否为关键控制点	风险描述	控制措施	控制证据	责任部门	责任岗位	控制制度/文件
11	汇报、统计记录	否	汇报、统计不及时、不准确，不能使设备按时投入，影响设备统计数据的准确性，也会影响生产	1. 实时掌握设备检修进度计划。 2. 实时掌握设备检修的实施进度。	设备检修计划、调度日志	调度指挥中心	主管调度员	《设备维修中心设备维修保养管理办法》

5.1.14 设备大修理流程

责任单位：维修中心	流程关键控制点描述
责任单位：生产技术部	1. 根据设备运行状况，尽可能详实、科学、准确制定大修计划，并落实配件情况； 2. 合理组织、安排检修人员、检修方案，检修人员严格执行相关规定； 3. 根据设备运行状况，尽可能详实、科学、准确制定大修计划，并落实配件情况； 4. 严格按合同及相关标准验收； 5. 大修质量跟踪评价。
流程编号：—	

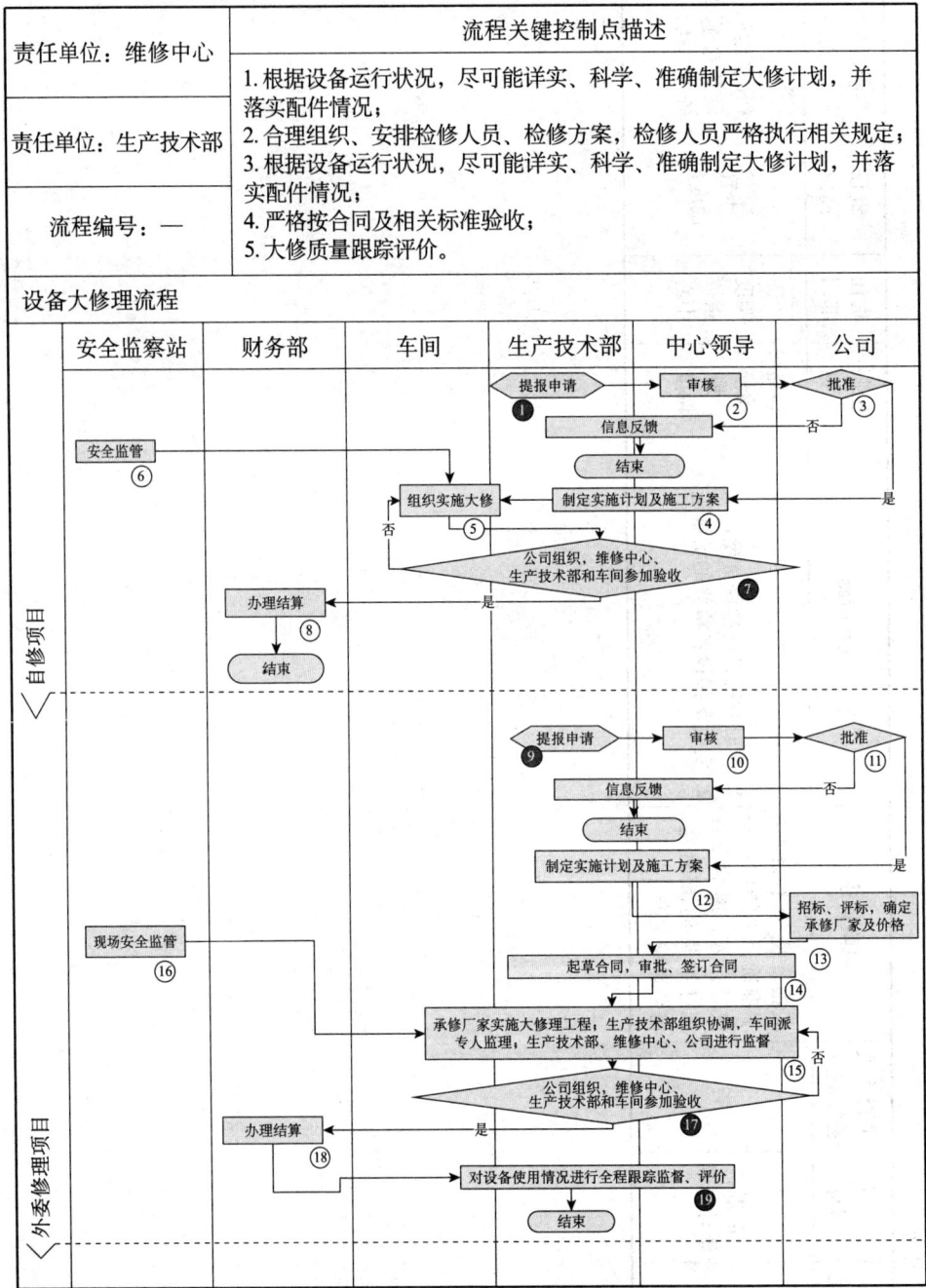

图 5.1.14　设备大修理流程

表5.1.14 设备大修流程控制矩阵

责任单位	流程名称	设备大修	流程编号	—
维修中心				

控制目标	彻底消除设备故障隐患，恢复设备的原有性能、状态

节点编号	节点目标	是否为关键控制点	风险描述	控制措施	控制证据	责任部门	责任岗位	控制制度/文件
1	及时申请设备大修	是	不及时申请大修，设备急剧老化，失去原有性能及生产能力，造成损失	1. 随时掌握设备运行时间。 2. 实时掌握设备的性能。 3. 实时掌握设备的运行状态及生产能力。 4. 掌握设备的能耗及维修成本。	设备维修保养记录、设备状态记录	生产技术部	生产技术部工程师	《设备维修中心设备大修管理办法》
2	审核设备大修项目	否	审核不严格，将修设备失修或提前修理，造成设备损失或维修成本增加	1. 检查设备运行时间的准确性。 2. 检查、掌握设备的性能。 3. 检查、了解设备的运行状态及维修能力。 4. 检查、掌握设备的能耗及维修成本。	设备维修记录、设备状态记录	中心领导	中心领导	
3	审批并下达设备大修项目计划	否	审批不严格，将修设备失修或提前修理，造成设备损失或维修成本增加	1. 检查设备运行时间的准确性。 2. 检查、掌握设备的性能。 3. 检查、了解设备的运行状态及生产能力。 4. 检查、掌握设备的能耗及维修成本。	设备大修计划	公司相关部门	公司相关部门主管人员	

续表

节点编号	节点目标	是否为关键控制点	风险描述	控制措施	控制证据	责任部门	责任岗位	控制制度/文件
4	合理制定施工计划及施工方案	否	施工计划及施工方案不完善，将不能完全恢复设备的性能，造成生产及维修成本浪费	1. 根据生产需求及设备情况合理安排施工时间。 2. 制定切合实际的修理项目计划。	设备大修计划	生产技术部、中心领导	生产技术部主管人员、中心主管领导	《设备维修中心设备大修管理办法》
5	确保大修按计划实施	否	如不能按计划项目实施，将不能完全恢复设备的性能，造成设备生产及维修成本浪费	1. 检查项目实施所需的技术、工艺是否符合要求。 2. 检查项目实施所需的材料配件及辅助设备是否齐全。 3. 检查项目实施的人员准备情况。	设备大修实施计划及实施方案	相关车间	相关车间主管人员	
6	安全监管到位	否	检修过程中未安全行为或现场监管不到位，造成人员伤害或设备损坏	监管内容： 1. 劳动保护用品穿戴是否齐全正确。 2. "两单两会一挂牌"执行情况。 3. 现场危险源辨识情况。 4. 操作规程执行情况。 5. 现场目视化管理执行情况。	检查记录	安监站	安监站安监员	《设备维修中心本质安全体系》

续表

节点编号	节点目标	是否为关键控制点	风险描述	控制措施	控制证据	责任部门	责任岗位	控制制度/文件
7	按标准对大修设备进行验收	是	不严格按标准进行验收，将会使不合格的设备投入生产中，存在安全隐患及维修成本的增加	1. 对设备各部进行测试，各参数要达到原出厂标准。 2. 经过生产测试及考核，生产能力符合标准要求。 3. 检查、测试该安全装置齐全有效。 4. 能耗及日常维修成本符合标准要求。	设备大修实施计划及实施方案	各车间、生产技术部、中心领导、公司相关部门	车间主管工程师、生产技术部工程师、中心领导、公司相关部门主管人员	《设备维修中心设备大修管理办法》
8	按时办理结算	否	结算不及时，造成维修成本数据不真实	1. 掌握设备大修理进度计划。 2. 掌握设备大修理的实施进度。 3. 掌握设备大修理的材料配件消耗情况。	大修进度计划、材料配件消耗明细	经营管理部	经营管理部相关人员	
9	及时申请设备大修	是	不及时申请大修，设备将急剧老化，失去原有性能及生产能力，造成损失	1. 随时掌握设备运行时间。 2. 实时掌握设备的性能。 3. 实时掌握设备的运行状态及生产能力。 4. 掌握设备的能耗及维修成本。	设备维修保养记录、设备状态记录	生产技术部	生产技术部工程师	
10	审核设备大修项目	否	审批不严格，将使设备失修或提前修理造成设备损失或成本增加	1. 检查设备运行时间的准确性。 2. 检查、掌握设备的性能。 3. 了解设备的运行状态及生产能力。 4. 检查、掌握设备的能耗及维修成本。	设备维修保养记录、设备状态记录	中心领导	中心领导	

续表

节点编号	节点目标	是否为关键控制点	风险描述	控制措施	控制证据	责任部门	责任岗位	控制制度/文件
11	审批并下达设备大修项目计划	否	审批不严格，将使设备失修或提前修理，造成设备损失或修理成本增加	1. 检查设备运行时间的准确性。 2. 检查，掌握设备的运行性能。 3. 了解设备的运行状态及生产能力。 4. 检查，掌握设备的能耗及维修成本。	设备维修保养记录、设备状态记录	公司相关部门	公司相关部门主管人员	
12	合理制定施工计划及施工方案	否	施工计划及施工方案不完善，将不能完全恢复设备的性能，造成生产不能及维修成本浪费	1. 根据生产需求及设备情况合理安排施工时间。 2. 制定切合实际的修理项目计划。	设备维修保养记录、设备状态记录	生产技术部、中心领导	生产技术主管人员、中心主管领导	
13	招标、评标、确定厂家及价格	否	不严格执行招标程序，会造成设备大修的价格不合理、工艺技术水平不符合要求，导致设备性能、生产能力等达不到要求	1. 按规范要求、全面、完整、详实地编写招标文件。 2. 从修理工艺、技术水平、价格、人员配备、安全保证等各方面着手进行评标，确定合理的维修单位及维修价格。	招、评标文件、会议纪要	公司相关部门	公司有关部门主管人员	《设备维修中心设备大修管理办法》

294

续表

节点编号	节点目标	是否为关键控制点	风险描述	控制措施	控制证据	责任部门	责任岗位	控制制度/文件
14	签订修理合同	否	合同内容不完整，审批不严格，会导致修理项目无法实施，产生纠纷	生产技术部： 1. 按规定及评标意见起草合同。 2. 修理合同的内容全面。 中心领导：按规定程序审核、审批合同。 公司相关部门：按规定程序审核、审批合同。	招、评标文件，会议纪要	生产技术部、中心领导、公司相关部门	生产技术部主管人员、中心主管领导、公司相关部门人员	
15	实施设备大修项目	否	如不能按计划项目实施，将不能完全恢复设备的性能，造成生产及维修成本浪费	生产技术部及中心领导： 1. 检查项目实施，工艺是否符合要求。 2. 检查项目实施所需的材料配件及辅助设备是否齐全。 3. 检查项目实施的人员准备情况。 公司相关部门：对大修项目进行检查、督导。	设备大修实施计划及实施方案	生产技术部、公司相关部门	生产技术部工程师、公司有关部门主管人员	《设备维修中心设备大修管理办法》
16	安全监管到位	否	检查过程中未对现场进行监管，造成人员伤害或设备损坏	监管内容： 1. 劳动保护用品穿戴是否齐全正确。 2. "两单两会一挂牌"执行情况。 3. 现场危险源辨识情况。 4. 操作规程执行情况。 5. 现场目视化管理执行情况。	检查记录	安监站	安监站安监员	《设备维修中心本质安全体系》

节点编号	节点目标	是否为关键控制点	风险描述	控制措施	控制证据	责任部门	责任岗位	控制制度/文件
17	按标准对大修设备进行验收	是	不严格按标准进行验收，将会使不合格的设备投入生产中，存在安全隐患及维修成本的增加	1. 对设备各部进行测试，各参数要达到原出厂标准。 2. 经过生产测试及考核，能力符合标准要求。 3. 检查、测试安全装置齐全有效。 4. 能耗及日常维修成本符合标准要求。	设备维修手册、设备参数、设备大修实施计划及实施方案	各车间、生产技术部、中心领导、公司相关部门	车间主管工程师、生产技术部工程师、中心领导、公司相关部门主管人员	
18	按时办理大修结算	否	结算不及时，造成维修成本数据不真实	1. 掌握设备大修进度计划。 2. 掌握设备大修理的实施进度。 3. 掌握设备大修理的材料配件消耗情况。	大修进度计划、材料配件消耗明细	经营管理部	经营管理部相关人员	
19	对设备大修情况进行评价	是	评价不真实、不全面、会对后续的设备大修质量、成本等造成影响	1. 实时掌握大修后设备生产能力情况。 2. 实时掌握大修后设备各参数情况。 3. 经常检查、测试大修后的安全装置运行情况。 4. 掌握大修后设备能耗及日常维修成本情况。	设备维修手册、设备参数、设备材料配件消耗明细	各车间、生产技术部、中心领导	车间主管工程师、生产技术部工程师、中心领导	《设备维修中心设备大修管理办法》

5.1.15 检修任务分配管理流程

责任单位：维修中心	流程关键控制点描述
责任单位：调度指挥中心	1. 传达故障情况，做到详实、准确，如故障现象、设备地点等； 2. 合理组织、安排检修人员，确定检修方案； 3. 故障检修完毕后，及时汇报，确保准确记录设备运行时间。
流程编号：—	

检修任务分配管理流程

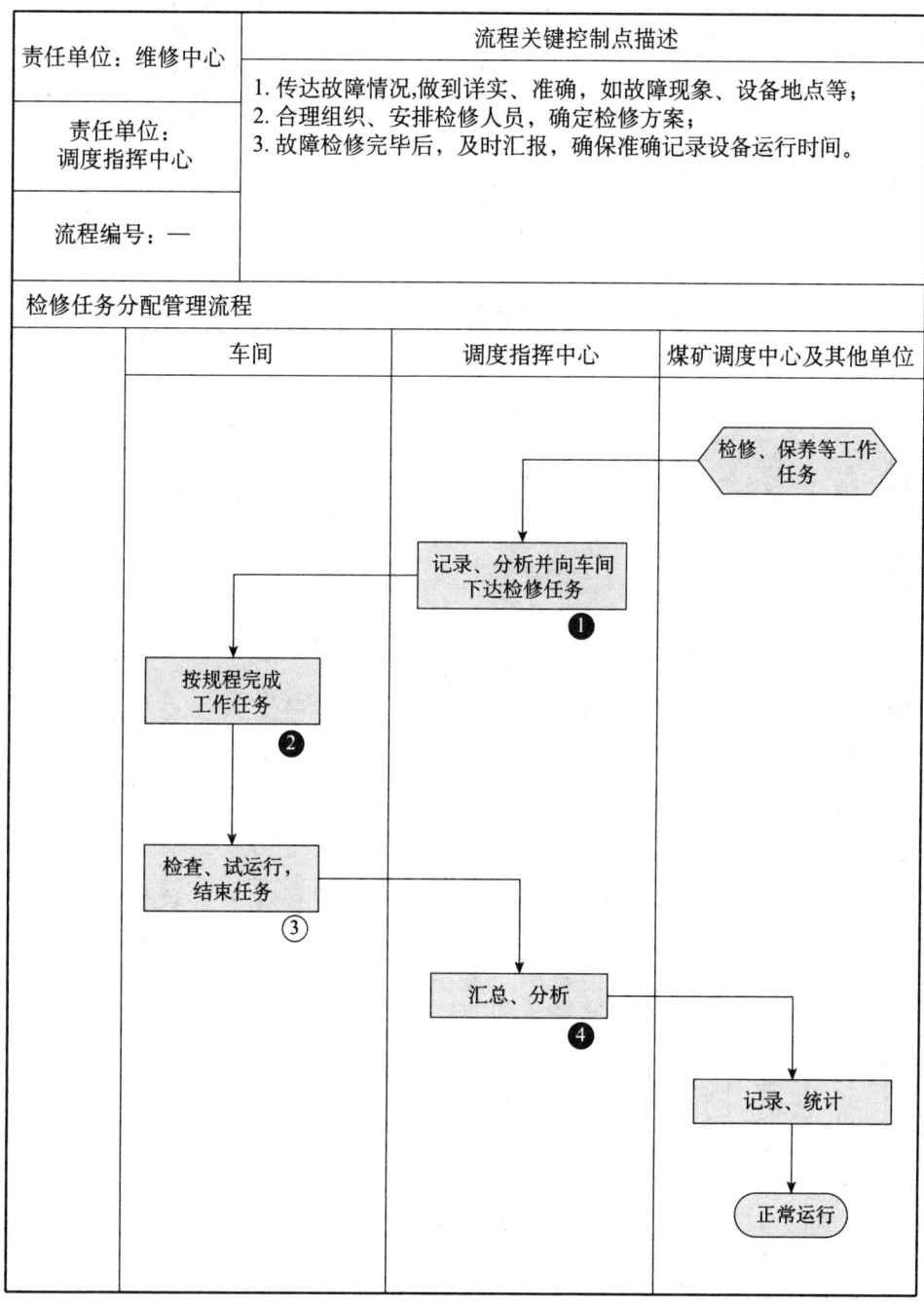

图 5.1.15　检修任务分配管理流程

表 5.1.15　检修任务分配管理流程控制矩阵

责任单位	维修中心							
流程名称	检修任务分配管理							
流程编号	—							
控制目标	准确分析设备故障，根据设备维修中心业务划分及时将任务下达到各车间，保证设备出动率							
节点编号	节点目标	是否为关键控制点	风险描述	控制措施	控制证据	责任部门	责任岗位	控制制度/文件
1	记录分析故障并及时准确下达检修任务	是	1. 没有故障记录或者故障记录不全面，下达检修任务后无法跟踪检修进度。 2. 下达检修任务不准确，造成检修时间的延长和人力的浪费。	1. 认真记录故障时间、故障内容，并准确地通知各地点。 2. 接到故障通知，迅速下达检修任务。 3. 跟踪检修进度，及时校正信息。	录音电话、调度记录	调度指挥中心	值班主任、调度员	《设备维修中心安全操作管理制度》、《设备维修中心调度管理办法》
2	各车间按操作规程完成工作任务	是	1. 不按操作规程作业，检修，造成事故或者检修质量不合格。 2. 未完成检修任务，造成生产检修滞后，设备出动率降低。	1. 根据调度下达的任务确认故障。 2. 制定检修工作单。 3. 确定检修故障所需材料配件是否齐全。 4. 判定故障处理是否需要外委。 5. 组织实施故障检修工作。	检修工作单	各车间	工班长、检修工	《设备维修中心安全操作管理制度》、《设备维修中心维修保养制度》

续表

节点编号	节点目标	是否为关键控制点	风险描述	控制措施	控制证据	责任部门	责任岗位	控制制度/文件
3	检查、试运行设备,保证检修质量	否	维修故障设备后,不检查、不试运行,很可能造成设备返修,耗费人力、物力,并造成设备出动率和使用率降低	1. 检修项目完成后,检修人员要启车进行原地空载试验,无误后,方可向调度报好。2. 检修结束后,检修现场达到5S管理标准。	检修工作单	各车间	工班长	《设备维修中心维修质量保障体系》
4	分析、记录修好的设备,及时向煤矿调度通报	是	没有做故障设备报好记录,或者报好设备听错、记录错误,导致向煤矿调度通报不及时或者不准确,影响设备出动率	1. 随时查看整理调度值班记录本,保证设备报好时间记录清楚。2. 与工班长核实报好设备,及时报煤矿调度好设备。	电话录音、调度记录	调度指挥中心	调度员	《设备维修中心调度管理办法》

299

5.1.16 生产组织考核管理流程

责任单位：维修中心	流程关键控制点描述
责任部门： 调度指挥中心	1. 检查做到查重点、查要害，认真、细致，有章可循； 2. 整改要做到及时、彻底，不留隐患； 3. 复查做到及时，汇总准确、公正。
流程编号：—	

生产组织考核管理流程

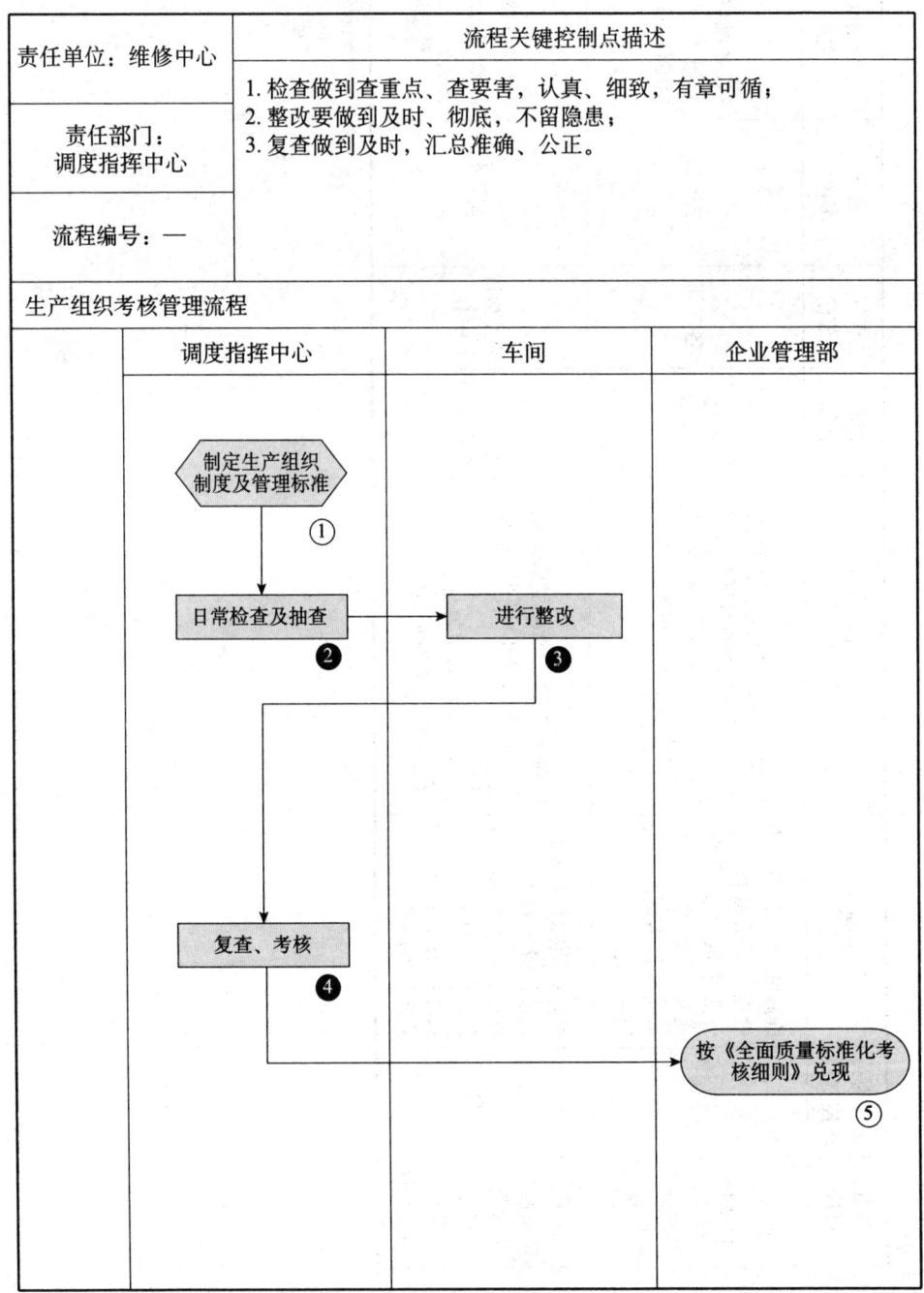

图 5.1.16　生产组织考核管理流程

表5.1.16 生产组织考核管理流程控制矩阵

责任单位	流程名称		流程编号	—			
维修中心	生产组织考核管理						
控制目标	检查督促各车间任务完成情况，不断提高各车间的相互配合能力，确保各项工作任务及时完成						
节点编号	节点目标	是否为关键控制点	风险描述	控制措施	控制证据	责任部门	责任岗位	控制制度/文件
1	制定切实可行的生产组织考核办法，规范开展生产组织考核	否	1. 没有制定生产组织考核办法，考核无据可依。2. 生产组织考核制度不切合实际，达不到考核效果，甚至考核工作无法实施。	1. 制度内容是否包括依据、目的、组织机构、检查考核等章节。2. 围绕提升设备出动率，合理有序地开展生产考核工作的原则，制定考核办法和考核细则。	发文	调度指挥中心	调度负责人	—
2	严格检查，及时发现生产组织过程中的各项问题	是	1. 对生产组织工作不够认真、细致，有些问题没有及时发现，进检修任务不能全方位的促成。2. 对各车间工作中存在的问题未能及时、准确的记录，影响考核结果。	1. 认真检查和考核产量与任务完成情况，计划检修参加情况，生产例会参加情况，值班夜班情况，报表与汇报情况，通讯联络畅通情况，停送电制度执行情况，设备使用情况，辅助设备出动率完成情况。2. 对检查和考核出的问题记录，由专人负责统计、分析、归档。	考核记录	调度指挥中心	调度主任、值班主任、调度员	《设备维修中心生产组织考核办法》《设备维修中心生产车间班子生产领导组织执行力考核细则》

续表

节点编号	节点目标	是否为关键控制点	风险描述	控制措施	控制证据	责任部门	责任岗位	控制制度/文件
3	对存在的问题及时整改，落实到位	是	未整改或者整改不及时、不彻底、不到位，达不到考核的目的，从而影响设备出动率	按照调度指挥中心检查出的各类问题逐一落实到人头整改，实施三级考核	车间记录	各车间	车间负责人	《设备维修中心生产考核办法》《设备维修中心车间领导班子生产组织执行力考核细则》
4	对各车间整改结果考核，进行复查考核，确保整改质量	是	没有对各车间整改情况进行复查和考核，无法掌握车间整改落实情况	1. 每月19—20日进行复查。2. 次月在生产机电例会上对考核结果进行通报。	考核记录、生产机电例会材料	调度指挥中心	调度负责人、值班主任	《设备维修中心车间领导班子组织执行力考核细则》
5	严格按照考核结果兑现	否	兑现情况和考核结果不符，达不到激励促进的作用	对月度考核结果和奖罚兑现进行确认，严格执行奖罚标准	考核汇总	企管部	部门负责人	《设备维修中心全面质量标准化管理实施办法》

5.1.17 安全目标管理流程

责任单位：维修中心	流程关键控制点描述
责任单位：安全监察站	1. 根据公司下达年度安全目标制定切实可行的安全目标； 2. 安监站负责人审核目标是否符合实际； 3. 中心领导审核目标是否符合实际； 4. 每月对车间目标完成情况进行考核。
流程编号：—	

安全目标管理流程

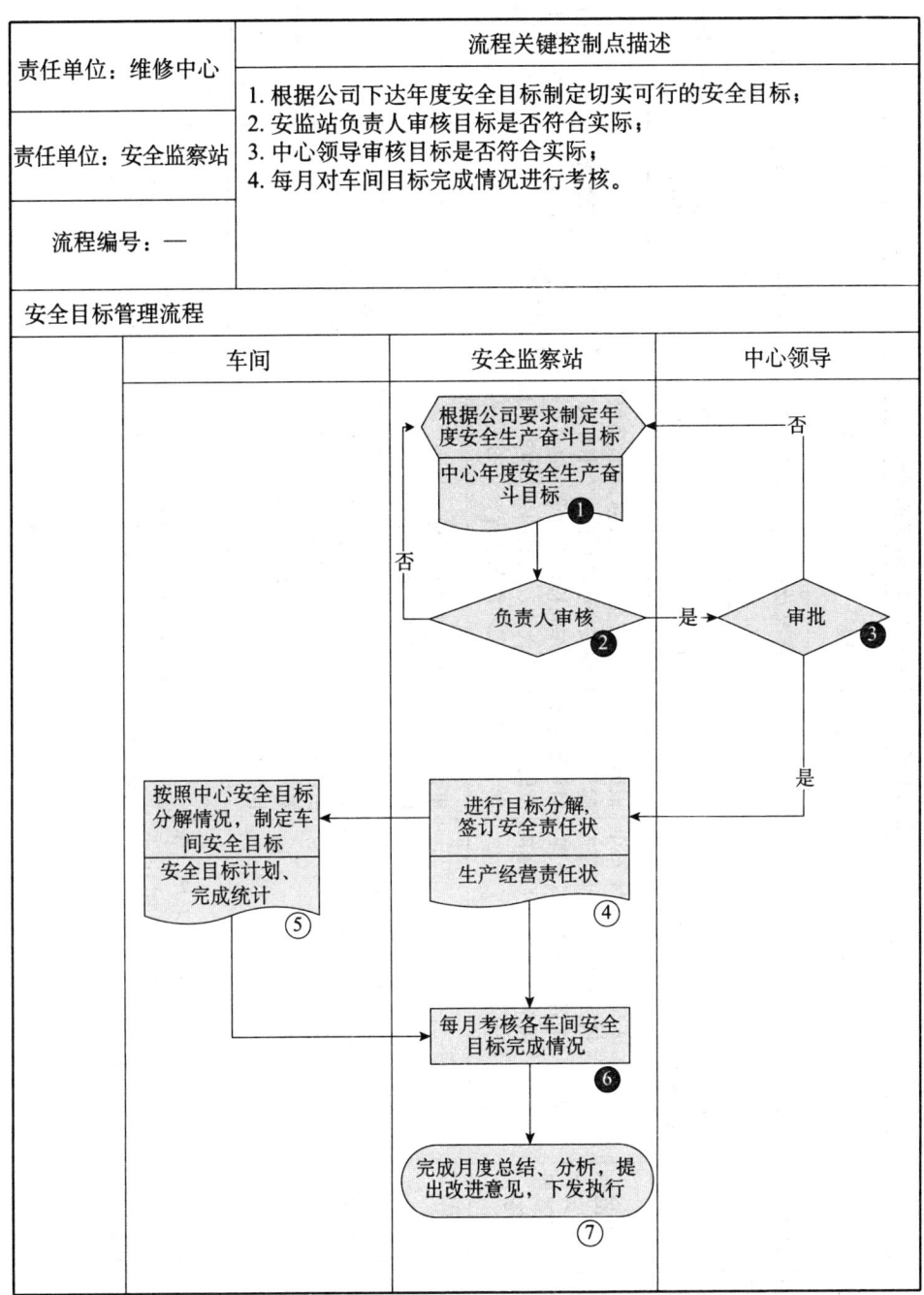

图 5.1.17　安全目标管理流程

表 5.1.17 安全目标管理流程控制矩阵

责任单位	维修中心	流程名称	安全目标管理	流程编号				
控制目标	根据公司下达的中心安全生产目标，结合各车间的生产实际情况及特点，制定设备维修中心年度安全生产目标，并进行目标分解，保证年度安全生产目标顺利完成							
节点编号	节点目标	是否为关键控制点	风险描述	控制措施	控制证据	责任部门	责任岗位	控制制度/文件
1	更规范地开展安全目标管理业务	是	未根据公司下达的中心安全生产目标确定或目标制定不合理，影响安全生产目标顺利完成	根据公司下达的安全生产目标，起草切实可行的目标制定要根据检修劳动强度大小、风险大小、工作环境等实际情况进行	《设备维修中心关于加强安全生产工作的决定》	设备维修中心、安全监察站	分管领导、安监员	《公司关于加强安全生产工作的决定》
2	保证制定目标的切实可行	是	对目标审核不严，导致安全目标制定不合理	审批起草的中心安全生产目标：1.分解指标是否在公司下达的范围内。2.目标制定是否根据车间检修、劳动强度的多少、风险大小、人数的多少，工作环境等实际情况。	OA系统公文审批单	安全监察站	负责人	—
3	保证制定目标的切实可行	是	对目标审核不严，导致安全目标制定不合理	审批起草的中心安全生产目标：目标要符合中心及公司发展战略	OA公文审批单	设备维修中心	分管领导	《设备维修中心安全生产目标管理办法》

续表

节点编号	节点目标	是否为关键控制点	风险描述	控制措施	控制证据	责任部门	责任岗位	控制制度/文件
4	目标分解要科学合理	否	制定的年度安全目标分解不合理，影响安全生产目标的完成	对制定的安全生产目标进行分解： 1. 按照事故指标、职业安全健康、安全活动四部分进行分解。 2. 要明确实现每一项目标的具体工作内容。 3. 每项内容都有明确的责任单位、责任人，支持条件（人、财或物）和实现的目标。	《关于印发设备维修中心年度安全目标的分解的通知》	安全监察站	负责人	《设备维修中心安全生产目标管理办法》
5	保证制定的目标的切实可行	否	制定的年度安全目标分解不合理，影响安全生产目标的完成	根据中心下达的安全生产目标，起草切实可行的安全生产目标： 1. 分解指标是否在中心规定的范围内。 2. 目标分解是否根据班组检修劳动强度的大小、风险大小、人数的多少、工作环境等实际情况。	车间安全目标分解表	各车间	安监员、负责人	

续表

节点编号	节点目标	是否为关键控制点	风险描述	控制措施	控制证据	责任部门	责任岗位	控制制度/文件
6	考核严谨、公正，及时发现问题	是	未对车间目标完成情况考核，无法掌握计划完成进度，考核流于形式，不能及时发现问题	1. 根据《设备维修中心本质安全管理与考核标准》4.2.2项规定的安全指标考核标准，严格进行考核。2. 每月25日，根据车间上报的月度目标完成情况报表，形成中心月度安全目标验收统计表。	车间安全目标分解表、月度计划完成统计表	安全监察站	安监员	
7	按时完成统计分析，并提出有效的改进措施	否	未按时统计分析，无法掌握计划完成进度，改进意见没有可操作性，执行过程存在漏洞	1. 统计分析结果报告安委会。2. 对考核中发现的问题，按照"五定"原则进行整改，不断改进。3. 未按计划完成的要在下一月度调整。	车间安全目标分解表、月度计划完成统计表	安全监察站	安监员	《设备维修中心安全生产目标管理办法》

5.1.18 机动车辆安全管理流程

责任单位：维修中心	流程关键控制点描述
责任单位：安全监察站	1. 车属单位应按时对车辆进行维护、保养，确保车辆运行状态良好； 2. 驾驶员在出车前必须对车辆状态进行检查，并做好相关记录； 3. 准确判断车辆是否处于正常的状态； 4. 安监站要对机动车辆运行进行检查，严禁"三超"； 5. 正确判定机动车隐患。
流程编号：—	

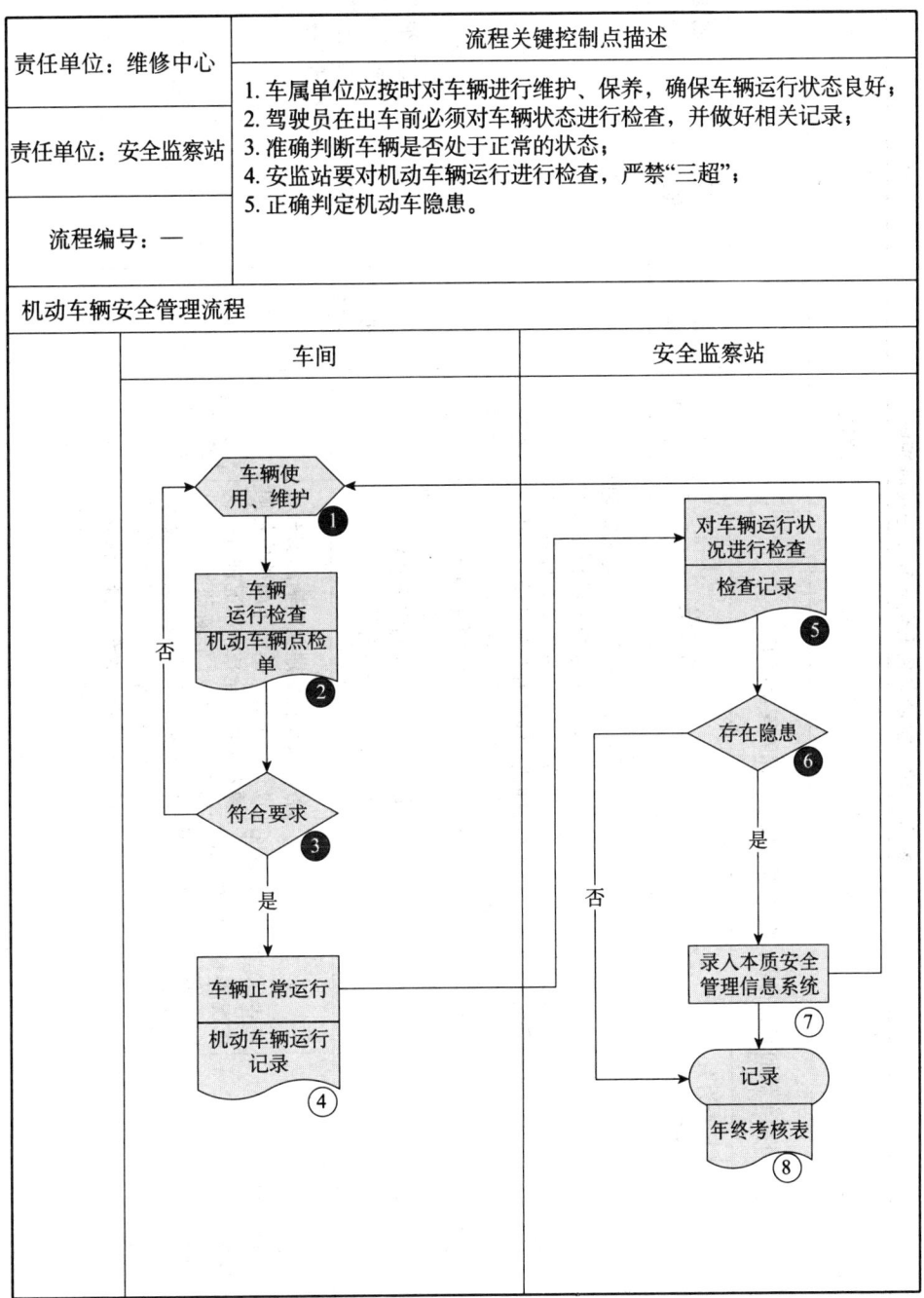

图 5.1.18 机动车辆安全管理流程

表 5.1.18 机动车辆安全管理流程控制矩阵

责任单位	维修中心								
控制目标	加强中心机动车辆的安全管理,保障安全行车								
流程名称	机动车辆安全管理								
流程编号	—								
节点编号	节点目标	是否为关键控制点	风险描述	控制措施	控制证据	责任部门	责任岗位	控制制度/文件
1	正确使用机动车,及时维护,保证机动车的正常性能	是	不按矿区交通安全管理规定行车,发生机动车事故;不按时维护机动车辆,造成机动车故障	1. 严格遵守矿区关于交通管理的规定,进入采掘现场配备警旗、夜间或光线不好时配备警灯,确保车辆的安全技术状态良好。 2. 要做好车前、行驶中、收车后保养工作,严格出车检查,车辆的安全装置和灭火器材必须齐全有效。	检查记录、维护保养记录			
2	及时发现机动车存在的问题,确保机动车各项性能良好	是	检查不到位,车况不佳,易发故障,易发生道路交通事故	各车属单位要建立车辆的安全检查登记制度,基层车属单位每周要对车辆安全技术状况进行一次检查,重点对车辆预警器、灯光、轮胎、刹车系统进行检查,做好记录;车管人员应做到出车前巡回检查,收车后督促保养	机动车点检单	部室车间	驾驶员	《设备维修中心机动车辆驾驶员安全管理办法》

续表

节点编号	节点目标	是否为关键控制点	风险描述	控制措施	控制证据	责任部门	责任岗位	控制制度/文件
3	准确判断车辆是否处于正常的状态	是	判定不准确,车辆的隐患不能及时排查出来,导致机动车故障或行车事故	通过对车辆预警器、高杆旗、灯光、轮胎、刹车系统等进行检查,判断车辆是否处于正常状态	机动车辆点检单	部室车间	驾驶员	
4	车辆状态良好,具备正常行车条件	否	未按照规定驾驶车辆,易发生行车事故	1. 车辆必须按规定的时间接受检验,过期未检验或检验不合格的车辆不得继续使用。2. 不得将中心的车辆以及牌照、行驶证转借给外单位或个人使用。3. 驾驶人员要持有内部驾驶证,并严格遵守矿区交通管理规定。	机动车辆运行记录	部室车间	驾驶员	《设备维修中心机动车辆、驾驶员安全管理办法》
5	经常性的检查机动车车况,确保车况处于良好状态	是	检查不到位,导致机动车带"病"行车,易发生机动车事故	1. 认真对机动车日常检查。2. 及时发现车辆预警器、高杆旗、灯光、轮胎、刹车系统存在的问题,并落实整改。	机动车辆安全检查记录	安全监察站	安监员	

续表

节点编号	节点目标	是否为关键控制点	风险描述	控制措施	控制证据	责任部门	责任岗位	控制制度/文件
6	正确判定机动车隐患	是	判定不准确，车辆的隐患不能及时排查出来，导致机动车故障或进行车事故	通过对车辆预警器、高杆旗、轮胎、刹车系统等进行检查，判断车辆是否存在隐患	机动车安全检查记录			
7	及时准确地把存在的隐患信息录人信息人系统	否	未及时录入生产安全信息系统，对机动车责任人没有起到警示教育作用	1. 把检查的问题录入生产安全考核系统。 2. 并按照《设备维修与考核标准》《设备管理与考核标准》的4.2.1项进行考核。 3. 在当月本质安全例会上通报。	生产安全考核系统	安全监察站	安监员	《设备维修中心机动车辆、驾驶员安全管理办法》
8	完善检查记录，为考核提供依据	否	记录不全，导致机动车管理业务记录缺失，无法客观地做出年度考核	确保每周完成一次检查记录，保证每一项问题都有控制措施，复查验收记录	检查记录			

310

5.2 电力生产

5.2.1 发电用煤工艺流程

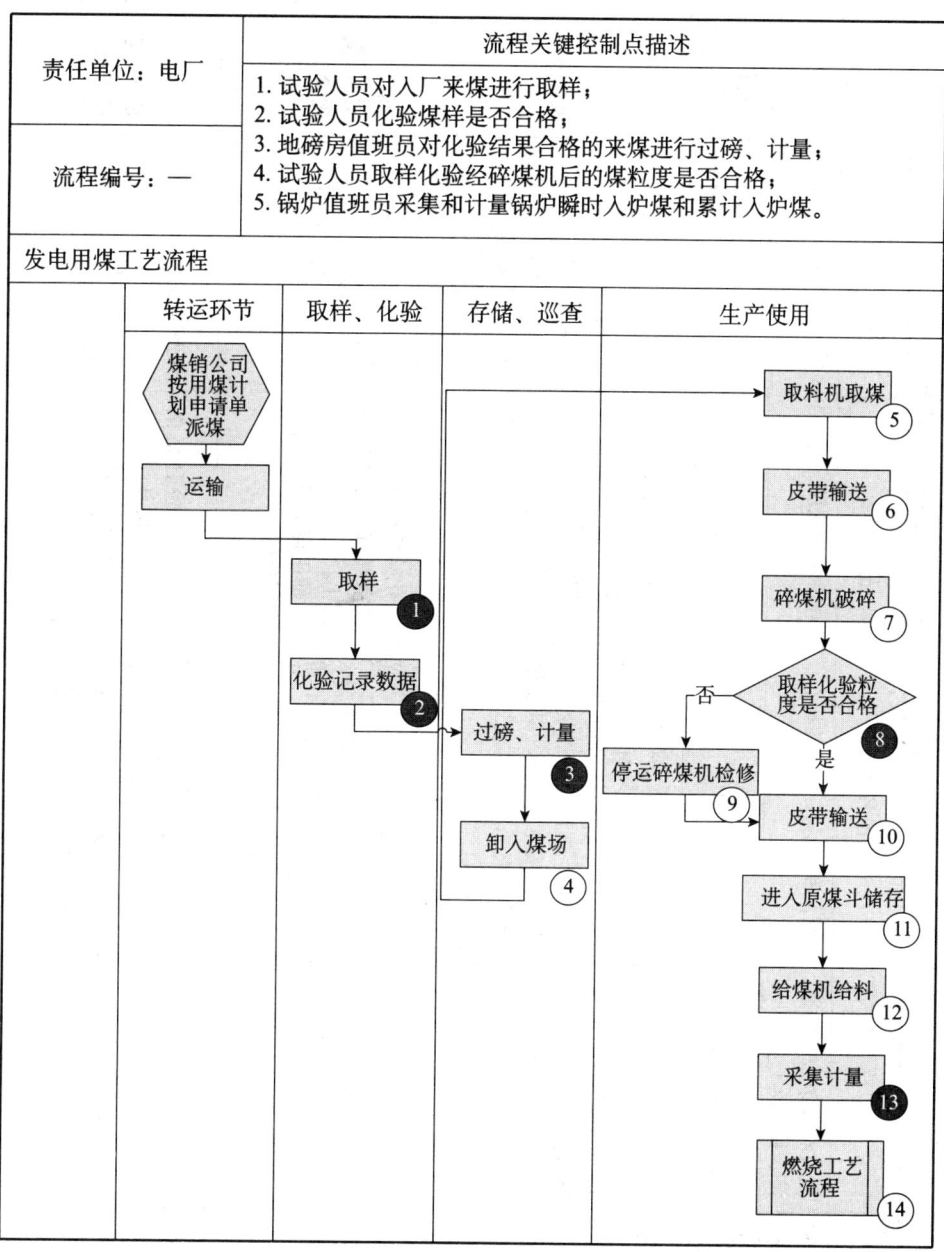

图 5.2.1 发电用煤工艺流程

表5.2.1 发电用煤工艺流程控制矩阵

责任单位	流程名称	发电用煤工艺	流程编号		
电厂	控制目标	通过和煤销公司沟通、协调，和对运煤设备的检查，发电用煤的化验，保证锅炉用煤能够稳定、连续供给，机组达到安全、经济、稳定运行			—
	节点目标	是否为关键控制点	风险描述	控制措施	控制证据	责任部门	责任岗位	控制制度/文件
节点编号								
1	取煤样要具有代表性	是	对进煤车来煤进行取煤样时，所取的煤样不具有代表性，弄虚作假，卸入煤场，导致不合格的用煤值不够，燃烧不稳定，甚至造成锅炉灭火，给公司造成经济损失	1.取煤样时要在运煤车上现场取样。2.取煤样时实验室值班员要监督。3.取煤员要在取样单据上签字确认。	具有取样人员签字的原始基础台账，采用取样监护制度	发电运行部	实验室取样员	《生产用煤管理标准》
2	煤样化验准确	是	实验室化验员未采用标准的试验机具，或者在化验过程中煤样化验结果不准确，造成煤结账时没有准确的依据，给公司造成经济损失	1.化验煤样必须是实验室具有煤分析资格的化验员。2.使用标准试验机具进行化验。	煤分析资格证书，试验机具的合格检验证		实验室化验员	《火力发电厂煤质分析方法》电力行业标准
3	过磅计量数据准确	是	地磅未按规定时间检验造成人员马虎大意，弄虚作假，过磅计量不准确，过磅结账时没有准确的依据，公司造成经济损失	1.使用检验合格的地磅计量工具。2.过磅人员必须是具有煤炭质量检验资格的过磅人员。	煤炭质量检验资格证书，试验机具的合格检验证		地磅房值班员	《地磅房班员岗位责任制》

续表

节点编号	节点目标	是否为关键控制点	风险描述	控制措施	控制证据	责任部门	责任岗位	控制制度/文件
4	来煤及时正确卸入煤场	否	来煤未能够及时卸入煤场，或在操作过程中造成漏煤、跑煤，给公司造成经济损失	卸煤时输煤值班员全程监控	输煤记录本签字	发电运行部	输煤值班员	
5	取料机运转正常	否	取料机运转给煤仓上煤不正常，不能够按规定给煤用煤量短缺，锅炉燃烧负荷运行，机组降负荷运行，造成机组停机，甚至造成停机，给公司造成经济损失	输煤值班员按照巡检规定进行巡检	巡检记录	发电运行部	输煤值班员	
6	输送皮带运行正常	否	输送皮带运转给煤仓上煤不正常，不能够按规定给煤用煤量短缺，导致锅炉燃烧负荷运行，机组降负荷运行，造成机组停机，甚至造成停机，给公司造成经济损失	输煤值班员按照巡检规定进行巡检	巡检记录	发电运行部	输煤值班员	
7	碎煤机运行正常、粒度符合要求	否	碎煤机运转不正常，不能够按规定给煤仓上煤短缺，甚至造成机组降负荷运行，煤粒度不符合要求，造成锅炉不能够完全燃烧，给公司造成经济性降低，经济损失	1. 输煤值班员按照巡检规定进行巡检。2. 破碎后煤的粒度小于9mm。	输煤值班员记录本记录	发电运行部	煤库值班员	《输煤岗位责任制》《输煤运行规程》

续表

节点编号	节点目标	是否为关键控制点	风险描述	控制措施	控制证据	责任部门	责任岗位	控制制度/文件
8	破碎后煤的粒度符合要求	是	碎煤机将煤破碎后粒度过大、均匀度不够，造成锅炉不能够完全燃烧，给公司造成经济性损失降低	1. 破碎后煤的粒度小于9mm。2. 0—9mm的煤粒度符合规定范围。	煤筛分化验单	发电运行部	实验室值班员	《火力发电厂煤质分析方法》电力行业标准、《输煤运行规程》
9	检修碎煤机破碎后煤的粒度符合要求	否	检修碎煤机将煤破碎后粒度过大、均匀度不够，炉不能够完全燃烧，锅炉的经济性降低，给公司造成经济损失	1. 破碎后煤的粒度小于9mm。2. 0—9mm的煤粒度符合规定范围。	煤筛分化验单	发电运行部、设备检修部	实验室值班员、输煤主检工	《火力发电厂煤质分析方法》、《输煤检修规程》电力行业标准
10	输送皮带运行正常	否	输送皮带运转不正常，不能够按规定给煤仓上煤，锅炉燃烧用煤量短缺，导致机组降负荷运行，甚至造成停机，给公司造成经济损失	输煤值班员按照巡检规定进行巡检	巡检记录	发电运行部	输煤值班员	《输煤值班岗位责任制》《输煤运行规程》
11	上煤及时、正确卸入煤仓	否	上煤未能够及时卸入煤仓，或在操作过程中造成漏煤、跑煤，给公司造成经济损失	上煤时输煤值班员全程监控	输煤值班员记录本签字	发电运行部	输煤值班员	《输煤运行规程》

续表

节点编号	节点目标	是否为关键控制点	风险描述	控制措施	控制证据	责任部门	责任岗位	控制制度/文件
12	给煤机运转正常	否	给煤机运转不正常,不能够按规定给锅炉连续给料,导致锅炉燃烧用煤量短缺,甚至造成机组降负荷运行,成停机,给公司造成经济损失	锅炉值班员按照巡检规定进行巡检	巡检记录	发电运行部	锅炉值班员	《锅炉值班员岗位责任制》《锅炉运行规程》
13	用煤计量数据准确	是	热工人员未按规定时间检验造成计量不准确,或者是锅炉运行人员马虎大意,弄虚作假,造成用煤计量不准确,公司结账时没有准确的依据,给公司造成经济损失	1. 使用检验合格的流量计量计。2. 锅炉运行人员抄表数据准确。	记录本记录,流量计量表计的合格检验证	发电运行部、设备检修部	锅炉值班员、热工人员	
14			进入了燃烧工艺流程					

5.2.2 生产用水管理流程

责任单位：电厂发电运行部	流程关键控制点描述
	1. 化学值班员调整清水池储水量正常； 2. 水处理值班员调整制出的除盐水品质合格； 3. 化学值班员调整除盐水箱储水量正常； 4. 化学值班员监视除盐水泵能够连续输送除盐水； 5. 化学值班员通过流量计计量除盐水用量。
流程编号：—	

生产用水管理流程

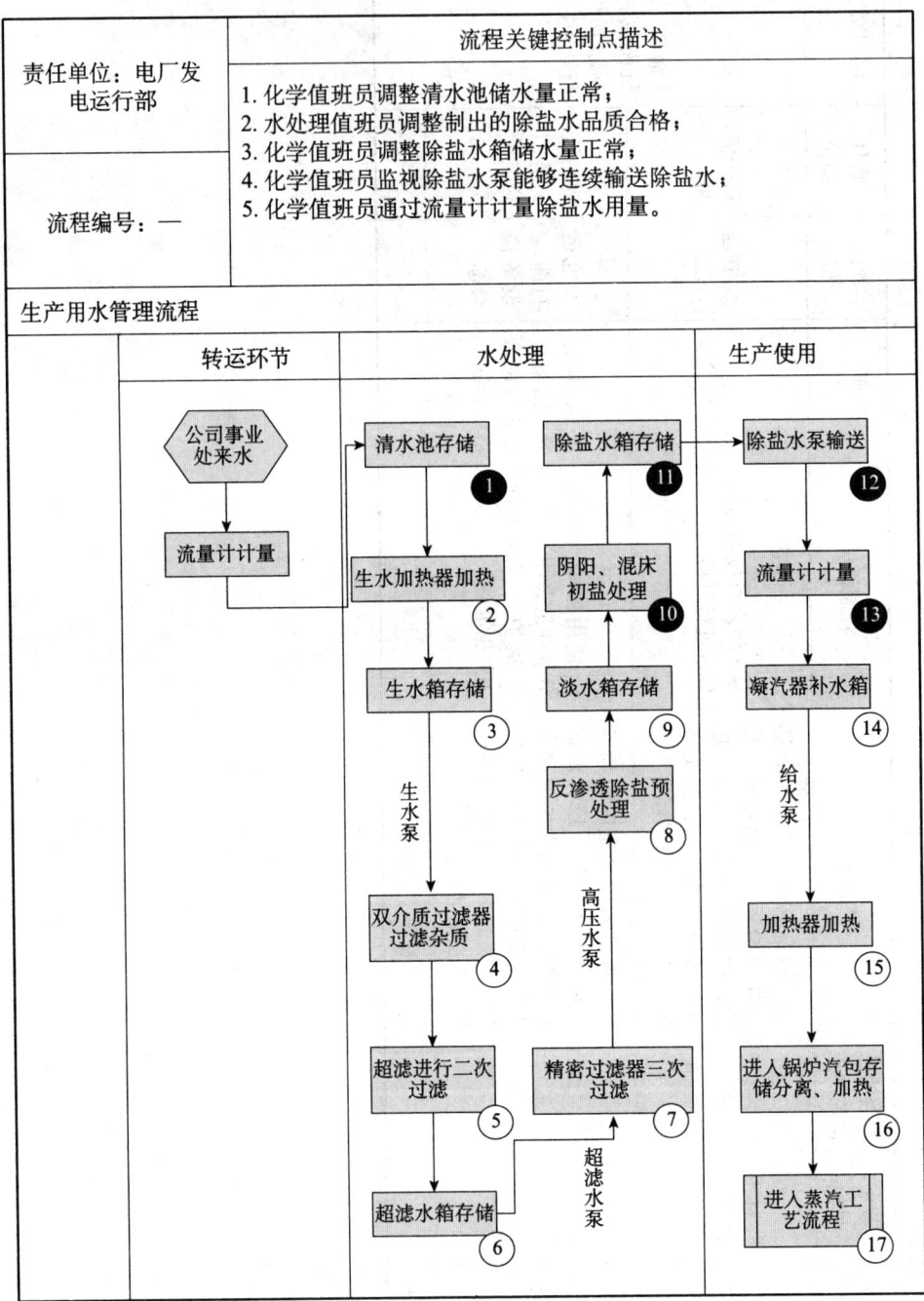

图 5.2.2　生产用水管理流程

表5.2.2 生产用水管理流程控制矩阵

责任单位	电厂								
控制目标	通过和事业处沟通、协调，和对供水设备的检查、生产用煤的化验，保证机组用水能够稳定、连续供给，机组达到安全、经济、稳定运行								
流程名称	生产用水管理								
流程编号	—								
节点编号	节点目标	是否为关键控制点	风险描述	控制措施	控制证据	责任部门	责任岗位	控制制度/文件
1	清水池水位正常	是	清水池水位控制过高容易造成溢流，浪费水资源。水位控制过低，甚至造成机组停止运行，给公司造成经济损失	1. 及时与公司事业处联系，保证正常供水。2. 严格监视水位，高于2.5m。	化学运行日志、值长日志			
2	生水加热器加热正常	否	如果加热量不足，会影响水量，从而导致除盐水受影响，公司造成经济性降低，机组经济损失	1. 汽机人员合理调节连排加热器出水温度在25℃—20℃。2. 化学运行控制好生水量。	化学运行日志	发电运行部	化学运行值班员	《化学运行值班员岗位责任制》《化学运行规程》
3	生水箱水位正常	否	如保温效果差及质量发生泄漏会影响制水量，或者水位不正常影响水量，可影响机组负荷，甚至造成机组停止运行，给公司造成经济损失	1. 加强巡回检查。2. 定期维护。3. 水温25℃—30℃。4. 水位≥4.3m。	运行记录本			

续表

节点编号	节点目标	是否为关键控制点	风险描述	控制措施	控制证据	责任部门	责任岗位	控制制度/文件
4	双介质过滤器过滤正常	否	如果反冲洗不及时,浊度超标,会造成设备损坏,可影响机组负荷,甚至造成机组停止运行,给公司造成经济损失	1. 浊度1.0FTU。 2. SDI₁₅≤4.0。	化学运行日志			
5	超滤进行二次过滤正常	否	为充分保证安全性,提高除盐水水质不合格,否则可能发生除盐水水质不合格,可影响机组负荷,甚至造成机组经济损失	1. 余氯＜0.3mg/L。 2. pH值1—13。 3. 浊度≤50FTU。 4. 水温5℃—25℃。	化学运行日志	发电运行部	化学运行值班员	《化学运行值班员岗位责任制》《化学运行规程》
6	超滤水箱水位正常	否	如果温效果影响水差及质量发生泄漏会影响制水量,或者水位不正常影响机组负荷,甚至造成机组停止运行,给公司造成经济损失	1. 加强巡回检查。 2. 水位≥2m。	运行记录本			
7	精密过滤器三次过滤正常	否	为充分保证安全性,提高除盐水水质不合格,否则可能发生除盐水水质不合格,可影响机组负荷,甚至造成机组停止运行,给公司造成经济损失	1. 流量85m³/h。 2. 温度0℃—50℃。 3. 压差0.05MPa。	化学运行日志			

续表

节点编号	节点目标	是否为关键控制点	风险描述	控制措施	控制证据	责任部门	责任岗位	控制制度/文件
8	反渗透除盐指标正常	否	为充分保证除盐水合格,提高安全性,否则可能发生除盐水水质不合格,导致机组经济性降低。可影响机组负荷,甚至造成机组停止运行,给公司造成经济损失	1. 污染指数 SDI_{15} <3。 2. 浊度 <0.2FTU。 3. 含铁量 <0.1mg/L。 4. 游离氯 0mg/L。 5. pH 值 2—11。	运行记录本			
9	浓水箱水位正常	否	如保温效果及质量差发生泄漏会影响制水量,或者水位不正常影响制水量,可影响机组正常运行负荷,甚至造成机组停止运行,给公司造成经济损失	1. 加强巡回检查。 2. 水位大于0.6m,小于1.3m。				
10	阴、阳、混床除盐指标正常	是	阴阳、混床运行不正常,能发生泄漏,导致机组经济性降低,甚至造成机组停止运行,给公司造成经济损失	1. 加强水质化验。 2. 硬度≈0。 3. 电导率≤0.2。 4. 二氧化硅≤20。 5. 钠离子≤10。	化学运行日志	发电运行部	化学运行值班员	《化学运行值班员岗位责任制》《化学运行规程》
11	除盐水箱正常	是	如保温效果及质量差发生泄漏不正常影响制水量,或者水位不正常影响机组负荷,可影响机组停止运行,给公司造成经济损失	水位大于10m				

续表

节点编号	节点目标	是否为关键控制点	风险描述	控制措施	控制证据	责任部门	责任岗位	控制制度文件
12	除盐水泵运行正常	是	除盐水泵故障，抢修不及时会导致除盐水中断，甚至影响机组安全运行。给公司造成经济损失	1. 加强巡回检查。2. 定期维护。	运行记录本	发电运行部	化学运行值班员	
13	流量计量准确	是	热工人员未按规定时间检验造成计量不准确，或者是化学运行人员马虎大意，弄虚作假，造成用油计量不准确，公司结账时没有准确的依据，给公司造成经济损失	1. 使用检验合格的流量计。2. 化学运行人员抄表数据准确。	记录本、流量计量表的合格检验证	发电运行部、设备检修部	化学运行值班员	《化学运行岗位责任制》《化学运行规程》
14	凝汽器水箱补水正常	否	如果凝汽器水位不正常影响机组正常运行，甚至造成机组停止运行，给公司造成经济损失	水位 800mm—1200mm	汽机运行日志	专业部长、值长、运行	化学运行值班员	
15	加热器加热正常	否	如果加热量不足，系统不经济，热力循环负荷，机组经济性降低，会影响给公司造成经济损失	1. 加强巡回检查。2. 定期维护。	运行记录本	发电运行部	汽机运行值班员	
16	进入锅炉汽包内的汽水分离储存加热正常	否	如果进入汽包内的汽水分离效率低，造成蒸汽带水，汽机水冲击，损坏设备，给公司造成严重的经济损失	1. 加强水质化验。2. 定期排污及根据化验结果进行连排开度调节。	运行记录本	发电运行部	锅炉、化学运行值班员	《锅炉、化学运行班员岗位责任制》《锅炉、化学运行规程》
17			进入蒸汽工艺流程					

5.2.3 生产用油管理流程

责任单位：电厂发电运行部	流程关键控制点描述
	1. 试验人员对入厂来油进行取样； 2. 试验人员对样品油进行化验； 3. 地磅房值班员对化验结果合格的来油进行过磅、计量； 4. 油泵房值班员根据锅炉需求启动输油泵供油； 5. 油泵房值班员对用油进行计量统计； 6. 锅炉值班员对供油通过油枪调整燃烧。
流程编号：—	

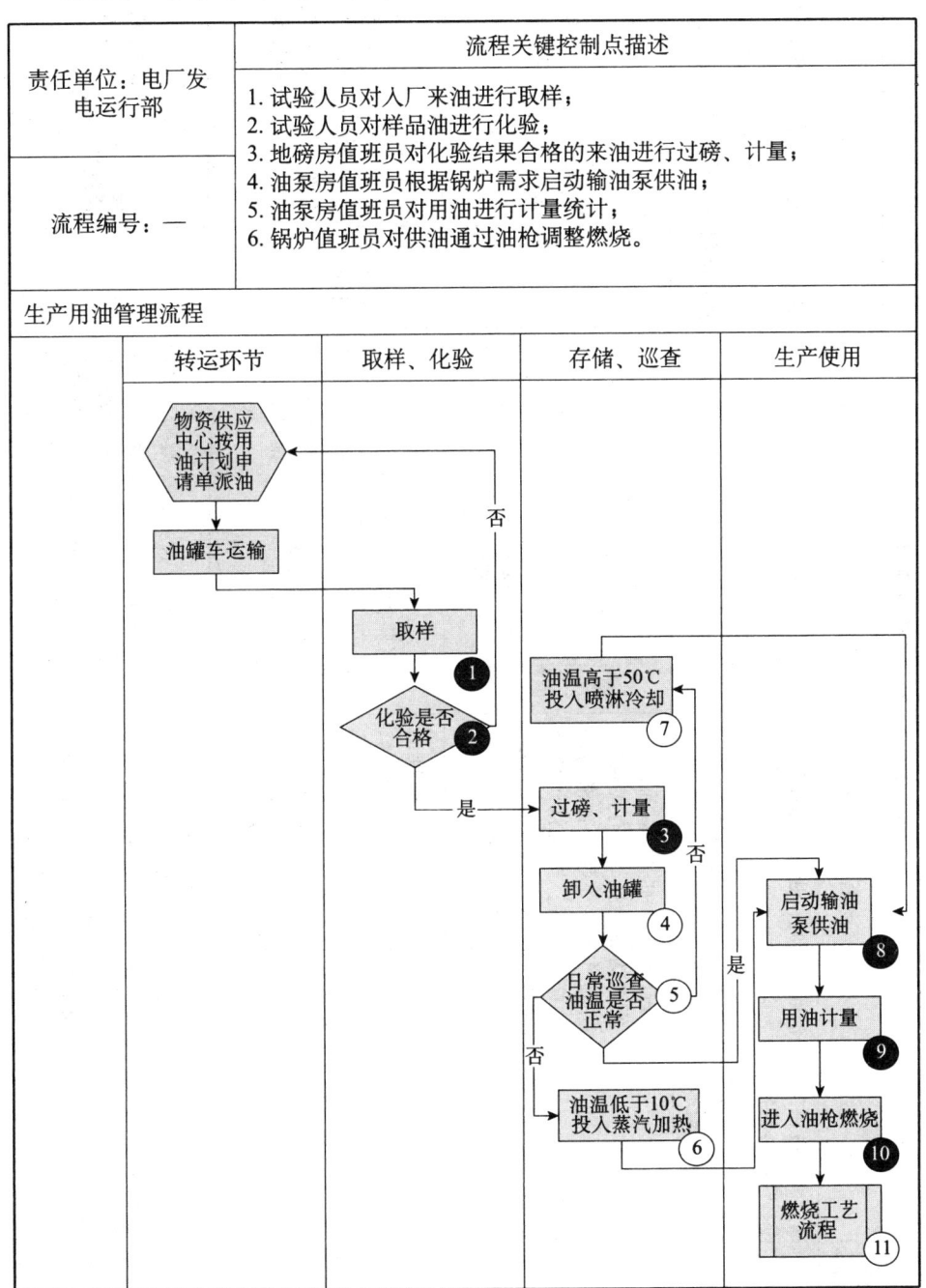

图 5.2.3 生产用油管理流程

表 5.2.3 生产用油管理流程控制矩阵

责任单位	电厂							
控制目标	通过和物资供应中心沟通、协调，和对供油设备的检查，保证锅炉用油能够稳定、连续供给，机组达到安全、经济、稳定运行							
节点目标	是否为关键控制点	流程名称	生产用油管理	生产用油的化验、生产用油管理	流程编号	—		
		风险描述	控制措施	控制凭证	责任部门	责任岗位	控制制度/文件
节点编号								
1	取油样具有代表性	是	对油车来油进行取油样时，所取的油样不具有代表性，弄虚作假，导致不合格的油卸入油罐，值不够，时热值不够，甚至造成锅炉燃烧不稳定，燃烧灭火，造成经济损失	1. 取油样时要在油罐车上现场取样。2. 取油样时实验室值班员要监督。3. 取样员取样要在取样单据上签字确认	具有取样人员签字的原始基础台账，采用取样监护制度		实验室取样员	《生产用油管理标准》
2	油样化验准确	是	实验室化验员化验流程和标准化验过程中化验结果马虎大意，或者在化验过程中化验马虎大意，造成油分析结果不准确，公司结账时没有准确的依据，给公司造成经济损失	1. 化验油样必须是实验室化验员有油分析资格的化验员。2. 使用标准试验机具进行化验。	油分析资格证、试验机具的合格检验证	发电运行部	实验室化验员	《火力发电厂油质分析方法》电力行业标准
3	过磅计量数据准确	是	地磅未按规定时间检定时计量不准确，或者是过磅人员马虎大意，弄虚作假，造成来油过磅计量不准确，公司结账时没有准确的依据，给公司造成经济损失	1. 使用计量合格的地磅检验机具。2. 过磅煤质量检验人员具有煤炭质量检验资格的过磅人员。	煤炭质量检验资格证书、试验机具的合格检验证		地磅房值班员	《地磅房值班员岗位责任制》

续表

节点编号	节点目标	是否为关键控制点	风险描述	控制措施	控制证据	责任部门	责任岗位	控制制度/文件
4	来油及时正确卸入油罐	否	来油未能够及时卸入油罐，或在操作过程中造成漏油、跑油，给公司造成经济损失	卸油时油库房值班员全程监控	油库值班员记录本签字			
5	检查油罐油温正常	否	油库值班员未能够按照检查标准对油罐进行检查，油温不符合规定时不能够使用，给公司造成经济损失	油库值班员按照巡检规定进行巡检	巡检记录			
6	油罐油温低于10℃时及时投入蒸汽加热	否	油库值班员检查发现油温低于10℃时没有及时投入蒸汽锅炉加热，导致油温正常偏低燃烧，甚至造成锅炉不能正常使用时不能够投入使用炉灭火，给公司造成经济损失	油罐油温低于10℃时及时投入蒸汽加热	油库值班员记录本记录	发电运行部	油库值班员	《油库值班员岗位责任制》《输煤运行规程》
7	油罐油温高于50℃时及时投入喷淋冷却	否	油库值班员检查发现油温高于50℃时没有及时投入喷淋冷却，导致油温正常偏高引起火灾，给公司造成经济损失	油罐油温高于50℃时及时投入喷淋冷却	油库值班员记录本记录			

续表

节点编号	节点目标	是否为关键控制点	风险描述	控制措施	控制证据	责任部门	责任岗位	控制制度/文件
8	输油泵稳定连续供油	是	油库值班员启动油泵后，油泵运行不稳定，不正常，甚至导致锅炉燃烧不稳定，灭火，给公司造成经济损失	1. 启动输油泵后油母管压力维持0.4MPa，油温30℃—40℃。2. 输油泵运行参数正常。	油库值班员记录本记录	发电运行部	油库值班员	《油库值班岗位责任制》《输煤运行规程》
9	用油计量数据准确	是	热工人员未按规定时间检验造成计量不准确，或者是锅炉运行人员马虎大意，弄虚作假，造成用油计量没有准确的依据，公司结账时没有准确的依据，给公司造成经济损失	1. 用检验合格的流量计量表计。2. 锅炉运行负责人员抄表数据准确。	记录本记录、流量计量表计的合格检验证	发电运行部、设备检修部	锅炉值班员、热工人员	
10	燃烧稳定、经济	是	锅炉值班员调整油枪用油量，一次风量的配比不合理，造成燃烧不完全甚至灭火，或者炉床温达到650℃未及时撤出油枪，造成用油损失，给公司造成经济损失	1. 合理调整用油量，一次风量的配比。2. 炉床温达到650℃及时撤出油枪运行。	锅炉运行记录本	发电运行部	锅炉值班员	《锅炉值班岗位责任制》《锅炉运行规程》
11			进入了燃烧工艺流程					

5.3 铁路生产

5.3.1 车辆工艺流程

5.3.1.1 货车段、站修管理流程

	流程关键控制点描述
责任单位：铁路	1. 车间对入线检修车辆进行预检； 2. 工作者按段、站修作业指导书进行作业检修； 3. 车间工作者对所属检修完毕车辆进行质量检查； 4. 工长监督所属工作者对发现的问题进行整改；
流程编号：—	5. 质检员对检修完毕车辆进行质量检查； 6. 验收员对质检员提交的质量检验情况进行验收。

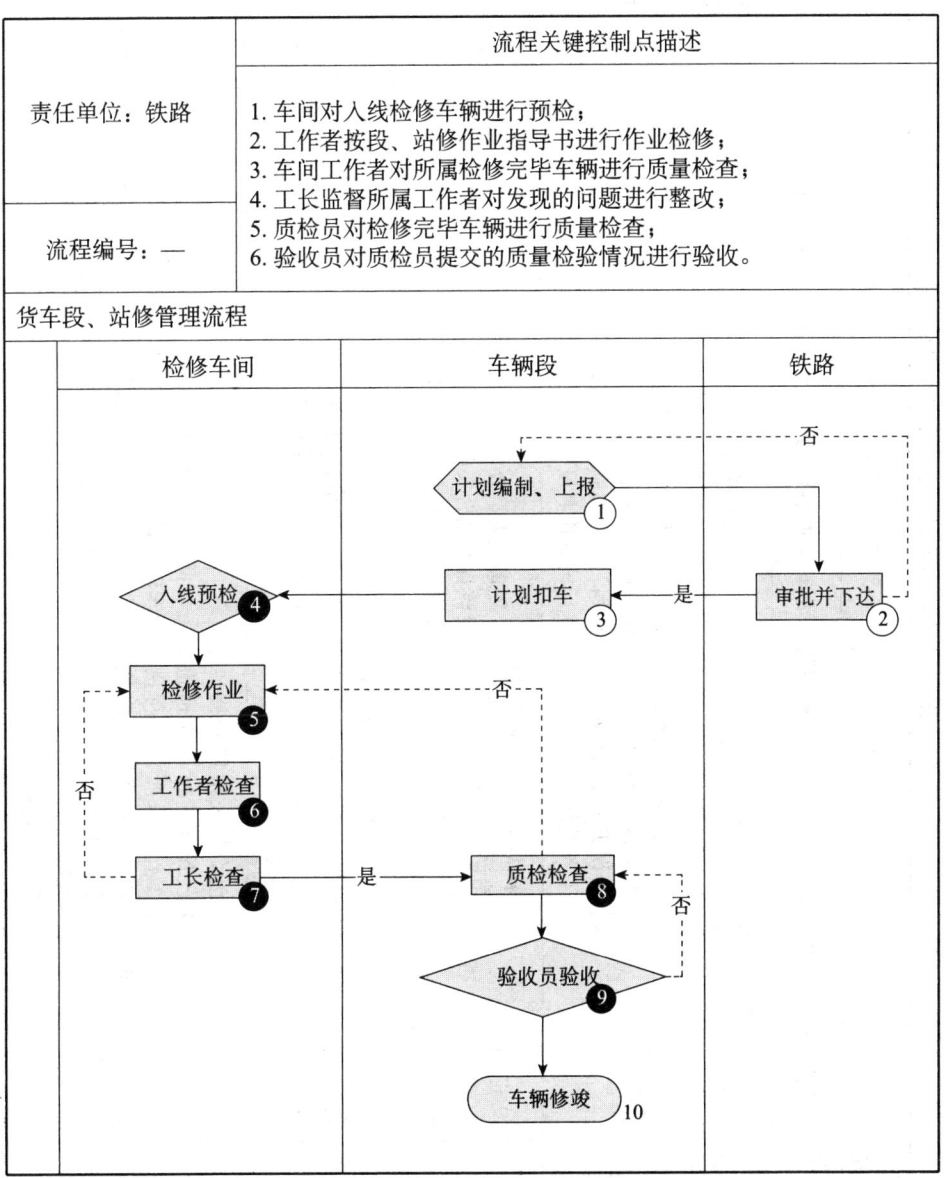

图 5.3.1　货车段、站修管理流程

表 5.3.1 货车段、站修管理流程控制矩阵

责任单位	铁路								
流程名称	货车段、站修管理								
控制目标	强化检修工艺标准，落实标准化作业，提高段、站修车的检修质量，为公司创造经济效益								
流程编号	—								
节点编号	节点目标	是否为关键控制点	风险描述	控制措施	控制证据	责任部门	责任岗位	控制制度/文件
1	保证工作正常开展	否	计划编制错误导致上报车辆定期检修工作错误开展，造成公司经济损失	计划编制人员要认真按照实际生产情况编制相应的工作计划，计划编制完毕后认真进行核对并上报		生产技术科	科室相关人员	
2	保证计划的准确性	否	未认真审核计划导致错误的计划下发到生产单位，造成公司经济损失	计划审核人员要严格按照审批流程并结合实际生产情况做好相应的计划审批工作		公司相关部门	部门相关人员	
3	保证检修计划的落实	否	未认真执行扣车计划，不能正常完成公司经济损失	扣车单位严格执行扣车计划，调度员加强监督协调		调度室、生产技术科	科室相关人员	
4	保证检修质量	是	预检员未按照检修工艺要求进行作业，未严格履行岗位职责标准，造成检修漏修故障车辆检修不到位，导致车辆存在质量问题	1. 车间管理人员加强对预检员车辆质量抽查，每季度对预检员进行业务水平测试。2. 每周抽查预检记录是否完整、正确。	质量抽查及"一车一档"台账记录	检修车间	预检员	《铁路货车段修管理规程》

续表

节点编号	节点目标	是否为关键控制点	风险描述	控制措施	控制证据	责任部门	责任岗位	控制制度/文件
5	保证检修质量	是	作业人员未执行段修工艺或执行不到位，未执行标准化作业，导致发生质量问题	1. 作业人员严格执行货车检修工艺要求，认真落实标准化作业流程。 2. 车间管理人员加强工艺落实及标准化作业检查，对发现的问题及时整改。	质量抽查及"一车一档"台账记录	检修车间	检修人员	
6	保证检修质量	是	作业人员未按照工艺要求进行故障处理简化作业，导致车辆故障处理不符合要求，存在质量问题	1. 车间管理人员每周进行检修质量抽查，对发现的问题及时进行整改。 2. 作业人员认真落实检修工艺要求，执行标准化作业。 3. 车间组织作业者进行业务培训，提高检修技术水平。	质量抽查及"一车一档"台账记录	检修车间	检修人员	《铁路货车段修管理规程》
7	保证检修质量	是	班组长未认真执行"三检一验"制度，未严格执行对作业者检修质量抽查，导致车辆卡控不到位，存在质量问题	1. 班组长认真执行质量检查制度，对质量关键点进行细卡控。 2. 车间管理人员加强质量抽查，对存在的问题及时进行整改落实。 3. 车间每月组织进行专项对规检查。	质量抽查及"一车一档"台账记录	检修车间	班组长	

续表

节点编号	节点目标	是否为关键控制点	风险描述	控制措施	控制证据	责任部门	责任岗位	控制制度/文件
8	保证检修质量	是	质量检查员对车辆检修质量漏检,导致车辆存在质量问题	1. 质检员严格执行检查标准,认真落实工艺要求。2. 质检员对发现的质量问题要求作业班组认真进行整改并进行复查。3. 车间每月组织进行专项对规检查。	质量抽查"一车一档"台账记录	检修车间	质检员	
9	保证运行安全	是	验收员对车检修质量验收不到位,漏检漏修,导致车辆存在质量问题	1. 验收员加强对段车修的质量记录、验收,严把质量关。2. 验收员加强对段车检修配件的质量验收,认真审核对检修质量记录。3. 每季度组织车辆段对规检查。	质量抽查"一车一档"台账记录	验收室	验收员	《铁路货车段修管理规程》
10	保证车辆正常调车	否	未及时将修竣车调出,生产计划不能落实,造成公司经济损失	调车单位严格执行调车计划,调度员加强监督协调		公司相关部门	部门相关人员	

5.3.1.2 客车运用维修管理流程

	流程关键控制点描述
责任单位：铁路	1. 车间相关人员进行技术整备； 2. 车间作业人员进行技术检查与巡视； 3. 作业人员对检查发现的故障进行全面检修； 4. 作业人员对车辆制动机进行试验； 5. 工长组织作业人员进行交接。
流程编号：—	

客车运用维修管理流程

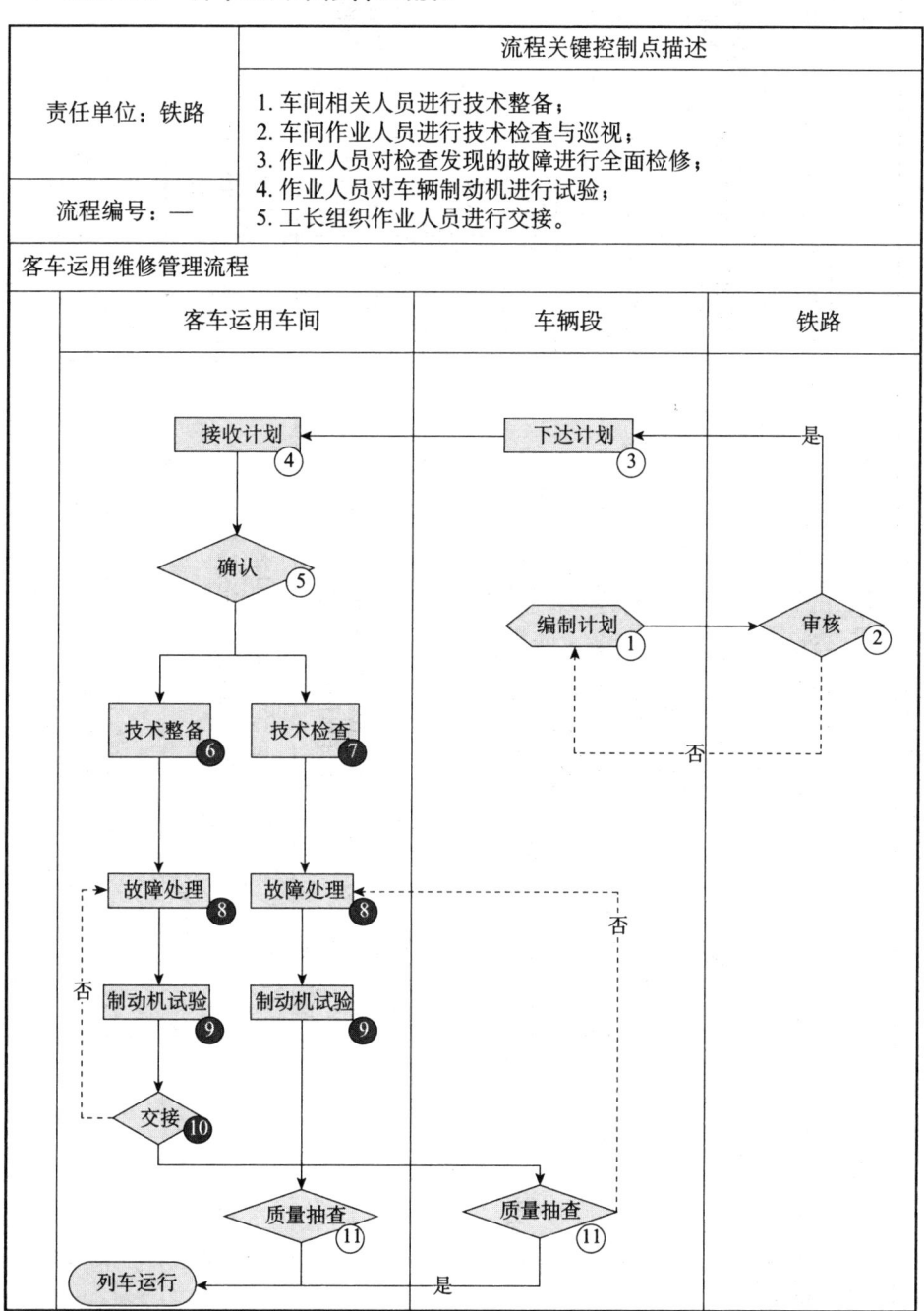

图 5.3.2　客车运用维修管理流程

表 5.3.2 客车运用维修管理流程控制矩阵

责任单位	流程名称	流程编号
铁路	客车运用维修管理	—

控制目标
加强管理，充分利用库停时间检车辆，为公司创造经济效益；充分利用《运用客车出库质量标准》；充分利用站停时间处理突发故障，保证列车运行安全

节点编号	节点目标	是否为关键控制点	风险描述	控制措施	控制证据	责任部门	责任岗位	控制制度/文件
1	保证工作正常开展	否	计划编制工作错误导致基层车间工作错误开展，造成公司经济损失	计划编制人员要认真按照实际生产情况编制相应的工作计划，计划编制完毕后认真进行核对		生产技术科	科室相关人员	
2	保证计划的准确性	否	未认真审核计划下发到错误的计划单位，造成公司经济损失	计划审核人员要严格按照计划审批流程并结合实际生产情况做好相应的计划审批工作		公司生产技术部	部门相关人员	
3	保证计划准确的传达	否	传达计划时不认真未认真导致传达计划错误，造成公司经济损失	计划传达人员在传达计划时要认真核对相应的计划，保证计划传达的准确性		生产技术科	科室相关人员	
4	保证检修正常	否	车间管理人员没有接收计划，造成检修不能按原计划执行，造成公司经济损失	车间管理人员要及时接收计划，保证按计划完成车辆检修	相关台账记录	客车运用车间	车间生产副主任	
5	保证检修正常	否	车间管理人员对下达的计划没有进行确认，造成检修与计划不符合及重复检修现象，造成公司经济损失	车间管理人员要认真核对下达的计划，保证按计划完成车辆检修			技术员	《铁路客车运用维修规程》

续表

节点编号	节点目标	是否为关键控制点	风险描述	控制措施	控制证据	责任部门	责任岗位	控制制度/文件
6	保证设备安全	是	相关作业人员对车辆技术整备不合格，造成客车出库无法达到《运用客车出库质量标准》，影响客车出库，造成公司的经济损失	1. 整备工长要加强现场车电、车辆、柴油发电机组的监督与检查。2. 不定期对设备进行自检，发现问题及时进行整改。		客车运用车间	整备人员	《铁路客车运用维修规程》
7	保证运行安全	是	相关作业人员对车辆技术检修及发现故障，不能及时发现故障，会造成漏检漏修，影响列车正常运行，造成公司的经济损失	1. 乘务工作业人员要加强列车运行中巡检与监督工作，保证按时倾听巡检发电车和车厢内走行部各部，及时发现故障及时处理。2. 管理人员要经常监督列车动态运行情况，保证有故障及时发现。	质量抽查及相关台账记录	客车运用车间	车辆乘务员	《客车运用技术管理细则》
8	保证设备安全	是	相关作业人员处理检修工艺故障时，未达到安全隐患，会造成车带病运行，造成列车事故，造成公司的经济损失	1. 整备或乘务工长要加强质量抽查与验收，车辆、柴油发电机组等问题及时提出整改。2. 整备及乘务工长要加强质量抽查，加大考核力度并提出合理化建议，并积极的处理相关问题。		客车运用车间	整备人员、车辆乘务员	《铁路客车运用维修规程》

续表

节点编号	节点目标	是否为关键控制点	风险描述	控制措施	控制证据	责任部门	责任岗位	控制制度/文件
9	保证车辆技术状态良好	是	相关作业人员未认真执行列车试风作业标准化，对制动机状态确认不到位，放行制动故障车辆，造成列车中途停车或其他事故	1. 整备或乘务工长加强作业现场的抽查与检查，督促作业人员认真执行制动机试验的标准。2. 制动机试验过程中，作业人员确认好每一个环节，确保每辆车制动机技术状态良好。	质量抽查及相关台账记录	客车运用车间	整备员、乘务员	《客车运用管理细则》
10	保证运行安全	是	整备及乘务工长没有进行组织交接作业或交接不到位，对人员交接及故障没有进行处理的故障就放行，确认不到位，造成公司的经济损失	整备及乘务工长要及时组织作业人员进行交接，并且互相监督与提示，确保交接到位		客车运用车间	车辆整备工长	
11	保证设备安全	否	相关科室、车间管理人员没有进行质量抽查或质量抽查不到位，可能会造成车列带病运行，造成公司的经济损失	科室、车间督促、车间管理人员要积极的互相督促，进一步保证客车电、车辆及柴油发电机组的检修质量	质量抽查及相关台账记录	生产技术科、安全监察科、客车运用车间	科室相关人员、车间管理人员	《铁路客车运用维修规程》

332

5.3.2 车务工艺流程

5.3.2.1 车务安全隐患排查与整改管理流程

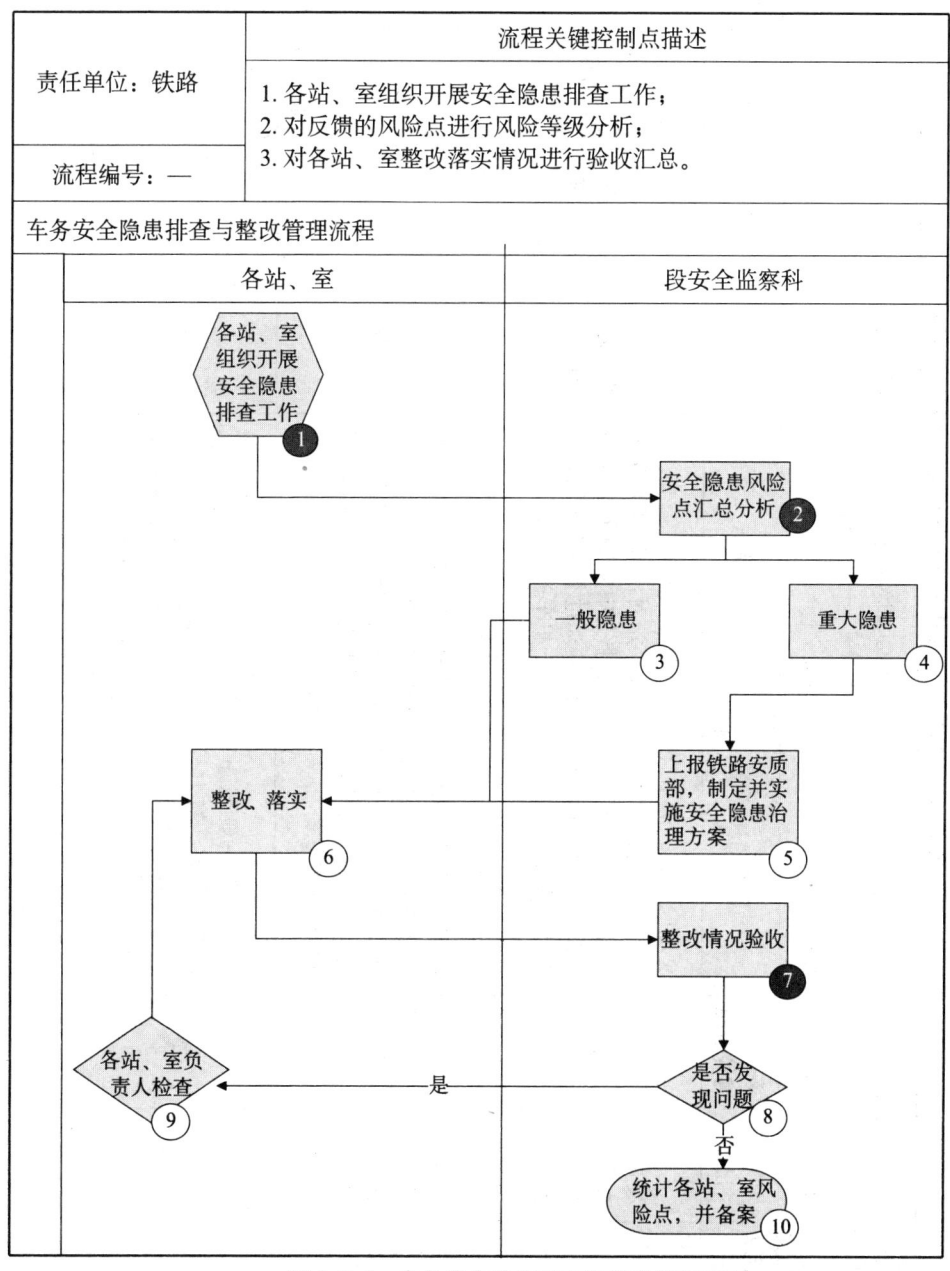

图 5.3.3 车务安全隐患排查与整改管理流程

表5.3.3 车务安全隐患排查与整改管理流程控制矩阵

责任单位	铁路							
控制目标	及时排查安全隐患，确保生产运输、员工作业环境安全							
流程名称	车务安全隐患排查与整改							
流程编号	—							
节点编号	节点目标	是否为关键控制点	风险描述	控制措施	控制证据	责任部门	责任岗位	控制制度/文件
1	及时排查隐患，控制事故发生	否	发现隐患后，存在不报、瞒报现象，等不到位等隐患遗留得不到管控，从而诱发重大的安全事故	各站、室对（春/秋）安全隐患排查中发现的安全隐患，应通过本安系统及时录入或上报车务段安监科	抽查隐患分析报告	安监科、各站、室	安监科科长、各站、室负责人	—
2	对危险点分类明确	否	对危险点分类不明确，汇总报不及时，造成相应管理、整改秩序混乱，不能有效的制定相应的整改方案	安监科要对上报的危险点及时汇总整理，进行分析、认定、评级，制定相应措施，并下发到相应站、室	隐患报告	安监科	安监科科长	—
3	确定一般隐患	否	错误判定会造成人力、物力等方面不必要的浪费，耽误整改时间等	安监科工作人员在安全评定过程中一定要认真细致的按照《车务段安全隐患管理办法》来风险点汇划分一般和重大隐患	安全隐患汇总分析表	安监科	安监科科长	《车务段隐患管理办法》

续表

节点编号	节点目标	是否为关键控制点	风险描述	控制措施	控制证据	责任部门	责任岗位	控制制度/文件
4	确定重大隐患	否	错误判定重大隐患整改时机和力度，酿成事故	安监科工作人员在安全隐患风险点汇总评定过程中一定要认真细致的按照《车务段安全隐患管理办法》来重新划分一般和重大隐患。对重大隐患，一定要及时上报铁路安质部	安全隐患汇总分析表	安监科	安监科科长	
5	对重大隐患问题及时上报铁路安质部	否	对安全检查中发现的安全隐患没有进行认真的梳理、汇总，且没有及时的和被检查的站、室和人员交换意见，导致安全隐患没有及时进行整治消除	车务段于每月10日召开安全生产分析会，针对在安全检查中发现的隐患进行研究，对车务段自身能解决的安全隐患，落实责任人及整改时间，车务段无法解决的上报铁路安质部，制定并实施安全隐患治理方案	安全生产分析会记录	安监科	安监科科长	《车务段隐患管理办法》
6	各站、室按照上级部门制定的方案认真落实整改	否	各站、室对安全隐患排查中发现的问题没能及时对相应的整改改治理方案进行整改解决，会诱发安全事故	各站、室严格按照安监科安质部制定的《安全实整改治理方案》来落实整改确保隐患问题及时解决	生产安全系统录入、现场复查	各站、室	各站、室负责人	

335

续表

节点编号	节点目标	是否为关键控制点	风险描述	控制措施	控制证据	责任部门	责任岗位	控制制度/文件
7	确保隐患整改到位	否	对发现的安全隐患整改落实执行不到位，员工思想认识不到位，留下统一的安全隐患，易酿成更大的安全事故	对发现安全隐患的站、室，应加强考核力度，在下月的安全检查中重点检查安全隐患整改情况，同时加强各站、室对安全管理标准的学习和执行	抽查考核记录	安监科	安监科负责人，各站、室负责人	《车务段隐患管理办法》
8	认真从验收中查找遗漏问题	否	安监人员在各站、室的隐患整改发现情况验收中，对整改不及时、纠正不到位的，会诱发安全事故	各站、室针对安全隐患排查中发现的问题及时落实，并积极配合检查组跟踪检查指导工作，对违章作业人员绝不姑息迁就	领导检查登记簿	安监科	安监科包点干部	
9	认真检查整改情况	是	各站、室负责人对存在的隐患没及时整改，易造成相似问题发生，给安全运输作业带来更大的安全隐患	安监科对相关站、室要进行跟踪检查指导，直到安全隐患问题彻底解决，并在下月安全检查中重点检查，发现相似的情况，加发处罚	站长工作日志本安系统录入	各站、室	各站、室负责人	《车务段安全检查制度》
10	及时统计各站、室风险点，并备案	否	未对风险点及时统计，纳入日常危险源，在不同站、室频发，未能达到管控隐患的目的	及时对风险点进行认真统计、备案，将共性问题纳入日常危险源	铁路安全隐患（问题）上报表	安监科	安监科科长	《车务段隐患管理办法》

5.3.2.2 运输协议签订流程

	流程关键控制点描述
责任单位：铁路	1. 起草协议需明确双方责任，具有可操作性；
流程编号：—	2. 根据分管领导审核意见，修改协议部门条款或双方重新协商。

运输协议签订流程

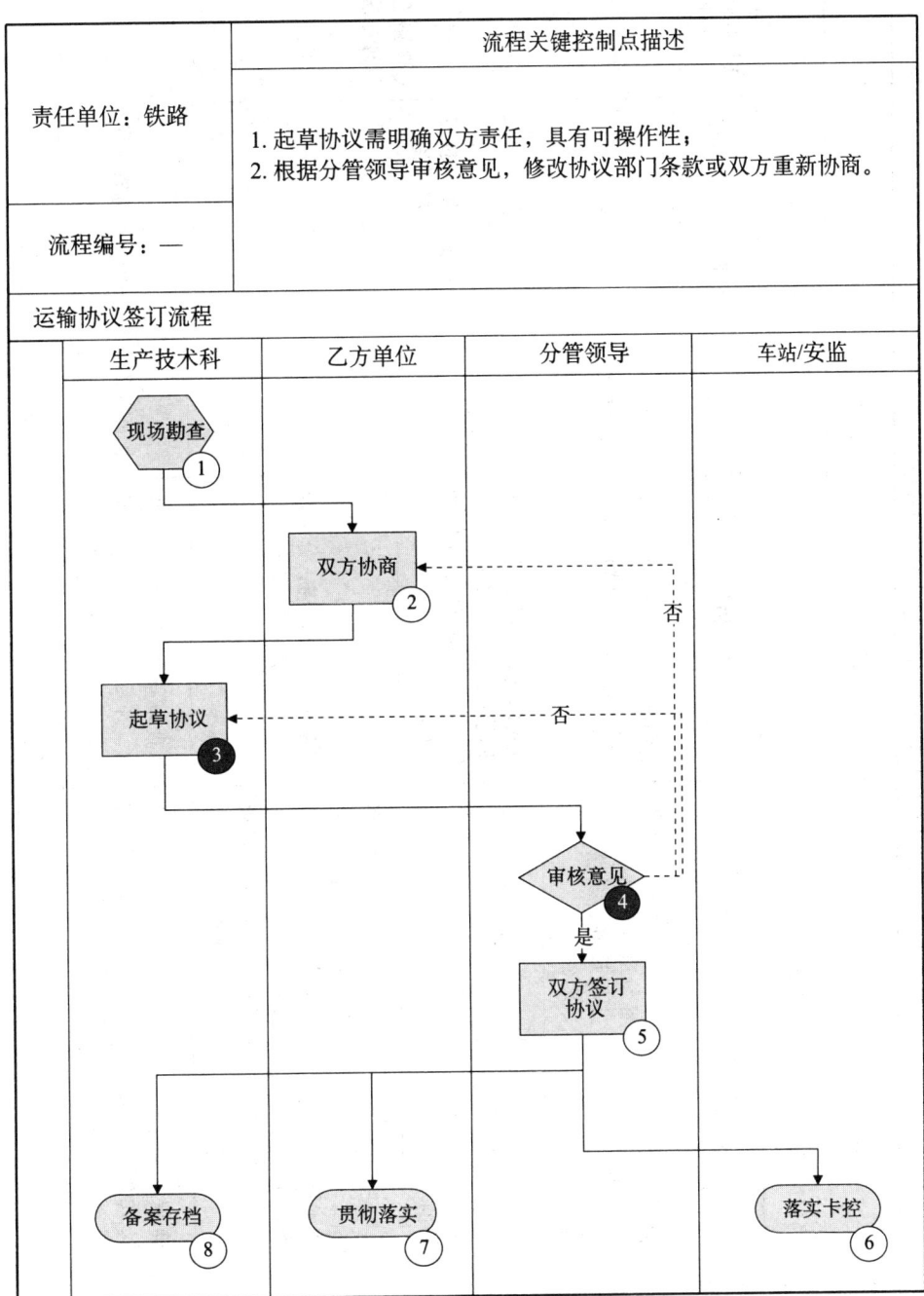

图 5.3.4 运输协议签订流程

表5.3.4 运输协议签订流程控制矩阵

责任单位	控制目标	流程名称	节点编号	节点目标	是否为关键控制点	风险描述	控制措施	控制证据	流程编号	责任部门	责任岗位	控制制度/文件
铁路	确保协议签订及时、责任划分清楚	运输协议签订	1	确定线路使用情况	否	对线路使用情况不明,容易造成甲乙双方对站场设施、线路管理不明确	签协议前一定要到现场认真勘察、了解说明站场及作业方式	现场情况			—	
			2	对相关管控措施进行协商	否	甲乙双方未协商容易造成协议返工或重新修改	现场勘查后,双方应针对作业过程中存在的安全隐患充分协商,明确责任,制定相关预控措施	现场情况		生产技术科	生产技术科科长	
			3	明确双方责任	是	对协议中需要明确的内容描述不完整,容易任务划分不清楚,容易造成甲乙双方分工相互扯皮、推诿,降低货物运输质量	起草时一定要严谨,分工分合理,明确双方责任	书面协议				
			4	确保协议无漏洞	是	对协议审核不认真,容易造成协议签订存在漏洞、安全隐患	认真审核协议中每一项条款,并与车站核对其中重要内容	书面协议		车务段	分管领导	《铁路合同管理办法》

续表

节点编号	节点目标	是否为关键控制点	风险描述	控制措施	控制证据	责任部门	责任岗位	控制制度/文件
5	确保双方负责人签字，加盖公章	否	双方负责人未签字、未加盖公章，协议则被视为无效	确保双方负责人签字，加盖公章	书面协议	生产技术科	生产技术科科长	《铁路合同管理办法》
6	按照协议要求彻底落实	否	未按照协议要求作业，容易造成作业过程卡控不到位，双方责任不清	严格按照协议相关要求进行作业	现场作业	车站	站、室负责人，车站值班员	
7	按照协议要求彻底落实	否	未按照协议要求作业，容易造成甲方作业瓶颈以及行车、货运事故	严格按照协议相关要求进行作业	现场作业	乙方单位	乙方相关人员	
8	妥善保管	否	造成协议丢失	运输协议要分类存档，妥善保管	书面协议	生产技术科	运输组织员	运输协议

5.3.2.3 车务现场监督检查管理流程

责任单位：铁路	流程关键控制点描述
	1. 安监科组织相关人员对各站、室展开检查工作； 2. 对检查过程中发现的问题进行汇总； 3. 车务段安全委员会对汇总情况作审核处理； 4. 安监科负责人检查各站、室整改情况。
流程编号：—	

车务现场监督检查管理流程

各站、室	车务段安委会	安全监察科	生产技术科
标准化作业、岗位纪律、日常危险源等 ④	制定检查计划，根据内容分工 ① 审核 ⑥ 下发通报 ⑦	组织检查 ② 安全隐患问题汇总 ⑤ 检查是否整改落实 ⑨ 停止跟踪 ⑩	参与检查 ③
整改落实 ⑧			

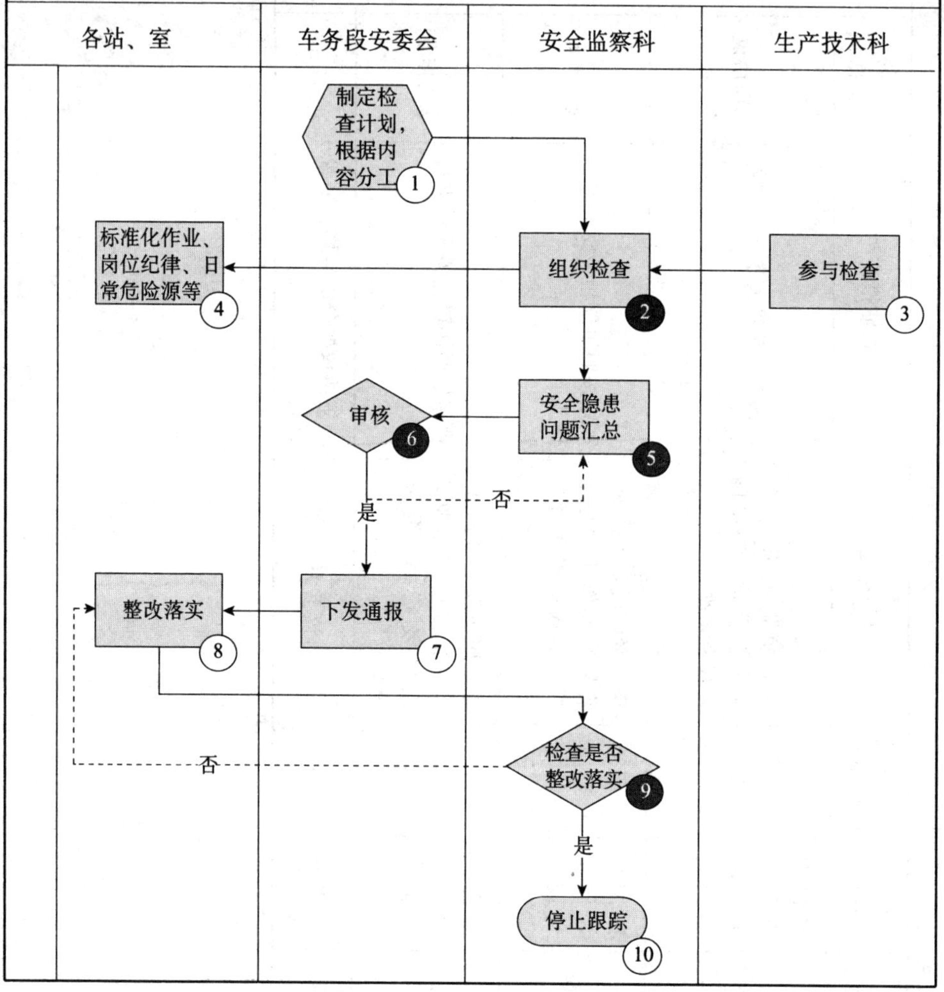

图 5.3.5 车务现场监督检查管理流程

表 5.3.5 车务现场监督检查管理流程控制矩阵

责任单位	铁路							
控制目标	通过安全监督与检查，整改隐患，实现安全生产运输，为职工创造良好的安全作业环境							
流程名称	车务现场监督检查管理							
流程编号								
节点编号	节点目标	是否为关键控制点	风险描述	控制措施	控制证据	责任部门	责任岗位	控制制度/文件
1	制定合理检查计划，分工明确	否	检查计划制定不合理，分工不明确造成盲目检查和检查不到位等情况	段安委会在制定检查计划时，要明确检查目标，对检查要求内容明确责任分工	管理干部检查写实表	安监科、生产技术科	安全副段长、安监科长	—
2	保证检查细致全面	是	安全生产运输监督检查没有定期进行，或已定期进行，但检查的不细致、不全面，不能使现场的作业环境得到改善，提高，造成安全隐患不能及时发现、解决	1. 安监科每月进行一次专项安全检查工作，对人员、设备、作业环境、作业标准的检查要全面细致，对检查过程中发现的问题及时提出整改意见和制定整改措施。2. 各站、室、班组做好对日常人员、设备、作业环境、作业标准的自查自检工作，协同安监部门逐步提高、改善现场作业条件。	抽查领导检查登记簿	安全检查工作组	分管安全副段长、安监科长	《车务段安全检查制度》

续表

节点编号	节点目标	是否为关键控制点	风险描述	控制措施	控制证据	责任部门	责任岗位	控制制度/文件
3	积极参与检查	否	生产技术科相关人员不能积极协同安监科人员进行检查,易造成检查过程中标准准解读偏差,遗漏检查内容以及对超出标准的安全隐患未能及时制定卡控制度等情况	生产技术科相关检查人员积极参与现场检查工作,由检查组组长负责监督其检查管理情况	抽查监督检查记录	生产技术科	安全专责	《车务段安全检查制度》
4	对各站、室现场作业情况认真检查	否	检查组在对站、室现场作业的检查中发现的问题不能够及时指出,存在好人主义,易给该站、室带来更大的安全隐患	安全检查组在检查的过程中要严格按照《车务段安全检查制度》来执行,杜绝好人主义思想,严把安全关	抽查领导检查登记簿	安全检查工作组	安全检查组组长	《车务段安全检查制度》
5	对在检查过程中发现问题及时进行整改汇总	是	对安全检查中发现的安全隐患没有进行认真的梳理、汇总,没有及时和被检查人员交换意见,导致问题不能及时、正确地进行整改落实	对每次检查出的安全隐患进行认真细致的梳理,及时整改隐患应分级管控,及时整治解决,较大的安全隐患应及时上报铁路安质部,然后依据关对应措施逐一解决落实,确保生产运输安全	本安系统录入管理干部检查填写实表	安监科	安监科科长	《车务段隐患管理办法》

第二篇 重点业务管控

续表

节点编号	节点目标	是否为关键控制点	风险描述	控制措施	控制证据	责任部门	责任岗位	控制制度/文件
6	认真审核汇总情况	是	车务段安委会对各站、室存在的隐患情况没有及时汇总审核,批复,会贻误整改,落实隐患,从而给安全生产带来更大的安全隐患	车务段于每月10日前召开安全生产分析会,针对在安全检查中发现的隐患进行研究,对车务段自身能解决的安全隐患,落实责任人及整改时间,车务段安全质量无法解决的上报铁路安全质量部	安全生产分析会记录			《车务段安全检查制度》
7	及时下发安全通报	否	安全通报没有及时下发,对违章作业人员不能起到实质性的警示约束作用	及时下发安全问题通知书和安全通报	安全问题通知书、安全通报			《车务段安全检查制度》
8	各站、室对检查中发现的问题及时整改落实	否	各站、室对安全检查中发现的问题没能及时地进行整改,就是对违章作业人员的姑息迁就,导致安全事故	各站、室针对安全检查中发现的问题积极配合检查组的跟踪检查指导工作,对习惯性违章作业人员绝不姑息迁就	站长工作日志、本安系统录人	安监科,各站、室	安监科科长,各站、室负责人	《车务段日常考核管理办法》
9	认真检查整改落实情况	是	各站、室存在的隐患没有及时整改落实,易造成隐患继续发展,酿成事故,或同样的问题再次发生	安监科针对相关站、室进行跟踪检查指导,直到安全隐患问题彻底解决整改,并在下月安全检查中重点检查,如发现相似的情况,从重处罚	本安系统录人现场复查			《车务段安全检查制度》

343

续表

节点编号	节点目标	是否为关键控制点	风险描述	控制措施	控制证据	责任部门	责任岗位	控制制度/文件
10	整改情况落实到位，停止跟踪	否	各站、室存在的隐患问题没有及时整改，解决就停止跟踪检查，给生产运输作业带来更大的安全隐患	安监科针对检查中发现的问题对相关站、室要进行跟踪检查指导，直到安全隐患问题彻底解决整改	安全检查会议记录	安监科	安监科科长	《车务段安全检查制度》

5.3.3 工务工艺流程

5.3.3.1 钢轨探伤管理流程

责任单位：铁路	流程关键控制点描述：
	1. 分管领导及时对探伤年度计划审批修改，审核通过后由技术科相关人员下达探伤任务；
	2. 综合区段及时做好探伤月计划，交由生产技术科相关人员审批；
	3. 对伤损钢轨进行认真、详细的检测，疑似伤损钢轨反复检测，确保数据准确；
流程编号：—	4. 必须按照回放规定进行回放，保证回放质量，并仔细研究查看图像，保存好回放图像。

钢轨探伤管理流程

探伤工区	综合区段	生产技术科	段领导
		生产技术科制定探伤年度计划 ①	审核 ②
	综合区段编排探伤月计划 ③	生产技术科对探伤计划审批 ④	
	安排探伤计划 ⑤		
进行探伤作业 ⑥	区段对探伤数据进行回放 ⑦		
对探伤数据回放 ⑦	根据回放结果判定 ⑦	登记备案探伤结束 ⑩	
疑似伤损钢轨 ⑧	伤损钢轨 ⑨		

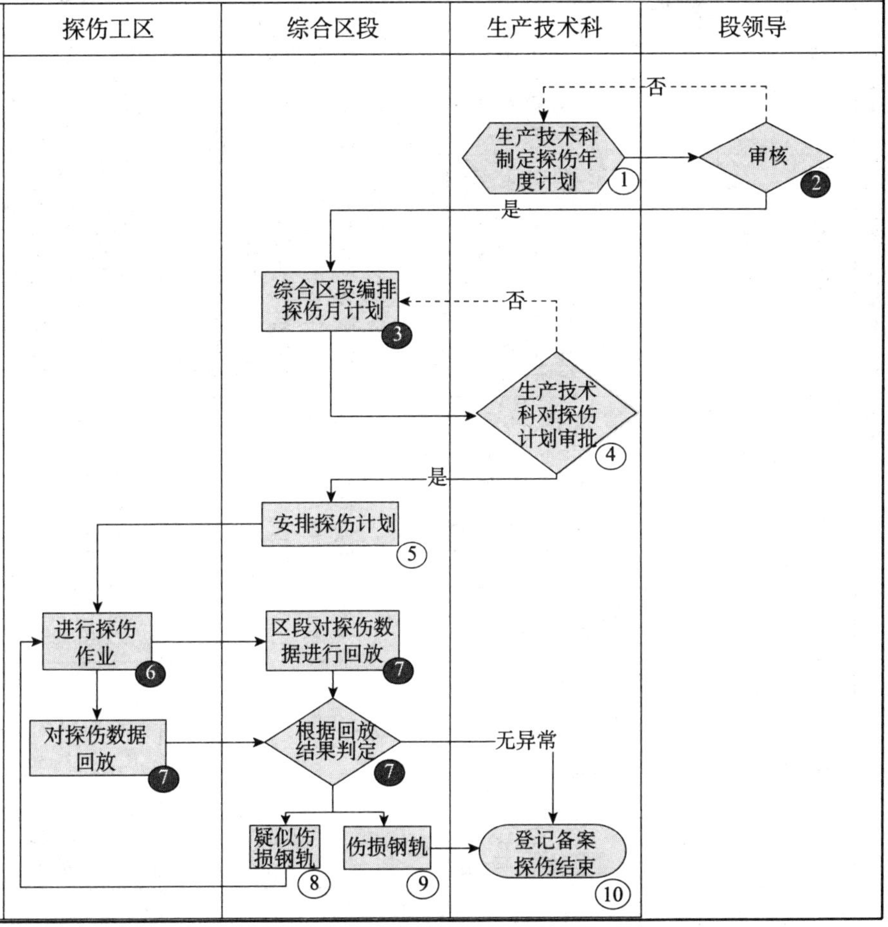

图 5.3.6 钢轨探伤管理流程

表5.3.6 钢轨探伤管理流程控制矩阵

责任单位	铁路							
控制目标	严格钢轨探伤管理，防止出现漏探而发生断轨，影响生产运输							
节点编号	节点目标	是否为关键控制点	流程名称	钢轨探伤管理				
				风险描述	控制措施	控制证据	责任部门	责任岗位	控制制度/文件
						流程编号			一
1	探伤计划	否		生产技术科未按规定及时编写探伤年度计划、计划内容不合理或未能及时安排有关探伤任务，导致影响行车安全	根据工作安排追究相关人员责任，查清问题所在，并对其进行认真分析，对所在的问题及时采取相关有效措施，防止问题的恶化，尽量将问题扼杀在摇篮之中	探伤计划实施情况	生产技术科	技术员	
2	探伤计划	是		未按照规定对探伤年度计划进行及时审批修改，造成钢轨探伤工作或影响安全生产	相关科室负责人适当提醒分管领导对探伤年度计划进行及时审批，若未能及时审批而导致影响安全生产的，分管领导负主要责任，并对其进行处分，以此控制恶性事件的发生	计划执行结果	工务段	主管段长	《工务段探伤管理办法》
3	探伤计划	是		计划安排不合理或未及时做计划，造成探伤资源浪费或探伤周期过长发生断轨，影响生产运输	计划安排不合理或计划导致探伤资源浪费或发生断轨情况，探伤技术员负全部责任，并在短时间内修改或补充计划，避免再次发生同样的事情	探伤计划表	生产技术科	探伤技术员	

续表

节点编号	节点目标	是否为关键控制点	风险描述	控制措施	控制证据	责任部门	责任岗位	控制制度/文件
4	计划审批	否	生产技术科有关负责人未能及时进行审批或对区段月计划审批不认真审阅导致计划内容不全面或严重后果切实际造成严重后果	区段负责审批人可适当敦促有关月计划审批人员对月计划内容，并结合实际情况及时通知审批人员，更改后通知相关人员，避免发生不必要的后果	月计划实施情况	生产技术科	技术员	
5	计划安排	否	月计划主任未按规定及时安排实施计划，导致探伤工作滞后或影响行车安全	按照有关规章制度，根据探伤周期全面组织探伤工作，对探伤工区进行日常管理和考核，确保探伤作业安全、探伤质量及任务完成	计划实施结果	综合区段	综合区段主任	《工务段探伤管理办法》
6	探伤作业	是	探伤作业不细致或不认真，可能造成钢轨伤损漏探，从而发生断轨，影响运输	到现场对疑似伤损的钢轨认真、详细的反复检测，确定钢轨是否伤损。探伤机负责人应监督检查探伤情况，对漏探或探伤数据不准确的，要求其重复检测，直到得到准确数据为止，避免漏探或探伤数据不正确而发生事故	探伤仪数据	综合区段	综合区段主任	
7	数据回放	是	探伤数据回放不细或业务不精，无法起到二次探伤的作用，影响运输发生断轨	必须按照回放规定进行回放，保证回放质量，并仔细研究查看图像，保存好回放图像。若存在不符合数据进行及时记录，对二次探伤起到关键作用	回放结果			

续表

节点编号	节点目标	是否为关键控制点	风险描述	控制措施	控制证据	责任部门	责任岗位	控制制度/文件
8	回放结果	否	对回放结果未能及时分析或分析有误导致影响行车安全	加强疑似伤损的回放分析，发现疑似伤损，及时安排人员返回现场进行复核，直至得到准确数据为止。如因回放分析有误而导致的后果由区段主任负主要责任	回放结果分析	综合区段	综合区段主任	
9	回放结果	否	对回放结果未能及时分析或分析有误导致影响行车安全	探伤人员应严格按照《数字探伤仪使用及回放分析规定》进行分析和上报。如因回放分析有误而导致的后果由区段主任负主要责任				
10	登记备案	否	未对区段上报的伤损钢轨统计进行认真查看，未及时登记备案导致影响安全生产	对发生的断轨应及时了解情况、分析断轨原因、研究、制定防断措施。加强探伤工作实际情况，根据钢轨探伤作业技术标准提出改进建议，监督钢轨探伤作业技术标准的贯彻执行	探伤档案	生产技术科	技术员	《工务段探伤管理办法》

5.3.3.2 桥隧维修管理流程

责任单位：铁路	流程关键控制点描述：
	1. 分管领导对拟好的桥隧维修计划进行认真审核并修改，审核通过后由技术科下达有关维修任务； 2. 桥隧维修任务的完成情况由段组织"五型企业"考核验收小组按照《工务段线桥维修管理办法》之规定不定期进行考核验收。
流程编号：—	

桥隧维修管理流程

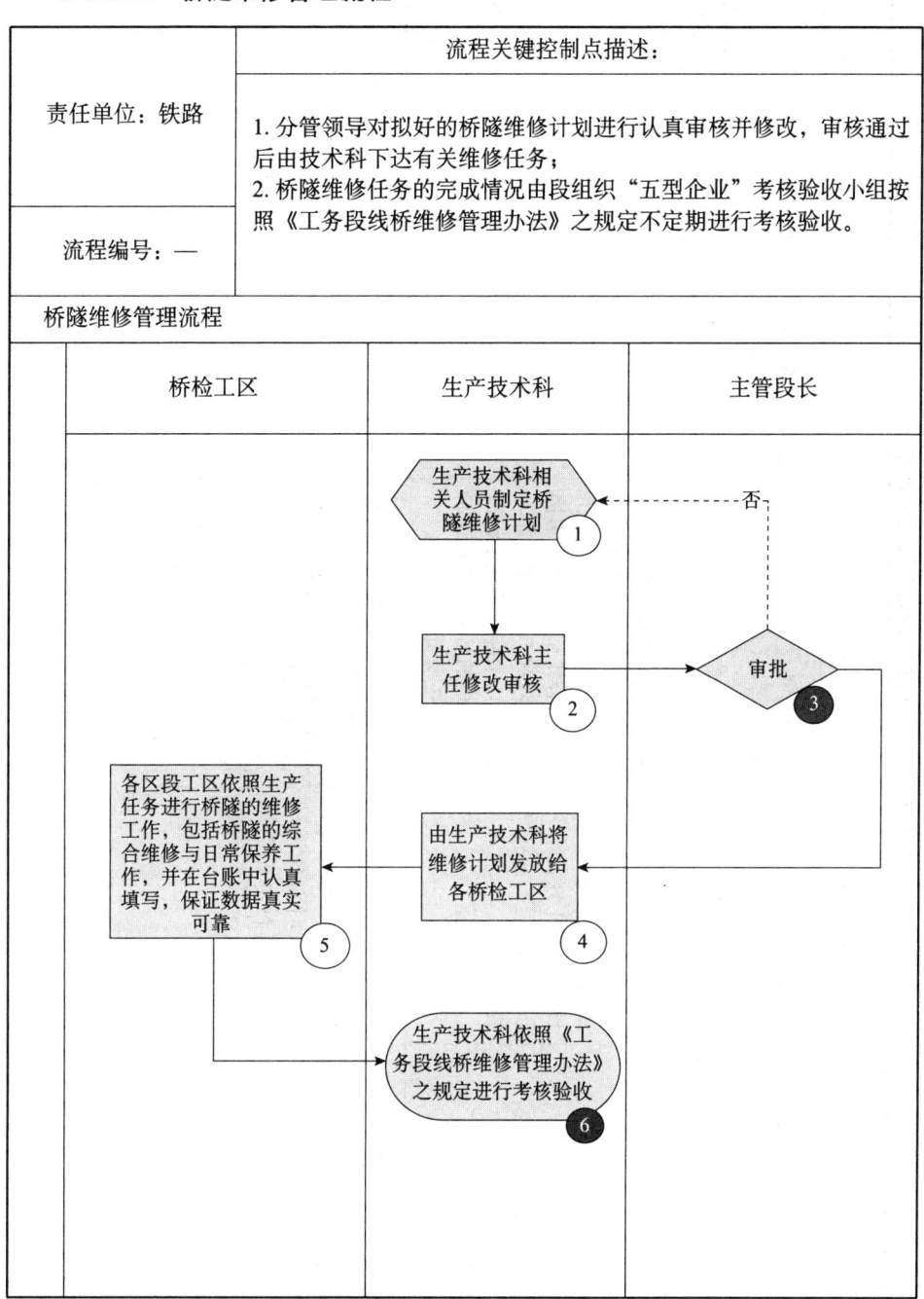

图 5.3.7　桥隧维修管理流程

表 5.3.7　桥隧维修管理流程控制矩阵

责任单位	铁路							
控制目标	通过规范桥隧维修的管理流程，加强桥隧维修的日常管理，保证严格按照流程进行桥隧的维修、保养							
节点编号	节点目标	是否为关键控制点	流程名称	风险描述	控制措施	控制证据	流程编号	责任部门	责任岗位	控制制度/文件
1	维修计划	否	桥隧维修管理	未能及时编制桥隧维修计划或计划内容不切实际而影响行车安全	根据检查工区设备静态检查结果及轨检车、机车添乘仪动态检查分析，结合线桥工区检查掌握线桥实际状态合理编制保养修计划。未能按照规定编制计划造成的后果由计划编制员承担主要责任		一		技术员	《铁路工务段线桥维修管理办法》
2	计划审批	否		生产技术科有关负责人未能及时对桥隧维修计划进行审批而影响安全生产	计划编制员适当提醒本科室负责人对桥隧维修计划进行及时审批修改，若未能及时审批而导致技术科有关人员负主要责任，生产技术科有关人员负主要责任，并对其进行处分，以此控制恶性事件的发生	计划执行情况		生产技术科	主任	

350

续表

节点编号	节点目标	是否为关键控制点	风险描述	控制措施	控制证据	责任部门	责任岗位	控制制度/文件
3	维修计划	是	由于分管领导未及时审批或审批时未认真、详细查阅维修计划内容导致桥隧维修工作不到位而影响安全行车及运营	根据《铁路工务段线桥隧维修管理办法》和《铁路桥隧维修管理办法》规定，要求其负相关责任，并予以处分，保证其在今后的工作中更加尽心尽责，确保不再发生同样的事情	计划执行情况	工务段	主管段长	
4	计划安排	否	桥隧维修计划审批下来后生产技术科技术员未按规定及时下达实施计划任务，导致桥隧维修工作滞后或影响行车安全	桥隧维修计划审批下来后生产技术科技术员及时安排各桥检工区桥隧维修工作任务，并对桥检工区进行日常管理和考核，确保桥隧维修作业安全、维修质量及按时任务完成	计划实施结果	生产技术科	技术员	
5	台账数据	否	桥检工区未按照桥隧维修计划认真填写台账导致无法保证数据的真实可靠而影响行车安全	桥检工区应建立按规定认真填写，并将检查结果数据准确可靠，为状态分析评定和修理提供依据，如发现重要病害或发展较快时，应立即逐级上报，绘制病害示意图，记入检查簿内	数据的可靠性	桥检工区	工长	《铁路工务段线桥维修管理办法》

续表

节点编号	节点目标	是否为关键控制点	风险描述	控制措施	控制证据	责任部门	责任岗位	控制制度/文件
6	考核验收	是	工区未能按生产维修任务进行桥隧日常保养，造成桥隧设备的状态不稳定，影响安全行车及运营	以桥隧台账的数据为依据对各工区每月的桥隧维修日常保养实际情况进行不定期的考核保验收，验收不合格工区对相关负责人进行处罚，追究责任，确保工区能保质保量地完成工作任务	桥隧台账数据	桥检工区	工长	《铁路工务段桥线桥维修管理办法》

5.3.4 机务工艺流程

5.3.4.1 机务辅修管理流程

	流程关键控制点描述
责任单位：铁路	1. 相关班组根据各项要求及现场实际情况组织辅修作业工作； 2. 段领导根据各项记录及现场实际情况对辅修作业工作的检查； 3. 车间负责人督促相关班组对存在的问题给出整改措施并及时整改；
流程编号：—	4. 车间负责人对辅修作业工作及整改内容检验审核并记录； 5. 段领导对车间提交的记录进行汇总、统计、考核。

机务辅修管理流程

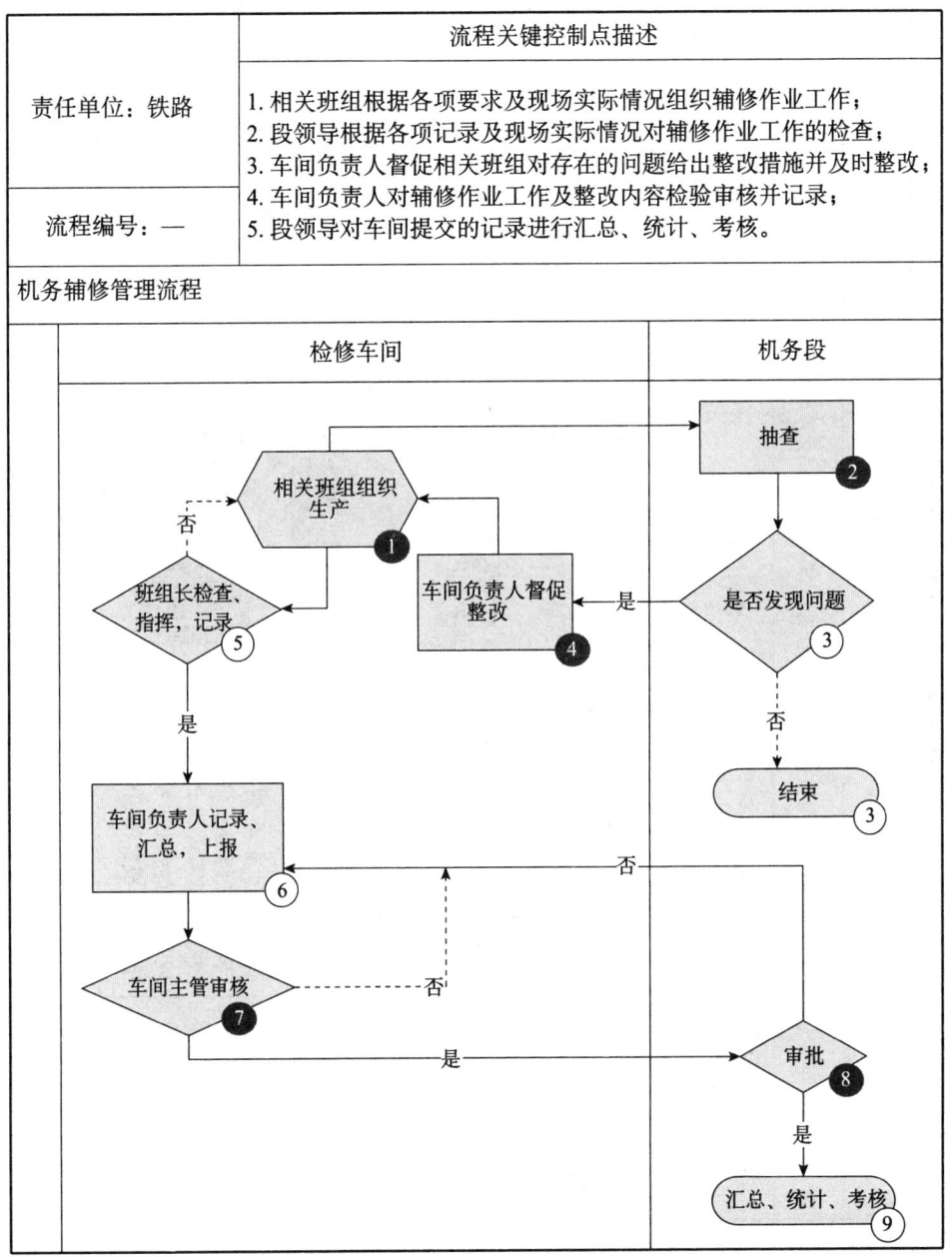

图 5.3.8　机务辅修管理流程

表5.3.8 机务辅修管理流程控制矩阵

责任单位	铁路							
控制目标	严格按照机车检修工艺要求,保质保量按时完成辅修任务。实现生产、经济本质安全							
节点目标	是否为关键控制点	风险描述	控制措施	控制证据	流程编号	责任部门	责任岗位	控制制度/文件
节点编号					机务辅修管理			
1 辅修作业	是	相关班组未根据各项要求及现场实际情况组织辅修作业工作,对安全卡控不到位,使用工具不当等,造成工艺执行不到位,影响机车品质,造成经济损失	1. 相关班组根据车间要求,结合现场实际情况组织卡工、工长现场对安全检修卡控,群监员、青安岗认真履行职责。 2. 工长对完成的工作进行检查,保证按工艺执行。	考核记录		各班组	各工长	《检修车间管理制度》
2 工作检查	是	段领导未对相关班组的各项记录、辅修作业进行检查,导致班组执行工艺标准不到位与相关班组进度不一致等问题不能及时发现,推迟,进而造成机车交验,造成经济损失	1. 不定期抽查相关班组实际记录各项情况,辅修作业进行现场及记录填写情况。 2. 认真分析填写各项记录,是否认真执行机车辅修工艺标准。	抽查记录		机务段技术室	技术员	《机务段管理细则》

续表

节点编号	节点目标	是否为关键控制点	风险描述	控制措施	控制证据	责任部门	责任岗位	控制制度/文件
3	现场分析	否	段领导现场检查过程中，未合理选取样本，导致未能及时发现存在的隐患或漏洞，造成人员伤害或财产损失	现场检查时合理选取样本，认真分析班组记录是否如实填写，并现场随机了解情况	抽查记录	机务段技术室	技术员	《机务段管理细则》
4	整改完善	是	车间负责人未及时传达上级检查发现的问题并给出整改的措施，导致检修质量不达标，造成经济损失	1. 负责人要及时查阅上级下发的文件，不遗漏上级检查中发现的问题。2. 负责人要认真督促班组整改，保证落实。	整改意见记录	检修车间	车间主任	《检修车间管理制度》
5	班组记录	否	工长现场记录不认真，导致现场对班组情况不能掌握，影响检修质量提高	车间负责人在记录、汇总班组上报材料时，保证真实有效，如实反映班组生产情况和存在的问题	记录	各班组	各工长	

5.3.4.2 机务小修管理流程

责任单位：铁路	流程关键控制点描述
	1. 相关班组根据各项要求及现场实际情况组织小修作业工作；
	2. 段领导根据各项记录及现场实际情况对小修作业工作的检查；
	3. 车间负责人督促相关班组对存在的问题给出整改措施并及时整改；
	4. 车间负责人对小修作业工作及整改内容检验审核并记录；
流程编号：—	5. 段领导对车间提交的记录进行汇总、统计、考核。

机务小修管理流程

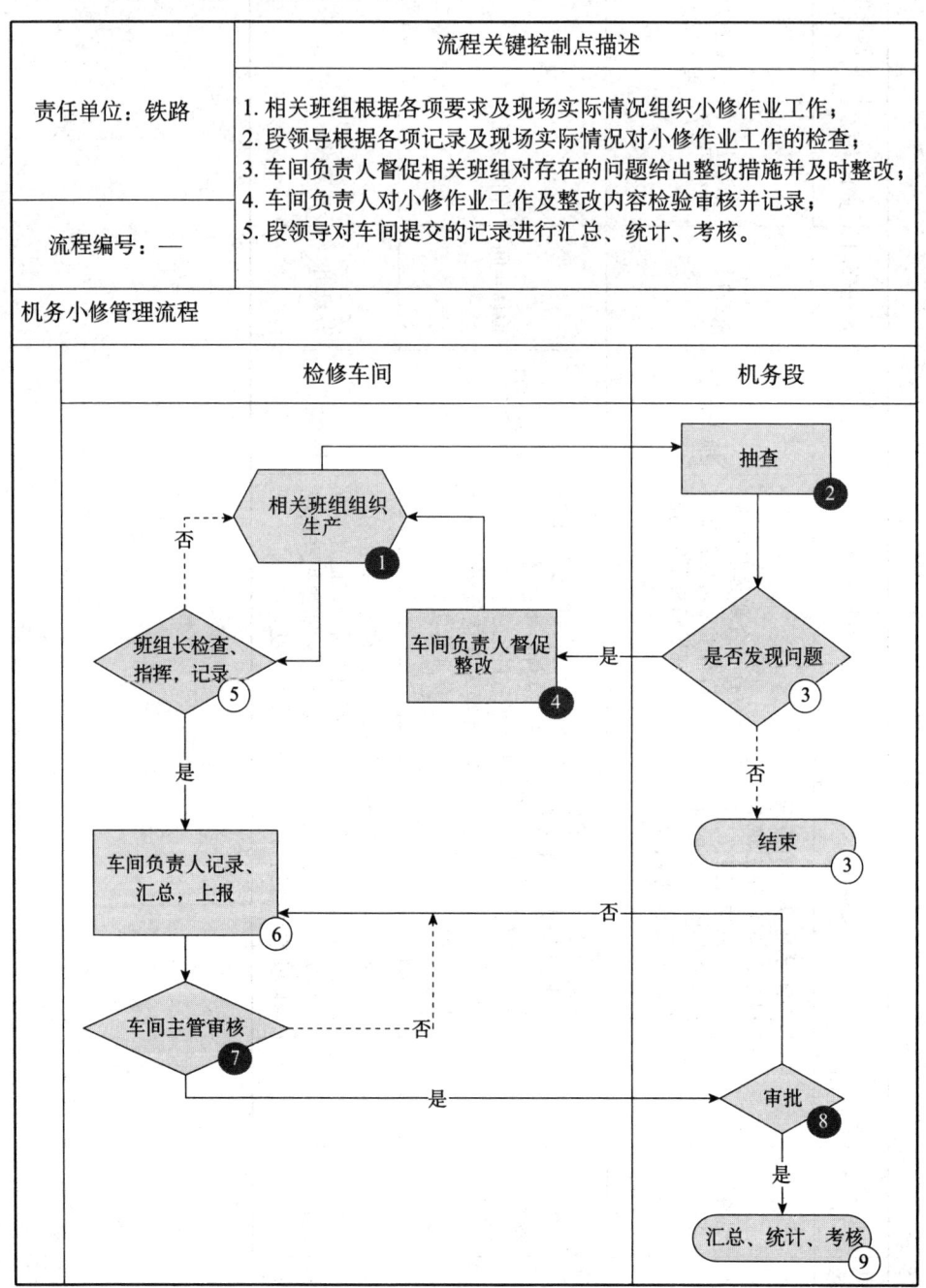

图 5.3.9　机务小修管理流程

表5.3.9 机务小修管理流程控制矩阵

责任单位	铁路							
控制目标	严格按照机车检修工艺要求，保质保量按时完成小修任务。实现生产、经济本质安全							
流程编号	—							
节点编号	节点目标	是否为关键控制点	流程名称	风险描述	控制措施	控制证据	责任部门	责任岗位	控制制度/文件
1	小修作业	是		相关班组未根据各项要求及现场实际情况组织安全卡控不到位，对使用工具不当等，造成工艺执行不到位，影响机车品质，造成经济损失	1. 相关班组根据车间要求，结合现场实际情况组织工作，工长现场对安全检修卡控、群监员、青安岗认真履行职责。2. 工长对完成的工作进行检查，保证按工艺执行。	考核记录	各班组	各工长	《检修车间管理制度》
2	工作检查	是		段领导对相关班组的各项记录及小修作业进行检查，与相关班组执行工艺标准不一致等问题不能及时发现，推迟，造成经济损失	1. 不定期抽查相关班组是否按时填写各项记录，小修作业执行情况。2. 认真分析班组填写各项记录，是否认真执行机车小修工艺标准。	抽查记录	机务段技术室	技术员	《机务段管理细则》

357

续表

节点编号	节点目标	是否为关键控制点	风险描述	控制措施	控制证据	责任部门	责任岗位	控制制度/文件
3	现场分析	否	段领导在现场检查过程中，未合理选取样本，导致未能及时发现存在的隐患或漏洞，造成人员伤害或财产损失	现场检查时合理选取样本，认真分析班组记录是否如实填写，并现场随机了解情况	抽查记录	机务段技术室	技术员	《机务段管理细则》
4	整改完善	是	车间负责人未及时传达上级检查发现小修存在的问题并给出整改措施，导致检修质量不达标，造成经济损失	1. 负责人要及时查阅上级下发的文件，不遗漏上级检查中发现的问题。2. 负责人要认真督促班组整改，保证落实。	整改意见记录	检修车间	车间主任	
5	班组记录	否	工长现场记录结果不认真，导致车间对班组现场情况不能掌握，如实反映班组生产情况和存在的问题影响检修质量提高	车间负责在记录，汇总班组上报材料时，保证真实有效，如实反映班组生产情况和存在的问题	记录	各班组	各工长	《检修车间管理制度》

5.3.4.2 机务中修管理流程

责任单位：铁路	流程关键控制点描述
	1. 相关班组根据各项要求及现场实际情况组织中修作业工作；
	2. 段领导根据各项记录及现场实际情况对中修作业工作的检查；
	3. 车间负责人督促相关班组对存在的问题给出整改措施并及时整改；
流程编号：—	4. 车间负责人对中修作业工作及整改内容检验审核并记录；
	5. 段领导对车间提交的记录进行汇总、统计、考核。

机务中修管理流程

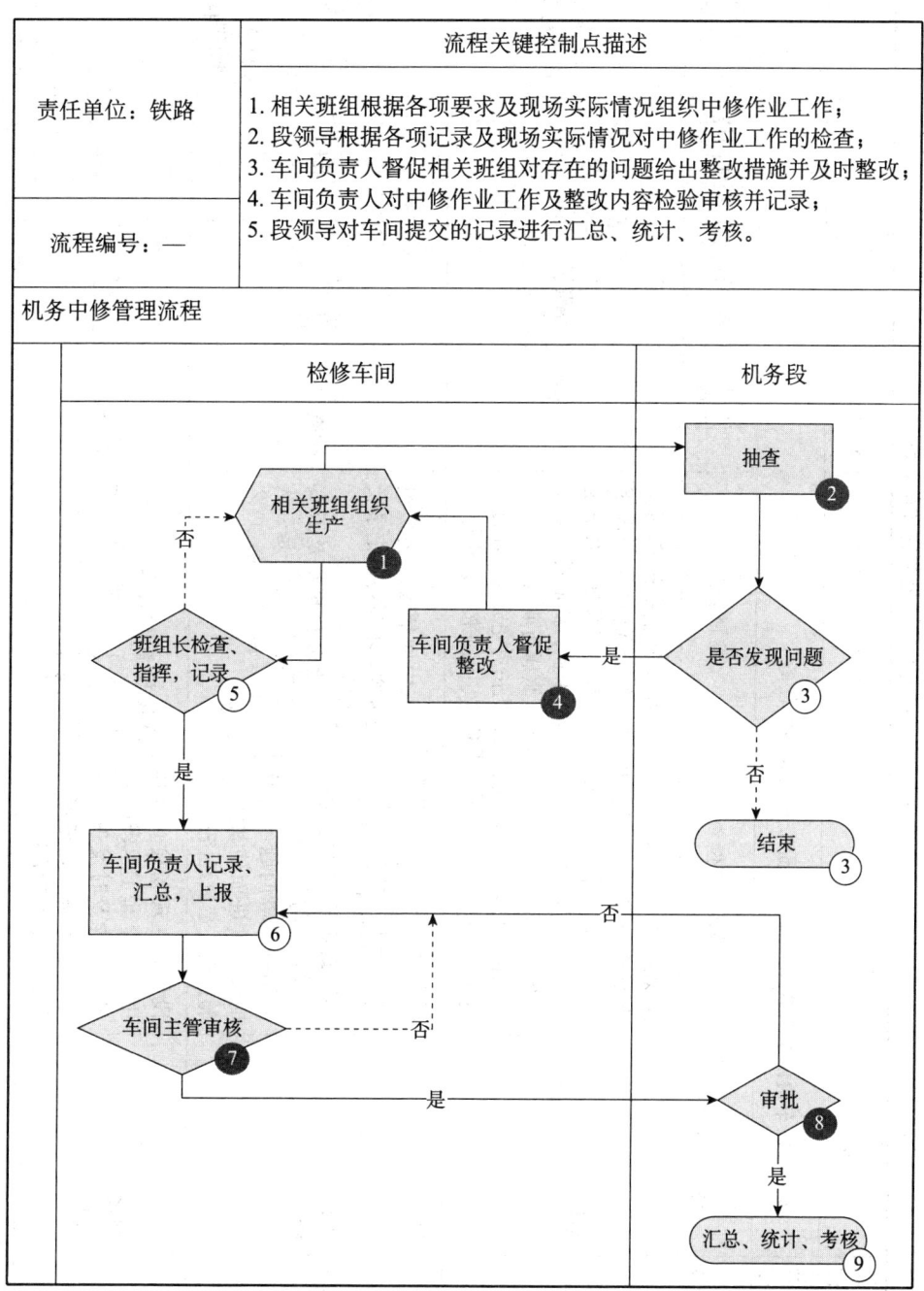

图 5.3.10 机务中修管理流程

表5.3.10 机务中修管理流程控制矩阵

责任单位	铁路			流程名称	机务中修管理			流程编号	—
控制目标	严格按照机车检修工艺要求，保质保量按时完成中修任务								
节点编号	节点目标	是否为关键控制点	风险描述	控制措施	控制证据	责任部门	责任岗位	控制制度/文件
1	中修作业	是	相关班组未根据各项要求及现场实际情况组织中修作业工作，使用工具卡控不当等，造成工艺执行不到位，影响机车品质，造成经济损失	1. 相关班组根据车间要求，结合现场实际情况对安全组织工作、工长现场安全检修卡控、群监员、青安岗认真履行职责。 2. 工长对完成的工作进行检查，保证按工艺执行。	考核记录	各班组	各工长	《检修车间管理制度》
2	工作检查	是	段领导未对相关组各项记录及现场情况，中修作业进行检查，与相关班组执行工艺标准不到位，与相关班组不能及时发现问题不使机车交验推迟，造成经济损失	1. 不定期抽查相关班组是否按时填写各项记录及现场情况。 2. 认真写分析班组记录，是否认真实执行机车中修工艺标准。	抽查记录	机务段技术室	技术员	
3	现场分析	否	段领导在现场检查过程中，未合理选取样本，导致未能及时发现存在的隐患或漏洞，造成人员伤害或财产损失	现场检查时合理选取样本，认真分析班组记录是否如实填写，并现场随机了解情况	抽查记录	机务段技术室	技术员	《机务段管理细则》

续表

节点编号	节点目标	是否为关键控制点	风险描述	控制措施	控制证据	责任部门	责任岗位	控制制度/文件
4	整改完善	是	车间负责人未及时传达上级检查并发现存在的问题，导致检修质量不达标，造成经济损失	1. 负责人要及时查阅上级下发的文件，不遗漏上级检查中发现的问题。2. 负责人要认真督促班组整改，保证落实。	整改意见记录	检修车间	车间主任	《检修车间管理制度》
5	班组记录	否	工长现场记录结果不认真，导致车间对班组现场情况不能掌握，影响检修质量提高	车间负责人在记录、汇总班组上报材料时，保证真实有效，如实反映班组生产情况和存在的问题	记录	各班组	各工长	

5.3.5 供电工艺流程

5.3.5.1 接触网检测修作业管理流程

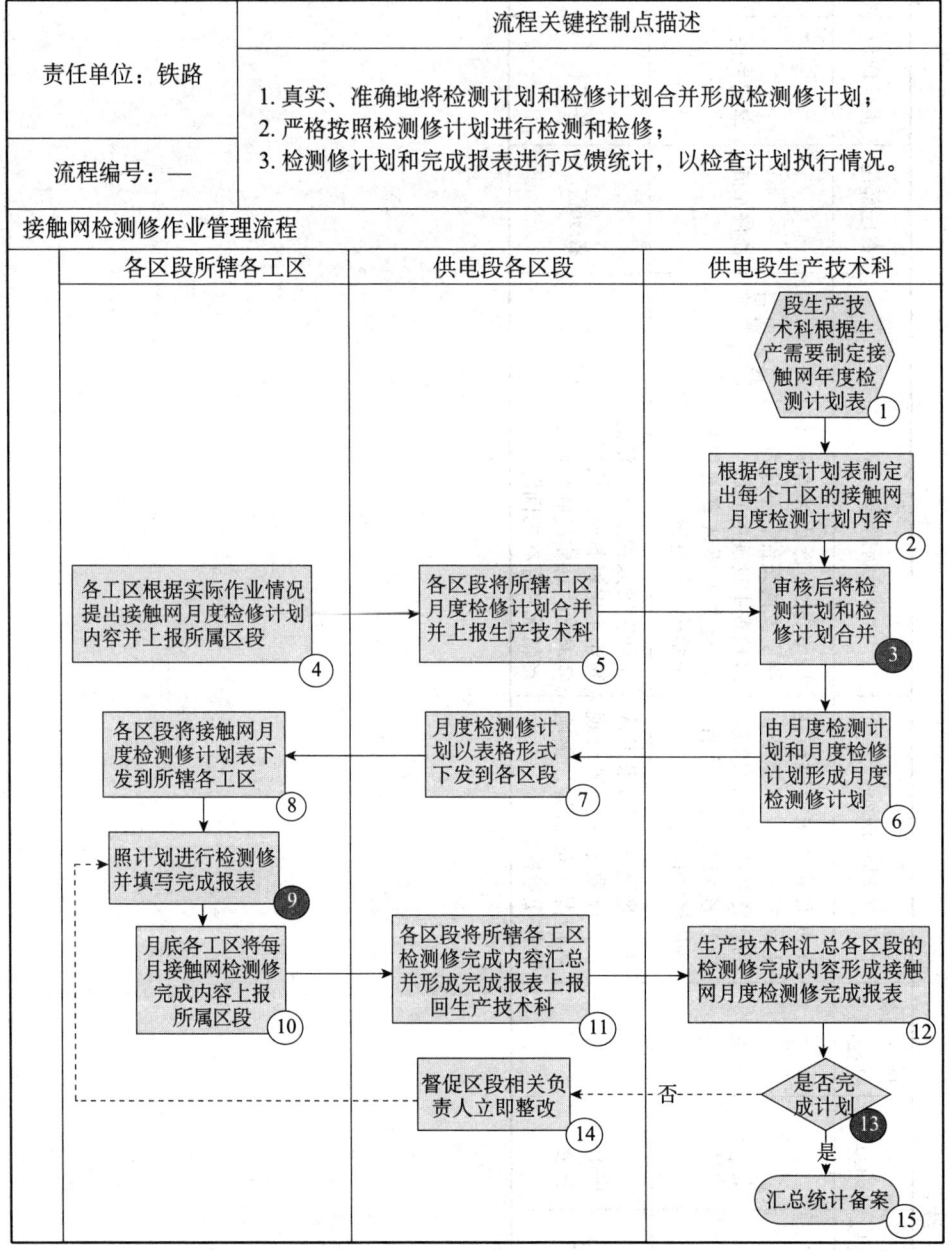

图 5.3.11 接触网检测修作业管理流程

表 5.3.11 接触网检测修作业管理流程控制矩阵

责任单位	铁路								
控制目标	通过有步骤、有计划的详细规定和流程，将接触网检测修作业管理制度化、流程化、规范化								
	流程名称	接触网检测修作业管理流程							
	流程编号	—							
节点编号	节点目标	是否为关键控制点	风险描述	控制措施	控制证据	责任部门	责任岗位	控制制度/文件
1	根据生产需要制定接触网年度检测计划	否	根据生产需要制定的接触网年度检测计划是否反映本年度的总体规划和部署步骤，直接关系到接触网设备能否正常维护	1. 参考上年度接触网检测结果，考虑生产实际需要，制定接触网年度检测计划表。 2. 针对每月和各工区侧重点不同，根据年度计划将形成月度计划下发。	接触网年度检测计划表		生产技术员	《接触网运行检修规程》第 4、第 8 条
2	根据年度计划和实际形成各工区月度检测计划	否	考虑时间段和各工区的不同性，重新检测的内容的不同性，根据年度计划能否有效确实到月度计划能否正系良好合理落实	1. 月度检测计划是按照年度计划对照核实，两计划对照执行。 2. 月度检测计划根据需要按照时间下发到各工区班组，工区根据实际需要对照确定。	接触网月度检测计划表	供电段生产技术科		《接触网运行检修规程》第 7 条

续表

节点编号	节点目标	是否为关键控制点	风险描述	控制措施	控制证据	责任部门	责任岗位	控制制度/文件
3	审核检测和检修计划是否可行	是	检测和检修计划的审核是否影响天窗作业中的计划作业顺利执行和实际执行情况，能否有针对性、高效性地推进接触网设备进行检修维护	1. 针对检测计划进行天窗作业的工序、时间、地点和作业方式、组织规模的具体审核，确保计划顺利执行，督促相关工区段的及时完成整改。2. 针对检修计划进行天窗作业的工序、时间、地点和作业方式、组织规模的具体审核，确保计划顺利执行。	接触网月度检测计划表	供电段生产技术科	生产技术员	《接触网运行检修规程》第15条
4	各工区上报月度检修计划具体内容到区段	否	工区根据生产需要提交的接触网月度检修计划的直接反映当月接触网检修内容，直接关系到实际接触网检修内容是否贴合实际	1. 工区根据需要提交月检修内容并经过区段审核后上报。2. 区段针对每月和各工区侧重点不同，根据实际需要汇总形成本区段接触网检修。	接触网月度检修表	供电段各区段	各区段主管人员	《接触网运行检修规程》第3、第6条
5	各区段月度检修计划表上报生产技术科	否	各区段将审核汇总后的接触网月度检修计划表能否按时、按实际内容上报直接影响到接触网检修维护的质量	1. 区段针对检修表进行严格审核后上报。2. 生产技术科针对该检修表进行再次审核。		供电段生产技术科	生产技术员	

364

续表

节点编号	节点目标	是否为关键控制点	风险描述	控制措施	控制证据	责任部门	责任岗位	控制制度/文件
6	根据月度检测和月度检修计划形成月度检测检修计划	否	生产技术科审核汇总后，将该区段的检修计划和月度检测计划融合，形成月度检测检修计划。本工作直接影响到计划的形成是否有效可行	1.生产技术科专工人员进行详细审核并汇总。2.汇总后形成接触网月度检测检修计划表。			生产技术员	《接触网运行检修规程》第3、第6条
7	生产技术科下发月度检测检修计划到各区段	否	月度检测检修计划各区段能否按时下发到的检测检修内容能否及时传达并即时开展落实	1.生产技术科严格按照时间进行下发。2.各区段按照时间进行卡控接收。	接触网月度检修检测计划表	供电段各区段		《接触网运行检修规程》第9、第22条
8	各区段月度检测检修计划到所辖各工区	否	月度检测检修计划各工区能否按时下发到的检测检修内容能否及时传达并即时开展落实	1.生产技术科严格按照时间进行下发。2.各工区按照时间进行卡控接收。		供电段各区段	区段主管人员	《接触网运行检修规程》第3、第6条

续表

节点编号	节点目标	是否为关键控制点	风险描述	控制措施	控制证据	责任部门	责任岗位	控制制度/文件
9	按照计划进行检测和检修任务具体作业	是	各工区能否严格按照计划进行检测和检修任务，是否按照对接触网设备能按照预期周期性，针对性的检测盒检修，如果不能按照计划执行，将对设备的维护不能有效地把控，影响设备运行	1. 区段监督工区进行按照计划进行检修，确保工区计划的检测能够严格检查，确保行检测盒进行检修按照检修质量。2. 按照规定检测和检修的结果经过合并统计分析汇总形成报表式上报区段，确保检测检修完成形成报表严格有效。		供电段各区段	区段主管人员	《接触网运行检修规程》第16条
10	各工区上报接触网检测检修报表到区段	否	接触网月度检测修报表能否按时上报到区段各工区每月的检测检修作业的完成情况和效率	1. 各区段严格盯控进度和内容落实。2. 生产技术科监督执行完成情况。	接触网月度检测完成报表			
11	各区段汇总统计报表内容并上报	否	各区段汇总统计接触网月度检测修报表并关系到各工区对于计划内容的完成情况和效率	1. 各区段汇总各报表进行数据换算统计。2. 生产技术科严格盯控进度和内容完成情况。		供电段生产技术科	生产技术员	《接触网运行检修规程》第3、第6条

续表

节点编号	节点目标	是否为关键控制点	风险描述	控制措施	控制证据	责任部门	责任岗位	控制制度/文件
12	生产技术科汇总各区段报表	否	生产技术科能否按时有效汇总接触网月度检测报修报表，直接影响设备的检修内容和数据的统计	1. 生产技术科严格审核并进行复核报表内容。2. 将区段月内月度接触网检测形成的检修完成报表。				《接触网运行检修规程》第3、第6条
13	作业完成是否合规范	是	作业能否合格规范完成直接关系到人员和设备的安全	1. 检测修计划是否完成用报表体现反映。2. 未完成的反映相关区段整改。3. 完成的汇总统计备案。	接触网月度检修完成报表	供电段生产技术科	生产技术员	《接触网运行检修规程》第15、第16条
14	督促工区负责人员进行内容整改	否	在发现设备检测内容中疏漏和完成处理有遗留问题的情况下针对具体整改落实到工区，督促整改能够有效杜绝设备隐患	1. 生产技术科人员督促工区整改。2. 区段人员督促工区整改。3. 生产技术科对于问题进行即时抽查。				《接触网运行检修规程》第17条
15	汇总统计并备案	否	将所有问题及隐患和完成情况统计并备案保存	1. 生产技术科备案在报表档案中。2. 区段将报表档案保存备案。				《接触网运行检修规程》第19条

5.3.5.2 牵引变电所倒闸作业流程

责任单位：铁路	流程关键控制点描述
	1. 倒闸开始前，值班员在受令时候准确使用作业标准用语复诵，是双方确认的基础和依据；
流程编号：—	2. 倒闸完成后，对于倒闸完成的确认和倒闸作业命令的消除。

牵引变电所倒闸作业流程

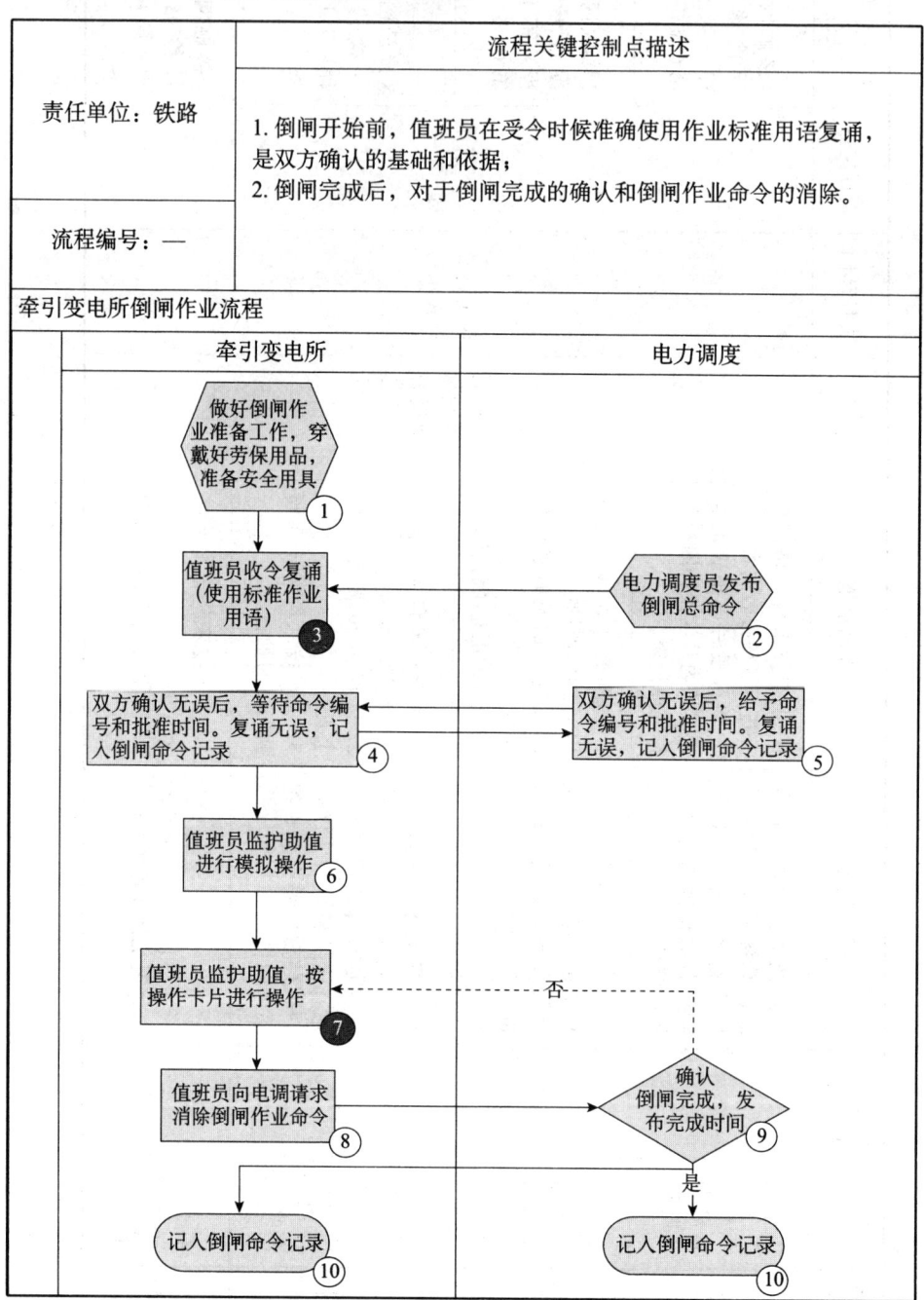

图 5.3.12　牵引变电所倒闸作业流程

表 5.3.12 牵引变电所倒闸作业流程控制矩阵

责任单位	铁路						
控制目标	根据牵引变电所倒闸作业步骤，提出倒闸作业流程为精细化管理的步骤，提高职工作业流程能力水平						
流程名称	牵引变电所倒闸作业						
流程编号	—						
节点编号	节点目标	是否为关键控制点	风险描述	控制措施	控制证据	责任部门	责任岗位	控制制度/文件
1	做好倒闸作业准备	否	值班员在倒闸前是否做好作业准备直接关系到倒闸作业的人员和设备安全，关系到倒闸作业程的顺利进行	1. 值班人员互相确认作业工具和安全用具。2. 值班人员要对倒闸作业程序进行预想。				《牵引变电所安全工作规程》第16条
2	调度发布倒闸作业命令	否	调度发布倒闸作业的首要是否按步骤，关系到设备的允许情况	调度发布倒闸命令记录在倒闸作业票中	倒闸命令记录	生产技术科	变配电技术员	
3	值班员正确接受受令	是	值班员受令是否明确，直接影响到倒闸对象，关系到操作是否正确，关系到设备停送电的顺序和设备运行的好坏	1. 值班员使用标准用语进行诵读。2. 值班员针对倒闸命令进行反复确认。				《牵引变电所安全工作规程》
4	给予命令编号和时间	否	给予命令编号和时间关系到倒闸命令票能否正式生效并执行	1. 调度和所内人员要进行倒闸内容和程序复诵确认。2. 电调和值班员相互核对，共同确认，确保操作对象，顺序准确到位。				

续表

节点编号	节点目标	是否为关键控制点	风险描述	控制措施	控制证据	责任部门	责任人	制度
5	双方进行命令内容确认	否	调度和所内值班人员是否能够对倒闸内容进行良好确认关系到设备安全和倒闸的正确与否	1. 调度和所内人员要进行倒闸内容和程序复诵和确认。2. 确认完毕后等命令编号记入倒闸命令记录。				
6	按照操作卡片在五防机上模拟操作	否	严格按照操作卡片进行模拟操作，通过五防机可以有效控制操作步骤的正确，关系到设备和人员安全	1. 严格按照操作卡片进行模拟。2. 通过五防机进行正确模拟。				
7	按照步骤进行倒闸作业	是	严格按照操作程序进行正确操作，具体过程关系到设备和人员安全	1. 倒闸时手指眼看呼唤应答。2. 一人监护一人操作。3. 调度视频监督卡控步骤。	倒闸命令记录	生产技术科	变配电技术员	《牵引变电所安全工作规程》第30条
8	请求消除命令	否	倒闸操作完成后立即请求调度对倒闸的结尾步骤的开始	1. 倒闸操作完成后立即关于调度对倒闸步骤。2. 及时向调度报告。				
9	确认倒闸完毕	否	确认倒闸完毕是对倒闸是否正确完毕的检验并按照时间记录	1. 核对倒闸作业完成后设备状况。2. 发布完成时间并记录。				

续表

节点编号	节点目标	是否为关键控制点	风险描述	控制措施	控制证据	责任部门	责任岗位	控制制度/文件
10	记入倒闸命令记录	否	将倒闸完成记录倒闸命令记录标志着倒闸作业的顺利完成	1. 所内值班人员记入所内倒闸作业命令票。 2. 调度记入调度倒闸作业命令记录。	倒闸命令记录	生产技术科	变配电技术员	《牵引变电所安全工程规程》第30条

5.3.6 信号工艺流程

5.3.6.1 信号年度联锁试验管理流程

	流程关键控制点描述
责任单位：铁路	1. 铁路信号段生产技术科联锁主任工程师审核信号区段提报的40组以下道岔车站年度联锁试验组织方案； 2. 铁路信号段主管段长审批各站点的年度联锁试验组织方案。
流程编号：—	

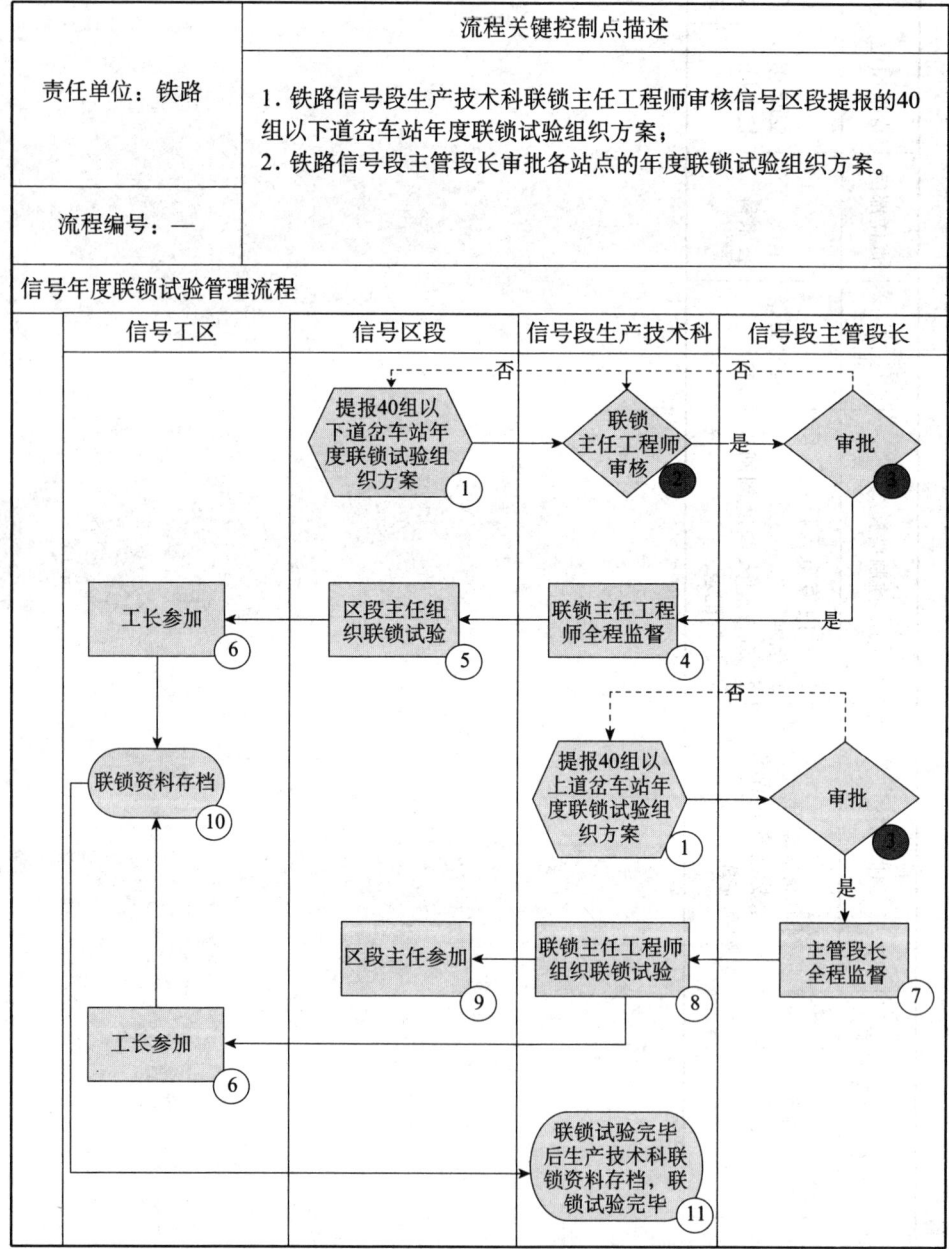

图 5.3.13　信号年度联锁试验管理流程

表5.3.13 信号年度联锁试验管理流程控制矩阵

责任单位	流程名称						流程编号	
铁路	信号年度联锁试验管理						—	
控制目标	严密联锁试验，零误差运行，使设备时刻保持在严谨和稳定的经济状态							
节点目标	是否为关键控制点	风险描述	控制措施	控制证据	责任部门	责任岗位	控制制度/文件
节点编号								
1	准确提报年度联锁试验方案	否	由于联锁组织方案提报分工不合理，可能导致联锁试验不能在天窗点内完成，危及行车安全	40组以下的道岔由车站所在区段的区段主任制定并提报该车站年度联锁试验组织方案；40组以上的道岔由车站由生产技术科联锁主任工程师制定并提报该车站年度联锁试验组织方案。制定联锁试验组织方案之前该区段联锁主任工程师或信号区段联锁主任要组织该区段信号区段内的联锁设备《维护规程》和《铁路信号试验暂行办法》中的技术要求和管理条例编写联锁组织方案。提报联锁组织方案的人员分工及相关资质，确认无误之后要在联锁组织方案签字	核对无误后签字	生产技术科（40组以上），信号区段（40组以下）	联锁主任工程师（40组以上），信号区段主任（40组以下）	《维护规程》《铁路信号试验暂行办法》总则
2	确保联锁关系100%正确	是	由于联锁组织方案审查不严密，可能导致联锁试验不彻底，存在安全风险	1. 在联锁试验之前由区段主任牵起草联锁试验组织方案，并上报生产技术科，由联锁主任工程师审核。2. 审核内容包括联锁试验的人员资质证、分工方案、安全措施，具体试验内容是否符合《铁路信号联	审核签字	生产技术科	联锁主任工程师	《维护规程》《铁路信号试验暂行办法》

续表

节点编号	节点目标	是否为关键控制点	风险描述	控制措施	控制证据	责任部门	责任岗位	控制制度/文件
2	确保联锁关系100%正确	是	由于联锁组织方案审查不严密，可能导致联锁试验不彻底，存在安全风险	锁试验暂行办法》，如果组织方案存在上述内容不严密，要求区段立即整改重新上报。3. 联锁主任工程师重点审查组织方案中专人指挥、专人操作、专人监督的试验制度。4. 确认联锁组织方案审核签字，并上报主管段长。	审核签字	生产技术科	联锁主任工程师	
3	确保联锁关系100%正确	是	由于联锁组织方案审查不严密，有可能导致联锁试验不彻底，存在安全风险	1. 联锁主任工程师将审查后的组织方案上报主管段长审核，主管段长对联锁主任工程师的审查结果进行审批。2. 联锁试验之前全面审批组织方案的联锁试验内容，是否遵循《维护规程》第九章第三章联锁部分。3. 确认联锁组织方案审核签字，并下达联锁试验工作任务。		信号段	主管段长	《维护规程》《铁路信号试验暂行办法》

续表

节点编号	节点目标	是否为关键控制点	风险描述	控制措施	控制证据	责任部门	责任岗位	控制制度/文件
4	确保联锁关系100%正确	否	由于监督联锁试验存在漏项，没有做到全程监督，有可能导致行车不安全	1. 信号段主管段长审批完毕后，对于40组以下的道岔车站联锁组织方案的实施过程由生产技术科联锁主任工程师进行全程监督，专人监督。 2. 对于联锁试验当中存在的违章违规操作，违章指挥的行为要提出制止。 3. 联锁试验完毕后要在相关试验记录上签字。		生产技术科	联锁主任工程师	
5	确保联锁关系100%正确	否	由于组织联锁试验不得当，没有按照联锁试验表逐项检查联锁试验，造成联锁试验存在漏项，可能导致行车延误，行车事故	1. 联锁试验完毕主管段长审批完毕后，40组以下的道岔车站联锁试验由区段主任组织实施。 2. 严格按照联锁关系试验表当中规定的内容组织操作人员逐项彻底试验，全程盯控，并结合《维护规程》《技术规程》《铁路信号联锁试验暂行办法》当中的规程规定，联锁试验是否正确。并在联锁关系试验检查表中标记。试验中发现的问题要及时解决，无权处理的应及时采取措施及时上报。危及安全的要在联锁关系试验完毕后区段主任要在联锁关系试验检查表中签字。	签字	信号区段	区段主任	《维护规程》

续表

节点编号	节点目标	是否为关键控制点	风险描述	控制措施	控制证据	责任部门	责任岗位	控制制度/文件
6	确保联锁关系100%正确	否	工区工长由于没有全程参加联锁试验，没有认真配合主任配合对位，并逐项记录，有可能导致行车延误、行车事故	1. 联锁试验当中由信号设备所在工区工长配合区段主任进行联锁试验现场对位，并全程参加。 2. 联锁试验之前工长要熟练掌握本辖区内信号设备联锁关系和设备状况，试验中要严格按照《维护规程》《技术规程》《铁路信号联锁试验暂行办法》当中的规定认真对位，并在联锁关系试验检查表中标记。 3. 联锁试验完毕后信号工长要在联锁关系试验检查表中签字。	签字	信号工区	工长	《维护规程》
7	确保联锁关系100%正确	否	信号段主管段长由于没有全程监督联锁试验的实施是否与联锁试验组织方案一致，联锁试验组织方案实施过程中没有制止违规操作，有可能导致行车事故	1. 信号段主管段长审批完毕后，对于40组以上的道岔车站联锁组织方案的实施过程由信号段主管段长全程监督、专人监督，监督实施过程是否与联锁试验组织方案一致。 2. 对于联锁试验当中存在的违章违规操作、违章违规指挥的行为要提出制止。 3. 联锁试验完毕后要在相关试验记录上签字。		信号段	主管段长	《维护规程》《铁路信号试验暂行办法》

第二篇 重点业务管控

续表

节点编号	节点目标	是否为关键控制点	风险描述	控制措施	控制证据	责任部门	责任岗位	控制制度/文件
8	确保联锁关系100%正确	否	由于组织联锁试验不得当,没有按照联锁关系试验表逐项检查联锁试验,造成联锁试验存在漏项,可能导致行车延误、行车事故	1. 联锁试验完毕主管段长审批后,40组以上的道岔车站联锁试验由生产技术科联锁主任工程师组织实施。 2. 严格按照联锁关系试验操作人员逐项彻底试验、全程盯控,并结合《维护规程》《技术规章》《铁路信号联锁试验暂行办法》当中的规程联锁试验是否正确,并在联锁关系试验检查表中标记。试验中发现的问题要及时处理解决,无权处理的应及时上报、采取措施。 3. 试验完毕后联锁主任工程师要在联锁关系试验检查表中签字。	签字	生产技术科	联锁主任工程师	
9	确保联锁关系100%正确	否	区段主任由于没有全程参加联锁试验,实际操作中出现漏项,有可能导致行车延误、行车事故	1. 40组以上的联锁试验由所在信号设备区段主任要熟练全程操作,并全程参加。 2. 联锁试验之前区段主任要掌握本辖区内信号设备状况,试验中要严格按照《维护规程》《技术规章》《铁路信号联锁试验暂行办法》当中的规程联锁试验是否正确。 3. 联锁试验完毕后信号区段主任要在联锁关系试验检查表中签字。		信号区段	区段主任	《维护规程》《铁路信号试验暂行办法》

续表

节点编号	节点目标	是否为关键控制点	风险描述	控制措施	控制证据	责任部门	责任岗位	控制制度/文件
10	确保联锁资料齐全准确	否	由于联锁试验完毕后没有建立联锁试验档案,档案中不完整图表、缺少相关图表导致技术管理不到位,无法追究有关责任人的责任	1. 联锁试验完毕后所属工区工长要将联锁试验记录放入新建的档案中,并保证其齐备,及时更新。 2. 如有档案中缺少相关联锁图表造成技术管理不到位,由信号工区工长负责。	建立档案	信号工区	工长	
11	确保联锁资料齐全准确	否	由于联锁试验完毕后没有建立联锁试验档案,档案中不完整图表、缺少相关图表导致技术管理不到位,无法追究有关责任人的责任	1. 联锁试验完毕后生产技术科联锁主任工程师要将联锁试验记录放入新建的档案中,并保证其齐备,及时更新。 2. 如有档案中缺少相关联锁图表造成技术管理不到位,由联锁主任工程师负责。		生产技术科	联锁主任工程师	《维护规程》

5.3.6.2 信号设备月度检修计划管理流程

责任单位：铁路	流程关键控制点描述
	1. 铁路信号段区段主任、生产技术科做好月度检修内容的审核； 2. 铁路信号段主管段长负责月度检修作业内容审批； 3. 铁路信号段生产技术科每季度对检修质量进行抽查。
流程编号：—	

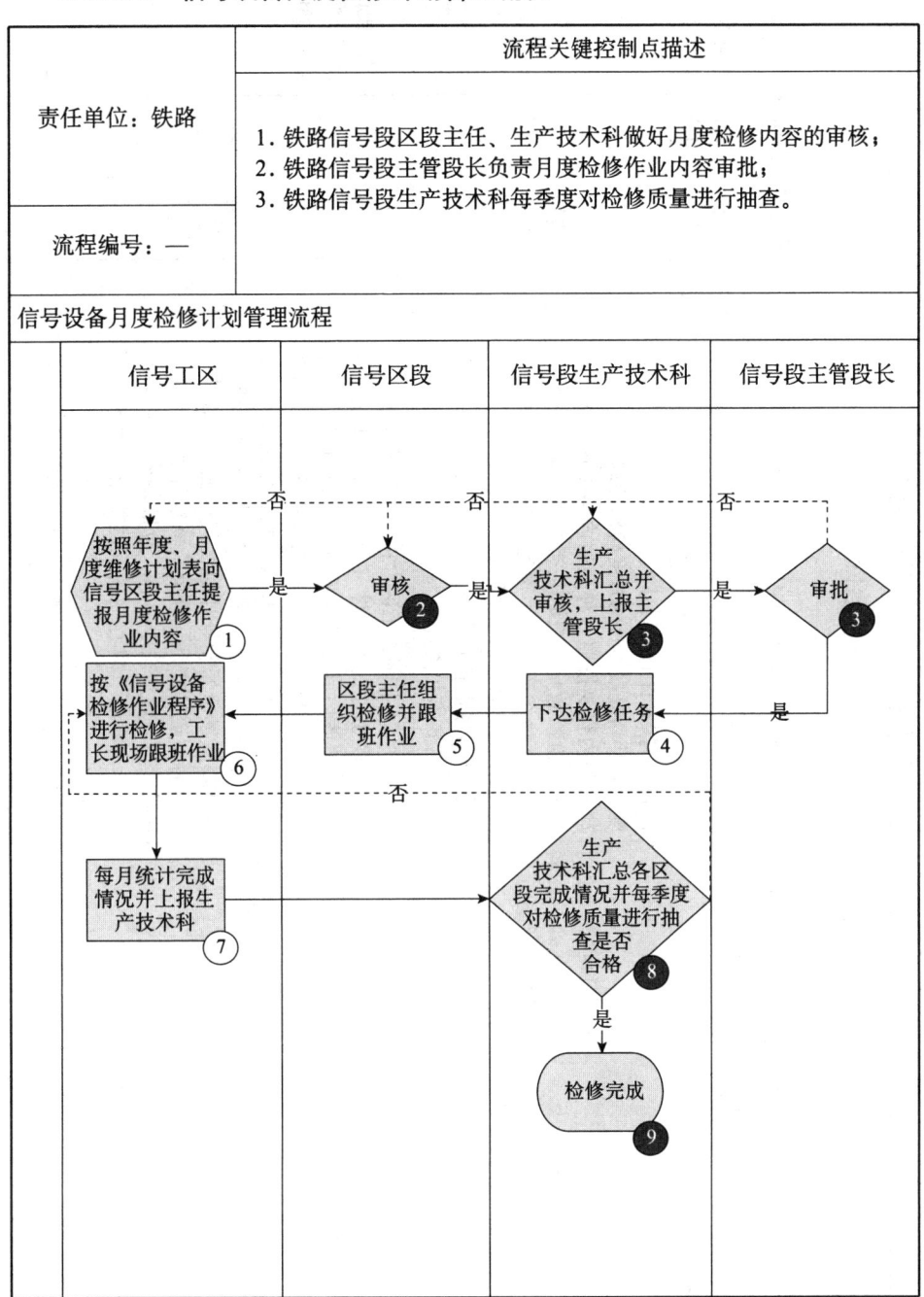

图 5.3.14　信号设备月度检修计划管理流程

表 5.3.14 信号设备月度检修计划管理流程控制矩阵

责任单位	流程名称			流程编号			
铁路	信号设备月度检修计划管理			—			
控制目标	合理安排检修时间，最优化各部门信号设备月度检修任务，降低检修费用，使设备更合理和更稳定的经济状态运行						
节点编号	节点目标	是否为关键控制点	风险描述	控制措施	控制证据	责任部门	责任岗位	控制制度/文件
1	确保提报月度检修计划内容准确合理	否	由于月度检修计划提报不准确造成漏检漏修，影响行车安全	1. 前一月26日前由信号工区工长按照年度、月度维修计划提报本月的月度检修计划表。 2. 提报内容要按照各种表的内容逐项核对，对设备检修数量、工时是否合理，避免出现各项漏项，并严格按照《维护规程》当中规定的各类设备检修的定额和周期执行。 3. 提报信号设备月度检修计划表之前要在其上签字，并负有相关责任。	签字	信号工区	工长	
2	对本区段的检修计划进行审核，确保按时完成	是	由于检修计划审核不严密造成漏检漏修，有可能导致行车不安全	1. 前一月26日前，区段主任对照文件《年度维修工作通知》当中的修改内容以及附件《信号设备维修工作内容及工时表》《信号设备电气特性测试项目及周期》《各站道岔、信号机、轨道电路统计表》《微机监测校核时间安排时间表》《各站联锁试验时间安排表》《继电器轮修计划表》《转辙机轮修计划表》《各站道岔分月、分季检修统计表》核对工区月度检修计划当中内容、数量是否存在漏项，是否合理可行，对存在的问题要求其整改重新上报。 2. 确认月度检修计划无误，在月度检修计划表上审核签字，并上报生产技术科。	审核签字	信号区段	区段主任	《维护规程》《年度维修工作通知》

续表

节点编号	节点目标	是否为关键控制点	风险描述	控制措施	控制证据	责任部门	责任岗位	控制制度/文件
3	审核全段检修计划，合理组织检修任务按时完成	是	由于对全段检修计划未按要求进行审批，有可能导致部分区段、工区检修任务未按时完成	1. 前一月28日前由区段上报生产技术科，主管段长月度检修工作计划表，生产技术科科长对照文件《年度维修工作通知》当中的修改内容以及附表核对区段月度检修工作计划当中内容、数量，是否存在漏项、是否合理可行，以及全段检修计划是否存在审核的工区的签字，对存在漏检的问题要求其整改重新上报。 2. 确认月度检修计划无误，在月度检修计划表上审核签字，并下达检修计划。	审批签字	信号段、生产技术科	主管段长、生产技术科科长	
4	及时准确下达检修任务，确保检修按计划进行	否	由于没有及时准确地下达检修任务，有可能导致检修没有按计划完成，浪费天窗时间，延误行车	1. 主管段长审批后由生产技术科科长向区段下达计划检修任务。 2. 生产技术科科长将月度检修计划表通知到信号区段，及时准确。 3. 月度检修计划表上要求加盖电子公章。	邮件并电话通知	生产技术科	生产技术科科长	《维护规程》《年度维修工作通知》
5	确保检修任务在天窗计划内完成	否	由于未组织检修任务，有可能导致检修任务安排不合理，天窗内不能有效地在天窗内完成；由于未跟班作业造成检修质量差，有可能导致设备存在安全隐患，危及行车	1. 月度检修计划由区段主任协调时间并在天窗点内组织实施。 2. 区段主任及时组织工区开展月度检修任务，并现场跟班作业。 3. 作业完毕后要求区段主任在设备的检修卡片上签字并实行每项设备均有人负责的设备检修包保责任制度。	签字	信号区段	区段主任	

续表

节点编号	节点目标	是否为关键控制点	风险描述	控制措施	控制证据	责任部门	责任岗位	控制制度/文件
6	确保检修任务在计划天窗内完成	否	由于未按《信号设备检修作业程序》进行检修，并在天窗点内完成，要求现场跟班作业；对于生产技术科在安全生产调度会上通报检修质量不达标的工区，工长要及时整改并在规定期限之内完成整改。	1. 信号工区工长按《信号设备检修作业程序》进行检修，并在天窗点内完成，要求现场跟班作业；对于生产技术科在安全生产调度会上通报检修质量不达标的工区，工长要及时整改并在规定期限之内完成整改。 2. 检修作业完毕后信号工区工长要在设备的检修卡片上签字并实行每项设备均有人负责的设备检修包保责任制度。	签字	信号工区	工长	
7	确保统计完成情况正确无漏项	否	由于未统计计划检修完成情况，有可能导致天窗兑现率低，不能及时掌握计划检修完成情况，造成漏修，设备存在安全隐患，或造成重复检修	1. 信号工区工长每月底及时统计计划检修完成情况，并上报生产技术科。 2. 统计完毕后要在相关设备检修的记录表上签字。	签字	信号工区	工长	
8	定期抽查设备检修质量	是	由于没有定期抽查，有可能导致设备检修质量不达标，存在安全隐患，危及行车安全	1. 春季和秋季完毕的设备质量隐患的质量内容参照《维护规程》，运用质量汇总进行考核。包括：工作质量，设备质量，设备检修质量，其中不符合标准的在例会上开会讨论，并对通过的隐患进行进一步考核。 2. 生产技术科对设备质量鉴定表签字，未按时整改，按限期整改完毕并限期整改完毕考核。 3. 生产技术科长对设备质量鉴定表签字，以及限期整改完毕并合格的同样在设备质量鉴定表上签字。	签字	信号段生产技术科	生产技术科长	《维护规程》《年度维修工作通知》

续表

节点编号	节点目标	是否为关键控制点	风险描述	控制措施	控制证据	责任部门	责任岗位	控制制度/文件
9	确保检修质量达标	否	由于未对检修质量不达标的设备进行整改，有可能导致设备存在安全隐患，危及行车安全	1. 生产技术科在安全生产调度会上通报检修质量不达标的工区，并责令其在规定期限之内完成整改。 2. 信号工区工长要针对检修质量不达标的设备重新进行检修，并在检修经鉴定合格的质量鉴定表上签字。	签字	信号工区	工长	《维护规程》《安全通报》

5.3.7 通信工艺流程

5.3.7.1 通信故障（障碍）处理管理流程

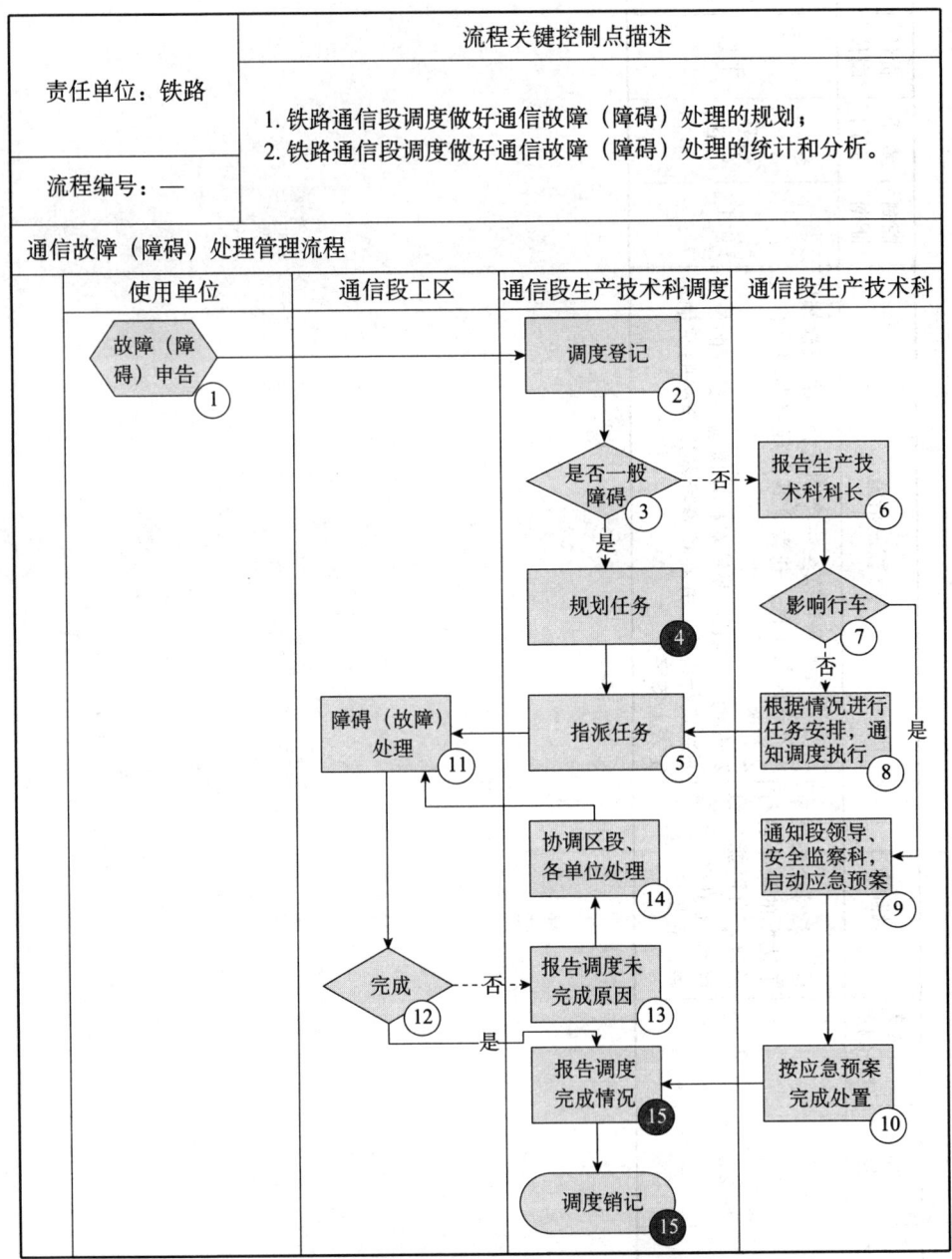

图 5.3.15 通信故障（障碍）处理管理流程

表5.3.15 通信故障（障碍）处理管理流程控制矩阵

责任单位	铁路							
控制目标	合理安排故障（障碍）处理事项，降低故障（障碍）处理费用，使设备在最经济状态下恢复正常运行							
流程名称	通信故障（障碍）处理管理							
流程编号	—							
节点编号	节点目标	是否为关键控制点	风险描述	控制措施	控制证据	责任部门	责任岗位	控制制度/文件
1	使用单位向通信段调度申告设备、设施故障（障碍）	否	故障（障碍）申告不及时影响正常生产，造成经济损失	使用单位及时故障（障碍）申告		设备、设施使用单位		《维护规程》（第二章第四节）
2	通信段调度登记设备、设施故障（障碍）申告	否	登记（障碍）登记不清影响处理，造成经济损失	调度按规程登记故障（障碍）申告				
3	通信段调度判断是否为一般故障	否	故障（障碍）判断不正确影响处理，造成经济损失	加强调度员业务素质提升	调度登记		调度员	《维护规程》
4	使设备在最经济状态下恢复正常运行	是	故障（障碍）处理组织不严密，造成故障（障碍）处理时间长，成本增加，影响正常生产，造成经济损失	1. 调度员应首先判断故障部位，明确责任区段。 2. 组织抢险修车辆，并通知相关责任区段、工区携带相关备品备件、工器具、材料赶赴现场进行故障处理。		生产技术科		
5	通信段调度指配故障（障碍）处理任务	否	调度指配处理故障（障碍）任务不及时，影响故障（障碍）处理，造成经济损失	调度及时指配所属工区处理故障（障碍）任务				

续表

节点编号	节点目标	是否为关键控制点	风险描述	控制措施	控制证据	责任部门	责任岗位	控制制度/文件
6	通信段调度报告生产技术科科长	否	调度不能及时报告生产技术科科长，故障（障碍）处理，造成经济损失	调度及时报告生产技术科科长	调度登记	生产技术科	调度员	
7	生产技术科科长判断故障（障碍）是否影响行车	否	故障（障碍）判断不正确影响处理，造成经济损失	加强生产技术科科长业务素质提升	调度登记	生产技术科	生产技术科科长	《维护规程》
8	生产技术科科长根据情况进行任务安排，通知调度执行	否	任务安排不周密，影响故障（障碍）处理，造成经济损失	加强生产技术科科长业务素质提升	调度登记	生产技术科	生产技术科科长	
9	生产技术科科长通知段领导、安全监察科，启动应急预案	否	应急预案不周密，影响故障（障碍）处理，造成经济损失	制定周密的应急预案	通信段应急预案	生产技术科	生产技术科科长	《通信段现场应急处置方案》
10	按应急预案完成处置	否	未按应急预案完成处置，造成经济损失	加强员工对应预案的学习				
11	所属工区处理障碍（故障）	否	所属工区处理障碍（故障）不及时，造成经济损失	加强员工应急抢险学习、培训	调度登记		工区负责人	
12	处理障碍（故障）是否完成	否	障碍（故障）处理不能及时完成，造成经济损失	加强员工应急抢险学习、培训				《维护规程》

续表

节点编号	节点目标	是否为关键控制点	风险描述	控制措施	控制证据	责任部门	责任岗位	控制制度/文件
13	所属工区报告调度未完成原因	否	未完成原因报告不清楚，影响继续处理障碍（故障），造成经济损失	加强员工业务素质提升		所属工区	工区负责人	《维护规程》
14	调度协调区段，各单位处理	否	调度不能及时协调区段、各单位处理不到位，影响处理障碍（故障），造成经济损失	加强调度员应急抢险学习、培训	调度登记	生产技术科	调度员	
15	使设备在最经济状态下恢复正常运行	是	故障（障碍）处理分析和统计不到位，造成同类故障（障碍）不能及时处理，影响正常生产，造成经济损失	1. 按照时间清、原因清、地点清、影响范围清、处理过程清的原则填写调度登记表。 2. 每日、周、月分别对故障（障碍）处理进行分析和统计，每次生产会对发生故障进行通报，以防止类似故障（障碍）重复发生。				

5.4 化工生产

5.4.1 设备大修、技改（外委）管理流程

	流程关键控制点描述：
责任单位：化工厂	1. 如果大修理、技改计划不适应生产需要，可能导致设备欠修、过修，或者技改后设备达不到生产需要，影响正常生产活动； 2. 如果方案制定不完善，可能导致设备大修理或技改达不到生产系统的要求； 3. 如果招标工作不够完善，可能导致承修厂家和承修价格不合理； 4. 如果大修理或技改质量监督、验收不到位，可能导致施工质量存在问题。
责任部门：设备维修部	
流程编号：—	

设备大修、技改（外委）管理流程

承修单位	车间	设备维修部	安监站	财务	分管领导	公司机械动力部

```
车间：信息反馈，终止操作，结束
车间：提出设备大修理、技术改造计划 ①
分管领导：批准 ② 否→结束；是↓
分管领导：下发大修计划
设备维修部：编制大修实施方案 ③
分管领导：审批  否→结束
                 小于20万元→设备维修部牵头组织招标、评标、定标 ④
                 大于20万元→公司机械动力部：组织招投标工作
分管领导：审批 是↓
安监站：安全培训、安全监督
设备维修部：签订合同
承修单位：按照实施方案组织大修、技改工作 ⑤
设备维修部：验收 ⑥ 未通过→返回；通过→
分管领导：批准投运
财务：结算
车间：对大修或技改后设备的使用情况进行全程监督、评价 ⑦
```

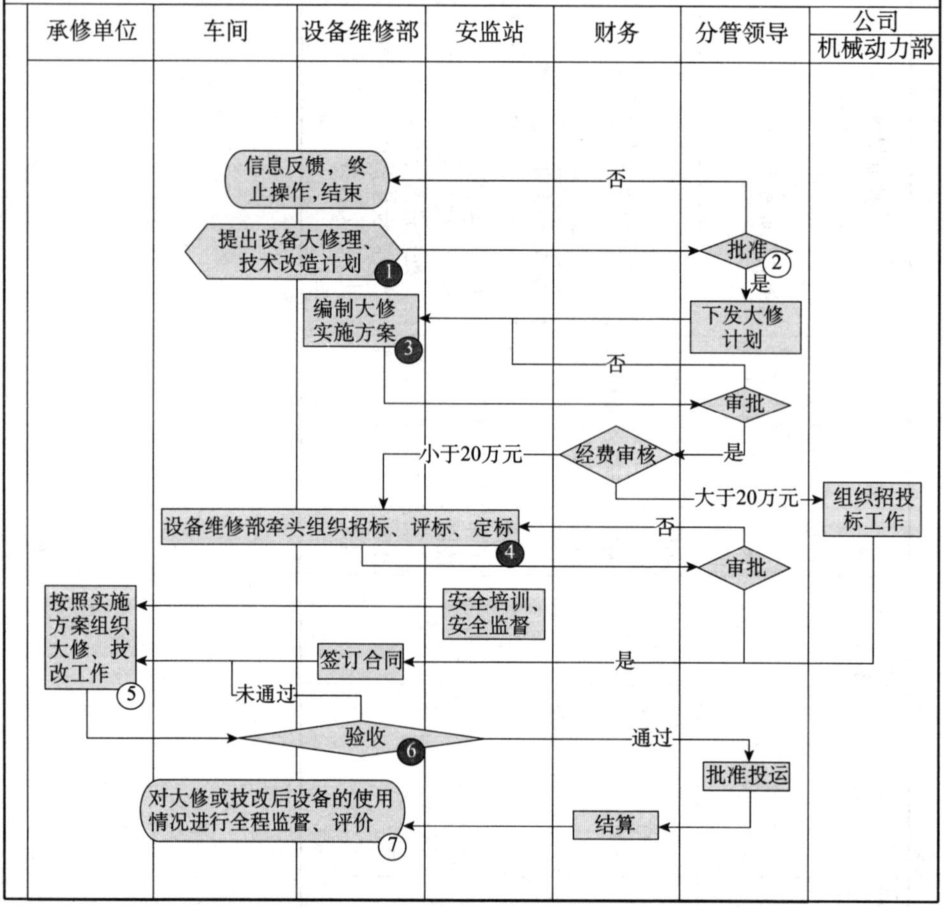

图 5.4.1 设备大修、技改（外委）管理流程

表 5.4.1 设备大修、技改（外委）管理流程控制矩阵

责任单位	流程名称	流程编号
化工	设备大修理技改（外委）管理	—

控制目标
结合化工厂实际情况制定大修理实施计划；和机动部对项目进行必要的调研并编制大修理方案。组织及参与招（议）标确定合适的承修厂家和合理的承修价格，做好施工过程中的监督、监理工作，对施工结束的项目配合机械动力部进行验收，确保大修理、技改工程质量，依据设备试车和使用情况对大修、技改工程的质量做出科学评价

节点编号	节点目标	是否为关键控制点	风险描述	控制措施	控制证据	责任部门	责任岗位	控制制度/文件
1	及时进行大修理和技改，确保生产顺利进行	是	如果大修理、技改计划不适应生产需要，过度欠修、设备欠修改后达不到生产需要，影响正常生产活动	化工厂各生产车间部室应靠各种检测手段、生产现场设备使用情况对设备状况做出科学评价，制定出合理的大修理、技改计划	大修、技改计划	车间	车间主任	—
2	计划审批	是	如果对大修理、技改计划审批不严，可能导致设备欠修、过修，或者技改后设备达不到生产系统正常需要，影响正常生产活动	化工厂分管领导对大修理、技改计划进行审批，确保计划合理准确	审批文件	—	分管领导	—
3	制定的大修、技改方案科学合理	是	如果方案制定不完善，可能导致设备大修理或者技改达不到生产系统的要求	设备维修部应会同机械动力部做好调研工作，借鉴其他兄弟单位的经验教训，制定出科学合理的大修理、技改方案	实施方案	设备维修部	设备维修部经理	《设备管理技术经济指标》《设备管理制度》
4	选择最佳承修厂家	是	如果招标工作不完善，可能导致承修厂家和承修价格不合理	完善监督管理机制，质量跟踪评价体系反馈投标，借鉴调研意见，邀请合适的厂家招（议）标，公正、公平招（议）标	工作记录	设备维修部	设备维修部经理	《机电设备外委修理招标管理办法》

续表

节点编号	节点目标	是否为关键控制点	风险描述	控制措施	控制证据	责任部门	责任岗位	控制制度/文件
5	严格按照方案进行施工	否	如果不能严格按照方案进行维修和技改，可能导致设备不能满足生产需要	承修单位严格按照大修理、技改方案进行施工	工作记录	承修单位	承修单位负责人	《设备管理工作的主要技术经济指标》《设备检修管理制度》
6	加强监督和验收，保证工程质量	是	如果大修理或技改质量监督、验收不到位，可能导致施工质量存在问题	要协同机械动力部，做好大修理的监理、监督和验收工作	工作记录	设备维修部	设备维修部经理	
7	筛选优秀承修企业	否	大修、技改质量跟踪评价不严密，使履约能力差的企业在以后的招标中仍能入围，不合理的方案仍会重复	化工厂各车间部室认真执行大修理、技改工程质量评价体系	工作记录	设备维修部、相关车间	设备维修部经理、车间主任	《设备主要技术经济指标》

5.4.2 设备大修理（自修）管理流程

责任单位：化工厂	流程关键控制点描述：
	1. 如果大修理计划（自修）不适应生产需要，可能导致设备欠修并影响生产，或者过修造成不必要的浪费；
责任部门：设备维修部	2. 如果大修理(自修)方案制定不完善，可能导致设备大修理达不到生产系统的要求；
流程编号：—	3. 如果大修理(自修)质量监督、验收不到位，可能导致大修理施工质量存在问题。

设备大修（自修）管理流程

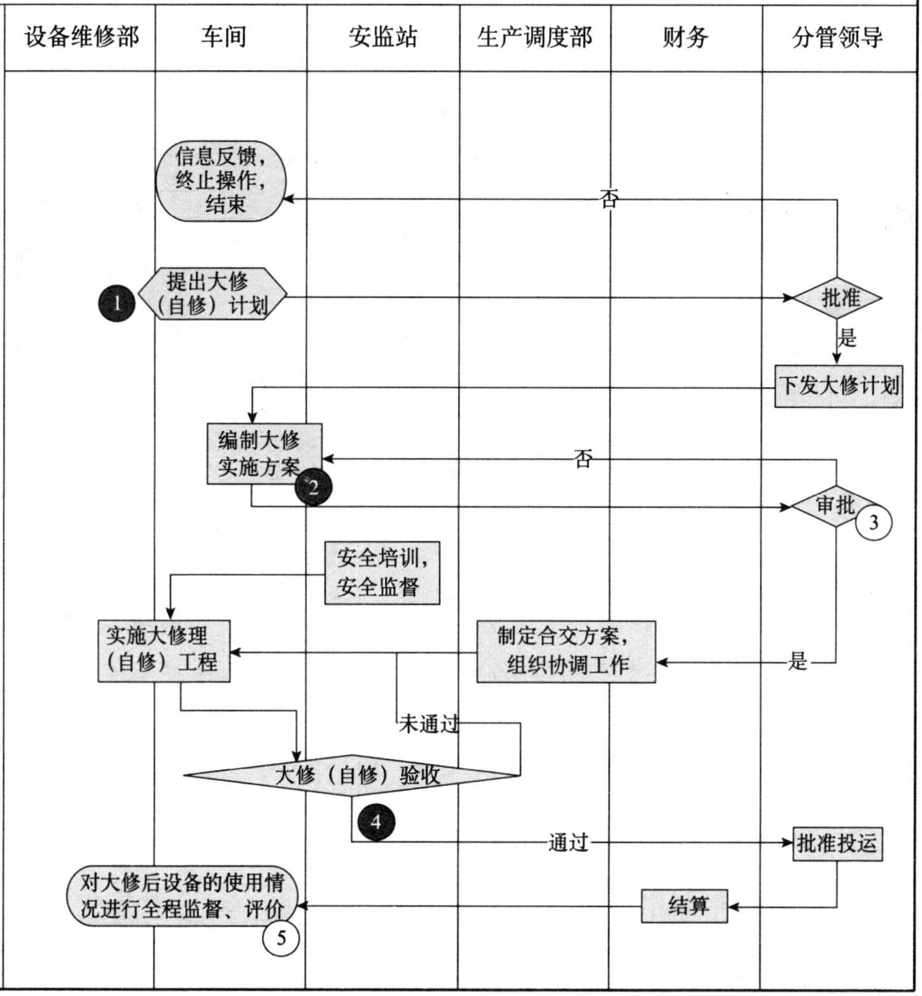

设备维修部	车间	安监站	生产调度部	财务	分管领导

流程图内容：

❶ 车间提出大修（自修）计划 → 分管领导批准（否→信息反馈，终止操作，结束；是→下发大修计划）

❷ 车间编制大修实施方案 → 分管领导审批（否→返回；是→制定合交方案，组织协调工作）

安监站：安全培训，安全监督

车间实施大修理（自修）工程

❹ 大修（自修）验收（未通过→返回实施；通过→分管领导批准投运→财务结算）

❺ 车间对大修后设备的使用情况进行全程监督、评价

图 5.4.2 设备大修理（自修）管理流程

表 5.4.2　设备大修理（自修）管理流程控制矩阵

责任单位	化工厂								
流程名称	设备大修理（自修）管理								
流程编号	—								
控制目标	化工厂各车间部室会同设备维修部，科学合理制定大修理（自修）计划，经过调研制定完善的大修理实施方案，安全组织措施和人工费预算，依靠完善的监督和验收机制确保大修理质量，依据质量跟踪评价体系对大修理的质量做出科学评价								

节点编号	节点目标	是否为关键控制点	风险描述	控制措施	控制证据	责任部门	责任岗位	控制制度/文件
1	及时供应，确保生产顺利进行	是	如果大修理（自修）不适应生产需要，致设备欠修或者过修造成不必要浪费	化工厂各生产车间部室应依靠各种检测手段，生产现场设备使用情况对设备状况做出科学评价，制定出合理的大修理（自修）计划	大修计划	车间	车间主任	—
2	制定的大修方案科学合理	是	如果大修理（自修）方案制定不完善，可能导致设备大修理达不到生产系统的要求	化工厂设备维修部应会同机械动力部，借鉴其他兄弟单位的经验教训，制定出合理的大修理自修方案	实施方案	设备维修部	设备维修部经理	《设备主要技术经济指标》《设备管理制度》
3	大修方案审批	否	如果对大修方案不进行审批，可能导致方案不合理，大修理达不到预期目标	分管领导对大修理方案进行审批，要求对不合理方案及时进行调整	实施方案审批文件	—	分管领导	—
4	确保大修工作，验收工作顺利进行	是	如果大修理（自修）监督、验收不到位，导致大修理施工质量存在问题	要协同机械动力部，做好大修理自修的监督、监理和验收工作	工作记录	设备维修部	设备维修部经理	—
5	确保大修工作，验收工作顺利进行	否	如果大修理（自修）质量跟踪评价不严密，可能导致不合理的方案仍会重复	化工厂各车间部室认真执行大修理质量评价体系	工作记录	相关车间	车间主任	《设备主要技术经济指标》

5.4.3 设备外委承包维修管理流程

责任单位：化工厂	流程关键控制点描述：
	1．如果对市场条件调研不充分，或因对各种维修模式与公司适应性分析不够透彻，可能导致维修模式选择决策失误；
责任部门：设备维修部	2．如果对推荐投标厂家资质审查不严格，或对投标厂家了解不深，或对市场行情了解不够，可能导致资质不合格或维修服务质量较差的厂家进入，或导致不合理的承修价格；
流程编号：—	3．如果对承修方维修工作量和质量监管不到位，可能导致维修工作不能及时完成，或维修质量下降，影响设备正常出动，对承修方的维修业绩评价不准确，并给设备安全运行造成隐患。

设备外委承包维修管理流程

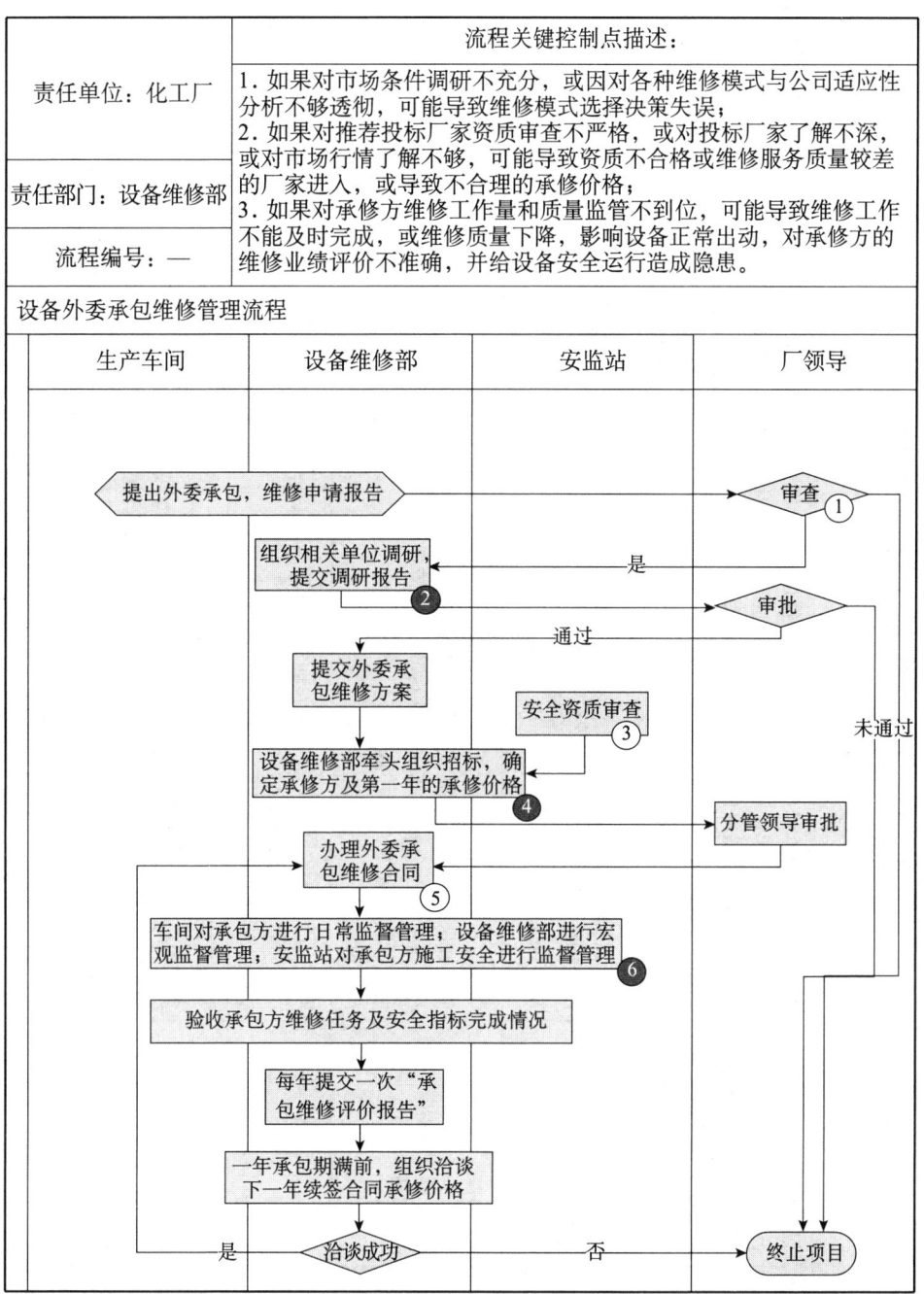

图 5.4.3 设备外委承包维修管理流程

表 5.4.3 设备外委承包维修管理流程控制矩阵

责任单位	控制目标	流程名称	流程编号
化工厂	根据化工厂的设备特殊性，确定合适的承修厂家和合理的承修价格，并按年度调整承修价格以适应市场的变化，向上级管理部门提出外委承包申请，办理外委承包维修合同并与承包方签订安全生产协议，通过严格控制维修工作完成质量和维修质量，最大限度地保证设备的出动率，为公司创造最好的经济效益提供必要条件	设备外委承包维修管理	—

节点编号	节点目标	是否为关键控制点	风险描述	控制措施	控制证据	责任部门	责任岗位	控制制度/文件
1	确保外委承包维理申请合理	否	如果不对申请进行审查，可能导致不必要的外委承包维修，造成浪费	分管领导对外委承包申请进行审查	维修申请	生产车间、设备维修部	车间主任、设备维修部经理	《设备检修管理制度》
2	充分调研，正确决策	是	如果对市场条件调研不充分，或因对各种维修模式与公司适应性分析不够透彻，可能导致维修模式选择决策失误	设备维修部参与进行调研，为维修模式选择决策提供充分的参考信息	调研报告	设备维修部	设备维修部经理	
3	安全资质审查	否	如果不进行安全资质审查，可能导致让不具备安全资质的承包商进行设备维修	安监站负责对承包商的安全资质进行审查	安全资质审查材料	安监站	安监站站长	《机电设备外委修理招标管理办法》
4	选择最佳承包方	是	如果对推荐投标厂家审查不严格，或对投标市场行情了解不深，情况了解不够，可能导致资质不合格或维修服务质量较差的厂家进入，或导致不合理的承修价格	对推荐投标厂家资质严格审查，如有必要，对推荐维修项目市场行情和维修行情进行调研，确保资质合格和维修服务质量的厂家进入，确保合理的修理价格	工作记录	设备维修部	设备维修部经理	《机电设备外委修理招标管理办法》《公司承包安全管理办法》

续表

节点编号	节点目标	是否为关键控制点	风险描述	控制措施	控制证据	责任部门	责任岗位	控制制度/文件
5	签订承包合同	否	如果未签订合同或合同条款不准确，可能出现合同纠纷	设备部负责签订外委承包维修合同	合同	设备维修部	设备维修部经理	《机电设备外委承包管理办法》
6	严格控制，确保维修质量	是	如果对承修方维修工作量和质量监管不到位，可能导致维修工作不能及时完成，或维修质量下降，影响设备正常出动，对承修方的维修业绩评价不准确，并给设备安全运行造成隐患	设备使用车间要认真做好承修方维修工作量的统计工作，严格监控维修质量，设备管理部门履行其监督检查职责，确保维修工作及时完成，确保对承修方的维修业绩做出准确评价，确保维修质量、维修安全	工作记录	设备维修部	设备维修部经理	《机电设备外委承包管理办法》《设备检修管理制度》

第三篇

监督检查与评价

6 监督检查

6.1 监督检查及作用

监督检查是指职能部门和有管理职能的直属单位、直属机构组织的，对各级管理人员在重点业务领域各流程控制点实施有效管控情况的督导和检查。重点业务领域包括财务管理、生产作业管理领域和煤炭、电力、铁路、化工四大板块的生产管理业务。经济本质安全管理委员会负责对监督检查工作的统一领导，组织协调监督检查过程中的重大事项。

6.1.1 监督检查作用之一

监督检查是经济本质安全管理体系运行过程中的重要保障手段之一，是广泛动员和组织各级管理人员搞好经营管理工作的一种有效方法，是发现经济本质安全管理体系设计、运行缺陷的一个重要途径。其目的在于从人员、技术、环境和管理四个方面发现企业经营过程中存在的不安全因素，以便采取措施，及时纠正，防止经济事故的发生。

- 经济本质安全检查包括上级主管部门组织检查、业务主管部门检查、各单位自行组织检查、单位之间互查、监督部门的检查、以岗位牵制为目的的复核性检查等。
- 各级管理人员通过组织监督检查查找不安全因素，解决不安全问题，预防经济领域风险事件的发生，对提高管理人员、关键控制点执行人员的经济安全意识发挥重要的作用。

6.1.2 监督检查作用之二

监督检查是推动单位做好经济本质安全管控工作的重要方法,是一项技术性较强而又非常细致的工作,事前需周密计划、统筹安排,按要求切切实实地认真检查,并做好检查记录和检查总结,讲究实效。

● 应当制定经济本质安全监督检查管理办法,明确规定检查的程序和方法、检查主体职责权限、缺陷等级认定标准等内容。以本手册检查表列示的内容为检查对象,开展经济本质安全检查。

● 条件成熟时,将检查结果逐步纳入绩效考核体系。

6.2 公司层面监督检查的程序和方法

6.2.1 公司层面的检查

公司层面的检查是指职能部门和有管理职能的直属单位、组织的,对各业务流程节点管控情况的检查。其目的是保证各控制点的控制措施落实到位,保证经济本质安全体系有效的落地运行。

● 公司层面的监督检查可以采用组成检查组集中检查、组织各单位互查、各单位自查和重点检查等多种形式。

● 公司层面的监督检查分为全面检查和专项检查两类,全面检查每年至少一次,专项检查视工作需要而定。

● 职能部门和有管理职能的直属单位在开展检查时,应当制定检查方案,明确检查的范围、内容、时间进度、工作组人员构成及职责等。

6.2.2 检查工作底稿

检查应当以发布实施的经济本质安全操作手册中检查表为主要依据,通过编制检查工作底稿,采用核对、检查、观察、分析性复核、穿行测试等方法,获取充分适当的检查证据,得出检查结论,出具检查报告。

● 工作底稿是将一定期间调查搜集得到的资料或计算所得的资料汇集一起,为取得一定数据而进行调整、试算、分析的一种表示。是检查人员工作过程和内容的全面记录和反映。

- 工作底稿编制应当简单、实用，易于理解，内容至少包含以下要素：检查内容、检查证据、检查证据索引、关键控制点判断、控制发生频率、控制执行人、样本量、样本描述、缺陷描述、检查方法等内容。

6.2.3 检查方法

检查方法包括但不限于核对、实地查验、检查、分析性复核、计算、比较、询问和观察等。询问和观察不能作为检查的唯一方法，仅作为其他检查方法的辅助方法。

- 检查时，检查人员应当恪守职业道德，客观公正的获取检查证据，采取复印、拍照、截屏、记录、电子文档拷贝等形式获取适当充分的检查证据，以支持检查结论。
- 检查发现存在问题的，应当形成缺陷汇总表，详细记录缺陷情况，并初步判断缺陷等级或严重程度。
- 检查人员汇总、整理相关证据资料，与被检查单位进行充分交流、沟通，撰写监督检查报告。
- 检查工作结束15个工作日内，将检查方案、检查工作底稿、检查证据资料、检查报告等相关资料移交审计部归档。
- 职能部门和有管理职能的直属单位应追踪整改落实情况，并送交审计部备案。

公司层面监督检查流程详见图6.2.1。

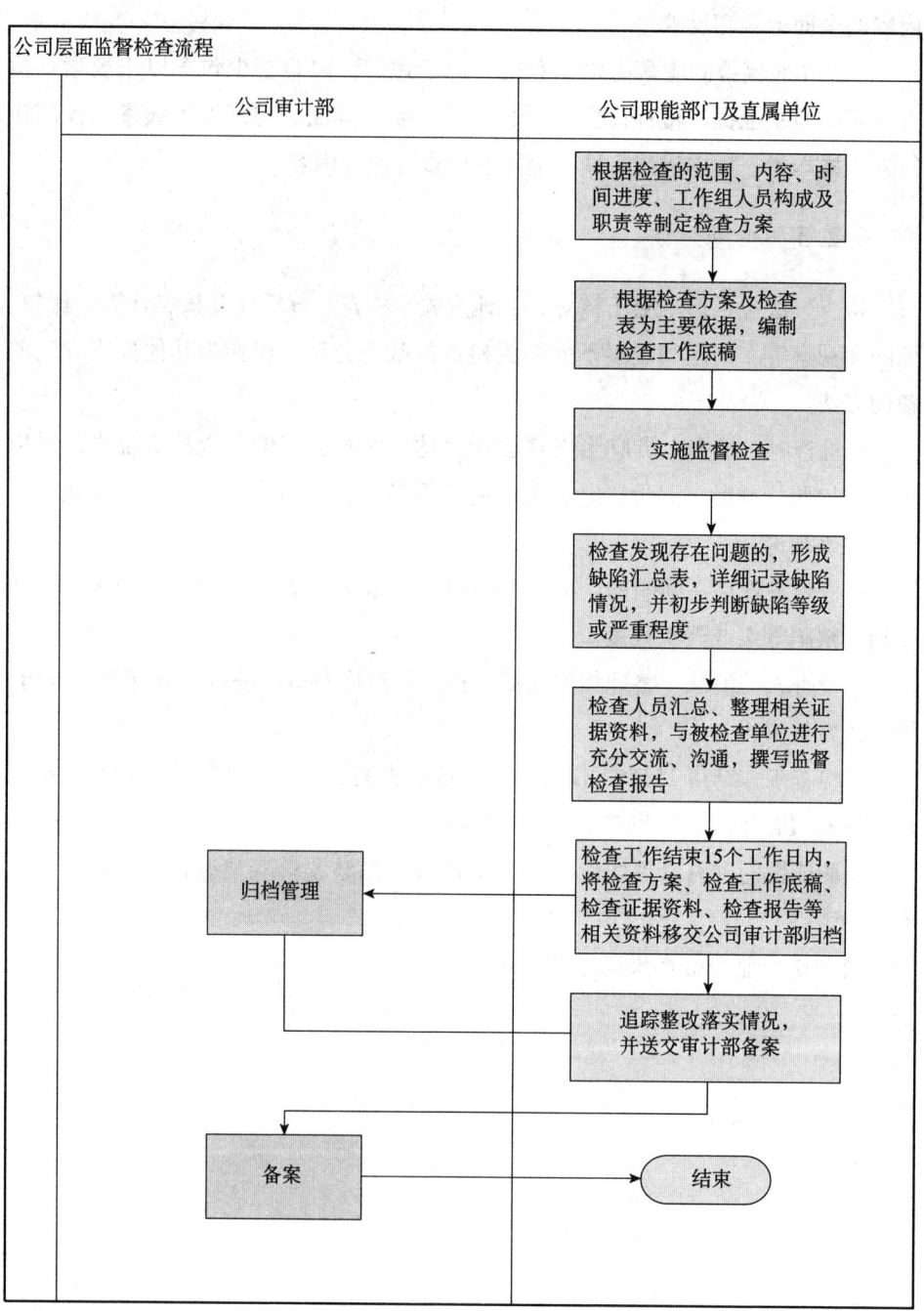

图 6.2.1　公司层面监督检查流程

6.3 直属单位层面监督检查的程序和方法

6.3.1 直属单位层面的检查

直属单位层面的检查是指有管理职能的直属单位、直属机构组织的，对各业务流程节点管控情况的检查。其目的是保证各控制点的控制措施落实到位，保证经济本质安全体系有效的落地运行。

- 直属单位层面的监督检查，分为全面检查和专项检查两类，全面检查每年至少一次，专项检查视工作需要而定。
- 有管理职能的直属单位、直属机构在开展检查时，应当制定检查方案，明确检查的范围、内容、时间进度、工作组人员构成及职责等。

6.3.2 检查工作底稿

检查应当以发布实施的经济本质安全操作手册中检查表为主要依据，通过编制检查工作底稿，采用核对、检查、观察、分析性复核、穿行测试等方法，获取充分适当的检查证据，得出检查结论，出具检查报告。

- 工作底稿是将一定期间调查搜集得到的资料或计算所得的资料汇集一起，为取得一定数据而进行调整、试算、分析的一种表示。是检查人员工作过程和内容的全面记录和反映。
- 工作底稿编制应当简单、实用，易于理解，内容至少包含以下要素：检查内容、检查证据、检查证据索引、关键控制点判断、控制发生频率、控制执行人、样本量、样本描述、缺陷描述、检查方法等内容。

6.3.3 检查方法

检查方法包括但不限于核对、实地查验、检查、分析性复核、计算、比较、询问和观察等。询问和观察不能作为检查的唯一方法，仅作为其他检查方法的辅助方法。

- 检查时，检查人员应当恪守职业道德，客观公正的获取检查证据，采取复印、拍照、截屏、记录、电子文档拷贝等形式获取适当充分的检查证据，以支持检查结论。

- 检查发现存在问题的，应当形成缺陷汇总表，详细记录缺陷情况，并初步判断缺陷等级或严重程度。
- 检查人员汇总、整理相关证据资料，与被检查单位进行充分交流、沟通，撰写监督检查报告。
- 检查工作结束后，将检查报告上报职能部门备案。
- 职能部门和有管理职能的直属单位、直属机构应追踪整改落实情况，并送交审计部备案。

直属单位层面监督检查流程，详见图6.3.1。

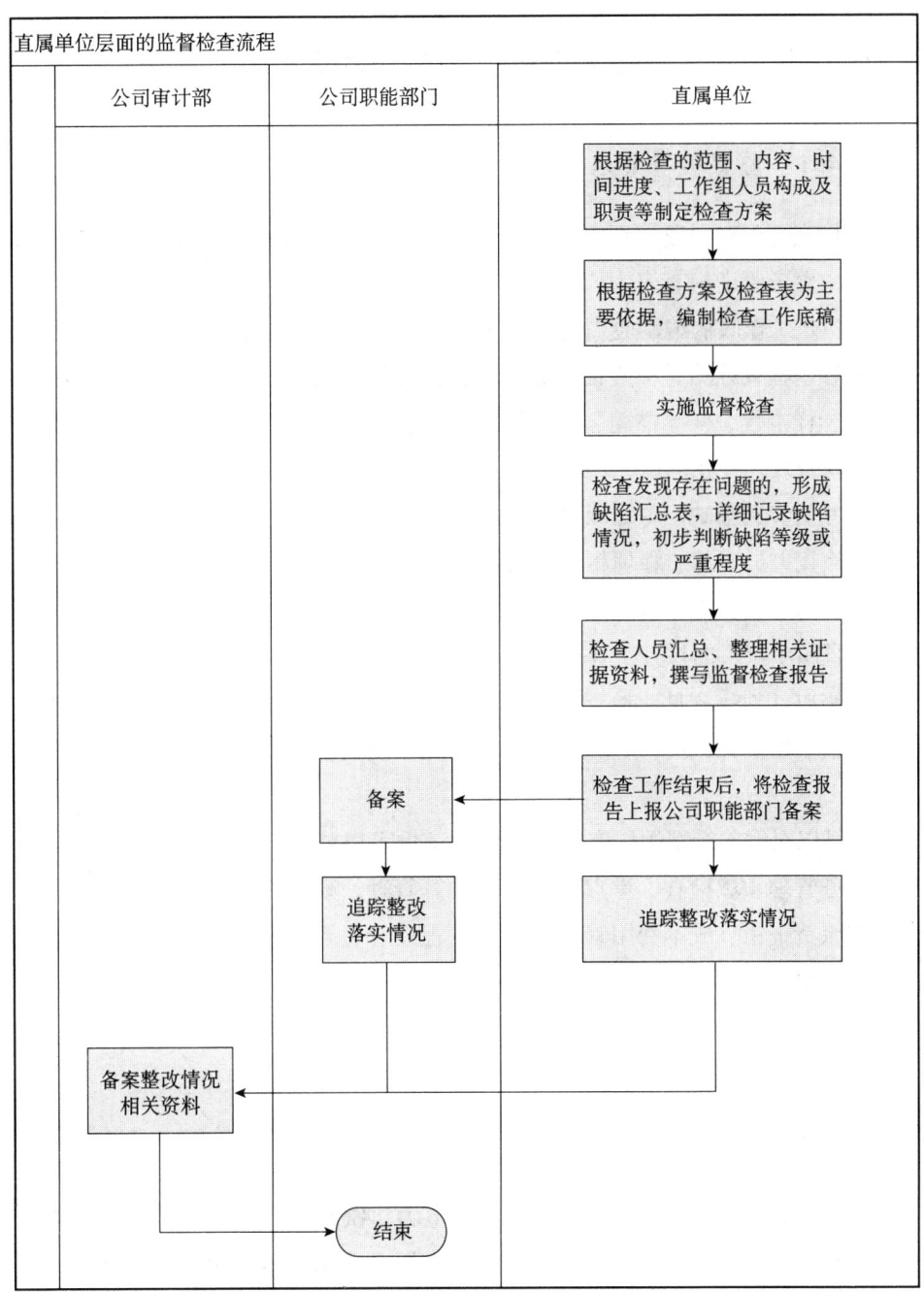

图 6.3.1 直属单位层面监督检查流程

6.4 财务管理领域监督检查的程序和方法

6.4.1 监督检查管理

各检查部门对财务管理实施检查，应当以煤炭、电力、铁路和化工板块操作手册中财务管理检查表为依据，编制检查工作底稿。

- 检查工作底稿编制应当简单、实用，易于理解，内容至少包含以下要素：检查内容、检查证据、检查证据索引、关键控制点判断、控制发生频率、控制执行人、样本量、样本描述、缺陷描述、检查方法等内容。
- 检查发现存在问题的，应当形成缺陷汇总表，详细记录缺陷情况、执行岗位，并初步判断缺陷等级或严重程度。
- 检查人员汇总、整理相关证据资料，与被检查单位或部门进行充分交流、沟通，撰写监督检查报告或整改意见。
- 直属单位层面检查工作结束后，将检查方案、检查工作底稿、检查证据资料、整改计划或意见、检查报告等相关资料移交审计部归档。同时，将检查工作底稿、检查证据资料、整改计划或意见、检查报告等相关资料移交财务部备案。
- 可以对财务管理领域实施全面检查，也可以就某项具体业务开展专项检查。财务管理领域检查，重点关注财务预算管理、财务报告编制、会计档案管理、差旅费报销、成本费用管理等重点流程设计是否合理，是否与会计法规相冲突，重要环节是否遗漏，关键环节是否得到有效执行，执行的效果和效率如何等。
- 检查频率：直属单位层面检查每年至少一次。

6.4.2 监督检查方法

实施检查时，检查主体应当以煤炭、电力、铁路和化工板块操作手册中财务管理检查表为依据，编制检查工作底稿，综合运用检查、观察、询问、调查问卷、分析性复核、重复验证、实物核对等方法开展监督检查工作。

财务管理检查表基本结构举例说明，如表 6.4.1 所示。

表 6.4.1 财务报告编制检查表

控制点编号	控制证据	检查内容	是否为关键控制点	控制发生频率	控制执行人	样本量	样本描述	缺陷描述	检查资料索引	检查方法	得分
1	签字审核后的现金、票据盘点表	1. 出纳员是否每天清点现金，达到日清月结。 2. 每月是否核对应收票据，防止票据有误、逾期和丢失。	否								
2	签字审核后的银行余额调节表	每月月底是否及时与银行核对存款，填写银行余额调节表	否								
3	发电运行部签字盖章的电量报表	1. 发电运行部每月是否定期与电力公司核对电量，并于两个工作日内将核对一致的电量与电力公司部门确认收入。 2. 财务部与电力对口部门是否进行核查，再次确认电量的准确性。	是								
4	签字盖章的对账函	1. 是否按月核对各类应收款项，对不能及时回收的款项派专人协调，确保按项目度要求，是否定期及时的清理备用金。	否								
5	签字盖章的盘点表及燃煤等材料的消耗表	1. 是否由发电运行部根据各项材料的计量工具对材料使用量进行准确的计量，并及时将发生量上报财务部。 2. 部分材料是否及时进行盘点并编制盘点报告。 3. 财务部是否在结算各类材料成本时，根据以往经验对材料费进一步复查。	否								
6	审核后的工程进度表	是否核对实际工程量与所报工程进度数额	否								

6.5 生产工艺流程监督检查的程序和方法

6.5.1 监督检查管理

各检查部门对生产工艺流程实施检查，应当以煤炭、电力、铁路和化工板块操作手册中招标管理检查表为依据，编制检查工作底稿。

- 检查工作底稿编制应当简单、实用，易于理解，内容至少包含以下要素：检查内容、检查证据、检查证据索引、关键控制点判断、控制发生频率、控制执行人、样本量、样本描述、缺陷描述、检查方法等内容。

- 检查发现存在问题的，应当形成缺陷汇总表，详细记录缺陷情况、执行岗位，并初步判断缺陷等级或严重程度。

- 检查人员汇总、整理相关证据资料，与被检查单位或部门进行充分交流、沟通，撰写监督检查报告或整改意见。

- 检查单位实施生产工艺检查时，可以按照检查表规定的检查内容逐项全面检查，也可以就某项具体业务开展专项检查。生产工艺领域检查，例如电力，重点关注发电用煤工艺管理、生产用水管理、生产用油管理等重点流程设计是否合理，重要环节是否遗漏，关键环节是否得到有效执行，执行的效果和效率如何等。检查工作结束后，将检查工作底稿、检查证据资料、整改计划或意见、检查报告等相关资料移交生产技术部备案。

- 检查频率：每年至少一次。

6.5.2 监督检查方法

实施检查时，检查主体应当以煤炭、电力、铁路和化工板块操作手册中生产工艺检查表为依据，编制检查工作底稿，综合运用检查、观察、询问、调查问卷、分析性复核、重复验证、实物核对等方法开展监督检查工作。

生产工艺检查表基本结构举例说明，如表6.5.1所示。

表 6.5.1 电力发电用水工艺流程检查表

控制点编号	控制证据	检查内容	是否为关键控制点	控制发生频率	控制执行人	样本量	样本描述	缺陷描述	检查资料索引	检查方法	得分
1	化学运行日志、值长日志	1. 检查是否及时与事业处联系，保证正常供水。 2. 检查是否严格监视水位，高于2.5m。	是								
2	化学运行日志	1. 检查汽机人员是否合理调节连排加热器，控制出水温度在25℃—20℃。 2. 检查化学运行是否控制好生水量。	否								
3	运行记录本	1. 加强巡回检查。 2. 定期维护。 3. 水温 25℃—30℃。 4. 水位≥4.3m。	否								
4	化学运行日志	1. 浊度 1.0FTU。 2. SDI₁₅≤4.0。	否								
5	化学运行日志	1. 余氯＜0.3mg/L。 2. pH 值 1—13。 3. 浊度≤50FTU。 4. 水温 5℃—25℃。	否								
6	运行记录本	1. 加强巡回检查。 2. 水位≥2m。	否								
7	化学运行日志	1. 流量 85m³/H。 2. 温度 0—50℃。 3. 压差 0.05MPa。	否								

6.6 缺陷等级认定

6.6.1 缺陷等级

各领域经济本质安全检查发现的各类缺陷应当形成缺陷汇总表，并按规定确定缺陷等级。缺陷等级认定标准，将缺陷分为能用经济损失衡量的缺陷和无法用经济损失衡量的缺陷两类。

6.6.2 能用经济损失衡量的缺陷分级标准

某一控制缺陷造成的损失在考虑补偿性控制措施后，导致的损失金额大于等于重要性水平80%的内部控制缺陷为重大缺陷。

- 重要性水平主要是指以下情况：
——生产单位为全年核定生产成本的1%；
——供应处为全年采购额的1%；
——基建中心为基建工作量的1%；
——其他辅助生产单位为全年核定费用的1%；
——机关部室为同类业务全年累计金额的1%，资产管理方面的损失为资产净值的1%。

- 考虑补偿性措施后，导致损失金额小于重要性水平80%而大于等于重要性水平10%的内部控制缺陷为重要缺陷。其他为一般缺陷。

- 对某些性质的内部控制缺陷，即使其导致的损失金额小于重要性水平的10%，其缺陷的认定结果也应调高，包括但不限于：
——发现单位领导班子成员舞弊或者员工存在串谋舞弊情形的；
——业务主管部门对其主管领域监督无效的；
——在财务会计、资产管理、资本运营、信息披露、产品质量、安全生产、环境保护等方面发生重大违法违规事件和责任事故，造成不利影响或者遭受监管部门处罚的；
——权力机构认定的其他情形。

6.6.3 无法用经济损失衡量的缺陷分级标准

对经济安全的影响无法用经济损失进行反映，但其对企业经营管理的战略目标、合法合规、资产安全、运营的效率和效果等控制目标实现产生影响的控制缺陷，主要依据缺陷涉及业务性质的严重程度、直接或潜在负面影响的性质、影响的范围，同时考虑经理层的意见，确定缺陷的等级。

- 出现以下情形的认定为重大缺陷：

——制度或控制措施违反国家法律、法规或规范性文件；

——存在可能导致系统性失效的制度缺失；

——前期发现的重大缺陷不能得到整改；

——出现可能导致单位重大决策失误的统计、分析、报告错误；

——在全国性媒体上出现负面新闻；

——权力机构认定的其他情形。

- 出现以下情形的认定为重要缺陷：

——业务处理程序、方法和结果违反国家法律、法规或规范性文件；

——领导班子成员违反企业内部规章制度决策程序进行决策；

——重要业务制度或系统存在缺陷；

——内部控制重要或一般缺陷未得到整改；

——出现可能引起单位一般性决策失误的统计、分析、报告错误；

——在省级媒体出现负面新闻；

——权力机构认定的其他情形。

- 不属于重大、重要缺陷的其他控制缺陷作为一般缺陷。

7 经济本质安全体系评价

7.1 经济本质安全体系评价目标及原则

经济本质安全体系评价是指组织对体系设计和运行的有效性进行全面评价、形成评价结论、出具评价报告的过程。

7.1.1 经济本质安全体系评价的目标

- 经济本质安全体系设计有效性；
- 经济本质安全体系运行有效性。

7.1.2 经济本质安全体系评价的原则

- 全面性原则。对于纳入经济本质安全体系的"五大领域"和"四大板块"实施全面评价。
- 重要性原则。在全面评价的基础上，选择"五大领域"和"四大板块"中的高风险领域和关键控制环节和风险点，突出重点，关注影响控制目标的重大业务事项。
- 客观性原则。评价工作应当客观的揭示经济本质安全体系指标的设计和执行情况，如实反映经济本质安全体系设计是否适当、合理，业务管控措施是否得到有效执行。

7.2 经济本质安全体系评价组织与职责

7.2.1 经济本质安全体系评价的组织

审计部是经济本质安全体系评价的归口管理部门。根据需要,以国家颁布的相关法律、法规及公司相关规定,定期组织开展体系设计、运行有效性评价。

7.2.2 经济本质安全体系评价工作职责

- 负责拟定评价方案,明确评价基准日、评价小组成员、时间计划、信息沟通机制等内容。必要时,可以聘请具有相关资质、信誉良好的中介机构开展评价工作。
- 负责执行和传达领导小组的工作部署和要求。
- 负责组织开展经济本质安全体系评价工作,并定期向领导小组汇报。
- 评价时,应当根据《经济本质安全管理手册》编制结构简单、易于理解的评价工作底稿,详细记录评价过程和发现的缺陷情况。
- 负责编写经济本质安全体系评价报告。
- 根据环境变化和业务发展对经济本质安全体系持续改进和优化。

7.3 评价的程序和步骤

7.3.1 经济本质安全体系评价程序

- 拟定经济本质安全体系评价工作方案;
- 组成评价工作组;
- 实施现场测试;
- 认定控制缺陷;
- 汇总评价结果;
- 编报评价报告。

7.3.2 经济本质安全体系评价工作步骤

评价工作步骤包括准备阶段、实施阶段、汇总评价结果、编制评价报告阶段、持续改进阶段。

7.3.2.1 准备阶段

- 制定评价工作方案。审计部根据内部监督情况和管理要求，确定评价方法，制定科学合理的评价工作方案，经审计部经理审核，分管领导批准后实施。

评价工作方案应当明确评价主体范围、工作任务、人员组织、进度安排和费用预算等相关内容。

7.3.2.2 实施阶段

- 了解被评价单位（业务）及试点领域的基本情况。就煤炭、发电、铁路、化工四大板块的组织机构设置、制度建设、业务特点、工艺流程等基本情况进行充分调研。

- 确定检查评价范围和重点。评价工作组根据掌握的情况进一步确定评价范围、检查重点和抽样数量，并结合评价人员的专业背景进行合理分工。检查重点和分工情况可以根据需要进行适时调整。

- 开展现场检查测试。评价工作组根据评价人员分工，综合运用询问、检查、核对、观察、穿行测试等各种评价方法对经济本质安全体系设计与运行的有效性进行现场测试，按要求填写工作底稿、记录相关测试结果，并对发现的内部控制缺陷进行初步认定。

7.3.2.3 汇总评价结果、编制评价报告阶段

- 评价工作组应当根据《经济本质安全管理手册》编制评价工作底稿。评价工作底稿进行交叉复核签字后，由评价工作组负责人签字确认。

- 被评价单位存在缺陷时，评价工作组应将缺陷在工作底稿中详尽描述，并以缺陷汇总表的形式向被评价单位（部门）进行通报，交换意见，并由被评

价单位（部门）相关责任人签字确认。

- 审计部对工作组现场初步认定的缺陷进行全面复核，对缺陷的成因、表现形式及风险程度进行定量或定性的综合分析，按照对管控任务目标的影响程度判定缺陷等级。
- 审计部以汇总的评价结果和认定的经济本质安全体系缺陷为基础，综合评价工作总体情况，编制经济本质安全体系评价报告。

7.3.2.4　持续改进阶段

- 对于认定的经济本质安全体系缺陷，评价工作组应当制定整改计划，要求责任单位及时整改，并跟踪其整改落实情况。
- 对于评价出的设计缺陷，审计部形成专题报告，提交分管领导审阅，并作为持续改进和优化的依据。

7.3.3　经济本质安全体系评价工作底稿

经济本质安全体系评价工作应当形成工作底稿，详细记录评价工作的内容，包括控制证据、检查内容、关键控制点、控制频率、控制执行人、样本描述、缺陷描述等。

7.3.4　自我评价

各单位可以根据工作需要实施自我评价。评价工作结束后，各单位应将评价工作底稿、证据资料、整改计划或意见、评价报告等相关资料移交审计部备案。

7.3.5　委托会计师事务所等中介机构实施经济本质安全体系评价

7.4　经济本质安全体系缺陷的认定

确定经济本质安全体系缺陷的认定标准时，应当充分考虑控制缺陷的重要性及其影响程度。

7.4.1 经济本质安全体系缺陷

经济本质安全体系缺陷主要包括设计缺陷和运行缺陷,按照影响程度上分为重大缺陷、重要缺陷、一般缺陷。

- 重大缺陷是指一个或多个控制缺陷的组合,可能导致企业严重偏离管控任务目标。
- 重要缺陷是指一个或多个控制缺陷的组合,其严重程度和经济后果低于重大缺陷,但仍有可能导致企业偏离管控任务目标。
- 一般缺陷是指除重大缺陷、重要缺陷之外的其他缺陷。

7.4.2 缺陷等级认定标准

- 确定的财务报告缺陷定量标准如下:

——考虑补偿性措施后,导致错报金额大于等于年度财务报表总体重要性水平100%错报程度的内部控制缺陷为重大缺陷。

——考虑补偿性措施后,导致错报金额小于重要性水平100%而大于等于重要性水平20%错报程度的内部控制缺陷为重要缺陷。

其他为一般缺陷。

- 确定的财务报告缺陷定性标准如下:对某些性质的内部控制缺陷,即使其导致的错报金额小于总体重要性水平的20%,其缺陷的认定结果也应调高,包括但不限于:

——发现董事、监事和高级管理人员舞弊或者员工存在串谋舞弊情形并造成重要损失和不利影响的。

——重述以前公布的财务报表,以更正由于舞弊或错误导致的重大错报的。

——发现当期财务报表存在重大错报,而内部控制在运行过程中未能发现该错报的。

——董事会审计委员会和内部审计部门对内部控制的监督无效的。

——在财务会计、资产管理、资本运营、信息披露、产品质量、安全生产、环境保护等方面发生重大违法违规事件和责任事故,造成重大损失和不利影响,或者遭受监管部门重大处罚的。

——报告日后对内部控制有重大负面影响的期后事项的。

——财务报表已经或者很可能被注册会计师出具否定意见或者拒绝表示意见的。

——董事会或类似权力机构认定的其他情形。

7.4.3 非财务报告检查缺陷

非财务报告检查缺陷虽不直接影响财务报告的真实性、可靠性和完整性，但对企业经营管理的战略目标、合法合规、资产安全、运营的效率和效果等控制目标的实现存在不利影响。参照财务报告检查缺陷认定标准，合理确定非财务报告检查缺陷，非财务报告检查缺陷认定主要依据缺陷涉及业务性质的严重程度、直接或潜在负面影响的性质、影响的范围等因素来确定，同时考虑经理层的意见对影响程度进行调整，认定非财务报告检查缺陷的重要程度。

- 经济本质安全体系缺陷认定结果由审计部初步确定后，提交评价领导小组最终认定通过。
- 评价完成后，评价工作底稿、评价证据等相关资料应当及时办理移交手续，按照经济健康档案管理规定管理。

7.5 经济本质安全体系评价报告

经济本质安全体系评价报告、专题报告是评价的最终体现，按照报送对象和规定的时间编制并报送。

经济本质安全体系评价报告、专题报告至少应当包含下列内容：

- 经济本质安全体系评价工作的总体情况。明确经济本质安全体系评价工作的组织、领导体制与进度安排，是否聘请中介机构对经济本质安全体系有效性进行评价。
- 经济本质安全体系评价的依据。说明开展经济本质安全体系评价工作所依据的法律法规和规章制度。
- 经济本质安全体系评价的范围。描述评价所涵盖的被评价单位，以及纳入评价范围的业务事项和重点关注的高风险领域。评价的范围如有所遗漏的，应说明原因及其对评价报告真实性、完整性产生的重大影响等。

● 经济本质安全体系评价的程序和方法。描述评价工作遵循的基本流程，以及评价过程中采用的主要方法。

● 评价缺陷及其认定情况。描述适用公司经济本质安全体系缺陷的具体认定标准，并声明与以前年度保持一致或做出的调整及相应原因。根据缺陷认定标准，确定评价期末是否存在重大缺陷、重要缺陷和一般缺陷。

● 缺陷的整改情况及重大缺陷拟采取的整改措施。对于评价期间发现且期末已完成整改的重大缺陷，说明有足够的测试样本显示，与该重大缺陷相关的控制设计且运行有效。针对评价期末存在的缺陷，拟采取的整改措施及预期效果。

● 经济本质安全体系有效性的结论。对不存在重大缺陷的情形，出具有效性结论；对存在重大缺陷的情形，不得做出有效性的结论，并需描述该重大缺陷的性质及其对实现相关控制目标的影响程度，可能给公司未来生产经营带来的相关风险。

审计部负责根据年度经济本质安全体系评价结果，结合评价工作底稿和缺陷汇总表等资料，于评价工作结束后15日内编制完成经济本质安全体系评价报告。

年度经济本质安全体系评价报告的基准日以每年12月31日为准。

7.6 经济本质安全体系评价管理流程

7.6.1 流程目录

流程目录主要包括编制评价工作方案、实施现场测试、缺陷认定、编制评价报告、缺陷整改。

7.6.2 编制评价工作方案

编制评价工作方案是审计部的主要工作，详见图7.6.1。

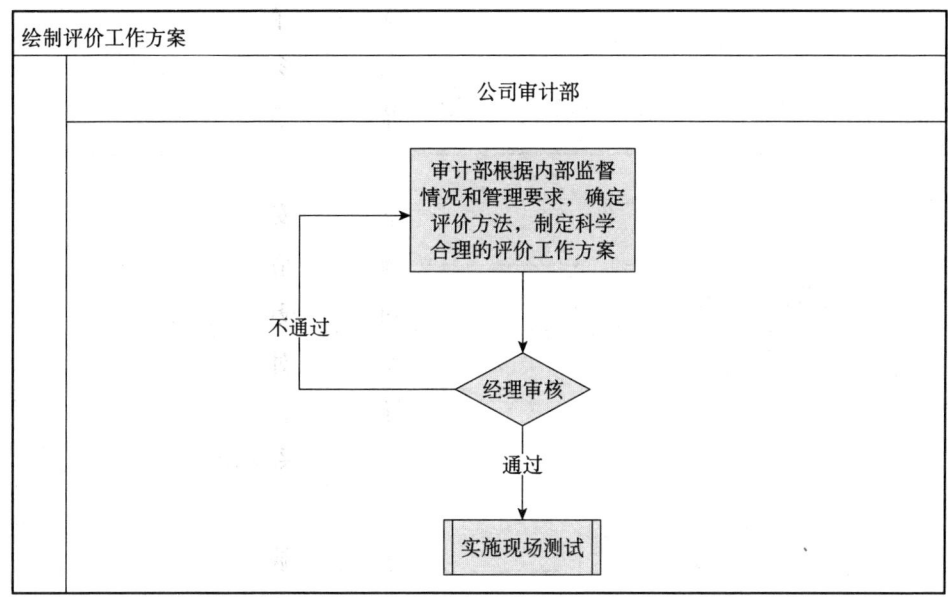

图 7.6.1　编制评价工作方案流程

7.6.3　实施现场测试

实施现场测试是审计部的主要工作，详见图 7.6.2。

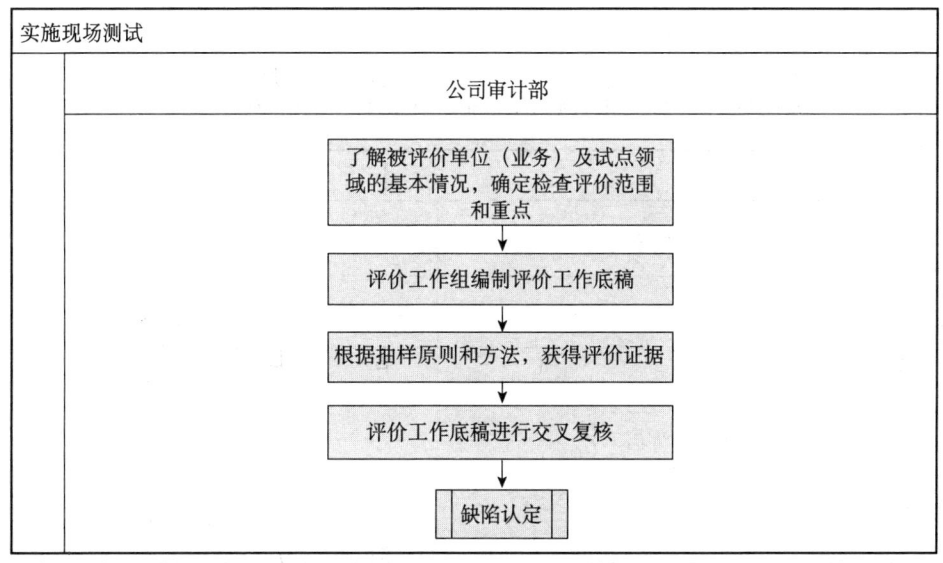

图 7.6.2　实施现场测试流程

7.6.4 缺陷认定

缺陷认定是审计部的主要工作，详见图7.6.3。

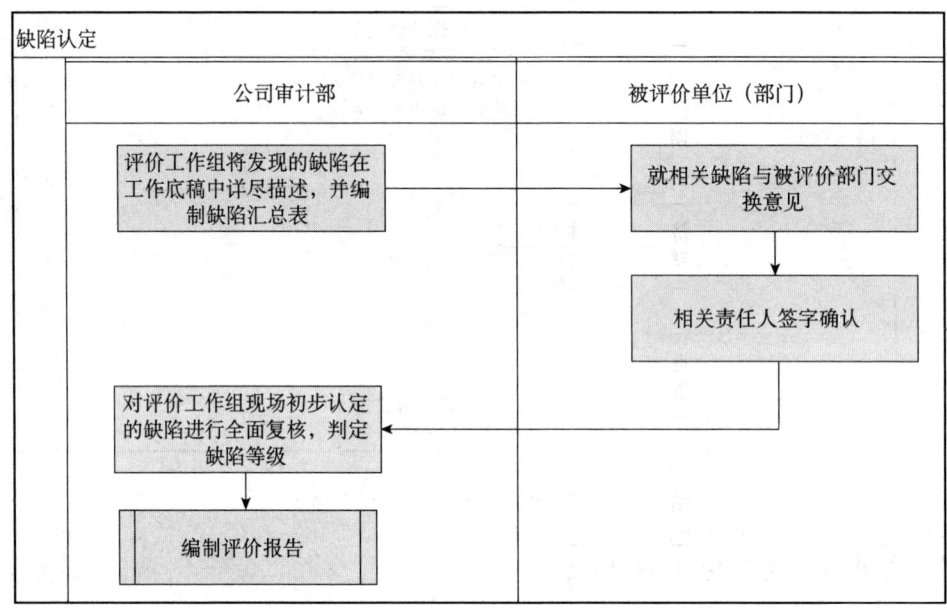

图7.6.3 缺陷认定流程

7.6.5 编制评价报告

编制评价报告是审计部的主要工作，详见图7.6.4。

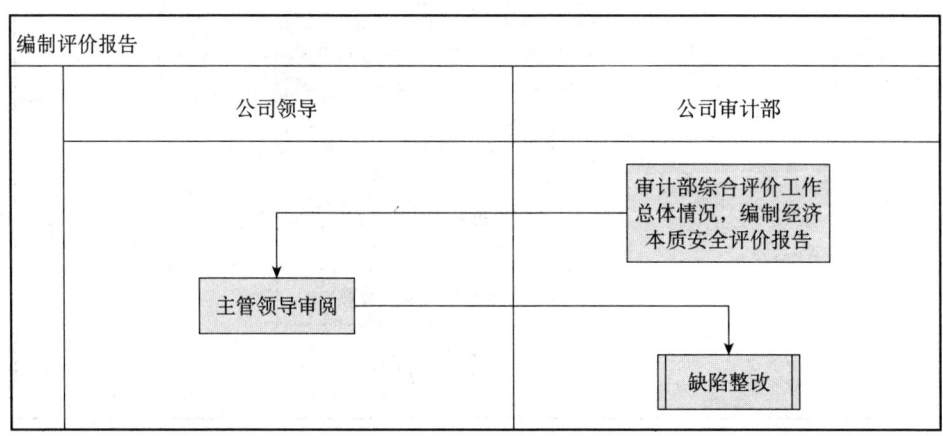

图7.6.4 编制评价报告流程

7.6.6 缺陷整改

缺陷整改是审计部督促落实的主要工作，详见图7.6.5。

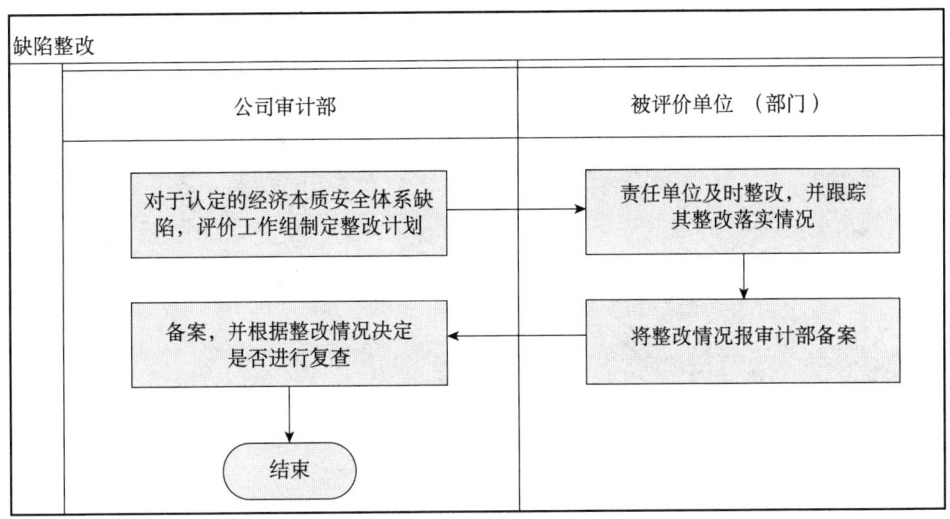

图 7.6.5　缺陷整改流程